SOCIETY FOR NEW TESTAMENT STUDIES
MONOGRAPH SERIES
General Editor: R. McL. Wilson, F.B.A.
Associate Editor: M. E. Thrall

40

LES RECITS DE RESURRECTION DES MORTS
DANS LE NOUVEAU TESTAMENT

Les récits de résurrection des morts dans le Nouveau Testament

Gérard Rochais

CAMBRIDGE UNIVERSITY PRESS

CAMBRIDGE

LONDON   NEW YORK   NEW ROCHELLE

MELBOURNE   SYDNEY

Published by the Press Syndicate of the University of Cambridge
The Pitt Building, Trumpington Street, Cambridge CB2 1RP
32 East 57th Street, New York, NY 10022, USA
296 Beaconsfield Parade, Middle Park, Melbourne 3206, Australia

First published 1981

Typeset by H Charlesworth & Co Ltd, Huddersfield
Printed in Great Britain by
Redwood Burn Limited, Trowbridge & Esher

British Library Cataloguing in Publication Data
Rochais, Gérard
Les récits de résurrection des morts dans le
Nouveau Testament. – (Society for New Testament
Studies. Monograph Series; 40).
1. Bible. New Testament. Gospels – Criticism,
interpretation, etc.
2. Resurrection – Biblical teaching
I. Title II. Series
236'.8   BS2555.5   79-41615
ISBN 0 521 22381 4

TABLE DES MATIERES

AVANT-PROPOS

La présente étude est le texte quasi inchangé d'une thèse de doctorat qui, commencée à l'Ecole Biblique de Jérusalem, fut poursuivie, puis soutenue à l'Université de Montréal en juin 1973.

Depuis cette date, une abondante littérature portant sur les Evangiles, les Actes des Apôtres et les miracles a vu le jour. Elle n'a pu, malheureusement, être prise en considération. L'inconvénient est mineur néanmoins, si l'on considère que les travaux qui touchent de près l'objet même de cette étude — la critique littéraire des récits de résurrection dans le Nouveau Testament — demeurent relativement rares. L'analyse littéraire du récit de la résurrection de Lazare est proche, mais diffère aussi notablement de celle de M.-E. Boismard et A. Lamouille, parue dans *L'Evangile de Jean* (Paris, Les Editions du Cerf, 1977), livre auquel j'ai moi-même collaboré. Les points communs et les divergences entre ces deux analyses ne sont que le reflet de la liberté des auteurs.

Il m'est agréable de remercier tous ceux et toutes celles qui m'ont aidé dans ma recherche, et notamment mes anciens professeurs de Paris, Rome et Jérusalem. Et parmi eux, plus particulièrement Roger Le Déaut de l'Institut Biblique de Rome, Marie-Emile Boismard de l'Ecole Biblique de Jérusalem et Léonard Audet de l'Université de Montréal qui a supervisé cette étude. Que soient remerciés également les responsables de la Society for New Testament Studies pour avoir accepté ce livre dans leur Monograph series, ainsi que les éditeurs des Presses de l'Université de Cambridge pour l'excellent travail qu'ils ont accompli.

Montréal, octobre 1979   Gérard Rochais

ABREVIATIONS

Adv. Haer	*Adversus Haereses*
BibLeb	*Bible und Leben*
BibSac	*Biblia Sacra*
BZ	*Biblische Zeitschrift*
CBQ	*Catholic Biblical Quarterly*
CIJ	*Corpus Inscriptionum Judaicarum*
EstE	*Estudios Eclesiasticos*
Exp. Tim.	*The Expository Times*
EThR	*Etudes Théologiques et Religieuses*
ETL	*Ephemerides Theologicae Lovanienses*
Exp.	*The Expositor*
Greg.	*Gregorianum*
Hist. Nat.	*Pline: Historia Naturalis*
HTR	*The Harvard Theological Review*
HUCA	*Hebrew Union College Annual*
IG	*Inscriptiones Graecae*
JBL	*Journal of Biblical Literature*
JTS	*Journal of Theological Studies*
NRT	*Nouvelle Revue Théologique*
NTS	*New Testament Studies*
RHPR	*Revue d'Histoire et de Philosophie Religieuse*
RSPT	*Revue des Sciences Philosophiques et Théologiques*
RTL	*Revue Théologique de Louvain*
SC	*Sources Chrétiennes*
SDB	*Supplément au Dictionnaire de la Bible*
SJT	*Scottish Journal of Theology*
STZ	*Schweizerische Theologische Zeitschrift*
Suétone, *Vesp.*	Suétone, *Vie de Vespasien*
Supp. NT	*Supplements to Novum Testamentum*
Supp. VT	*Supplements to Vetus Testamentum*
ThQ	*Theologische Quartalschrift*
TrThZ	*Trierer Theologische Zeitschrift*

TU	*Texte und Untersuchungen*
TWNT	*Theologisches Wörterbuch zum Neuen Testament*
TZ	*Theologische Zeitschrift*
VD	*Verbum Domini*
Vie d'App.	*Vie d'Apollonius de Tyane*
ZKT	*Zeitschrift für katholische Theologie*
ZNW	*Zeitschrift für die neutestamentliche Wissenschaft*
ZTK	*Zeitschrift für Theologie und Kirche*

Note sur les citations bibliques

La traduction des citations bibliques est généralement prise de *La Bible de Jérusalem*, Paris, Editions du Cerf, 1956. Certaines traductions plus littérales du texte de la Septante ou du Nouveau Testament proviennent de l'auteur.

INTRODUCTION

1. L'objet

Depuis les premiers temps du christianisme, on a considéré les récits de résurrection des morts rapportés dans le Nouveau Testament surtout comme des preuves apologétiques de la divinité de Jésus et de la véracité de la religion chrétienne. On se contente de nos jours d'opposer d'une façon générale la résurrection de Jésus à celles du fils de la veuve de Naïm, de la fille de Jaïre, de Lazare, de Tabitha qui ne sont, dit-on, que de simples réanimations. Dans le passé comme aujourd'hui, ces récits ne trouvent leur place que dans l'infrastructure de la théologie, même si leur caractère exceptionnel incite les théologiens à les placer d'emblée au sommet de la pyramide apologétique.

L'Apologétique a ses raisons que souvent la raison et les textes eux-mêmes ne connaissent pas! Aussi est-ce une tout autre approche de ces textes que nous allons tenter par la méthode historico-critique. Il est clair qu'il faut, pour comprendre ces récits, les replacer d'abord dans le milieu qui les a portés, à vrai dire dans l'horizon d'une Eglise naissante et missionnaire, d'une christologie en train de se bâtir, dans la perspective d'une parousie et d'une résurrection générale que l'on croit imminentes et qui vont tarder. L'objet de notre étude est précisément d'expliquer ces textes et d'en présenter la théologie dans un rapport constant avec le milieu qui les a portés, avec le développement de la christologie et de la foi en la résurrection des morts.

2. La démarche

Le rapprochement entre ces récits de résurrection et l'évolution de la foi en la résurrection des morts surprendra sans doute celui qui, à l'instar de Luc, voit dans ces récits des réanimations de morts; il étonnera beaucoup moins celui qui, à l'exemple de Matthieu, conçoit le récit de la résurrection de la fille de Jaïre comme un moyen d'illustrer le pouvoir de la foi, ou celui qui utilise les récits qui lui sont fournis pour montrer que Jésus est résurrection et vie, comme Jean l'a fait. Car chacun aborde ces textes avec une certaine précompréhension dont il doit être conscient et qu'il doit parfois remettre en question. C'est dans le but de permettre une approche objective des textes, de soumettre le questionnement inconscient des textes à un nouvel examen, que nous avons commencé cette étude par une synopse des récits de résurrection qui sont rapportés tant dans l'Ancien que dans le Nouveau Testament. Cette synopse tend, au moyen de comparaisons entre les textes, à bien mettre en lumière les traits originaux des récits de résurrection du Nouveau Testament, et à orienter objectivement le questionnement de ces textes. En relevant les analogies qui existent entre les récits de l'Ancien et du Nouveau Testament, cette synopse prépare aussi les développements futurs sur la formation des récits du Nouveau Testament.

L'étude se poursuit par l'explication des quatre récits de résurrection du Nouveau Testament. Cette explication a un double but: montrer la formation de ces récits et en exposer la théologie, surtout celle du rédacteur final. Nous avons suivi la méthode historico-critique où nous avons privilégié, plus qu'il n'est coutume de le faire aujourd'hui, la critique littéraire. Par la critique littéraire nous tentons de remonter à la source d'un texte, au point d'arrivée d'une tradition qui devient lui-même le point de départ pour l'étude de la rédaction finale du texte. La critique littéraire est donc le présupposé nécessaire de la *Formgeschichte* et de la *Redaktionsgeschichte*, desquelles nous avons utilisé les méthodes pour montrer l'histoire de la tradition et de la formation de ces récits et la théologie du rédacteur final.

La recherche sur la formation de ces récits nous a conduit à poser un jugement sur la valeur historique de ces traditions. Il nous a semblé plus probable que ni Jésus ni Pierre n'avaient ressuscité de morts. De nouvelles questions surgissaient: pourquoi et comment ces récits sont-ils nés? Comment la genèse de ces récits s'explique-t-elle dans l'Eglise primitive? Nous avons traité de ces questions dans un long chapitre intitulé: la Parole se fait récit. Puis faisant un pas de plus, nous avons essayé de montrer comment ces récits, avant d'être consignés par écrit par les Evangélistes, étaient eux-mêmes Parole pour les premières communautés chrétiennes. Une dernière question, fondamentale, inéluctable, se posait: que nous disent à nous aujourd'hui ces récits? Comment interprètent-ils notre foi, notre conception de la vie? Nous avons tenté d'apporter une réponse à ces questions dans le dernier chapitre intitulé: les récits de résurrection des morts comme Parole pour les chrétiens d'aujourd'hui.

3. Les limites

Les limites de cette étude proviennent du sujet lui-même. Disons tout de suite qu'il ne nous est pas apparu utile d'aborder le récit de la résurrection d'Eutyque en Ac 20, 9–10.12, car cette brève anecdote ne peut être mise sur le même plan que les autres récits détaillés du Nouveau Testament.

Il eût été intéressant de rechercher comment ces récits avaient été interprétés dans l'histoire de la théologie. Mais une telle étude serait à elle seule un sujet de thèse. Aussi n'avons-nous pas jugé bon d'en traiter.

Nous voudrions enfin inviter le lecteur à ne pas franchir la limite de probabilité que nous avons fixée pour la non-historicité de ces récits, et à ne pas braquer son attention uniquement sur la valeur historique ou non-historique des traditions sous-jacentes aux récits. Car il faut reconnaître que l'esprit humain dans le domaine de la religion a une étrange avidité pour la certitude et se contente rarement de la probabilité. Il risque d'être attiré seulement par une conjecture qui l'irrite, hypnotisé pour ainsi dire par ce qui le choque et lui donne l'impression de n'être pas nécessaire. Il nous a semblé plus probable, pour diverses raisons, qu'il n'y avait pas de fait de résurrection à la base de ces textes, mais il n'est pas sûr qu'il n'y en ait pas eu. Le doute peut s'avérer fructueux et invite à une recherche plus approfondie. En attendant de nouveaux éléments qui permettront peut-être de trancher plus sûrement ce problème, pourquoi ne pourrait-il pas y avoir en exégèse, comme en théologie morale, des 'probabilioristes' et des 'tutioristes'?

PREMIERE PARTIE

Les analogies entre les différents récits de résurrection des morts. Traditions et rédaction des récits de résurrection des morts dans le Nouveau Testament

1

LES ANALOGIES ENTRE LES DIFFERENTS RECITS DE RESURRECTION DES MORTS

L'Ancien Testament rapporte deux récits de résurrection apparentés entre eux: celui du fils de la veuve de Sarepta par le prophète Elie (1 R 17, 10.17-24), et celui du fils unique de la Shunamite par le prophète Elisée (2 R 4, 18-37).[1] Si l'on excepte le bref récit de la résurrection d'Eutyque par Paul (Ac 20, 9-10.12), le Nouveau Testament relate quatre récits détaillés de résurrection des morts: trois d'entre elles sont accomplies par Jésus: le fils de la veuve de Naïm (Lc 7, 11-17), la fille de Jaïre (Mc 5, 21-24a; 35-43 et par.), et Lazare (Jn 11, 1-46). La quatrième, celle de Tabitha à Joppé, est effectuée par Pierre (Ac 9, 36-43). Ces différents récits ont entre eux des analogies frappantes[2] qu'une synopse met clairement en évidence, même si la disposition en parallèle de six récits oblige à ne pas reproduire chaque texte intégralement et fait subir au récit de la résurrection de Lazare plusieurs transpositions de versets. Le répertoire des correspondances entre ces récits servira grandement, dans les chapitres suivants, à montrer la genèse littéraire du récit de la résurrection du fils de la veuve de Naïm et du récit de la résurrection de Lazare. La synopse des récits s'avère d'une grande utilité aussi pour déceler les traits communs qui sont propres aux récits du Nouveau Testament. Mais ces traits communs des récits de résurrection du Nouveau Testament sont-ils caractéristiques des récits de résurrection comme tels? Pour mettre en lumière ce qui appartient en propre aux récits de résurrection du Nouveau Testament, il sera nécessaire de comparer les traits communs des récits de résurrection du Nouveau Testament avec plusieurs caractéristiques des autres récits de miracles dans le Nouveau Testament. Le plan de ce chapitre sera alors le suivant:

1. Synopse des récits de résurrection des morts. Chaque correspondance entre les divers récits est notée par un chiffre mis entre parenthèses.
2. Les analogies entre ces différents récits.
3. Les traits communs propres aux récits du Nouveau Testament.
4. Comparaison entre ces traits communs des récits du Nouveau Testament et plusieurs caractéristiques des récits de miracles du Nouveau Testament. Les particularités des récits de résurrection du Nouveau Testament.

2.Les analogies entre les différents récits de résurrection des morts

Ce paragraphe a pour but d'inventorier et de cataloguer les analogies entre les différents récits que la synopse a mises en lumière. Nous suivrons l'ordre des chiffres mis entre parenthèses dans la synopse.

(1) Il y a tout d'abord une ressemblance frappante entre le texte de 1 R 17, 10 et celui de Lc 7, 11s. Elie vint à Sarepta et rencontra une veuve à la porte de la ville. Jésus, lui, vint à Naïm et rencontra, à la porte de la ville, le cortège funèbre qui accompagnait à sa dernière demeure le fils d'une veuve.

(2) Il faut noter également, à une exception près (Lc 7, 12), que le lecteur est toujours averti de la maladie de celui ou de celle qui va mourir, puis de sa mort. Cette double annonce peut être rapprochée dans un seul verset comme en 1 R 17, 17 et Ac 9, 37 ou être décomposée en deux temps: on fait savoir à Jésus que quelqu'un est malade (Mc 5, 22s; Jn 11, 3), puis dans un deuxième temps on apprend qu'il est mort (Mc 5, 35; Jn 11, 14). En 2 R 4, 18-20 la maladie mortelle est décrite beaucoup plus longuement.

(3) Le mort est alors déposé dans la chambre haute (1 R 17, 19). En 2 R 4, 21 l'enfant décédé est placé sur la couche de l'homme de Dieu; on sait, par ailleurs, que la couche d'Elisée se trouve sur la terrasse dans une chambre haute (2 R 4, 10s). Tabitha sera déposée elle aussi dans la chambre haute (Ac 9, 37).

(4) On vient alors prévenir l'homme de Dieu et lui demander son aide. La scène est détaillée en 2 R 4, 22-28 et brièvement relatée en Ac 9, 38: 'Les disciples envoyèrent deux hommes dire . . . .' En Mc 5, 22 et en Jn 11, 3, c'est avant le décès du malade que l'on vient prévenir Jésus.

(5) Arrivée près de l'homme de Dieu, la mère de l'enfant mort 'lui saisit les pieds' (2 R 4, 27); le père de l'enfant gravement malade 'en voyant Jésus, tombe à ses pieds' (Mc 5, 22). La même scène est rapportée mot pour mot lors de l'arrivée de Jésus à Béthanie: 'Marie . . . le voyant tomba à ses pieds' (Jn 11, 27).

(6) Un reproche direct est adressé par la veuve de Sarepta au prophète Elie: 'Qu'ai-je à faire avec toi, homme de Dieu? Tu es donc venu chez moi pour rappeler mes fautes et faire mourir mon fils?' (1 R 17, 18) Ce reproche est voilé chez la Shunamite: 'Avais-je demandé un fils à Monseigneur? Ne

t'avais-je pas dit de ne pas me leurrer' (2 R 4, 28)? Il devient une plainte dans la bouche de Marthe et de Marie: 'Seigneur, si tu avais été là, mon frère ne serait pas mort' (Jn 11, 21.32).

(7) Averti de cette maladie ou de cette mort, l'homme de Dieu se met en route: 'Alors il se leva et la suivit' (2 R 4, 30). 'Se levant Pierre partit avec eux' (Ac 9, 39). 'Jésus partit avec lui' (Mc 5, 24a). Seul Jean fait demeurer Jésus encore deux jours au lieu où il était (Jn 11, 6), puis après avoir appris à ses disciples la mort de Lazare, Jésus leur dit: 'Allons vers lui' (Jn 11, 15).

(8) L'arrivée de l'homme de Dieu est alors rapportée: 'Elisée arriva à la maison; là était l'enfant mort, couché sur son propre lit' (2 R 4, 32). 'Ils arrivèrent à la maison du chef de synagogue' (Mc 5, 38). 'Aussitôt arrivé' (Ac 9, 39). 'A son arrivée Jésus trouva Lazare au tombeau' (Jn 11, 17). L'homme de Dieu est alors introduit près du mort: 'Il entra' (2 R 4, 33). 'Il entre là où était l'enfant' (Mc 5, 40); 'Aussitôt, on le fit monter à la chambre haute' (Ac 9, 39). 'Jésus vient au tombeau' (Jn 11, 38).

(9) Tandis que les prophètes Elie et Elisée s'enferment seuls avec l'enfant dans la chambre haute (1 R 17, 19; 2 R 4, 33), Jésus met dehors tous les pleureurs sauf le père et la mère de l'enfant et trois disciples (Mc 5, 40). Pierre chassera aussi tous les assistants (Ac 9, 40).

(10) Devant le cadavre, l'homme de Dieu prie: 'Puis il invoqua Yahvé et dit . . .' (1 R 17, 20). 'Et il pria Yahvé' (2 R 4, 33). 'Pierre à genoux pria' (Ac 9, 40). 'Alors Jésus leva les yeux et dit: Père je te rends grâce . . .' (Jn 11, 41s).

(11) En 1 R 17, 22, dans le texte massorétique et le targum, il est dit que 'Yahvé écouta la voix d'Elie'; en Jn 11, 41s Jésus rend grâce à Dieu qui l'écoute toujours.

(12) 2 R 4, 35 et Ac 9, 40 nous apprennent par une même formule que le mort ouvrit les yeux. En 1 R 17, 22 l'enfant pousse un cri, en Lc 7, 15 le ressuscité commence à parler. C'est la même formule qui est utilisée en 1 R 17, 23 et Lc 7, 15: 'Et il le rendit à sa mère.' La formule est au style direct en 2 R 4, 36: 'Prends ton fils.'

(13) Lorsque Pierre eut ressuscité Tabitha, il appela les saints et les veuves (Ac 9, 41), comme Elisée avait demandé à Gehazi d'appeler la Shunamite (2 R 4, 36).

(14) Si la Shunamite alors tomba aux pieds du prophète, la réaction de la veuve de Sarepta est proche de celle des témoins du miracle de Naïm: 'Maintenant je sais que tu es un homme de Dieu, et que la Parole de Yahvé en ta bouche est vérité' (1 R 17, 24). 'Ils glorifiaient Dieu en disant: Un grand prophète a surgi parmi nous . . .' (Lc 7, 16).

L'inventaire des analogies permet tout de suite de constater que si les récits de Ac 9, 36–43 et Jn 11, 1–46 sont plus près du récit de résurrection

1 Synopse des récits de résurrection des morts

1 R 17, 10.17-24	2 R 4, 18-37	Lc 7, 11-17	Mc 5, 22-24; 35-43	Ac 9, 36-43	Jn 11, 1-46
10 ... καὶ ἐπορεύθη εἰς Σάρεπτα		11 Καὶ ἐγένετο ἐν τῷ ἑξῆς ἐπορεύθη εἰς πόλιν καλουμένην Ναΐν, καὶ συνεπορεύοντο αὐτῷ οἱ μαθηταὶ αὐτοῦ καὶ ὄχλος πολύς.		36 Ἐν Ἰόππῃ δέ τις ἦν μαθήτρια ὀνόματι Ταβιθά.... 37 ...	1 Ἦν δέ τις ἀσθενῶν Λάζαρος ἀπὸ Βηθανίας.... 2 (Ἦν δὲ (Μαριὰμ) ἧς ὁ ἀδελφός....
εἰς τὸν πυλῶρα τῆς πόλεως, καὶ ἰδοὺ ἐκεῖ γυνὴ χήρα ... (1)		12 Ὡς δὲ ἤγγισεν τῇ πύλῃ τῆς πόλεως, καὶ ἰδοὺ ... καὶ αὐτὴ ἦν χήρα ... (1)			
17 Καὶ ἐγένετο μετὰ ταῦτα	18 Καὶ ἐγένετο ἡνίκα ἐξῆλθεν τὸ παιδάριον πρὸς τὸν πατέρα αὐτοῦ πρὸς τοὺς θερίζοντας, καὶ εἶπεν πρὸς τὸν πατέρα αὐτοῦ				

καὶ ἠρρώστησεν ὁ υἱὸς τῆς γυναικὸς τῆς κυρίας τοῦ οἴκου, καὶ ἦν ἡ ἀρρωστία αὐτοῦ κραταιὰ σφόδρα, ἕως οὗ οὐχ ὑπελείφθη ἐν αὐτῷ πνεῦμα (2)	Τὴν κεφαλήν μου, τὴν κεφαλήν μου....			ἠσθένει.)
19.. καὶ ἀνήνεγκεν αὐτὸν εἰς τὸ ὑπερῷον... καὶ ἐκοίμισεν αὐτὸν ἐπὶ τῆς κλίνης αὐτοῦ (3)	20... καὶ ἀπέθανεν. (2)		αὐτὴν ἀποθανεῖν. (2)	ἀσθενήσασαν
	21 Καὶ ἀνήνεγκεν αὐτὸν καὶ ἐκοίμισεν αὐτὸν ἐπὶ τὴν κλίνην τοῦ ἀνθρώπου τοῦ θεοῦ... (3)		λούσαντες δὲ αὐτὴν ἔθηκαν ἐν ὑπερῴῳ. (3)	
	27 Καὶ ἦλθεν πρὸς Ἐλισαῖε εἰς τὸ ὄρος (4)	22 Καὶ ἔρχεται εἷς τῶν ἀρχισυναγώγων ὀνόματι Ἰάϊρος		
	καὶ ἐπελάβετο τῶν ποδῶν αὐτοῦ (5)	ἰδὼν αὐτὸν πίπτει πρὸς τοὺς πόδας αὐτοῦ (5)		32... ἰδοῦσα αὐτὸν ἔπεσεν αὐτοῦ πρὸς τοὺς πόδας, (5) λέγουσα αὐτῷ Κύριε, εἰ ἦς ὧδε οὐκ ἄν μου ἀπέθανεν ὁ ἀδελφός. (6)
18 Καὶ εἶπεν πρὸς Ἠλίου Τί ἐμοὶ καὶ σοί, ἄνθρωπε τοῦ θεοῦ; εἰσῆλθες πρός με τοῦ ἀναμνῆσαι τὰς ἀδικίας μου καὶ θανατῶσαι τὸν υἱόν μου; (6)	28 Ἡ δὲ εἶπεν Μὴ ᾐτησάμην υἱὸν παρὰ τοῦ κυρίου μου; οὐκ εἶπα Οὐ πλανήσεις μετ' ἐμοῦ; (6)			38... οἱ μαθηταί... ἀπέστειλαν πρὸς αὐτὸν
				3 ἀπέστειλαν οὖν αἱ ἀδελφαὶ πρὸς αὐτὸν

Suite, page 10

Suite de la page 9

1 R 17, 10.17-24	2 R 4, 18-37	Lc 7, 11-17	Mc 5, 22-24; 35-43	Ac 9, 36-43	Jn 11, 1-46
			23 καὶ παρακαλεῖ πολλὰ λέγων ὅτι Τὸ θυγάτριόν μου ἐσχάτως ἔχει (2.4)	παρακαλοῦντες Μὴ ὀκνήσῃς διελθεῖν ἕως ἡμῶν. (4) 39 ἀναστὰς δὲ Πέτρος συνῆλθεν αὐτοῖς (7)	λέγουσι Κύριε, ἴδε ὃν φιλεῖς ἀσθενεῖ. (2.4)
	30 ... καὶ ἀνέστη Ἐλισαιὲ καὶ ἐπορεύθη ὀπίσω αὐτῆς. (7)		24 καὶ ἀπῆλθεν μετ' αὐτοῦ (7) 35 Ἔτι αὐτοῦ λαλοῦν- τος ἔρχονται .... λέγοντες ὅτι		15 ... ἀλλὰ ἄγωμεν πρὸς αὐτόν. (7)
			Ἡ θυγάτηρ σου ἀπέθανεν ... (2) 36 Ὁ δὲ Ἰησοῦς παρακούσας τὸν λόγον λαλούμενον λέγει τῷ ἀρχισυναγώγῳ Μὴ φοβοῦ, μόνον πίστευε. (19) 38 Καὶ ἔρχονται εἰς τὸν οἶκον (8)		14 ... εἶπεν αὐτοῖς ὁ Ἰησοῦς ... Λάζαρος ἀπέθανεν. (2)
					40 λέγει αὐτῇ ὁ Ἰη- σοῦς Οὐκ εἶπόν σοι ὅτι ἐὰν πιστεύσῃς ... (19) 17 Ἐλθὼν οὖν ὁ Ἰησοῦς εὗρεν αὐτὸν τέσσαρας ἤδη ἡμέρας ἔχοντα ἐν τῷ μνημείῳ. (8)
	32 Καὶ εἰσῆλθεν Ἐλι- σαιὲ εἰς τὸν οἶκον, καὶ ἰδοὺ τὸ παιδάριον τεθνηκὸς κε κοιμισμέ- νον ἐπὶ τὴν κλίνην αὐτοῦ. (8)			ὃν παραγενόμενον ἀνήγαγον εἰς τὸ ὑπερῷον (8)	33 Ἰησοῦς οὖν ὡς εἶ- δεν αὐτὴν κλαίουσαν καὶ τοὺς συνελθόντας
			... καὶ θεωρεῖ θό- ρυβον καὶ κλαίοντας καὶ ἀλαλάζοντας	καὶ παρέστησαν αὐτῷ πᾶσαι αἱ χῆραι κλαί- ουσαι ...	

33 Καὶ εἰσῆλθεν
Ἐλισαῖε εἰς τὸν οἶκον
(8)

πολλά
39 Καὶ εἰσελθὼν (8)

33 ... καὶ ἐτάραξεν
ἑαυτὸν 35 ἐδάκρυσεν ὁ
Ἰησοῦς.
33 ... ἐνεβριμήσατο
τῷ πνεύματι (15)
11 ... καὶ μετὰ τοῦτο
λέγει αὐτοῖς,
Λάζαρος ὁ φίλος
ἡμῶν κεκοίμηται,
ἀλλὰ πορεύομαι ἵνα
ἐξυπνίσω αὐτόν.
12 Εἶπαν οὖν οἱ μαθη-
ταὶ αὐτῷ, Κύριε, εἰ
κεκοίμηται σωθήσεται.
13 Εἰρήκει δὲ ὁ
Ἰησοῦς περὶ τοῦ
θανάτου αὐτοῦ. ἐκεῖνοι
δὲ ἔδοξαν ὅτι περὶ τῆς
κοιμήσεως τοῦ ὕπνου
λέγει (19)

13 Καὶ ἰδὼν αὐτὴν ὁ
κύριος
ἐσπλαγχνίσθη ἐπ'
αὐτῇ
καὶ εἶπεν αὐτῇ
Μὴ κλαῖε (15)

λέγει αὐτοῖς
Τί θορυβεῖσθε
καὶ κλαίετε; (15)

τὸ παιδίον οὐκ
ἀπέθανεν ἀλλὰ
καθεύδει (19)

40 Καὶ κατεγέλων
αὐτοῦ.
αὐτὸς δὲ
ἐκβαλὼν πάντας

40 ἐκβαλὼν δὲ ἔξω
πάντας ὁ Πέτρος. (9)

παραλαμβάνει τὸν
πατέρα τοῦ παιδίου

33 καὶ ἀπέκλεισεν τὴν
θύραν κατὰ τῶν δύο

Suite, page 12

Suite de la page 11

1 R 17, 10.17-24	2 R 4, 18-37	Lc 7, 11-17	Mc 5, 22-24. 35-43	Ac 9, 36-43	Jn 11, 1-46
	ἑαυτῶν (9)		καὶ τὴν μητέρα ... (9) καὶ εἰσπορεύεται ὅπου ἦν τὸ παιδίον (8)		38 Ἰησοῦς ... ἔρχεται εἰς τὸ μνημεῖον (8)
20 Καὶ ἀνεβόησεν Ἠλίου καὶ εἶπεν Οἴμμοι, κύριε ... (10) 22 Yahvé exauça l'appel d'Elie (TM, Targum) (11)	33 καὶ προσηύξατο ... (10)			καὶ θεὶς τὰ γόνατα προσηύξατο (10)	41 ... ὁ δὲ Ἰησοῦς ἦρεν τοὺς ὀφθαλμοὺς ἄνω καὶ εἶπεν Πάτερ, (10) εὐχαριστῶ σοι ὅτι ἤκουσάς μου. 42 ἐγὼ δὲ ᾔδειν ὅτι πάντοτέ μου ἀκούεις ... (11)
		14 ... καὶ εἶπεν	41 καὶ κρατήσας τῆς χειρὸς τοῦ παιδίου λέγει αὐτῇ Ταλιθα κουμ, ὅ ἐστιν μεθερμηνευόμενον Τὸ κοράσιον σοὶ λέγω, ἔγειρε (16)	καὶ ἐπιστρέψας πρὸς τὸ σῶμα εἶπεν	43 ... φωνῇ μεγάλῃ ἐκραύγασεν
		Νεανίσκε, σοὶ λέγω, ἐγέρθητι (16)		Ταβιθά	Λάζαρε,
	35 καὶ ἤνοιξεν τὸ παιδάριον τοὺς ὀφθαλμοὺς αὐτοῦ. (12)	15 καὶ ἀνεκάθισεν ὁ νεκρὸς (17) καὶ ἤρξατο λαλεῖν (17)	42 καὶ εὐθὺς ἀνέστη τὸ κοράσιον καὶ περιεπάτει (17)	ἀνάστηθι (16) ἡ δὲ ἤνοιξεν τοὺς ὀφθαλμοὺς αὐτῆς (12)	δεῦρο ἔξω (16)
22 καὶ ἀνεβόησεν τὸ				καὶ ἰδοῦσα τὸν Πέτρον ἀνεκάθισεν (17)	44 ἐξῆλθεν ὁ τεθνηκώς ... (17)

παιδάριον

23 καὶ κατήγαγεν αὐ-
τὸν ἀπὸ τοῦ ὑπερῴου
εἰς τὸν οἶκον

καὶ ἔδωκεν αὐτὸν
τῇ μητρὶ αὐτοῦ (12)

24 Καὶ εἶπεν ἡ γυνὴ
πρὸς Ἡλίου Ἰδοὺ
ἔγνωκα ὅτι ἄνθρωπος
θεοῦ εἶ σὺ καὶ ῥῆμα
κυρίου ἐν στόματί σου
ἀληθινόν. (14)

36 ... καὶ ἐκάλεσεν
καὶ εἰσῆλθεν πρὸς
αὐτὸν (13)
καὶ εἶπεν Ἐλισαίε
Λαβὲ τὸν υἱόν σου
(12)

καὶ ἔδωκεν αὐτὸν
τῇ μητρὶ αὐτοῦ (12)

37 Καὶ εἰσῆλθεν ἡ γυ-
νὴ καὶ ἔπεσεν ἐπὶ
τοὺς πόδας αὐτοῦ καὶ
προσεκύνησεν ἐπὶ τὴν
γῆν . . . (14)

καὶ ἔδωκεν αὐτὸν
τῇ μητρὶ αὐτοῦ (12)

16 ἔλαβεν δὲ φόβος
πάντας (18)

καὶ ἐδόξαζον τὸν θεὸν
λέγοντες ὅτι Προφήτης
μέγας ἠγέρθη ἐν ἡμῖν
καὶ ὅτι Ἐπεσκέψατο
ὁ θεὸς τὸν λαὸν αὐτοῦ.
(14)

17 Καὶ ἐξῆλθεν ὁ
λόγος οὗτος ἐν ὅλῃ
τῇ Ἰουδαίᾳ περὶ
αὐτοῦ καὶ πάσῃ τῇ
περιχώρῳ (18)

43 καὶ εἶπεν
δοθῆναι αὐτῇ φαγεῖν
(19)

42 καὶ ἐξέστησαν
εὐθὺς ἐκστάσει
μεγάλῃ (18)

43 Καὶ διεστείλατο
αὐτοῖς πολλὰ ἵνα
μηδεὶς γνοῖ τοῦτο
(18)

41 δοὺς δὲ αὐτῇ χεῖ-
ρα ἀνέστησεν αὐτήν,
φωνήσας δὲ τοὺς
ἁγίους καὶ τὰς χήρας

παρέστησεν αὐτὴν
ζῶσαν (13)

44 λέγει αὐτοῖς ὁ
Ἰησοῦς Λύσατε αὐτὸν
καὶ ἄφετε αὐτὸν
ὑπάγειν (19)

42 γνωστὸν δὲ
ἐγένετο καθ᾽ ὅλης
τῆς Ἰόππης
(18)

45 Πολλοὶ . . . θεασά-
μενοι ὃ ἐποίησεν
ἐπίστευσαν εἰς αὐτόν.
(20)

καὶ ἐπίστευσαν πολ-
λοὶ ἐπὶ τὸν κύριον.
(20)

de 2 R 4, 18-37, l'épisode rapporté en Lc 7, 11-17 est apparenté avec le récit de 1 R 17, 10.17-24. On ne peut pas, cependant, de la somme de ces analogies conclure à un schéma commun aux récits de résurrection, ni à un genre littéraire bien défini.

3. Les traits communs propres aux récits du Nouveau Testament

Les récits du Nouveau Testament possèdent entre eux, en plus des contacts déjà relevés avec les récits de l'Ancien Testament, d'autres points communs qu'il nous faut maintenant dégager.

(15) Le premier trait commun de ces récits est la mention des pleurs. Lorsque Jésus aperçut la veuve de Naïm, 'Il eut pitié d'elle et lui dit: Ne pleure pas' (Lc 7, 13). Il rabrouera les pleureurs de la maison de Jaïre: 'Ils arrivent à la maison du chef de synagogue, et Jésus aperçoit du tumulte, des gens qui pleurent et poussent de grands cris. Etant entré il leur dit: Pourquoi ce tumulte et ces pleurs?' (Mc 5, 38s) Il s'indignera et se troublera de voir Marie et ceux qui l'accompagnaient pleurer: 'Quand il la vit pleurer et pleurer les Juifs qui l'accompagnaient, Jésus frémit intérieurement et se troubla . . . Jésus pleura' (Jn 11, 33.35). Arrivé à Joppé, à la maison de Tabitha, Pierre est conduit à la chambre haute 'Et toutes les veuves l'entouraient en pleurant' (Ac 9, 39).

(16) La formule pour ressusciter le mort est presque identique en trois récits: 'Jeune homme, je te l'ordonne, lève-toi' (Lc 7, 14). 'Il lui dit: *Talitha koum*, ce qui signifie: Fillette, je te l'ordonne, lève-toi' (Mc 5, 41). 'Se tournant vers le corps, il dit: Tabitha, lève-toi' (Ac 9, 40). Il est mentionné ensuite que 'Pierre lui prenant la main la fit lever' (Ac 9, 41). Jésus avait pris la main de la fillette avant de lui enjoindre de se lever (Mc 5, 41). Jésus ressuscitera Lazare en criant d'une voix forte: 'Lazare, viens ici. Dehors!' (Jn 11, 43).

(17) Répondant à l'appel de Jésus 'La fillette aussitôt se leva et marchait' (Mc 5, 42). En Lc 7, 15 et Ac 9, 41 la réaction des ressuscités est décrite par étapes. En Jn 11, 44 il est précisé: 'Le mort sortit les pieds et les mains liés de bandelettes et le visage enveloppé d'un suaire.'

(18) La crainte (Lc 7, 16) ou une grande stupeur (Mc 5, 42) s'emparent des témoins. Si Jésus lors de la résurrection de la fille de Jaïre ordonne de ne rien dire (Mc 5, 43), la nouvelle à l'inverse se répand dans toute la Judée et le pays d'alentour après le miracle de Naïm (Lc 7, 17), en tout Joppé après la résurrection de Tabitha (Ac 9, 42), tandis que certains Juifs iront annoncer la résurrection de Lazare aux Pharisiens (Jn 11, 46).

(19) En plus des analogies que les récits de Marc et de Jean possèdent ensemble avec les récits de l'Ancien Testament, ils ont trois traits communs. 1° - La mention de la foi. En apprenant la mort de la fille de Jaïre, Jésus dit

au chef de synagogue: 'Ne crains pas, crois seulement' (Mc 5, 36). A Marthe, il dira: 'Je suis la résurrection et la vie. Qui croit en moi, fût-il mort, vivra; et quiconque vit et croit en moi ne mourra jamais. Crois-tu cela?' (Jn 11, 25s) Et plus loin il dira: 'Ne t'ai-je pas dit que si tu crois . . .' (Jn 11, 40). 2° - On retrouve dans les deux récits le même jeu de mots sur le sommeil et la mort: 'L'enfant n'est pas morte, mais elle dort' (Mc 5, 39). 'Et après cela il ajouta: Notre ami Lazare est endormi, mais je vais aller le réveiller. Les disciples dirent: Seigneur, s'il dort, il sera sauvé. Jésus avait parlé de sa mort, mais ils s'étaient figuré qu'il parlait du repos du sommeil. Jésus leur dit clairement: Lazare est mort' (Jn 11, 11-14). 3° - En Marc comme en Jean, Jésus donne un second ordre après la résurrection du mort: 'Et il dit de lui donner à manger' (Mc 5, 43); 'Jésus leur dit: Déliez-le et laissez-le aller' (Jn 11, 44).

(20) Après la résurrection de Lazare 'Beaucoup de Juifs, venus auprès de Marie, voyant ce qu'il avait fait, crurent en lui' (Jn 11, 45). Après la résurrection de Tabitha, 'Beaucoup crurent au Seigneur' (Ac 9, 42).

Ces divers traits communs à certains ou à tous les récits de résurrection du Nouveau Testament, ne sont pas nécessairement caractéristiques des récits de résurrection comme tels. Afin de recueillir les traits originaux des récits de résurrection il faut faire un nouveau criblage, en comparant les traits communs de ces récits avec certaines caractéristiques des récits de miracles du Nouveau Testament.

4. Comparaison entre les traits communs des récits de résurrection du Nouveau Testament et certaines caractéristiques des récits de miracles néotestamentaires. Les particularités des récits de résurrection du Nouveau Testament

La mention des pleurs n'a aucun parallèle dans les autres récits de miracles du Nouveau Testament. Il s'agit donc d'une particularité des récits de résurrection.

La formule pour ressusciter le défunt est reprise du langage courant en Mc 5, 41; Lc 7, 14; Ac 9, 40. Elle est utilisée aussi pour la guérison du paralytique qui gît étendu sur son grabat (Mc 2, 11).

Mc 2, 11: $\Sigma o \grave{\iota} \lambda \acute{\epsilon} \gamma \omega, \, \acute{\epsilon} \gamma \epsilon \iota \rho \epsilon \, \mathring{\alpha} \rho o \nu \, \tau \grave{o} \nu \, \kappa \rho \acute{\alpha} \beta \alpha \tau \tau \acute{o} \nu \ldots$
Mc 5, 41: $T \grave{o} \kappa o \rho \acute{\alpha} \sigma \iota o \nu, \, \sigma o \grave{\iota} \lambda \acute{\epsilon} \gamma \omega, \, \acute{\epsilon} \gamma \epsilon \iota \rho \epsilon$

Luc utilise en 7, 14 l'impératif aoriste passif ($\dot{\epsilon} \gamma \acute{\epsilon} \rho \theta \eta \tau \iota$) pour montrer qu'il s'agit d'une véritable résurrection. L'impératif aoriste second ($\dot{\alpha} \nu \acute{\alpha} \sigma \tau \eta \theta \iota$) en Ac 9, 40 est employé également pour la guérison du paralytique de Lydda (Ac 9, 34), et pour celle de l'impotent de Lystres (Ac 14, 10). La formule johannique: 'Lazare, viens ici. Dehors!' est originale et devra être expliquée lorsque nous ferons l'exégèse de ce passage. Le geste que fait Jésus (Mc 5, 41) est le même que celui qu'il fait pour guérir la belle-mère de Pierre (Mc 1, 31) ou l'enfant épileptique (Mc 9, 27). Pierre ne saisit la main de Tabitha qu'après lui avoir donné l'ordre de se lever, tout comme lors de la guérison de l'impotent de la Belle Porte (Ac 3, 6). Par cette variante, Luc veut souligner que la parole est plus importante que le geste.

Le miracle est instantané en Mc 5, 42. C'est là un trait commun à plusieurs récits de miracles du Nouveau Testament (Mc 2, 12; 5, 29; 10, 52; etc . . .). La résurrection est décrite en plusieurs étapes en Lc 7, 15: 'Le mort s'assit, se mit à parler, et Jésus le rendit à sa mère', et en Ac 9, 40s: 'Elle ouvrit les yeux, s'assit. Pierre lui prenant la main, la fit lever.' On retrouve le même procédé en Mc 8, 24s. Il s'agit d'une technique d'illustration pour mettre en relief la réalité du miracle: ce qui se produit instantanément ne peut en effet être vu. Lazare apparaît à la porte du tombeau le visage enveloppé d'un suaire et, comme un captif, les pieds et les mains liés. S'agit-il ici encore d'une technique pour illustrer la réalité du miracle ou d'un symbole? Ce détail insolite retiendra notre attention lors de l'exégèse de ce passage.

La crainte, la stupeur sont les réactions normales des assistants ou de la foule après un miracle (Mc 1, 27; 2, 12; 4, 41; 5, 15; etc . . .).[3] Après la résurrection de la fille de Jaïre, Jésus ordonne de ne rien dire à personne. Cette recommandation de Jésus se retrouve dans plusieurs récits de miracles chez Marc (Mc 1, 44; 3, 12; 7, 36; 8, 26) et n'est nullement caractéristique des récits de résurrection. C'est un trait commun aussi à plusieurs récits de miracles que la nouvelle ou la renommée du faiseur de miracles se répande dans toute la contrée (Mc 1, 28; Mt 9, 26.31 cp. Lc 4, 14).

Si la foi est un trait qui se retrouve dans nombre de miracles du Nouveau Testament (Mc 2, 5; 4, 40; 5, 34; 9, 23s; 10, 52; etc . . .), le jeu de mots sur le sommeil et la mort est une particularité des récits de la résurrection de la fille de Jaïre et de Lazare. L'ordre de Jésus de donner à manger à la jeune fille, l'ordre de délier Lazare sont également des traits propres à ces récits.

Un des rôles du 'signe' chez Jean est de provoquer à la foi (Jn 2, 11; 4, 53; 6, 67-69; 9, 35-38; 11, 45), ou de renforcer dans leur incroyance ceux qui doutent de Jésus (Jn 5, 9b-18; 6, 64-66; 9, 40s; 11, 46). Le signe met en lumière la scission entre croyants et incroyants qui est déjà antérieure au signe lui-même. La résurrection de Tabitha amène à la foi les habitants de Joppé tout comme la guérison d'Enée à Lydda avait entraîné la conversion des habitants de la ville et de toute la plaine du Saron (Ac 9, 35).

Ainsi la synopse a permis de souligner les points communs à tous les récits de résurrection, puis de dégager les caractéristiques des récits du Nouveau Testament. La comparaison des caractéristiques de ces récits avec

d'autres données des récits de miracles du Nouveau Testament a aidé à
mettre en lumière certains traits originaux des récits de résurrection. Il y a
tout d'abord la mention des pleurs qui provoquent chez Jésus l'indignation
(Mc 5, 38–40), la pitié (Lc 7, 13), ou la compassion (Jn 11, 33.35). Le jeu
de mots sur le sommeil et la mort est la seconde particularité importante de
ces récits (Mc 5, 39; Jn 11, 11–14). Ces deux points, qui peuvent sembler
secondaires à la première lecture, seront traités brièvement lors de l'exégèse
de ces passages, et longuement dans la deuxième partie, au chapitre onzième.
L'ordre de Jésus pour ressusciter Lazare, la mention des liens qui entourent
ses pieds et ses mains, l'ordre de le délier sont des traits particuliers au récit
et qui exigent explication. Pourquoi enfin, Jésus ordonne-t-il de donner à
manger à la jeune fille qu'il vient de ressusciter? Ce trait qui semble sura-
jouté fait question. Les problèmes que soulève la synopse de ces textes ne
sont pas ceux que les textes posent d'abord au lecteur, mais il n'est pas
inutile avant d'aborder l'explication d'un texte de questionner la précompréhension que nous en avons et de regarder le texte comme un muet avant
de construire une hypothèse de sens, de parier sur sa plausibilité, et de
valider cette probabilité.

2

LA RESURRECTION DU FILS DE LA VEUVE DE NAÏM (Lc 7, 11-17)

L'étude du récit de la résurrection du fils de la veuve de Naïm comprendra cinq parties:

- La place du récit dans l'Evangile de Luc
- Le genre littéraire du récit
- La rédaction lucanienne du récit
- Hypothèse sur la formation du récit
- La théologie du récit

1. La place du récit dans l'Evangile du Luc

La place que le récit de la résurrection du fils de la veuve de Naïm occupe à l'intérieur du chapitre septième de l'Evangile de Luc témoigne du goût littéraire de l'auteur et de sa grande aptitude à amalgamer des récits provenant de traditions différentes pour former une unité théologique.

Luc rapporte au début du chapitre la guérison du serviteur d'un centurion de Capharnaüm qui était à sa dernière extrémité. Jésus fut saisi d'admiration devant la foi de ce centurion païen qui se jugeait indigne de l'accueillir sous son toit, et il guérit à distance son serviteur malade. Poursuivant sa mission sur les routes de la Galilée, il va ressusciter le fils unique d'une veuve que l'on porte en terre, ému de compassion devant la souffrance de cette mère. Il y a entre ces deux récits une certaine unité et une gradation. Jésus se montre compatissant envers un homme et une femme affligés par le malheur survenu à un être cher, mais l'un est serviteur et l'autre fils unique, l'un sur le point de mourir et l'autre déjà mort. Il guérit l'un et ressuscite l'autre, en chemin, par sa seule parole.

Par respect pour ses sources et par délicatesse littéraire, Luc a préféré relater, avant l'ambassade des disciples du Baptiste, le récit de la résurrection du fils de la veuve de Naïm plutôt que la résurrection de la fille de Jaïre, ainsi que le fait Matthieu. Car selon Mc 5, 43 Jésus avait ordonné aux témoins de la résurrection de la fille de Jaïre de ne pas diffuser la nouvelle. Si cette consigne fut observée, et Luc le croit, le Baptiste n'a pas pu apprendre du fond de sa prison les oeuvres de Jésus. Luc préfère alors rapporter le récit de la résurrection accomplie à Naïm, récit qu'il emprunte à une autre tradition. Il y a, d'autre part, entre les récits de la guérison du serviteur du centurion et la résurrection de la fille de Jaïre des contacts littéraires étroits que Luc a évité de rapprocher pour ne pas importuner le lecteur.[1]

Le déroulement du chapitre septième, à partir de la résurrection du fils de la veuve, confirme la maîtrise de Luc en l'art d'agencer les scènes. L'épisode de Naïm précède et illustre la déclaration de Jésus aux envoyés du Baptiste: 'Les morts ressuscitent' (Lc 7, 22); la transition entre les deux épisodes est bien ménagée par la notice: 'Et ce propos se répandit dans toute la Judée et le pays avoisinant' (Lc 7, 17) qui prépare le verset suivant (Lc 7, 18a). Le Baptiste est loin de partager l'enthousiasme de la foule qui, après la résurrection de Naïm, s'est écriée: 'Un grand prophète a surgi parmi nous, Dieu a visité son peuple' (Lc 7, 16). Son étonnement, sinon son doute: 'Es-tu celui qui doit venir, ou devons-nous en attendre un autre?' (Lc 7, 19) ne manque pas de surprendre le lecteur, mais éclaire, après l'éloge du Baptiste que fait Jésus, la parole assez énigmatique: 'Le plus petit dans le Royaume de Dieu est plus grand que lui' (Lc 7, 28). Le Baptiste a annoncé Jésus, mais ne l'a pas confessé. Plus grand que tous les prophètes, il est inférieur aux petites gens qui acclament en Jésus la visite eschatologique de Dieu. Le Baptiste reste confiné dans l'ancien temps, celui de la préparation.

L'acclamation de la foule au verset 16, confirmée par la déclaration de Jésus aux versets 22–23, prépare aussi d'une façon lointaine le récit de la pécheresse pardonnée (Lc 7, 36–50). La remarque sceptique du Pharisien au verset 39: 'Si cet homme était prophète, il saurait qui est cette femme, et qu'elle est pécheresse!' vient battre en brèche l'ovation populaire du verset 16, mais justifie le jugement sévère de Jésus sur la classe dirigeante d'Israël (Lc 7, 9.29-35).

L'épisode de Naïm occupe donc une place importante dans la construction de ce chapitre, dont la clef de voûte est le cri de la foule: 'Dieu a visité son peuple' et la déclaration de Jésus aux versets 22-23. Dieu se montre favorable aux païens, aux petites gens dans le besoin, aux pécheurs, mais résiste aux Pharisiens et aux légistes qui par orgueil refusent d'entrer dans l'histoire du salut et le plan de Dieu (Lc 7, 30).

2. Le genre littéraire du récit

L'étude sur les analogies des récits de résurrection a montré que le récit de la résurrection du fils de la veuve de Naïm, bien qu'apparenté au récit de la résurrection du fils de la veuve de Sarepta, ne suivait pas en tout son modèle littéraire. L'épisode de Naïm s'apparente davantage, d'après sa forme, aux récits de guérison ou de résurrection en chemin, dont le plus ancien témoin est une inscription d'Epidaure qui rapporte qu'Asclépios guérit une femme que l'on portait sur un brancard.[2] Pline l'Ancien raconte comment Asclépiade de Pruse rencontrant un cortège funèbre découvrit la vie dans le corps d'un soi-disant mort.[3] Apulée donne au chapitre dix-neuvième des *Florides* un récit détaillé de cette pseudo-résurrection.[4] Jamblique rapporte dans son roman qu'un vieillard chaldéen empêcha l'enterrement d'une jeune fille prétextant qu'il y avait en elle encore un souffle de vie.[5] Au temps de Philostrate cette légende s'était reportée sur Apollonius de Tyane.[6] La traduction de ce récit servira à illustrer ce genre littéraire.

'Et voici un prodige d'Apollonius. Une jeune fille, d'âge nubile, passait pour être morte. Son fiancé suivait le lit mortuaire poussant de grands cris sur son mariage qui n'avait pu avoir lieu. Le tout Rome se lamentait avec lui, car la jeune fille se trouvait appartenir à une famille consulaire. Apollonius fut par hasard témoin de ce deuil: "Déposez, dit-il, la civière car je vais faire cesser les larmes que vous versez sur cette jeune fille." Il demanda alors quel était son nom. Beaucoup pensèrent qu'il allait prononcer un de ces discours funèbres propres à susciter des lamentations. Il n'en fit rien, mais l'ayant touchée, et ayant prononcé sur elle quelques paroles en secret, il réveilla la jeune fille de sa mort apparente, et l'enfant poussa un cri et revint à la maison paternelle, comme Alceste lorsqu'elle fut rendue à la vie par Hercule. Comme les parents de la jeune fille lui offraient 150.000 (sesterces), il dit de les redonner à l'enfant comme dot. Avait-il trouvé en elle une étincelle de vie qui avait échappé à ses soigneurs – car il est dit, comme Zeus faisait tomber une pluie fine, celle-ci exhalait une haleine de son visage – ou bien réchauffa-t-il une vie déjà éteinte qu'il redonna? Mystérieux problème que tout cela, pour moi, mais aussi pour tous ceux qui en furent témoins.'[7]

Les points de contact entre ce récit qui date du troisième siècle, celui d'Epidaure, d'Apulée et de Luc sont évidents. Il est presque certain par ailleurs qu'aucun de ces auteurs n'a connu le récit de l'autre. Les contacts entre ces récits sont thématiques et non littéraires. Il s'agit vraisemblablement d'une tradition orale qui, selon les époques, fut reportée sur un dieu comme Asclépios, un grand médecin comme Asclépiade de Pruse, un mage comme Apollonius de Tyane. Cette tradition suit un schéma littéraire assez fixe:

- La rencontre entre le thaumaturge ou le médecin et le malade ou le mort a lieu par hasard en chemin. (Inscription d'Epidaure, chez Apulée, Jamblique, Philostrate, Luc.)
- L'ordre de déposer le brancard est commun aux récits d'Epidaure,

d'Apulée et de Philostrate. Dans le récit de Luc, Jésus touche la civière et les porteurs s'arrêtent.

– L'ordre de ne pas pleurer, quelques mots prononcés suffisent dans le récit de Luc et de Philostrate à ranimer le mort. Apulée dira: 'Il le ramena dans sa maison. Là sur le champ il ranima en lui le souffle.'

– Dans le récit de Philostrate, l'enfant réanimée pousse un cri, dans le récit de Luc, le jeune homme se met à parler. L'étonnement, le doute des témoins dans le récit de Philostrate correspondent à la crainte et à la glorification de Dieu par les assistants dans le récit de Luc.

La tradition d'une guérison ou d'une résurrection en chemin est antérieure, contemporaine et postérieure à la rédaction du Nouveau Testament. La découverte de ce genre littéraire inviterait à chercher l'origine du récit lucanien dans le monde hellénistique. Pour des raisons apologétiques, les premiers prédicateurs chrétiens auraient été, en milieu hellénistique, amenés à s'aligner sur les légendes grecques et à élaborer des récits semblables. L'étude de la langue, de la théologie du récit de Luc, sa parenté avec le récit de 1 R 17, où Elie ressuscite le fils de la veuve de Sarepta, engagent néanmoins à porter l'attention vers le milieu judéo-chrétien. La similitude de genre littéraire ne permet pas de décider *a priori*, avant l'étude du texte lui-même, du milieu d'origine d'un récit ni de son historicité.

3. La rédaction lucanienne du récit

Le but de ce paragraphe est de déceler par la critique littéraire la source que Luc a utilisée et les additions ou remaniements qu'il lui a fait subir. Nous ne traiterons de l'interprétation théologique de ce récit par Luc que dans la cinquième partie de cette étude.

Le récit forme un tout difficile à subdiviser. Chaque stique est relié au précédent par la conjonction de coordination καί, sauf au v. 12 où l'on trouve ὡς δέ, au v. 14 οἱ δέ, et au v. 16 ἔλαβεν δέ. Le οἱ δέ du v. 14 ne marque pas une subdivision du texte, mais le δέ des versets 12 et 16 révèle peut-être l'intention de l'auteur de structurer son texte, au moins formellement, en trois parties:

– Introduction, v. 11.
– Le miracle, v. 12–15.
– La réaction de la foule et le retentissement du miracle, v. 16–17.

a. Introduction v. 11[8]

La première formule: καὶ ἐγένετο ἐν τῷ ἑξῆς est propre à Luc et très proche de celle de Luc 8, 1: καὶ ἐγένετο ἐν τῷ καθεξῆς. On retrouve une expression similaire avec le féminin en Lc 9, 37 (diff. de Mc 9, 14 et Mt 17, 14), et seulement τῇ ἑξῆς en Ac 21, 1; 25, 17; 27, 18. La leçon au masculin bien attestée (P⁷⁵ Sᶜ A B L X Δ Θ Ψ fam 13 it vg syrˢ copˢᵃ geo) semble préférable, offrant un sens plus vague: 'par la suite', le substantif χρόνῳ ou καιρῷ est sous-entendu. Il ne faut pas chercher de succession chronologique entre ce récit et la guérison du serviteur du centurion, l'insertion de ce récit à cet endroit témoigne, comme nous l'avons indiqué, du souci de composition de Luc. Il y a donc de fortes probabilités que la formule καὶ ἐγένετο ἐν τῷ ἑξῆς provienne de la main de Luc.

Ἐπορεύθη εἰς πόλιν καλουμένην Ναΐν. Le participe καλούμενος est typiquement lucanien, et l'expression rappelle celle de Lc 9, 10: εἰς πόλιν καλουμένην Βηθσαϊδά. Or les versets parallèles de Mc 6, 30 et Mt 14, 13 n'ont pas Βηθσαϊδά; faut-il en conclure que Luc a introduit arbitrairement Bethsaïde dans son texte en 9, 10 et que pareillement la mention de Naïm est un complément de Luc à sa source? Il est plus probable que Luc a repris la mention de Bethsaïde à Mc 6, 45 et l'a reportée en 9, 10; Luc ne rapporte pas en effet le miracle de la marche sur les eaux. La mention de Naïm est attestée sous des orthographes différentes par tous les manuscrits, sauf le 'e et l' de la vieille latine qui ont Capharnaüm. On peut penser que Luc a reçu de sa source la localisation de ce miracle. Luc aurait donc eu dans sa source ἐπορεύθη εἰς Ναΐν et aurait ajouté πόλιν καλουμένην. Luc aime apporter certains éclaircissements pour ses lecteurs grecs. (Lc 4, 16; 4, 31).

La ville de Naïm, située au pied du Djebel Dahi, près de la plaine de Yzréel, est mentionnée en Gn R 98 (62a) où les rabbins font dériver le nom נעים de l'oracle de Jacob à Issachar: 'Et il a vu . . . que le pays était charmant' וירא...ואת הארץ כי נעמה . Selon cette étymologie populaire Naïm tirerait donc son nom de la racine נעם: être charmant, agréable.[9] Les fouilles de cette localité, encore incomplètes, n'ont pas mis à jour la porte de la ville.[10]

Καὶ συνεπορεύοντο αὐτῷ οἱ μαθηταὶ αὐτοῦ καὶ ὄχλος πολύς. La répétition ἐπορεύθη–συνεπορεύοντο dans le même verset est peu élégante. Le verbe συμπορεύεσθαι se retrouve encore en Lc 14, 25, très proche de Mc 10, 1 et en Lc 24, 15 dans l'épisode des disciples d'Emmaüs. La foule et les disciples sont séparés en deux catégories comme en 6, 17 // Mc 3, 7. L'expression ὄχλος πολύς au singulier, sans complément, n'est pas lucanienne. Elle se retrouve seulement en Lc 8, 4 // Mc 4, 1 et 9, 37 // Mc 9, 14. Ces divers indices, bien ténus, sont néanmoins des signes que Luc a trouvé ce stique dans sa source. Le verset d'introduction que Luc aurait trouvé dans sa source serait donc: Καὶ ἐπορεύθη εἰς Ναΐν καὶ συνεπορεύοντο αὐτῷ οἱ μαθηταὶ αὐτοῦ καὶ ὄχλος πολύς.

Mais on peut conjecturer facilement qu'une tradition plus ancienne que cette source ne mentionnait ni les disciples ni la foule qui n'apparaissent plus dans le corps du récit. Le passage au singulier au v. 12 est à cet égard très significatif.[11] La première tradition de ce récit avait donc simplement: καὶ ἐπορεύθη εἰς Ναΐν.

b. Le miracle v. 12-15

v. 12 L'expression ὡς ἤγγισεν est propre à Luc (15, 25; 19, 29.41; Ac 7, 17 avec καθώς). Luc est de plus le seul Évangéliste à construire le verbe ἐγγίζειν avec le datif (15, 1.25; 22, 47; Ac 9, 3; 10, 9; 22, 6). On peut facilement déduire d'une comparaison entre Marc et Luc que la source de Luc avait seulement καὶ ἦλθεν.

Mc 10, 46	Καὶ ἔρχονται εἰς Ἰεριχώ . . .	Lc 18, 35	Ἐγένετο δὲ ἐν τῷ ἐγγίζειν αὐτὸν εἰς Ἰεριχώ . . .
Mc 10, 50	ἦλθεν πρὸς τὸν Ἰησοῦν . . .	Lc 18, 40	ἐγγίσαντος δὲ αὐτοῦ . . .
Mc 14, 45	καὶ ἐλθὼν εὐθὺς . . .	Lc 22, 47	καὶ ἤγγισεν τῷ Ἰησοῦ . . .

Le substantif πύλη est un hapax de l'Evangile de Luc qui préfère ordinairement πυλών; πύλη se retrouve cependant quatre fois dans les Actes (3, 10; 9, 24; 12, 10; 16, 13).

L'expression καὶ ἰδού pour introduire une apodose est sémitique.[12] Le verbe ἐκκομίζειν ne se rencontre qu'ici dans toute la bible. Mais ce verbe est connu de Josèphe, de Philon, de Polybe et de Plutarque.[13] En Ac 5, 6.9.10.15 Luc lui préfère son synonyme ἐκφέρειν. Le participe τεθνηκώς est employé comme nom en apposition à fils unique (cf. Jn 11, 44). La construction μονογενὴς υἱὸς τῇ μητρὶ αὐτοῦ est étrange: on s'attendrait à ce que μονογενής soit employé après υἱός, ou encore que υἱός soit supprimé (cp. Tb 3, 15 LXX; Jg 11, 34).[14] Est-ce Luc qui a ajouté μονογενής? On pourrait le supposer si l'on compare Lc 8, 42 et Mc 5, 23, Lc 9, 38 et Mc 9, 17. Mais le datif τῇ μητρὶ αὐτοῦ ne s'explique que comme complément de μονογενής et sans μονογενής cette expression n'a pas de sens. On doit noter de plus qu'en 8, 42 Luc a placé correctement l'adjectif μονογενής après θυγάτηρ; en Lc 9, 38 également la construction est grammaticalement correcte: μονογενής μοί. L'adjectif μονογενής appartient donc à la source de Luc, à laquelle on doit imputer l'incorrection grammaticale.

L'expression καὶ αὐτὴ ἦν χήρα est presque identique à celle de Lc 2, 37. La construction καὶ αὐτός est fréquente chez Luc, souvent corrigée par l'éditeur du codex Bezae qui utilise une expression plus idiomatique en grec. M. Black y voit les traces d'une traduction en grec d'une phrase circonstancielle en araméen.[15]

Une foule nombreuse de la ville accompagnait la veuve, et le cortège funèbre croise le cortège conduit par le prince de la vie. Bien que l'adjectif

ἱκανός soit très fréquent chez Luc et qu'il soit joint ici à ὄχλος comme en
Ac 11, 24.26, il est probable que ce trait typique des récits de guérison en
chemin ait appartenu à la source de Luc.

Il est presque certain donc que Luc a remplacé le καὶ ἦλθεν de sa source
par ὡς δὲ ἤγγισεν. C'est sans doute le seul changement qu'il a fait dans ce
verset au texte de sa source. La construction parataxique de ces deux
premiers versets peut faire penser à une tradition sémitique sous-jacente au
texte grec. Une comparaison de la tradition originale du verset 11, et de la
source de Luc au verset 12, avec le texte grec et hébreu de 1 R 17, 10, sera
des plus éclairantes:

Source	*LXX*	*TM*
ἐπορεύθη	ἐπορεύθη	וילך
εἰς Ναΐν	εἰς Σάρεπτα	צרפתה
καὶ ἦλθεν		ויבוא
εἰς τὴν πύλην	εἰς τὸν πυλῶνα	אל פתח
τῆς πόλεως	τῆς πόλεως	העיר
καὶ ἰδού . . .	καὶ ἰδοὺ ἐκεῖ	והינה שם
καὶ αὐτὴ ἦν χήρα	γυνὴ χήρα	אשה אלמנה

Cette partie de la tradition originale de ce récit apparaît être un pastiche
de 1 R 17, 10. Le texte hébreu est plus proche de la source que le texte de
la LXX. La LXX n'a pas traduit le ויבוא du texte massorétique qui
correspond au καὶ ἦλθεν de la source de Luc. L'adjectif μονογενής peut
s'expliquer par le texte massorétique de 1 R 17, 12 qui a 'pour moi et pour
mon fils', tandis que le texte de la LXX a le pluriel: 'pour moi et mes
enfants'. Le texte hébreu non ponctué לבני pouvait se lire au singulier
ou au pluriel לִבְנִי ou לְבָנַי et les massorètes se basant sur la tradition
orale juive ont lu le singulier. Il y a là un indice certain que le texte original
de ce récit a été formulé en milieu juif.

L'étude de ces deux versets montre que la tradition primitive s'est
formée en milieu juif sur le modèle de 1 R 17. Mais le motif de la rencontre
du thaumaturge et du cortège funèbre provient du milieu hellénistique et
non pas du récit de la résurrection du fils de la veuve de Sarepta. La mention de la foule et des disciples qui accompagnent Jésus n'appartient
sans doute pas à la tradition originale, mais c'est un trait caractéristique
des récits de miracles dans le Nouveau Testament.

v. 13 Le verset fait surgir un problème. Dibelius y voit une addition de
Luc, 'qui décrit volontiers les sentiments et aime à mentionner les femmes'.
Si l'on enlevait ce verset et peut-être aussi la mention de la mère au verset
15b, on aurait, dit-il, un ensemble meilleur, plus rigoureux: la mère ne
serait mentionnée qu'au début, et l'action de Jésus qui touche le cercueil

pour arrêter le cortège serait suivie d'un effet immédiat, sans qu'aucune parole n'ait été prononcée.[16] L'arrêt du cortège funèbre, sans que rien ne fût dit, serait en réalité assez surprenant. La mention de la mère, d'autre part, au verset 15b est un simple décalque de 1 R 17, 23. La question de l'originalité ou de l'addition de ce verset doit être tranchée plus objectivement par la critique littéraire.

Il est vrai que l'association du verbe 'voir' et 's'émouvoir' est typiquement lucanienne :

Lc 7, 13 : καὶ	ἰδὼν αὐτὴν ὁ Κύριος	ἐσπλαγχνίσθη
Lc 10, 33 : καὶ	ἰδὼν	ἐσπλαγχνίσθη
Lc 15, 20 :	εἶδεν αὐτὸν ὁ πατὴρ αὐτοῦ καὶ	ἐσπλαγχνίσθη

En 7, 13 le verbe σπλαγχνίζειν est construit avec la préposition ἐπί et Jésus est sujet du verbe, alors qu'en 10, 33 le sujet est le Samaritain et en 15, 20 le père. Luc, d'autre part, évite en 5, 13 // Mc 1, 41 et en 9, 11 // Mc 6, 34 de rapporter, à la différence de Marc, que Jésus s'est ému ; on ne voit pas pourquoi il l'aurait mentionné de lui-même ici.[17] Il est donc probable que ce stique appartienne à la source de Luc.

Mais la source de Luc avait-elle le titre ὁ Κύριος ou seulement ὁ Ἰησοῦς ? Luc utilise le titre ὁ Κύριος 19 fois dans son Evangile pour désigner Jésus.[18] Le codex Bezae et la vieille syriaque ont souvent, comme c'est le cas pour ce verset, seulement 'Jésus'. Il est vraisemblable que le titre de Seigneur provienne dans ce récit de la main de Luc qui a trouvé insuffisante l'acclamation christologique de la foule au verset 16. Le titre 'Seigneur' employé ici par Luc pour la première fois dans la vie publique de Jésus a un sens messianique transcendant. Il introduit souvent des paroles importantes de Jésus (10, 41 ; 11, 39 ; 12, 42 ; 13, 15).

L'expression μὴ κλαῖε rappelle la recommandation de Jésus à Jaïre en Lc 8, 52, où Luc a transformé le texte de Mc 5, 39. Il est possible qu'il ait, ici aussi, retravaillé sa source, mais il est impossible de déceler le texte de cette source, s'il fut différent.

L'attention de l'auteur de la source se porte aux versets 12 et 13 sur la douleur de la mère. C'est une veuve, mère d'un fils unique qui devrait être son soutien et qu'une foule nombreuse de la ville accompagne. C'est cette mère que Jésus voit, dont le sort l'émeut, qu'il console et à qui finalement il rend son fils. Ce récit appartenait peut-être alors à un ensemble formé par des textes propres à Luc, où est décrite l'aide que Jésus apporte aux femmes (Lc 7, 11–17. 35–50 ; 8, 2–3).

La critique littéraire de ce verset montre que Luc a vraisemblablement remplacé le nom de Jésus par le titre de Seigneur, et peut-être réélaboré l'ordre de ne pas pleurer. L'insistance qui est mise sur la mère laisserait supposer que ce récit appartenait, lorsqu'il parvint à Luc, à une section centrée sur Jésus et les femmes.

v. 14 Jésus s'avance et d'un geste majestueux, en touchant le cercueil, ordonne l'arrêt du cortège. L'expression est lucanienne:

Lc 7, 14:	καὶ προσελθών	ἥψατο τῆς σοροῦ
Lc 8, 44:	προσελθοῦσα ὄπισθεν	ἥψατο τοῦ κρασπέδου

Luc n'a pas créé cette expression. En 8, 44 il la reprend de Mc 5, 27 et ici, de sa source. Le terme σορός est rare dans la bible, où il ne se retrouve qu'en Gn 50, 26, et dans certains manuscrits en Jb 21, 32. On le rencontre aussi dans le Testament de Ruben (7, 2). Le terme désigne un cercueil et traduit l'hébreu ou l'araméen ארון que l'on rencontre plusieurs fois dans le Midrash Rabbah et le Talmud. Il n'est donc pas nécessaire de supposer, en raison de ce mot, une source grecque au récit. La suite du récit suppose que le cercueil était ouvert. Le οἱ δὲ βαστάζοντες, qui interrompt la suite des καί, est frappant et marque un arrêt dans le récit. L'ordre que Jésus donne au mort rappelle étrangement Mc 5, 41:

Mc 5, 41:	Τὸ κοράσιον,	σοὶ λέγω, ἔγειρε araméen:	טליתא קומי
Lc 7, 14:	Νεανίσκε,	σοὶ λέγω, ἐγέρθητι araméen:	טליא קום

Le σοὶ λέγω (cp. Lc 5, 24) souligne l'autorité de Jésus et contraste violemment avec l'invocation à Dieu faite par Elie, et avec ses efforts répétés pour réchauffer le cadavre de l'enfant (1 R 17, 21). L'impératif aoriste passif ἐγέρθητι, qui fait contraste avec l'impératif présent μὴ κλαῖε: 'cesse de pleurer', indique qu'il s'agit d'une véritable résurrection. Ce verset central provient sans aucun doute de la source de Luc.

v. 15 Le mort, répondant à l'appel de Jésus, se dresse sur son séant, se met à parler, et Jésus le rend à sa mère. La résurrection, de soi imperceptible, est ainsi visualisée par les réactions qu'elle entraîne. La verbe ἀνακαθίζειν se retrouve seulement dans quelques manuscrits de la LXX en Gn 48, 2; Luc l'utilisera également lors de la résurrection de Tabitha en Ac 9, 40. Hobart a souligné l'utilisation médicale de ce verbe qui, au sens intransitif, est employé par les écrivains médicaux parlant d'un malade s'asseyant sur son lit.[19] Luc, qui était médecin, a peut-être préféré alors ce verbe composé au verbe simple καθίζειν qui aurait été dans sa source. Mais il est bien difficile de formuler un diagnostic sûr! L'expression ἤρξατο λαλεῖν est propre à Luc, et ne se rencontre qu'en Ac 2, 4 et 11, 15. Il est fort possible que Luc ait ici encore amendé sa source qui avait peut-être simplement 'et l'enfant poussa un cri', comme en 1 R 17, 22 et dans le récit de Philostrate. Jésus rend alors le fils à sa mère. L'expression est reprise textuellement de 1 R 17, 23. Luc l'utilisera encore en 9, 42. Le changement de sujet à l'intérieur de la même phrase se rencontre plusieurs fois chez Luc (Lc 15, 15; 17, 2; 19, 4; Ac 6, 6; 10, 4). Jésus a fait ce qu'avait fait Elie; il peut désormais être acclamé comme un grand prophète.

La critique littéraire des v. 12–15 a montré que Luc a suivi fidèlement sa source qu'il a sans doute améliorée çà et là. Le seul changement important théologiquement est l'insertion probable du titre 'Seigneur' au lieu de 'Jésus'. La syntaxe de la phrase est sémitique et fait songer à une origine palestinienne ou syrienne. L'auteur de la source a utilisé le récit de 1 R 17 comme modèle, et croise les emprunts faits à son modèle avec des motifs inspirés des récits de guérison ou résurrection en chemin. L'ordre que donne Jésus au mort ne provient ni des récits de l'Ancien Testament, ni d'une tradition païenne, mais a ses seuls équivalents dans les récits de miracles du Nouveau Testament.

c. La réaction des assistants et le retentissement de l'événement v. 16–17

Crainte et émerveillement sont les réactions humaines devant la manifestation du divin. La foule, un moment interdite par le spectacle dont elle a été témoin, glorifie Dieu et confesse: 'Un grand prophète a surgi parmi nous, Dieu a visité son peuple.' Après la résurrection de son fils, la veuve de Sarepta s'était écriée à l'adresse d'Elie: 'Maintenant je sais que tu es un homme de Dieu et que la parole de Dieu dans ta bouche est vérité' (1 R 17, 24). Dieu a suscité en Jésus un prophète 'qui marche avec l'esprit et la puissance d'Elie'. 'Il a visité et délivré son peuple' (Lc 1, 68), 'amené d'en-haut par sa miséricordieuse tendresse la visite du soleil levant pour illuminer ceux qui se tiennent dans les ténèbres et l'ombre de la mort' (Lc 1, 78). La foi messianique de la première communauté chrétienne éclate dans la bouche de la foule témoin du miracle. Jésus est un prophète égal en puissance à Elie, en lui Dieu a visité gracieusement son peuple et ouvert l'ère messianique.[20]

L'expression ἔλαβεν δὲ φόβος πάντας est un hapax du Nouveau Testament. L'expression se retrouve dans l'Epître de Jérémie au verset 4 et dans Josèphe (Vit. 6, 148). Elle est très proche de celle de Lc 5, 26 // Mc 2, 12.

Lc 7, 16:   ἔλαβεν δὲ φόβος   πάντας καὶ ἐδόξαζον τὸν θεὸν
            λέγοντες ὅτι . . .

Lc 5, 26:   καὶ ἔκστασις ἔλαβεν   ἅπαντας καὶ ἐδόξαζον τὸν θεὸν . . .
            λέγοντες ὅτι . . .

La comparaison de ces deux conclusions de récits de miracle permet de penser que Luc a, en 7, 16 comme en 5, 26, repris l'expression de sa source, même si par ailleurs Luc est un liturge qui aime que l'on glorifie Dieu.[21] Le titre 'grand prophète' est un hapax du Nouveau Testament. Le terme prophète appliqué par la foule à Jésus se rencontre encore en Lc 9, 8 // Mc 6, 15 et 9, 19 // Mc 8, 28. Jésus lui-même se désigne comme prophète en Lc 4, 24s et 13, 33. En Lc 24, 19 les disciples d'Emmaüs dépeignent Jésus comme 'un prophète puissant en oeuvres et en paroles devant Dieu et devant tout le peuple'. C'est là une formule de la prédication primitive où Jésus est présenté, en liaison avec Dt 18, 15, comme le prophète semblable à Moïse que Dieu devait susciter (Ac 3, 22s; 7, 22). En Lc 7, 16 Jésus n'est présenté ni comme un prophète ordinaire, ni comme le Prophète attendu pour les derniers temps, ni comme un nouveau Moïse, mais comme un grand pro-phète, égal, comparable à Elie.

Le thème de la visite de Dieu, fréquent dans l'Ancien Testament et le judaïsme intertestamentaire, est relativement rare dans le Nouveau Testa-ment (Lc 1, 68.78; 19, 44; 1 P 2, 12). Luc reprend vraisemblablement ce thème eschatologique à sa source comme en témoigne son utilisation dans l'hymne messianique et sans doute judéo-chrétien du Benedictus.[22]

v. 17 La confession de foi des assistants va dépasser les limites de la Palestine pour atteindre les pays païens avoisinants. Luc a retravaillé sa source. Il entend montrer que la foi en Jésus et la réputation du Maître s'étendent toujours plus loin; au début de l'activité de Jésus, sa renommée ne s'étend que dans la région où il travaille (4, 14b.37), puis dans toute la Galilée, la Judée et Jérusalem (5, 17), et bientôt jusqu'aux villes de Tyr et de Sidon (6, 17), et ici dans toute la Judée et les régions païennes avoisi-nantes. Pour atteindre à ce but, il est presque certain que Luc a ajouté à sa source: ὅλη τῇ Ἰουδαίᾳ περὶ αὐτοῦ καί.

L'expression 'toute la Judée' se retrouve encore en Lc 23, 5; Ac 10, 37. La Judée désigne ici toute la Palestine, et non seulement la province de Judée, puisque le miracle a lieu en Galilée. Ce sens étendu du mot Judée est habituel chez Luc (Lc 1, 5; 4, 44; 6, 17; Ac 10, 37). L'addition de περὶ αὐτοῦ a pour but de préciser le sens de ὁ λόγος οὗτος. C'est la confession de foi du verset 16 qui pour Luc est répétée et non l'événement lui-même. La comparaison de Mc 1, 28 // Lc 4, 37, de Lc 4, 14 construit également d'après Mc 1, 28 et de Lc 7, 17 fera ressortir clairement que Luc a ajouté ὅλη τῇ Ἰουδαίᾳ περὶ αὐτοῦ καί.

Mc 1, 28:	καὶ ἐξῆλθεν ἡ ἀκοὴ αὐτοῦ εὐθὺς πανταχοῦ εἰς ὅλην τὴν περίχωρον τῆς Γαλιλαίας
Lc 4, 14:	καὶ φήμη ἐξῆλθεν καθ' ὅλης τῆς περιχώρου περὶ αὐτοῦ
Lc 4, 37:	καὶ ἐξεπορεύετο ἦχος περὶ αὐτοῦ εἰς πάντα τόπον τῆς περιχώρου
Lc 7, 17:	καὶ ἐξῆλθεν ὁ λόγος οὗτος ἐν ὅλῃ τῇ Ἰουδαίᾳ περὶ αὐτοῦ καὶ πάσῃ τῇ περιχώρῳ.

Il en résulte donc que la source de Luc avait seulement: Καὶ ἐξῆλθεν ὁ λόγος οὗτος ἐν πάσῃ τῇ περιχώρῳ.

Le verbe ἐξέρχεσθαι n'a pas en grec le sens de 'se répandre' en parlant d'une nouvelle, tandis que son correspondant araméen a ce sens. M. Black cite l'exemple de Lév. R. 27 où le verbe araméen נפק a ce sens.[23] On peut se demander alors si le substantif ὁ λόγος ne correspondrait pas à l'araméen פתגמא qui signifie à la fois 'parole', 'affaire', 'événement' comme דבר en hébreu. Dans la source du texte, ce serait donc l'événement qui se serait répandu, et non seulement la confession de foi en Jésus comme Luc, en se basant sur le sens restreint de λόγος, l'a compris.

En résumé, l'étude littéraire de ce texte a montré que Luc a pu parfois améliorer sa source, sans qu'il soit possible de retracer cette source. Il a probablement ajouté ἐγένετο ἐν τῷ ἑξῆς au v. 11, et changé ὁ Ἰησοῦς en ὁ Κύριος au v. 13. Il a très vraisemblablement ajouté πόλιν καλουμένην au v. 11 et ὅλῃ τῇ Ἰουδαίᾳ περὶ αὐτοῦ καί au v. 17, et changé καὶ ἦλθεν en ὡς δὲ ἤγγισεν au v. 12.

Il est fort probable que ce texte fut composé ou au moins prêché en araméen. Le texte ne présente en effet aucun mot ni tournure qui soit typiquement grecque. A l'inverse, la construction parataxique du récit, l'expression καὶ ἦλθεν = ὡς δὲ ἤγγισεν qui n'a un équivalent que dans le texte hébreu ou araméen de 1 R 17, 10, la mention du fils unique qui est propre à la tradition juive en 1 R 17, 12, la tournure peu grecque καὶ αὐτὴ ἦν χήρα qui correspond à la proposition circonstancielle en araméen, l'expression finale 'l'événement se répandit' qui est plus araméenne que grecque, bref, tous ces indices plaident pour une source sémitique. Il est peu vraisemblable également, sinon impensable, que la christologie du verset 16 ait été formulée en milieu grec, pas plus que l'expression: 'Dieu a visité son peuple.' Les probabilités penchent nettement en faveur d'un récit d'origine judéo-chrétienne, palestinienne ou syrienne.[24]

La source de Luc présente plusieurs points communs avec le récit de 1 R 17. Jésus rencontre le cortège funèbre à la porte de la ville comme Elie avait rencontré la veuve de Sarepta à la porte de cette ville. Dans les deux cas il s'agit d'un fils unique, fils d'une veuve; le ressuscité parle ou pousse un cri et est rendu à sa mère; le thaumaturge est reconnu prophète ou homme de Dieu.

Il faut noter également que nous retrouvons dans la tradition populaire des récits de guérison ou de résurrection en chemin des traits spécifiques que l'on rencontre dans la source de Luc et qui n'ont pas de parallèle dans le récit de la résurrection de Sarepta: la rencontre du cortège funèbre sur le chemin par le dieu ou le guérisseur qui font arrêter le convoi, s'étonnent de ce que l'on pleure, et opèrent la guérison ou la pseudo-résurrection.

Les analogies entre ces divers récits ne doivent pas pourtant masquer les originalités du récit de la source de Luc: la localisation du miracle de Naïm; Jésus est accompagné de ses disciples et d'une foule nombreuse; l'insistance sur la douleur de la mère et la compassion de Jésus à son égard qui portent à croire que ce récit appartenait à une section centrée sur Jésus et les femmes; l'ordre autoritaire que Jésus donne au mort; la christologie du verset 16; enfin la notice que l'événement se répandit dans tout le pays d'alentour. Ces traits spécifiques au récit de la source de Luc s'expliquent-ils alors par un événement historique sous-jacent? C'est cette question que nous allons aborder maintenant.

4. Hypothèse sur la genèse du récit

Sur l'origine de ce récit et sur la valeur historique, convenons sans ambages que nous ne pouvons parler qu'en 'clef de doute'. Devant les emprunts faits au récit de la résurrection du fils de la veuve de Sarepta et au genre littéraire des récits de résurrection en chemin, il y a autant de témérité à affirmer ou à nier catégoriquement la réalité historique de ce récit. Empêché de conclure avec certitude, nous ne pouvons parler qu'en termes de plus ou moins grande probabilité. Sans exclure d'une façon catégorique qu'il puisse y avoir un événement historique à la base de ce récit, il nous semble néanmoins, actuellement, plus probable que ce récit de résurrection, tout en suivant le genre littéraire des récits de résurrection en chemin, est seulement une ré-élaboration christologique du récit de la résurrection opérée par Elie à Sarepta. Selon la belle expression de Dibelius, ce récit paraît être 'un substitut de la prédication pour un cercle d'auditeurs habitués aux miracles des dieux et des prophètes'.[25]

Il y a deux raisons qui nous ont poussé à prendre cette option. C'est tout d'abord qu'aucun des traits spécifiques au récit de la résurrection de Naïm ne paraît être un garant sûr de l'historicité. C'est ce que nous voudrions montrer maintenant brièvement. Il est presque certain d'autre part que l'Eglise juive primitive a considéré et prêché Jésus, après sa résurrection d'entre les morts, comme le Nouvel Elie qui devait revenir à la fin des temps. On comprend alors facilement que pour exprimer d'une manière concrète cette conviction les premiers prédicateurs chrétiens, ou seulement la piété populaire, aient christologisé plusieurs épisodes de la vie et de la légende d'Elie. Nous traiterons longuement de ce point lorsque nous parlerons de la théologie du récit.

La localisation du miracle à Naïm est l'un des arguments les plus sérieux en faveur de l'historicité du miracle. Mais nous avons montré que les versets 11 et 12 du récit ne sont qu'un pastiche de 1 R 17, 10. Cette copie du verset du livre des Rois exigeait que l'on substituât à Sarepta une autre ville.

On a choisi Naïm. Beaucoup de commentateurs se sont plu à souligner le voisinage de la bourgade de Naïm en Galilée avec Shunem, où Elisée ressuscita le fils de son hôtesse. Mais il n'y a aucun contact littéraire entre le récit de la résurrection faite par Elisée et le récit de la résurrection accomplie à Naïm. Si le voisinage des deux localités a influencé le choix de Naïm, ce ne peut donc être qu'au niveau de la tradition populaire. Mais qui peut être assuré d'une telle influence? Si l'on s'en tient au verset de 1 R 17, 10, et aux versets 11 et 12 du récit de Luc, on peut seulement affirmer que la localisation du miracle est autant une preuve d'imitation que d'historicité.

Jésus est accompagné de ses disciples et de la foule. C'est là un trait typique de tous les récits de miracle. Ce stique était absent de la tradition originale du récit comme nous l'avons montré.

C'est un trait commun aux récits de résurrection en chemin que la dépouille funèbre soit escortée d'une grande foule. Ces personnes seront les témoins indispensables du miracle.

La parole autoritaire de Jésus est un trait commun aux récits de miracle des Evangiles (Mc 1, 41; 2, 11; 3, 5; 10, 52; Lc 8, 54; 13, 12; 17, 14). L'acclamation de la foule au verset 16 est le cri de foi de la première communauté chrétienne beaucoup plus que la réaction spontanée des assistants.

La diffusion de cet événement est un trait rare des récits de miracle des Evangiles (Mc 1, 28), mais il est probable que plusieurs conclusions similaires ont été réélaborées par Marc pour introduire la théorie du secret messianique.

Les caractéristiques de ce récit, qui n'ont de parallèle ni dans le récit du livre des Rois, ni dans les récits de résurrection en chemin, ne paraissent pas être un argument décisif en faveur de l'historicité du récit. C'est l'une des raisons pour laquelle nous voyons dans ce récit la réélaboration christologique de l'épisode de Sarepta. Dans cette réélaboration, le prédicateur a emprunté plusieurs éléments à la tradition populaire païenne des récits de résurrection en chemin, et quelques traits aux traditions de miracle des Evangiles.

La teneur sémitisante du texte, la christologie qui y est impliquée, le genre littéraire du récit portent à chercher l'origine et le milieu de vie de ce récit en Syrie où l'Eglise judéo-chrétienne était en contact étroit avec la pensée grecque. On peut songer à Damas ou Antioche, mais ce ne sont là qu'hypothèses improuvables.

Ce récit fut à ses débuts une prédication imagée qui révélait aux auditeurs que Jésus était le Nouvel Elie, qu'il inaugurait les temps messianiques. En milieu grec ce récit avait un but apologétique: Jésus y apparaît égal et même supérieur aux grands médecins et héros grecs.

Cette façon de comprendre l'origine de ce récit, n'est, faut-il le rappeler, qu'une hypothèse. Mais son aspect conjectural s'affaiblira, croyons-nous, lorsque nous aurons montré que Luc et, avant lui, l'Eglise primitive ont dépeint Jésus sous les traits d'Elie.

5. La théologie du récit

L'intention théologique de Luc en rapportant ce récit se laisse percevoir déjà par la place que cet épisode occupe à l'intérieur de son Evangile. Mais il est hautement significatif que Luc, qui dépeint souvent Jésus sous les traits d'Elie, soit le seul à rapporter ce miracle, significatif aussi qu'il ait tenté d'améliorer la christologie primitive de ce récit par l'insertion du titre 'Seigneur'. Il vaut donc la peine de se pencher sur la christologie de ce récit. Nous traiterons successivement de Jésus comme 'Nouvel Elie' dans l'Evangile de Luc, du sens du titre 'Seigneur' au verset 13, et de la visite de Dieu au verset 16.

a. *Jésus Nouvel Elie dans l'Evangile de Luc*[26]

Elie est l'une des figures les plus populaires du judaïsme post-biblique.[27] Son enlèvement mystérieux (2 R 2, 11s; Si 48, 9.12; 1 Hén 89, 52; Josèphe *Ant.* 9, 28), regardé comme une récompense de son zèle pour la loi (1 M 2, 58), et l'annonce de son retour avant le jour du Seigneur (Ml 3, lss. 23s) ont servi grandement sa légende. Au temps de Jésus, l'attente de sa venue était monnaie courante (Mc 6, 15; 8, 28; 9, 1.11–13), mais la lumière de l'ancien prophète s'était diffusée dans le prisme de l'attente messianique juive, et l'on voyait en lui tantôt le Messie (Ml 3, lss. 23; Si 48, 10), tantôt le prédécesseur du Messie (1 Hén 90, 31; 4 Esd 6, 26; Justin, Dial. 8, 4; 49, 1), tantôt le grand-prêtre des derniers temps (TJI Ex 40, 9–11; TJI Dt 30, 4; Assompt. Moïse 9, 1–7), tantôt encore le prophète des derniers temps: une bénédiction en usage au temps de Jésus et conservée dans le traité *Soferim* demande 'qu'Elie le prophète arrive, et que le Roi Messie germe en nos jours'.[28]

Elie, quel que soit son titre, interviendra à la fin des temps. Il aura à restaurer le peuple de Dieu coupé de lui par le péché, afin qu'il puisse accueillir le salut. Il ramènera la paix dans toutes les familles et à l'intérieur du peuple (Ml 3, 23ss LXX), rétablira les tribus d'Israël (Si 48, 10) en réunissant les Juifs dispersés, annoncera le temps de salut,[29] combattra l'Antéchrist avant l'apparition du Messie,[30] identifiera et oindra le Messie,[31] et alors l'âge final de grâce et de paix apparaîtra.

Jésus annonça par sa prédication et sa vie la venue du Royaume de Dieu. On ne doit donc pas s'étonner que la foule, et ensuite, la première communauté aient vu en lui le Nouvel Elie (Mc 6, 15; 8, 28). Dans la prédication primitive, la restauration universelle que le judaïsme réservait à l'Elie des derniers temps (Ml 3, 23) est reportée sur le Christ Jésus qui 'est celui que le ciel doit garder jusqu'au temps de la restauration universelle, dont Dieu a parlé par la bouche des saints prophètes' (Ac 3, 20s).[32] Nous sommes peut-être là en présence de la christologie la plus primitive.

Il est tout à fait remarquable que Luc, se basant parfois sur des sources anciennes ou sur des traditions particulières, en changeant parfois le texte de Marc ou de la source Q, soit le seul à avoir conservé et amplifié cette ancienne christologie où Jésus est regardé comme le Nouvel Elie.

Luc conserve tous les passages de Marc qui parlent d'Elie sans présenter Jean-Baptiste sous ses traits, mais évite soigneusement de rapporter les textes de Mc 1, 6 et 9, 13 où le Baptiste, par son vêtement, et par Jésus lui-même, est identifié à Elie. Il enjambe également le texte de la source Q en Mt 11, 14, où Jésus déclare: 'Et si vous voulez m'en croire, il est cet Elie qui doit revenir.' Pourquoi alors Luc rapporte-t-il en 1, 17 que le Baptiste 'précédera le Seigneur avec l'Esprit et la puissance d'Elie'? La réponse la plus naturelle n'est-elle pas que Luc suit dans ce récit un document johannite?[33]

Ces omissions de Luc sont déjà éclairantes pour notre propos. Luc s'efforce dès l'apparition du Baptiste d'en atténuer l'importance. Il évite de mentionner le Baptiste lors du baptême de Jésus, afin que les lecteurs n'aillent pas supposer que le Baptiste a pu oindre le Messie et le présenter aux foules comme le judaïsme ancien l'envisageait pour Elie. Il n'établit aucun lien entre l'arrestation du Baptiste et le début du ministère de Jésus, ne rapporte pas la mort du précurseur. Pour Luc, dès que Jésus paraît, le Baptiste cesse d'exister théologiquement. Jean-Baptiste n'est pas pour Luc le prophète eschatologique, ni le Nouvel Elie, mais seulement 'le plus grand des prophètes et des fils des femmes' (Lc 7, 26.28), comparable à Jérémie (cp. Lc 3, 2 et Jr 1, 1 LXX; Lc 3, 20 et Jr 39, 2s LXX).

Le soin que Luc apporte à éviter toute identification entre Jean-Baptiste et Elie s'éclaire si l'on admet que pour Luc c'est Jésus lui-même qui repro-duit dans son ministère la mission du Teshbite et comble l'attente juive concernant le retour d'Elie. Plusieurs traits de la vie publique de Jésus, pro-pres à Luc, s'expliquent facilement dans cette perspective. C'est, au début de la vie publique de Jésus, la prédication dans la synagogue de Nazareth (Lc 4, 14–30), où Jésus, mal reçu dans sa patrie, illustre l'aspect universa-liste de sa mission en rappelant les miracles d'Elie et d'Elisée (Lc 4, 25–27). Ces versets selon Schürmann auraient déjà appartenu à la source Q, que Luc reprendrait.[34] Nous aurions donc dans ce texte un autre trait de la tradition primitive qui dépeignait Jésus en référence à ces grands prophètes. Le récit de la résurrection de Naïm présente aussi, dans sa forme originale, Jésus comme un Nouvel Elie. Mais c'est surtout au chapitre neuvième, qui forme la charnière centrale de l'Evangile, que le parallèle entre Jésus et Elie est le plus étroit.[35] Pendant l'épisode de la transfiguration, Luc seul mentionne que Moïse et Elie s'entretiennent avec Jésus de son exode qu'il allait accomplir à Jérusalem (Lc 9, 31), et quelques versets plus loin, Luc dira en s'inspirant de 2 R 2, 1: 'Comme approchait le temps où il devait être enlevé de ce monde' (9, 51). L'exode de Jésus est ainsi précisé être un retour vers le Père, semblable à celui d'Elie (cp. 2 R 2, 11; 1 M 2, 58; Si 48, 9 et Lc 9, 51; 24, 51; Ac 1, 2.11.22). Quelques versets encore et les fils du tonnerre, Jacques et Jean, demanderont à Jésus la permission de faire descendre sur les Samaritains le feu du ciel (Lc 9, 54), comme Elie avait fait sur ses adversaires (1 R 18, 37s; 2 R 1, 10.12; Si 48, 3). Jésus n'approuvera pas ce zèle intempestif, mais c'est pourtant le même Jésus qui déclare en Lc 12, 49: 'Je suis venu apporter le feu sur la terre, et comme je voudrais qu'il fût déjà allumé', ce qui doit s'entendre en parallèle avec 12, 50 de la mort même de Jésus et du don de l'Esprit qui suivra sa résurrection, ou encore avec toute la tradition 'de la force conquérante de sa parole inspirée par l'Esprit de Dieu'.[36] La formule n'est pas sans rappeler celle du Si 48, 1: 'Alors le prophète Elie se leva comme un feu, sa parole brûlait comme une torche'. Au cours de son voyage vers Jérusalem, Jésus va rappeler les exigences de la vocation apostolique, et un court récit renvoie à l'appel d'Elisée par Elie. Qu'on se souvienne comment Elie passant près du champ où labourait Elisée jeta sur lui son manteau. Elisée demandera à Elie de retourner embrasser père et mère, et Elie lui répondra vertement que s'il en est ainsi, il n'a plus besoin de lui. De même, à un homme qui lui demandera de prendre congé des siens, Jésus ne consentira aucun délai: 'Quiconque a mis la main à la charrue et regarde en arrière est impropre au Royaume de Dieu' (Lc 9, 62).

Sur le chemin de Gethsémani, Luc est le seul à avoir rapporté la réponse excédée de Jésus à ses disciples qui, prenant au sérieux la parole de Jésus sur l'achat d'un glaive, lui proposent deux épées pour résister à l'arrestation: 'C'est assez' coupe Jésus, d'un ton qui rappelle la détresse d'Elie demandant à Dieu de lui reprendre la vie (Lc 22, 38: ἱκανόν ἐστιν; 1 R 19, 4: ἱκανούσθω νῦν). Jésus, seul comme Elie face à sa mission, sombre dans l'angoisse, mais Dieu ne l'abandonne pas plus qu'il n'a abandonné Elie et envoie un ange pour le réconforter dans son agonie (Lc 22, 43; 1 R 19, 5-7). Luc enfin omettra le cri de Jésus en croix que rapportent Marc et Matthieu: 'Eli, Eli, lama sabachtani?' (Mc 15, 35; Mt 27, 46-49) Les assistants pensèrent que Jésus appelait Elie à l'aide, secours de toutes les âmes en détresse. Pour Luc, Jésus est Elie qui porte secours aux chrétiens. A sa mort il remettra son esprit aux mains de son Père, achevant ainsi son exode.

L'ascension de Jésus enfin n'est pas sans rappeler celle d'Elie. Comme

Elie recommande à Elisée de rester là où il est (κάθου 2 R 2, 2.4.6), ainsi Jésus recommande aux siens de demeurer à Jérusalem pour y attendre la venue de l'Esprit (καθίσατε Lc 24, 49). La promesse du don de l'Esprit par Jésus en Lc 24, 49; Ac 1, 8 rappelle aussi la demande d'Elisée: 'Que me revienne une double part de ton Esprit. Elie reprit: tu me demandes une chose difficile. Si tu vois pendant que je serai enlevé d'auprès de toi, cela t'arrivera . . . Et Elisée voyait et criait: mon père, mon père, char d'Israël et son attelage' (2 R 1, 12). De même, après la promesse de l'Esprit, les disciples 'virent Jésus s'élever' (Ac 1, 9).[37]

'Jésus apparaît donc, dans les écrits de Luc, revêtu du manteau d'Elie.'[38] Il ne s'agit pas d'une pure création de Luc; la tradition synoptique témoigne que Jésus, de son vivant, fut regardé par la foule comme le Nouvel Elie, et plusieurs passages propres à Luc, où Jésus est dépeint sous les traits d'Elie, appartiennent à la source de Luc. La tradition chrétienne et populaire a établi sans doute très tôt une comparaison entre ces deux grands prophètes. La prédication de Jésus correspondait à ce que l'espérance populaire attendait du Nouvel Elie; on dépeignit dès lors l'enseignement et la prédication de Jésus d'après les récits connus du livre des Rois. La vie de Jésus se gonfla de l'histoire et de la légende du Teshbite. Luc a conservé cette ancienne tradition christologique et, par plusieurs omissions et additions, a brossé un tableau de Jésus qui reproduit par bien des traits l'ancien Elie et comble l'espérance que l'on attendait du Nouvel Elie. Le récit de Naïm, pris dans cet ensemble, n'est qu'un épisode de la typologie Jésus-Elie, et ici encore la typologie donne plus à penser que les faits historiques ou légendaires qui la sous-tendent.

b. Le titre 'Seigneur' au v. 13[39]

Pourquoi Luc a-t-il remplacé au verset 13 'Jésus' par le titre Seigneur? Pourquoi ne donne-t-il pas le même titre à Jésus dans la résurrection de la fille de Jaïre? Luc, avons-nous dit, a voulu corriger ainsi la christologie trop primitive du verset 16. Mais ce miracle illustre aussi, comme signe messianique, la réponse de Jésus aux envoyés du Baptiste: 'Allez rapporter à Jean ce que vous avez vu et entendu: les aveugles voient, les boiteux marchent, les lépreux sont guéris, les sourds entendent, les morts ressuscitent, la bonne nouvelle est annoncée aux pauvres . . .' En un mot, l'ère messianique est là! Jésus est donc appelé Seigneur parce qu'il a accompli les oeuvres de miséricorde que Dieu devait faire lui-même, ou par son Oint, au début de l'ère messianique. Le titre 'Seigneur' a donc ici une coloration messianique. Les deux termes pour Luc sont très proches l'un de l'autre: en 2, 11 l'ange annonce aux bergers 'un Sauveur qui est Christ Seigneur', en Ac 2, 36 Pierre déclare aux Juifs: 'Dieu l'a fait Seigneur et Christ ce Jésus que vous avez crucifié.' L'ange de l'annonciation déjà avait promis à Marie que Dieu donnerait à son fils 'le trône de David son père . . . et que son règne n'aurait pas de fin' (Lc 1, 32), annonçant ainsi que par lui s'accompliraient l'oracle du prophète Nathan à David (2 S 7, 16), et celui de David lui-même au psaume 110: 'Le Seigneur dit à mon Seigneur siège à ma droite.' L'aspect de messianisme transcendant, même s'il est voilé, est inclus dans le titre Seigneur. Les oeuvres que Jésus accomplit sont celles que l'on attendait de Dieu (Is 35, 5; 26, 19; 29, 18s) et de son Oint (Is 61, 1s). A la différence de Matthieu, les oeuvres que Jésus accomplit ne sont pas les oeuvres du Christ (Mt 11, 2), mais celles du Seigneur (Lc 7, 13.19) qui est messie transcendant. Elles révèlent sa mission plus qu'elles ne l'authentifient. Le titre 'Seigneur' que Luc substitue à Jésus souligne donc la qualité de messie transcendant de Jésus.

c. La visite de Dieu[40]

Les multiples interventions de Dieu dans l'histoire de l'humanité, d'Israël et de quelques hommes privilégiés, ont reçu dans la bible le beau nom de 'visite de Dieu'. Dieu, maître de l'histoire, intervient dans la vie de son peuple pour punir ou manifester sa faveur, mais toujours pour le sauver. Les prophètes, tour à tour, furent les hérauts de cette bénédiction ou menace futures dont seront bénéficiaires ou victimes les hommes que Dieu visitera. Jamais pourtant dans la bible le terme 'visite' n'est employé pour parler de l'intervention finale et décisive de Dieu à la fin des temps.[41] Mais dès le deuxième siècle avant notre ère, le mot 'visite' et le verbe 'visiter' sont chargés très souvent de cette note eschatologique, comme en font foi les textes de Qumrân et les Pseudépigraphes.[42]

L'acclamation de la foule: 'Dieu a visité son peuple' pourrait être comprise simplement, au sens biblique du terme, d'une manifestation particulière et bienveillante de Dieu. Nous aurions alors un parallèle en Ex 4, 31: 'Moïse accomplit les signes aux yeux du peuple. Le peuple crut, ils comprirent que Yahvé avait visité les fils d'Israël.'

Mais Luc a certainement compris cette acclamation au sens eschatologique; il s'agit de la visite définitive et salvifique de Dieu (1, 68.78; 19, 44). Il y a aussi de très fortes probabilités pour que l'auteur de la source de Luc et la tradition primitive, compte tenu de la teneur eschatologique du mot 'visite' au premier siècle, aient voulu exprimer par cette acclamation de la foule la signification eschatologique que représentait la venue de Jésus. Un texte du Document de Damas, manuscrit B, présenterait quelque analogie avec le texte de Luc, mais il est hors de question d'y voir un emprunt fait par la tradition chrétienne à l'espérance essénienne; il n'y a entre ces deux textes qu'analogie de situation. Voici ce texte d'après la traduction de Dupont-Sommer:[43]

> ... (ainsi qu'Il a dit) par l'intermédiaire du prophète Zacharie:
> Epée, éveille-toi contre mon pasteur
> et contre l'homme qui est mon compagnon, oracle de Dieu!
> Frappe le pasteur, et les brebis se disperseront,
> mais je tournerai ma main vers les petits.
> Or, ceux qui font attention à Lui, ce sont les pauvres du troupeau.
> Ceux-là seront sauvés au temps de la Visite,
> mais les autres seront livrés au glaive,
> quand viendra l'Oint d'Aaron et d'Israël,
> ainsi qu'il en fut au temps de la première Visite,
> – ce qu'il a dit par l'intermédiaire d'Ezéchiel:
> On mettra le signe sur le front de ceux qui soupirent et gémissent;
> quant aux autres, ils furent livrés au glaive vengeur,
> vengeur de l'Alliance.

C'est le seul texte, à notre connaissance, qui à cette époque unit le terme 'visite de Dieu' et la venue du Messie. Or ce sont les petits et les pauvres qui sont sauvés lors de cette visite, ce qui est en parfait accord avec le chapitre septième de l'Evangile de Luc. Il y a d'autre part une analogie très certaine entre l'attente eschatologique de la communauté de Qumrân et celle de la première communauté chrétienne.[44]

La note prédominante eschatologique qu'a le terme 'visite' au premier siècle, la comparaison faite entre Jésus et Elie inclinent à comprendre l'acclamation de la foule comme une confession de foi eschatologique et messianique. Dieu a ouvert en Jésus l'ère messianique et eschatologique.

Au terme de cette étude analytique, nous voudrions rassembler en quelques lignes les conclusions qui s'en dégagent.

Ce récit a vu le jour, semble-t-il, dans un milieu judéo-chrétien de Syrie. Composé selon le genre littéraire des récits de guérison ou de résurrection en chemin, ce récit repose sur la typologie Jésus-Elie qui remonte à la vie même de Jésus. Ce parallélisme a été, croyons-nous, accentué dans la prédication primitive et par la tradition populaire, qui ont imaginé et prêché Jésus sous les traits du Teshbite afin de montrer qu'il était vraiment le Nouvel Elie attendu pour les derniers temps. Jésus reproduit à Naïm, d'une façon plus majestueuse, le miracle autrefois accompli par Elie à Sarepta. Ce récit est donc une prédication qui révèle que Jésus est, à l'instar d'Elie, un grand prophète en qui Dieu a visité son peuple, à vrai dire le Nouvel Elie qui inaugure l'ère messianique.

Ce récit s'adaptait fort bien à la trame de l'Evangile de Luc qui aime représenter Jésus sous les traits du Teshbite. Luc néanmoins a accentué le caractère messianique du récit en le plaçant juste avant la déclaration de Jésus aux envoyés du Baptiste. Le changement du nom de Jésus en Seigneur souligne le caractère transcendant de ce messianisme. Ce récit enfin, qui fait ressortir la bonté de Jésus à l'égard d'une mère éprouvée, cadre fort bien avec l'ensemble du chapitre septième où Luc décrit la visite gracieuse de Dieu auprès de ceux qui ont le coeur brisé par la souffrance ou le péché, et le jugement sévère de Jésus à l'égard des orgueilleux qui 'ont rendu vain pour eux le dessein de Dieu' (Lc 7, 30).

3

LA RESURRECTION DE LA FILLE DE JAÏRE.
LES VERSETS D'INTRODUCTION: Mc 5, 21; Lc 8, 40; Mt 9, 1.18

L'étude de la résurrection de la fille de Jaïre comprendra cinq chapitres:

- Les versets d'introduction: Mc 5, 21; Lc 8, 40; Mt 9, 1.18
- La rédaction marcienne du récit: Mc 5, 22-24a; 35-43
- La rédaction lucanienne du récit: Lc 8, 41-42; 49-56
- La rédaction matthéenne du récit: Mt 9, 18-19; 23-26
- L'histoire de la formation du récit

Les versets de transition sont souvent pleins d'embûches! Il serait tentant, sous prétexte de se concentrer sur le récit lui-même, de ne prêter à ces versets qu'une maigre attention et d'esquiver ainsi la difficulté. Le labeur évité pourtant serait gravement préjudiciable à l'intelligence même des textes, car ces versets, banals en apparence, sont le lieu idéal où les Evangélistes exercent leur habileté à souder entre eux des récits disparates, et s'emploient à infléchir le sens des récits qu'ils reçoivent de la tradition selon leur propre conviction théologique. Nous allons donc les traiter longuement, minutieusement tant chez Marc que chez Luc et parler de la nouvelle place que le récit de la résurrection de la fille de Jaïre reçoit chez Matthieu.

1. Marc 5, 21

a. Critique textuelle

La transmission de ce verset est loin d'avoir été uniforme. Une comparaison entre trois témoins, représentant chacun un type de textes, fera ressortir clairement les divergences:

B: Καὶ διαπεράσαντος τοῦ Ἰησοῦ ἐν πλοίῳ πάλιν   εἰς τὸ πέραν
D: Καὶ διαπεράσαντος τοῦ Ἰησοῦ   εἰς τὸ πέραν
Θ: Καὶ διαπεράσαντος τοῦ Ἰησοῦ   εἰς τὸ πέραν
B: συνήχθη ὄχλος πολὺς ἐπ' αὐτόν
D: πάλιν   συνήχθη ὄχλος πολὺς πρὸς αὐτόν

Θ: συνήχθη ὄχλος πολὺς πρὸς αὐτόν
B: καὶ ἦν   παρὰ τὴν θάλασσαν
D: παρὰ τὴν θάλασσαν
Θ: καὶ ἦν   παρὰ τὴν θάλασσαν

Il y a quatre divergences importantes entre ces trois textes: la mention de la barque ne se trouve que dans le Vaticanus; πάλιν est placé avant εἰς τὸ πέραν en B, avant συνήχθη en D, ne se trouve pas en Θ; la préposition ἐπί est utilisée en B, et πρός en D et Θ; καὶ ἦν enfin ne se trouve pas en D.

Le codex Bezae et le codex Koridethi s'accordent à deux reprises contre le Vaticanus: l'absence de la mention de la barque, et l'emploi de la préposition πρός au lieu de ἐπί. Etudions d'abord ce double accord.

(1) La mention de la barque

– Plusieurs manuscrits et non des moindres lisent, après τοῦ Ἰησοῦ, ἐν τῷ πλοίῳ: S A B (qui omet τῷ) C K L Δ Π fam[13], it[aur, f, l], vg, syr[p, h], cop[sa, bo], goth, Diatessaron
– W place la mention de la barque avant τοῦ Ἰησοῦ.
– P[45] D Θ fam[1] 28 565 700 it[a, b, c, d, ff², i, q, r¹], syr[s], arm, geo omettent la mention de la barque.

L'absence de la mention de la barque attestée par le texte occidental, la majorité des témoins du texte césaréen, la syrsin, la vieille latine, semble préférable. Il est probable en effet qu'un scribe zélé ait ajouté cette mention de la barque pour faire pendant à 5, 18: καὶ ἐμβαίνοντος αὐτοῦ εἰς τὸ πλοῖον; Mc 6, 53 qui a le verbe διαπερᾶν n'a pas ἐν τῷ πλοίῳ. Lc 8, 40 // Mc 5, 21 ne mentionne pas la barque, tandis que Lc 8, 37 // Mc 5, 18 mentionne la barque. L'addition de la mention de la barque s'explique mieux que sa suppression. Pour ces différentes raisons la mention de la barque apparaît être secondaire.

(2) Ἐπί ou πρός? La leçon συνήχθη . . . ἐπ᾽ αὐτόν est attestée par la majorité des manuscrits. Plusieurs manuscrits de type occidental et césaréen pourtant font exception: D Θ fam[13] 28 543 565 579 700 ont συνήχθη . . . πρὸς αὐτόν; la vieille latine et la Vulgate leur font écho avec la préposition 'ad'.

Marc généralement construit le verbe συνάγειν avec πρός (4, 1; 6, 30; 7, 1). L'expression συνάγεται ἐπί τινα prise dans un sens amical ne se rencontre qu'ici dans tout le Nouveau Testament.

Plus difficile la leçon συνήχθη ἐπ᾽ αὐτόν est préférable. La leçon συνήχθη πρὸς αὐτόν est une correction qui s'explique assez facilement puisque la forme συνάγειν ἐπί a toujours un sens adversatif dans le Nouveau Testament, ce qui n'est pas le cas ici.

(3) Καὶ ἦν? D, syr^s, éth, it$^{b, c, f, ff^2}$ n'ont pas καὶ ἦν. On peut expliquer facilement cette suppression comme une correction grammaticale. En effet, grammaticalement le sujet de ἦν doit être la foule, puisque 'Jésus ayant traversé', au génitif absolu, ne peut, suivant les règles du grec classique, être sujet de ἦν. Si la foule est sujet de ἦν, la mention de καὶ ἦν devient superflue. Il est intéressant de noter que D corrige également en Mc 6, 22 ἤρεσεν par ἀρεσάσης après deux génitifs absolus.

La suppression de καὶ ἦν a donc pour but d'alléger la phrase. Cette suppression provient d'un excès de zèle grammatical d'un scribe. Plus difficile grammaticalement, mieux attestée, la leçon καὶ ἦν est préférable.

Ni le texte égyptien, ni le texte occidental, ni le texte césaréen, ni la vieille syriaque n'ont présenté jusqu'à présent un texte satisfaisant. Qu'en est-il pour la dernière variante au sujet de πάλιν?

(4) Πάλιν? Πάλιν est-il original? Si oui, où le situer? Placé avant εἰς τὸ πέραν il peut qualifier soit διαπεράσαντος et indiquer une nouvelle traversée de Jésus, soit συνήχθη qui serait construit alors avec deux prépositions gouvernant l'accusatif εἰς et ἐπί. Placé avant συνήχθη, il indique un nouveau rassemblement de la foule après ceux de 2, 2.13; 3, 7.20; 4, 1, tandis que εἰς τὸ πέραν se rattacherait à διαπεράσαντος.

Les manuscrits nous offrent cinq leçons:

– πάλιν εἰς τὸ πέραν	S^{c}A B C L W Δ Π fam^1 28 it$^{aur, l}$ vg, syr^h cop^{bo}, arm, géo, Augustin.
– εἰς τὸ πέραν πάλιν	S*D 565 700 it$^{a, b, (c), d, e, (ff^2), i, q, r^1}$ syr^p
– πάλιν	P^{45} it^f
– εἰς τὸ πέραν	Θ 1230 1253 syr^s Diatessaron
– πάλιν ἦλθεν εἰς τὸ πέραν	fam 13 (cop$^{sa, bo^{mss}}$ omet πάλιν)

Le type césaréen compte des représentants dans les cinq variantes! Et pourtant ce type de textes a les leçons les plus difficiles à expliquer: l'absence de εἰς τὸ πέραν en P^{45} et celle de πάλιν en Θ. Nous allons tenter d'expliquer ces différentes leçons en commençant par la dernière et en remontant.

L'addition de ἦλθεν par la famille 13, la sahidique et quelques manuscrits de la boharique a pour but de séparer εἰς τὸ πέραν de διαπεράσαντος. C'est éviter le pléonasme pour tomber dans la tautologie! Διαπέρασεν καὶ ἦλθεν se retrouve en Mt 9, 1 // Mc 5, 21. Cette leçon est à écarter comme secondaire.

La suppression de πάλιν par le codex Koridethi, la syrsin, le Diatessaron est difficile à expliquer. Couchoud pense qu'un correcteur qui avait sous les yeux le texte de P^{45} a rapporté par erreur πάλιν à διαπεράσαντος et lui a substitué εἰς τὸ πέραν, terme équivalent.[1]

C'est là une hypothèse totalement gratuite car il n'y a aucune raison valable, même si πάλιν se rapportait à διαπεράσαντος, de lui substituer εἰς τὸ πέραν et de créer ainsi un pléonasme. Puisque πάλιν est attesté déjà par P[45] il est difficile de penser que les scribes de la syrsin et du codex Koridethi ne l'aient pas eu dans leurs manuscrits sources. On peut comprendre l'absence de πάλιν soit comme une faute involontaire soit comme une suppression volontaire en raison de l'incertitude de la tradition. Quoi qu'il en soit, cette leçon est trop faiblement attestée pour devoir être maintenue, surtout que d'autres représentants du texte césaréen et antiochien ont πάλιν.

Faut-il, comme le voudrait Couchoud, supprimer εἰς τὸ πέραν avec P[45] it[f]? Cette ablation ne s'impose pas, car il est fort possible que le scribe de P[45] ait regardé εἰς τὸ πέραν comme une surcharge après διαπεράσαντος et l'ait retranché (cp. 6, 53). Mieux attestée et plus difficile la leçon εἰς τὸ πέραν doit être maintenue.

Que faut-il penser enfin de la place de πάλιν avant εἰς τὸ πέραν ou avant συνήχθη? Les deux leçons sont attestées par d'excellents témoins; néanmoins, hormis ce cas, 23 fois sur 27, Marc place πάλιν immédiatement avant ou après le verbe qu'il détermine, il est donc préférable de lire πάλιν συνήχθη. La loi sacro-sainte de la critique textuelle: 'La leçon la plus difficile est la meilleure' ne s'applique pas à ce cas. Car, à supposer que le scribe du codex Bezae ait voulu amender le texte en transférant πάλιν devant συνήχθη, il se serait probablement rendu compte que loin d'améliorer le texte il créait ainsi un pléonasme en rapprochant εἰς τὸ πέραν et διαπεράσαντος. A l'inverse, le recenseur du codex Vaticanus, qui avait peut-être pour ce verset un texte semblable à celui de D, a voulu sans doute corriger cette tournure disgracieuse et, pour ce faire, il a inséré, après τοῦ Ἰησοῦ, ἐν πλοίῳ, et a transféré πάλιν devant εἰς τὸ πέραν; πάλιν εἰς τὸ πέραν se rapportait maintenant à συνήχθη et le pléonasme était évité. Il reste possible pourtant, même dans le codex Vaticanus, de rattacher grammaticalement πάλιν εἰς τὸ πέραν à διαπεράσαντος ce qui élimine l'inconvénient d'avoir συνήχθη construit avec deux prépositions.

Deux raisons favorisent la leçon occidentale: la pratique générale de Marc, et le pléonasme διαπεράσαντος εἰς τὸ πέραν que la leçon 'égyptienne' s'efforce d'éliminer par l'insertion de ἐν πλοίῳ et le transfert de πάλιν.

En conclusion, deux leçons du texte occidental paraissent préférables: la suppression de la mention de la barque et la place de πάλιν devant συνήχθη. A l'inverse, l'emploi de la préposition ἐπί du texte 'neutre' est préférable à celle de πρός du texte occidental et césaréen. Le texte césaréen nous a seulement servi d'appui dans le choix des leçons.

Voici le texte qui pour ce verset nous paraît le meilleur:

Καὶ διαπεράσαντος τοῦ Ἰησοῦ εἰς τὸ πέραν
πάλιν συνήχθη ὄχλος πολὺς ἐπ' αὐτόν
καὶ ἦν παρὰ τὴν θάλασσαν.

b. Critique littéraire

Le verset est formé de trois stiques que nous étudierons successivement:

(1) Καὶ διαπεράσαντος τοῦ Ἰησοῦ εἰς τὸ πέραν. Le verbe διαπερᾶν est employé deux fois par Marc, ici et en 6, 53. Ce verbe était connu des LXX où il désigne toujours la traversée de la mer ou d'un fleuve (Dt 30, 13; Is 23, 2; 1 M 3, 37; 5, 41.43; 16, 6bis).

La traversée se fait εἰς τὸ πέραν. L'expression εἰς τὸ πέραν est fréquente chez Marc (4, 35; 5, 1; 6, 45; 8, 13). C'est le seul cas où Marc l'utilise avec le verbe διαπερᾶν. En Dt 30, 13 on a: Τίς διαπεράσει ὑμῖν εἰς τὸ πέραν τῆς θαλάσσης, où εἰς τὸ πέραν est suivi du génitif θαλάσσης. En grec classique l'expression διαπερᾶν εἰς τὸ πέραν paraît inusitée, par souci sans doute d'éviter une malencontreuse assonance et un pléonasme: διαπερᾶν signifie en effet le plus souvent traverser par voie d'eau, et πέραν signifie presque toujours l'autre côté d'un fleuve, d'une rivière ou de la mer. Mais il n'en va pas de même en hébreu et en araméen où la racine עבר signifie seulement traverser, que ce soit par voie d'eau ou sur terre, tandis que le substantif עיברא en araméen signifie comme le grec πέραν l'autre côté, le rivage. Ainsi Dt 30, 13 est rendu par le Targum du Pseudo-Jonathan: מאן יעיבר בדילנא לעיבר ימא. La tournure grecque pléonastique διαπερᾶν εἰς τὸ πέραν s'expliquerait donc au mieux comme une traduction littérale de l'araméen עבר לעיברא. Les différents scribes plus tard s'efforcèrent d'éliminer cette expression disgracieuse.

Mais, fait plus inquiétant, l'expression εἰς τὸ πέραν désigne toujours chez Marc la rive orientale du lac. Aussi K. L. Schmidt pense qu'il faut localiser la guérison de l'hémorroïsse et la résurrection de la fille de Jaïre sur la rive NE du lac aux environs de Bethsaïde.[2]

Εἰς τὸ πέραν ne peut signifier la rive orientale qu'isolé du contexte, car dans le texte qui nous est donné, le verset 5, 21a fait suite au verset 5, 18 et indique clairement un retour vers le rivage occidental. Εἰς τὸ πέραν ne désignerait la rive orientale que si le récit de la guérison de l'hémorroïsse et de la résurrection de la fille de Jaïre était regardé comme une unité indépendante du récit précédent, à laquelle le verset 21 servait d'introduction. La question est donc la suivante: le verset 21 est-il un verset d'introduction qui appartient à la tradition même du récit de la guérison de l'hémorroïsse et de la résurrection de la fille de Jaïre, ou bien provient-il d'un compilateur prémarcien, ou de Marc lui-même? Dans le premier cas seulement εἰς τὸ πέραν pourrait désigner la rive orientale.

Il est évident que le verset 21 ne remonte pas à la tradition première du récit de la guérison de l'hémorroïsse et de la résurrection de la fille de Jaïre. Le récit de la résurrection de la fille de Jaïre n'était pas dans la première tradition localisée et commençait en 5, 22 avec un début identique aux récits de miracles rapportés en 1, 40; 2, 3. Εἰς τὸ πέραν ne peut donc pas signifier la rive orientale, mais seulement en liaison avec 5, 18 la rive occidentale.

Mais cette liaison du miracle du possédé de Gérasa et de la résurrection de la fille de Jaïre provient-elle maintenant de Marc ou d'un compilateur prémarcien qui aurait déjà groupé un ensemble de miracles autour du lac? Lohmeyer et Sundwall attribuent cette liaison à Marc, K. L. Schmidt y voit les restes d'un itinéraire antérieur à Marc, Dibelius et Bultmann enfin regardent ce groupement de miracles comme prémarcien.[3]

La question est complexe, mais peut être résolue. Procédons par étapes. On nous dit tout d'abord en Mc 5, 21a que Jésus seul traversa le lac. Les disciples pourtant étaient passés avec lui sur la rive orientale (4, 35; 5, 1); ils seront encore les témoins de la guérison de l'hémorroïsse (5, 31) et de la résurrection de la fille de Jaïre (5, 37. 40). Pourquoi alors ce singulier en 5, 21a? On ne peut l'expliquer en réalité que comme la suite des versets 5, 18 et 5, 2:

5, 2:	καὶ ἐξελθόντος	αὐτοῦ	ἐκ τοῦ πλοίου
5, 18:	καὶ ἐμβαίνοντος	αὐτοῦ	εἰς τὸ πλοῖον
5, 21a:	καὶ διαπεράσαντος	τοῦ Ἰησοῦ	εἰς τὸ πέραν

Les disciples ne jouent aucun rôle dans l'épisode de la guérison du possédé de Gérasa. Ce récit ne concernait primitivement que Jésus, le possédé, et les habitants de la région de Gérasa. Mais alors le pluriel au verset 5, 1 n'est pas primitif. A un stade antérieur, ce verset était au singulier comme en témoignent encore plusieurs manuscrits: C L Δ Θ fam[13] 29 543 579 700 892 syr[s, p, h] cop[bo] geo Epiphane et Mt 8, 28. Le verset 5, 1 a été mis au pluriel afin de relier cet épisode à celui de la tempête apaisée (4, 35). Nous avons affaire là sans doute à la correction d'un scribe. Nous obtenons ainsi une suite de versets-cadre au singulier: 5, 1.2.18.21.

Puisque 5, 21a appartient à cet ensemble de versets-cadre du récit de la guérison du possédé de Gérasa, et que le récit de la résurrection de la fille de Jaïre ne commence qu'en 5, 22, il y a de très fortes probabilités que ce stique terminait le récit de la guérison du possédé et était formulé: καὶ διαπέρασεν ὁ Ἰησοῦς εἰς τὸ πέραν. Le récit de la seconde multiplication des pains en Mc 8, 10 et l'épisode de la demande d'un signe en 8, 13 se terminent d'une façon identique à celle que nous présupposons ici. W. Marxsen a montré par ailleurs que Mc 7, 31a formulé: καὶ ἐξῆλθεν ὁ Ἰησοῦς ἐκ τῶν ὁρίων Τύρου terminait sans doute le récit de la rencontre avec la syrophénicienne.[4] Marc donc selon toute vraisemblance a repris ce stique de la fin du récit de la guérison du possédé de Gérasa et l'a utilisé comme stique de liaison et d'introduction au récit de la guérison de l'hémorroïsse et de la résurrection de la fille de Jaïre.

Concluons:

- La tournure disgracieuse et inusitée en grec: διαπερᾶν εἰς τὸ πέραν s'explique au mieux comme une traduction de l'araméen.
- Εἰς τὸ πέραν désigne la rive occidentale, et c'est ainsi d'ailleurs que l'ont compris Lc 8, 40 et Mt 9, 1.
- Le singulier 'Jésus ayant traversé' en 5, 21 laisse entendre que ce stique appartenait primitivement au récit de la guérison du possédé de Gérasa qu'il concluait d'une manière identique à celle de 8, 10.13.
- La comparaison avec 7, 31a; 8, 10; 8, 13 invite à penser que c'est Marc lui-même qui a repris ce stique de la fin de l'épisode du possédé de Gérasa et en a fait l'introduction du récit de la résurrection de la fille de Jaïre. L'étude des stiques suivants corroborera cette hypothèse.

(2) Πάλιν συνήχθη ὄχλος πολὺς ἐπ' αὐτόν. La présence de la foule lors d'un miracle est tout à fait traditionnelle et typique. Si nécessaire soit-elle pourtant au récit de la guérison de l'hémorroïsse, on ne peut pas dire qu'elle soit indispensable au récit de la résurrection de la fille de Jaïre. Bultmann et Lohmeyer regardent ce stique comme le début du récit de la guérison de l'hémorroïsse avant sa fusion avec celui de la résurrection de la fille de Jaïre.[5] Sundwall, à l'inverse, regarde le verset 21 comme rédactionnel et voit le début du récit de la guérison de l'hémorroïsse en 5, 24b.[6] La question ne peut être résolue que par la critique littéraire. Etudions le verset 5, 24b et 5, 21b.

a. 5, 24b: 'Et une foule nombreuse le suivait et on le pressait.'

De légers indices montrent que ce verset ne provient pas de la tradition mais de la main de Marc.

- Le verbe ἀκολουθεῖν n'est employé par Marc pour parler de la foule qu'en 3, 7. Or le passage 3, 7–12 est rédactionnel.[7]
- On a ici l'imparfait ἠκολούθει qui suit l'aoriste ἀπῆλθεν. Or cette construction se retrouve fréquemment dans les passages que Marc rédige ou retravaille (1, 21–22; 1, 32–34; 1, 45; 2, 2; 2, 13; 3, 10s; 4, 1s; 6, 30–34; 6, 54–56; 7, 24).

- Ὄχλος πολύς peut fort bien avoir été emprunté par Marc à 5, 21b si ce dernier stique était dans la tradition l'introduction du récit de la guérison de l'hémorroïsse.
- Συνέθλιβον est une anticipation de 5, 31 et un synonyme de συνήχθη ἐπί.

Ces différents éléments tendent à montrer que c'est Marc lui-même qui a rédigé ce verset de suture. Mais, avant de conclure qu'il a soudé ensemble le récit de la guérison de l'hémorroïsse et celui de la résurrection de la fille de Jaïre, il reste à prouver que Mc 5, 21b appartient à la tradition et formait auparavant l'introduction du récit de la guérison de l'hémorroïsse.

b. 5, 21b

La construction συνάγειν ἐπί n'est pas marcienne; Marc, comme nous l'avons vu, construit le verbe συνάγειν avec πρός. Ainsi en 4, 1, verset rédactionnel, on a: καὶ συνάγεται πρὸς αὐτὸν ὄχλος πλεῖστος. C'est le seul cas aussi ou συνάγεται ἐπί τινα dans le Nouveau Testament n'a pas un sens hostile. La préposition ἐπί avec l'accusatif indique un mouvement qui tend vers une direction donnée, qui vient tout près de son but, ou l'atteint parfaitement.[8] Ces divers sens conviennent parfaitement: Jésus est le but vers lequel la foule s'amasse; bientôt elle va le presser. L'expression συνήχθη ἐπ' αὐτόν est presque synonyme de συνέθλιβον αὐτόν.

D'autre part, l'expression 'une foule nombreuse' est une caractéristique traditionnelle des récits de miracles (2, 2; 6, 34; 8, 1; 9, 14s).

Ainsi donc la mention de la foule est une donnée de la tradition pour les récits de miracle. L'expression συνάγειν ἐπί n'est pas marcienne mais convient parfaitement comme introduction au récit de la guérison de l'hémorroïsse. On peut donc conclure que l'expression: πάλιν συνήχθη ὄχλος πολὺς ἐπ' αὐτόν était probablement à l'origine le verset d'introduction du récit de la guérison de l'hémorroïsse qui commençait: Πάλιν συνήχθη ὄχλος πολὺς ἐπὶ (τὸν Ἰησοῦν) καὶ γυνὴ οὖσα . . .

Marc a relié ce stique à celui du verset final de l'épisode précédent, et composé, à l'aide d'éléments empruntés à ce stique et à 5, 31, le stique de suture en 5, 24b: καὶ ἠκολούθει αὐτῷ ὄχλος πολὺς καὶ συνέθλιβον αὐτόν. Il soude ainsi deux récits de miracles qui au départ étaient séparés. Ce procédé d'enchâssement d'un récit dans un autre lui est familier, ce qui confirme notre analyse.[9]

L'analyse des deux premiers stiques du verset 5, 21 montre donc que pour construire ce verset de liaison et d'introduction, Marc emprunte un élément à la fin du récit de la guérison du possédé et un autre au début de l'épisode de la guérison de l'hémorroïsse. Qu'en est-il du troisième stique?

(3) Καὶ ἦν παρὰ τὴν θάλασσαν. Marc aime le lac de Tibériade qu'après la

LXX (Nb 34, 11; Jos 12, 3; 13, 27) il nomme majestueusement 'mer'. Cette désignation que l'on retrouve 19 fois en Marc est selon M. Black foncièrement sémite.[10]

Deux indices nous disent que cette mention provient de Marc. On retrouve ici l'imparfait qui suit un aoriste comme en 5, 24b. D'autre part, la mention de la mer en début de récit est presque toujours rédactionnelle (1, 16; 2, 13; 3, 7; 4, 1; 5, 1; 7, 31).[11]

Ces deux indications sont suffisantes pour montrer que ce stique est rédactionnel.

Mais pourquoi Marc tient-il tant à préciser que Jésus était au bord de la mer? Est-ce que cela ne va pas de soi, puisqu'il vient de débarquer? Lohmeyer y voit une présupposition nécessaire pour la scène rapportée en 5, 22-24. B. Weiss et K. L. Schmidt voient dans cette mention apparemment inutile un temps d'arrêt dans le récit. Loisy va dans le même sens: 'en disant que Jésus était au bord de la mer quand Jaïre vint le trouver . . . Marc peut laisser entendre que l'anecdote qui va suivre n'est pas en relation immédiate avec celle qui précède'.[12] Cette dernière hypothèse ne peut être maintenue puisque c'est Marc lui-même, ainsi qu'il a été dit, qui a relié les deux épisodes ensemble.

En fait cette indication ne prend son sens que reliée aux autres mentions de la mer chez Marc. Le bord du lac est chez Marc le lieu de l'appel des premiers disciples (1, 16); mais aussi le lieu privilégié de l'enseignement de Jésus aux foules (2, 13; 4, 1); son lieu de retraite (3, 7; 6, 30-33); le lieu enfin d'où il part pour accomplir ses miracles (5, 1; 5, 21; 6, 33s; 6, 53; 7, 31). Le bord du lac est donc chez Marc le lieu de la manifestation publique de Jésus lors de son ministère en Galilée. S'il cherche à s'y cacher, ce n'est que pour être devancé par les foules (3, 7s; 6, 31-33).

La synagogue par contre est le lieu des controverses (1, 21ss; 3, 1ss; 6, 2). La seule exception est le verset-résumé 1, 39.

Le terme 'maison' est utilisé dans le même sens en 2, 1.15; 3, 20. Mais ce substantif évoque aussi, de par son espace limité, une séparation nécessaire d'avec la foule: la maison sera donc chez Marc le lieu de l'enseignement et de la révélation à un groupe restreint (7, 17; 9, 28.33; 10, 10; 14, 3).

Il est frappant de noter maintenant que le récit commence au bord du lac tout comme le discours parabolique en 4, 1, mais se termine à la chambre de la morte où seuls quelques privilégiés sont autorisés à pénétrer, tout comme la première partie du discours parabolique se terminait entre les disciples de Jésus à l'écart de la foule en 4, 10. La différence de lieux entre le début et la fin du récit fait ressortir le contraste entre la manifestation en public de Jésus et la révélation presque secrète de sa puissance divine qui n'agit que devant quelques témoins choisis. En écrivant: 'et il était au bord de la mer', Marc détache en gros plan Jésus de la foule qui le presse, avec comme arrière-fond le vaste horizon du lac de Tibériade; au fil du récit, il va peu à peu réduire son angle de prise de vue et diriger le regard du spectateur sur la route où cheminent maintenant Jésus, le père de l'enfant et quelques disciples, et enfin sur la sombre chambre mortuaire où Jésus, en présence de quelques témoins privilégiés, manifeste sa toute puissance divine. L'opposition topographique 'bord du lac – chambre mortuaire' sert donc ici, comme en 4, 1 et 4, 10, à faire ressortir le contraste entre la manifestation en public de Jésus et le secret intime de sa personne qui n'est dévoilé qu'à des témoins choisis. Le mystère de l'élection apparaît aussi, mais comme un contre-jour nécessaire pour mettre en pleine lumière le secret qui entoure Jésus.

(4) Conclusion. L'étude détaillée de ce verset fait apparaître le travail de Marc. Il forge son verset de transition en empruntant le premier stique à la fin du récit de la guérison du possédé de Gérasa, le second stique au début du récit de la guérison de l'hémorroïsse, et ajoute lui-même le troisième stique. L'emprunt qu'il fait au récit de la guérison de l'hémorroïsse lui fournit la toile de fond pour le début du récit de la résurrection de la fille de Jaïre et manifeste son intention de souder entre eux ces deux récits. Pour ce faire, il composera le verset 5, 24b et ajoutera au verset 35 les mots de liaison: 'il n'avait pas fini de parler que . . .'. En ajoutant: 'et il était au bord de la mer' Marc veut mettre en lumière le contraste entre la manifestation de Jésus en public et en secret, et aussi par contre-coup le mystère de l'élection divine. C'est cette petite phrase, banale en apparence, qui révèle le théologien.

Il est vain de chercher un genre littéraire à ce verset. Ce n'est pas, comme le veulent Loisy et K. L. Schmidt, un sommaire tronqué auquel il manquerait: 'et il les enseignait' (cp. 2, 13), c'est seulement un verset de transition et d'introduction typiquement marcien, comme le sont encore 4, 1 et 7, 31.

2. Luc 8, 40

Lc 8, 40 est parallèle à Mc 5, 21. La formulation pourtant est très différente: 'Au retour de Jésus, la foule l'accueillit, car ils étaient tous à l'attendre.'

a. Critique textuelle

Les manuscrits présentent plusieurs leçons différentes sans grande importance pourtant pour le sens de la phrase.

Plusieurs témoins: S A C D . . . it, vg, geo, lisent ἐγένετο δὲ ἐν τῷ . . . tandis que P[75] B L 33 cop syr[s, p] éth ont seulement: ἐν δὲ τῷ . . . Cette dernière leçon, moins fréquente que la première, semble préférable. On rencontre cette forme cinq fois dans les écrits lucaniens en début de récit ou après une coupure importante (8, 42; 10, 38; 11, 37; Ac 9, 3; 11, 15).

Au lieu de ὑποστρέφεω A C D . . . lisent ὑποστρέψαι, ce qui est une correction grammaticale, de même que ἀποδεξάσθαι du codex Bezae.

b. Critique littéraire

(1) Ἐν δὲ τῷ ὑποστρέφεω τὸν Ἰησοῦν. Le verbe ὑποστρέφεω n'est utilisé que par Luc (0/0/21/0/11). L'expression est presque identique à celle de 2, 43: ἐν τῷ ὑποστρέφεω αὐτούς n'était-ce le δὲ de liaison. Comme Mc 5, 21 fait suite à 5, 18, Lc 8, 40 fait suite à 8, 37: αὐτὸς δὲ ἐμβὰς εἰς πλοῖον ὑπέστρεψεν. En remplaçant le διαπερᾶν εἰς τὸ πέραν par ὑποστρέφεω Luc supprime le pléonasme, et évite la difficulté inhérente au sens de εἰς τὸ πέραν chez Marc, qu'il comprend comme un retour de Jésus en Galilée.

(2) Ἀπεδέξατο αὐτὸν ὁ ὄχλος. Luc parle d'un accueil de la foule par Jésus et non plus d'un rassemblement autour de Jésus. Le choix du verbe est significatif. Il montre que cette foule est le symbole des premiers chrétiens qui ont accueilli la parole de Dieu (Ac 2, 41; Lc 8, 15.21), et que Luc, d'autre part, a considéré le passage de Jésus en terre païenne comme un voyage missionnaire au retour duquel la foule, qui a reçu sa parole, l'accueille comme les premiers chrétiens accueilleront leurs missionnaires (Ac 21, 17; 18, 27). Ce sens symbolique est confirmé par le stique suivant: 'car ils étaient tous à l'attendre.'

(3) Ἦσαν γὰρ πάντες προσδοκῶντες αὐτόν. Luc introduit parfois une explication complémentaire par ἦν, ἦσαν γάρ (9, 14; 18, 23; 23, 8). Mais pourquoi Luc remplace-t-il le 'il était au bord de la mer' de Marc par cette expression? Luc fait ce changement consciemment, et il est peu probable qu'il ait pensé que le sujet de καὶ ἦν était la foule; il évite en effet chaque fois qu'il le peut de mentionner que Jésus est au bord de la mer (cp. Mc 2, 13 // Lc 5, 27; Mc 3, 7 // Lc 6, 17; Mc 4, 1 // Lc 8, 4). Le lac pour lui n'est qu'une frontière entre la Palestine et la terre païenne, et est traité comme tel en 8, 22.26.37 et ici. L'intention de Luc en composant ce stique transparaît dans le sens du verbe προσδοκᾶν.[13] Ce verbe revêt chez Luc trois significations: il peut signifier l'attente messianique: Lc 7, 19s // Mt 11, 3; Lc 3, 5 (cf.également Gn 49, 10 LXX). Il peut indiquer aussi l'attente de la Parousie (Lc 12, 46 // Mt 24, 50; 2 P 3, 12ss). Enfin une attente ordinaire (Lc 1, 21 et Actes). Trois fois il est construit avec l'imparfait du verbe εἶναι: 1, 21; Ac 10, 24 et ici. Le sens le plus naturel est donc que la foule attend le retour de Jésus par sympathie à son égard (cp. 4, 42), ou dans le secret espoir d'un miracle (5, 15; 6, 19). Le choix des deux verbes ἀποδέχεσθαι et προσδοκᾶν invite à lire ce verset dans une perspective historique, post-pascale et eschatologique.[14] L'attente de la foule témoigne

certes de sa sympathie à l'égard de Jésus, de son espoir secret de voir un
miracle, mais cette foule qui attend depuis un temps indéterminé (cf. 8, 22)
le retour de Jésus est aussi le symbole du serviteur fidèle qui attend et
accueille son Maître dès son arrivée. Elle accomplit à l'avance la demande
que Jésus fera à ses disciples (Lc 12, 35-48).

(4) Conclusion. Luc a profondément remanié le texte de Marc. Il voit dans
le voyage de Jésus au pays des Géraséniens un exemple de voyage missionnaire dans un pays païen. La foule qui demeure dans l'attente, malgré
l'incertitude de la date de son retour, est le symbole des premiers chrétiens
qui veillent espérant le retour prochain du Maître. Ce verset d'introduction
est une invitation à lire le récit de la résurrection de la fille de Jaïre dans une
perspective à la fois historique et eschatologique.

3. Matthieu 9, 1.18

Le texte parallèle à Mc 5, 21 n'est pas Mt 9, 18, qui est le premier verset
du récit de la résurrection de la fille d'un magistrat, mais Mt 9, 1 qui sert
d'introduction au récit de la guérison du paralytique. C'est dire que
Matthieu ne suit pas ici l'ordre de Marc: il intercale en effet entre la
guérison des possédés de Gadara et la résurrection de la fille d'un magistrat
une nouvelle section qui correspond à Mc 2, 1-22. Avant d'expliquer les
raisons de ce changement, il nous faut d'abord considérer Mt 9, 1.

a. Mt 9, 1: 'Et étant monté en barque, il traversa et vint dans sa propre ville'

Le premier stique de ce verset est construit à l'aide de Mc 5, 18 et 5, 21.
Mt 9, 1a: καὶ ἐμβὰς εἰς πλοῖον correspond à καὶ ἐμβαίνοντος αὐτοῦ εἰς τὸ
πλοῖον de Mc 5, 18a et διεπέρασεν répond à διαπεράσαντος de Mc 5, 21a.
Cette fusion de deux versets de Marc est d'autant plus évidente que Matthieu
ne rapporte pas, pour des raisons théologiques, le dialogue final entre Jésus
et le possédé (Mc 5, 18b-20). Selon Marc, en effet, Jésus ordonne au
possédé, qui vient d'être guéri et qui veut rester près de lui, d'aller annoncer
chez les siens, en Décapole, ce que le Seigneur avait fait pour lui (Mc 5,
19-20). Le miraculé recevait donc une mission d'évangélisation en terre
païenne. Mais pour Matthieu l'heure de la mission aux païens n'a pas
encore sonné. Matthieu ajoute en effet en 8, 29: 'Es-tu venu ici pour nous
tourmenter avant le moment fixé?' Πρὸ καιροῦ, que Matthieu ajoute,
signifie moins en effet, comme le veulent les commentateurs, le temps du
jugement dernier où les démons seront condamnés à des tourments éternels
que celui de la mission aux païens. En se rendant à Gadara, Jésus inaugurait
la mission en terre païenne, mais il fut empêché de la poursuivre par les
habitants de la région qui l'invitent à quitter leur territoire (Mt 8, 34).

Cette requête des habitants de Gadara dans l'Evangile de Matthieu montre que la limitation géographique de l'activité apostolique de Jésus n'incombe pas à Jésus lui-même, mais à des circonstances extérieures, et au fait que le temps fixé pour la mission universelle n'est pas encore arrivé (Mt 24, 14; 28, 16-20). La mission d'évangélisation en terre païenne que recevait le possédé guéri chez Marc devenait donc chez Matthieu hors de propos. L'heure de la mission aux païens ne viendra que lorsque Israël aura refusé d'accepter Jésus comme Messie. Pour l'instant, de par la volonté de Dieu et des hommes, la mission de Jésus et de ses disciples doit se limiter à la maison d'Israël (10, 6; 15, 24). En ajoutant 'avant le moment fixé' au verset 29, en supprimant le dialogue final entre Jésus et le possédé, Matthieu agit en théologien.

Ce premier stique n'est pas non plus une simple réminiscence de Marc 5, 18a.21a. Ce début de verset répond en effet chez Matthieu aux autres débuts de récits: 8, 18.23.28, et montre que la section 8, 18-19, 8 forme une séquence bien ordonnée dans le cadre d'un voyage aller-retour autour du lac.[15] Comparons ces versets d'introduction:

8, 18: . . . Jésus donna l'ordre de s'en aller sur l'autre rive . . .
8, 23: Etant monté dans une barque, ses disciples le suivirent . . .
8, 28: Etant arrivé sur l'autre rive . . .
9, 1: Et étant monté en barque il traversa . . .

Les différentes étapes du voyage autour du lac sont décrites par des phrases qui se répondent d'une manière alternée. Il en résulte un mouvement simple, cohérent d'aller-retour. Matthieu apportera la même attention dans la composition des premiers versets du récit de la tempête apaisée (8, 23-24), de celui de la guérison des possédés de Gadara (8, 28-29) et de celui du paralytique (9, 1-2) qui suivent tous un schéma identique: καί, un participe, εἰς suivi d'un nom à l'accusatif . . ., un verbe à l'aoriste . . ., καὶ ἰδού. Matthieu apparaît donc comme un compositeur consciencieux, ordonné, qui a sacrifié l'originalité pour l'uniformité de grands ensembles.

Matthieu termine son verset en 9, 1 en ajoutant: 'et il vint dans sa propre ville.' Il s'agit de Capharnaüm (4, 13; 8, 5). Le mot 'ville' est un mot-crochet qui fait contraste avec les expressions de 8, 33: 'et s'en allant en ville . . .' et de 8, 34: 'et toute la ville sortit . . .'.

b. L'insertion de Mt 9, 1-17 // Mc 2, 1-22 entre les récits de la guérison des possédés de Gadara et la résurrection de la fille d'un magistrat

Les raisons du changement dans l'ordonnance des textes, que Matthieu présente par rapport à Marc, ne peuvent qu'être déduites de la façon de composer de Matthieu. Nous partirons du plus général pour arriver à la section qui nous occupe.

Il est frappant de noter tout d'abord que Matthieu suit presque fidèlement l'ordre de Marc en 3, 1-4, 22 // Mc 1, 1-20 et 14, 1-28, 20 // Mc 6, 14-16, 8. Matthieu ne suit plus l'ordre de Marc de 4, 23 à 13, 52. Or cette section de Matthieu, après un sommaire qui clôt la période de préparation de Jésus (Mt 4, 23-25), est formée de grandes unités: le sermon sur la montagne (Mt 5, 1-7, 29); un cycle centré sur les miracles (8, 1-9, 35); le discours apostolique (Mt 9, 36-11, 1); l'incroyance et l'inimitié croissante des Juifs (11, 2-12, 50); le discours parabolique (Mt 13, 1-52). On voit donc que Matthieu a bouleversé l'ordre de Mc 1, 21-6, 13 pour former de grandes sections.

La section de Mc 2, 1-22 rapporte le miracle de la guérison du paralytique (Mc 2, 1-12), il est donc normal que Matthieu place ce récit dans sa section centrée sur les miracles (Mt 9, 1-8).

La section des miracles chez Matthieu (Mt 8, 1-9, 35) peut elle-même être divisée en trois parties. La première partie (Mt 8, 1-17) dépeint Jésus comme accomplissant l'oeuvre du Serviteur de Yahvé, ce qui est illustré par la citation de Mt 8, 17: 'Il a pris nos infirmités et s'est chargé de nos maladies.' La troisième partie a pour thème la foi (Mt 9, 18-31). Nous parlerons plus longuement de cette section lorsque nous étudierons la rédaction matthéenne du récit de la résurrection de la fille d'un magistrat. Le verset 9, 35 est un sommaire qui clôt la section. La deuxième partie de cette section (Mt 8, 18-9, 17) se laisse diviser d'après les thèmes en trois parties: Mt 8, 18-27 a pour thème les disciples, Mt 8, 28-9, 8 est centré sur la personne de Jésus; Mt 9, 9-17 revient au thème des disciples. En 8, 18-22 Matthieu traite des exigences de la vocation apostolique, puis en 8, 23-27 il interprète dans un sens ecclésial le miracle de la tempête apaisée.[16] La section de Mc 2, 13-22, qui rapporte la vocation de Lévi, le repas de Jésus et des disciples avec les pécheurs, la question des disciples du Baptiste sur la conduite des disciples de Jésus, se serait fort bien adaptée à la suite du récit de la tempête apaisée chez Matthieu. Mais Matthieu était gêné par la localisation sur la rive occidentale de ces épisodes, et entendait rapporter d'autre part le récit de la guérison des possédés de Gadara. Il préfère dès lors rapporter l'ensemble de la section de Mc 2, 1-22 après la guérison des possédés de Gadara et le retour de Jésus sur la rive occidentale. Le thème des disciples (Mt 8, 18-27 et 9, 9-17) est ainsi séparé par deux épisodes centrés sur la personne de Jésus (Mt 8, 28-9, 8), mais les récits de Mc 4, 35-5, 20 et 2, 1-22 sont conservés dans leur ordre respectif.

Cette section centrée sur les miracles ne doit pas enfin être isolée des autres grands ensembles de Matthieu. Ainsi P. Benoit fait remarquer que les chapitres 8 et 9 présentent une série de dix miracles 'signes caractéristiques du rôle messianique du Maître, comme de la mission qu'il délègue à ses disciples'; on pourrait considérer les chapitres 8 à 10 comme 'une sorte de bréviaire du missionnaire', les chapitres 8 et 9 préparant le chapitre 10.[17] La présence des disciples, surtout en 8, 18-9, 17 prépare donc le discours apostolique du chapitre 10, comme le montrent le sommaire bi-partite de 9, 35-36 et le pluriel de 9, 8: 'les foules rendirent gloire à Dieu d'avoir donné un tel pouvoir aux hommes', qui anticipe Mt 10, 8.

P. Bonnard, de son côté, pense que ces chapitres illustrent l'autorité de Jésus dont il a été question en Mt 7, 28. 'Cette autorité de Jésus s'étend sur la loi que Jésus interprète souverainement (ch. 5 à 7), sur les démons et les maladies (8, 1-4. 5-13. 14-15. 16-17. 28-34), sur tout homme (8, 18-22), sur la création (8, 23-27) et sur le péché lui-même (9, 1-8).[18]

Le récit de la guérison du paralytique prépare enfin la réponse de Jésus aux envoyés du Baptiste: 'Les boiteux marchent' (Mt 11, 5).

Nous venons de voir, ou plutôt de déduire, les raisons qui ont amené Matthieu à insérer la section parallèle à Mc 2, 1-22 entre la guérison des possédés de Gadara et la résurrection de la fille d'un magistrat. Résumons-les brièvement en guise de conclusion. Matthieu 4, 23-13, 52, à la différence de Mc 1, 21-6, 13, est formé de grandes sections. L'une de ces sections est centrée sur les miracles. Il était donc normal que Matthieu y insère la guérison du paralytique de Mc 2, 1-12. A l'intérieur de cette série de miracles, une section a pour thème principal les disciples (Mt 8, 18-27), mais en raison de la localisation sur la rive occidentale des épisodes rapportés en Mc 2, 1-22, et pour conserver le récit de la guérison des possédés de Gadara, Matthieu insère la section 9, 1-17 // Mc 2, 1-22 après la péricope des possédés de Gadara. Il sépare ainsi en deux parties le thème des disciples, mais groupe deux récits de miracle centrés sur la personne de Jésus (Mt 8, 28-9, 8), et conserve l'ordre respectif de Mc 4, 35-5, 20 et Mc 2, 1-22. L'insertion de la guérison du paralytique sert à illustrer l'autorité de Jésus (Mt 9, 6.8), dont il a été question en 7, 28, et prépare la mission qui sera confiée aux disciples en 10, 8 et la réponse aux envoyés du Baptiste en 11, 5. Le thème des disciples qui est réintroduit en 9, 9-17 prépare d'une façon indirecte le discours apostolique.

4

LA REDACTION MARCIENNE DU RECIT DE LA RESURRECTION DE LA FILLE DE JAÏRE (Mc 5, 22–24a. 35–43)

Comment Marc a-t-il composé son récit, de quelle empreinte christologique, catéchétique l'a-t-il marqué? Comment ce récit se situe-t-il dans la perspective générale de Marc? C'est ce que nous allons examiner maintenant. Voici la démarche que nous suivrons.

1. La composition et la structure du récit.
2. La critique littéraire du récit. Cette étude nous permettra de dégager la source de Marc et de voir les remaniements qu'il a fait subir à sa source.
3. Nous essaierons enfin dans une dernière partie de montrer le sens et la portée de ce miracle dans la catéchèse primitive et dans la perspective de Marc.

1. Composition et structure du récit[1]

Le récit est merveilleusement composé. Il est formé de quatre scènes qui commencent toutes, presque de la même façon, par le verbe ἔρχεσθαι (v. 22; 35; 38) ou un synonyme: εἰσπορεύεσθαι (v. 40b). Chaque scène a un décor différent, chacune met en gros plan des personnages différents. Tout culmine peu à peu vers la scène finale. Voyons dans le détail.

La première scène (Mc 5, 22–24a). Marc en avait brossé le décor au v. 21. Jésus est au bord du lac de Tibériade, entouré par la foule. Le premier acte du tableau débute par la venue d'un chef de synagogue, il se termine par le départ de Jésus. 'Un chef de synagogue vient . . . Jésus s'en alla avec lui.' Entre temps, seul le chef de synagogue, Jaïre, a parlé. Sa demande occupe toute la scène. Jésus ne dit rien.

La deuxième scène (Mc 5, 35–37) se déroule sur le trajet entre le lac et la maison de Jaïre. C'est un coup de théâtre produit par des personnes extérieures. La jeune fille, que l'on savait gravement malade, vient de mourir. Jésus réconforte le père affligé. Il renvoie la foule qui l'accompagnait après la guérison de l'hémorroïsse et garde auprès de lui ses intimes.

Avec la troisième scène (Mc 5, 38–40a), nous sommes arrivés à la maison du chef de synagogue. On entend du bruit. C'est la foule des pleureurs qui est mise au premier plan. Jésus lui parle, mais elle se rit de lui; il la renvoie.

C'est dans la chambre de la morte que se déroule la dernière scène (Mc 5, 40b-43). Jésus est en présence de la morte. Il lui parle comme à quelqu'un qui serait endormi: 'Jeune fille, lève-toi!' Elle se lève et marche. Les témoins demeurent interdits. Jésus leur enjoint de ne rien dire, et de donner à manger à la fillette.

L'unité externe du récit est produite par ces différentes étapes entre le bord du lac et la chambre de la morte; mais l'unité interne, elle, est créée par la présence voilée, puis réelle de la morte à chaque scène, et par la réaction de Jésus. Lorsqu'on lui annonce qu'elle est malade, il s'apprête à la secourir. Lui dit-on qu'elle est morte? Il recommande la confiance. On la pleure, il affirme qu'elle est endormie. Enfin mis en présence de la morte, il la ressuscite. C'est donc bien la jeune fille morte et Jésus qui sont les principaux acteurs de ce récit. La seule étude de la structure permet déjà de dire que le récit semble construit pour montrer l'attitude de Jésus devant la maladie, le deuil et la mort.

2. Critique littéraire

a. La demande du père (Mc 5, 22-24a)

La première scène s'ouvre par l'arrivée d'un chef de synagogue. Καὶ ἔρχεται εἰς τῶν ἀρχισυναγώγων. C'est un début tout à fait classique de récit de miracle (Mc 1, 40; 2, 3). Le verbe est au présent: c'est le temps préféré de la narration chez Marc. Le verbe ἔρχεσθαι est utilisé 24 fois au présent historique chez Marc, 3 fois chez Matthieu, 1 fois chez Luc et 16 fois par Jean. Il est probable que ce présent historique provient de la source de Marc. C'est la façon de narrer dans la tradition populaire.

C'est un chef de synagogue: εἰς τῶν ἀρχισυναγώγων ou un parmi les chefs de synagogues de la ville, ou bien quelqu'un qui appartient à la classe des chefs de synagogue. Quel sens choisir? Le codex Bezae a opté pour le premier sens et remplacé εἰς par τις, de même que plusieurs manuscrits de l'itala et la vulgate qui ont 'quidam'. Εἰς et le génitif seraient alors un sémitisme, employé à la place de τις.[2] On rencontre plusieurs fois chez Marc un tel usage (6, 15; 8, 28; 9, 17; 12, 28?; 13, 1?; 14, 66). Le deuxième sens est moins probable chez Marc, car la ville n'est pas nommée et toute hypothèse sur le nombre des synagogues de cette ville reste donc totalement hypothétique! On peut invoquer en faveur du pluriel de catégorie, qu'on pourrait traduire 'un qui appartient à la classe de . . .', Mc 9, 37.42; 12, 28?; 13, 1?; 14, 10.20.43. Dans le premier cas, la fonction d'archisynagogue désigne l'homme, dans le troisième cas, elle n'est que prédicat: la nuance est de peu d'importance pour la compréhension du récit.[3]

Cet archisynagogue s'appelle Jaïre.[4] Ce nom était connu de l'Ancien

Testament: c'est le fils de Manassé, qui est établi en territoire de Bashân sur la rive Est du lac de Tibériade (Nb 32, 41; Jos 13, 30; Jg 10, 3 le même?). Ce nom a pu se maintenir dans la région comme nom propre. On le retrouve encore en Est 2, 5; 1 Chr 2, 22s; 1 Esd 5, 31 LXX, sur un ostracon d'époque ptolémaïque[5] et dans Flavius Josèphe, où un certain Jaïre est père d'Eléazar, le commandant de la garnison de Massada.[6] Le nom signifie: 'il éclairera, fera briller.' On a voulu aussi le faire dériver de la racine עור (1 Chr 20, 5 Qéré), dont le sens 'il réveillera' serait alors symbolique pour le récit de résurrection. Il n'aurait alors été introduit que très tard dans le récit. Et de fait, plusieurs manuscrits: D it[a, d, e, ff, r¹] n'ont pas ce nom. Mt 9, 18 n'a également aucun nom. W Θ 565 700 ont ᾧ ὄνομα Ἰάϊρος. Nous voilà confrontés avec un problème de critique textuelle.[7]

Il est fort probable que les scribes de W Θ 565 700 n'avaient aucun nom dans leur modèle, et qu'ils ont complété grâce à Luc 8, 41. Les objections principales contre l'originalité du nom de Jaïre se résument à trois: pourquoi ce nom manque-t-il chez Matthieu, dans le codex Bezae et certains manuscrits de la vieille latine? Pourquoi n'apparaît-il plus dans la suite du récit? C'est le seul cas enfin dans l'Evangile de Marc où un nom propre est introduit par ὀνόματι.

Si Matthieu a, pour ce texte, Marc comme source, il n'est pas si surprenant qu'il ait laissé tomber ce nom propre. Il remplace en effet Bartimée de Marc 10, 46 par deux aveugles anonymes (Mt 20, 30). Il ne nomme pas Alexandre et Rufus en 27, 32 // Mc 15, 21. Marie, mère de José, (Mc 15, 47) est abrégée en 'l'autre Marie' par Matthieu en 27, 61.

Il n'est pas impossible non plus que la suppression de ce nom par le codex Bezae, certains manuscrits de la vieille latine, les modèles de W Θ 565 700, ait été une tentative d'harmonisation avec le texte de Matthieu. Goguel signale qu'en Luc 8, 41 le scribe du codex Bezae avait laissé un blanc à la place du nom, qui fut complété par une deuxième main.[8] On doit noter enfin que les variantes du codex Bezae sur les noms propres sont souvent secondaires (Mc 2, 14; 3, 18; 15, 47).

Que le nom de Jaïre ne soit pas répété dans le reste du récit aux versets 35.38.40 n'a rien d'étonnant. Bartimée de même en Mc 10, 49.51 n'est plus appelé que l'aveugle. Et Pilate en Mt 27, 11.14.15.21.27 est appelé par son titre de gouverneur.

C'est le seul cas dans l'Evangile de Marc où un nom propre est introduit par ὀνόματι. Ce datif se rencontre 7 fois chez Luc et 22 fois dans les Actes. Marc utilise une seule fois l'expression οὗ τὸ ὄνομα en 14, 32; en 10, 46 il fait précéder le nom de Bartimée de sa traduction en grec; en 15, 7 le nom de Barabbas est précédé de ὁ λεγόμενος, et en 15, 21 celui de Simon de Cyrène de τις. Il introduit le nom propre d'une façon abrupte en 2, 14 et en 15, 42, mais le précise par la suite. Il est possible dès lors que Marc n'ait eu dans sa source, et n'ait lui-même écrit que: 'Alors vient Jaïre, un chef de synagogue.' La mention ὀνόματι aurait été ajoutée postérieurement par un scribe.

Ainsi le nom de Jaïre paraît remonter à une tradition antérieure à Marc, et sans doute à la première tradition du récit. Car expliquer l'insertion de ce nom par son sens symbolique: 'il réveillera', et celui de Lazare en Jn 11, 1 par 'Dieu secourt' relève de l'exégèse rabbinique! Et si tel était le cas, il eût certes mieux valu appeler Jaïre Lazare, et Lazare Jaïre, car c'est Jaïre qui est secouru et Lazare qui est réveillé!

En apercevant Jésus, ce dignitaire juif, oubliant son rang, va se prosterner à ses pieds, tout comme le démoniaque de Gérasa dans le récit précédent (Mc 5, 6), le lépreux (Mc 1, 40), la syrophénicienne (Mc 7, 25), et finalement Marie en Jn 11, 32 qui offre un parallèle exact à ce texte:

Mc 5, 22:	καὶ ἰδὼν	αὐτὸν	πίπτει	πρὸς τοὺς πόδας αὐτοῦ
Jn 11, 32:	ἰδοῦσα	αὐτὸν	ἔπεσεν αὐτοῦ	πρὸς τοὺς πόδας
Mc 7, 25:	ἐλθοῦσα		προσέπεσεν	πρὸς τοὺς πόδας αὐτοῦ

La supplication du père angoissé est rendue dans un style haché: la phrase est scandée d'un ὅτι récitatif, d'un ἵνα impératif, d'un ἵνα final, comme trois brefs halètements dans une phrase prononcée d'un seul trait. L'expression populaire 'est à sa fin' y côtoie le mot gentil 'ma petite fille'. Voyons dans le détail.

Καὶ παρακαλεῖ αὐτὸν πολλὰ λέγων ὅτι. . . Le verbe παρακαλεῖν est employé chez Marc exclusivement dans les récits de miracle.[9] Il est complété ici par l'adverbe πολλά, qui est marcien (1, 45; 3, 12; 5, 10.23.38. 43; 6, 20.34; 9, 26; 15, 3). Λέγων correspond au לֵאמֹר hébreu.[10] Ὅτι est récitatif et correspond à nos deux points; lors de la reprise du récit en 5, 35, on retrouvera le même ὅτι récitatif.[11]

La comparaison avec Mc 1, 40 et 7, 25 indique clairement que nous avons affaire à un début de récit de miracle tout à fait classique:

Mc 1, 40	Mc 5, 22s	Mc 7, 25s
Καὶ ἔρχεται . . . λεπρὸς	Καὶ ἔρχεται εἰς . . .	. . . ἐλθοῦσα
παρακαλῶν αὐτὸν		
καὶ γονυπετῶν	καὶ . . . πίπτει	προσέπεσεν
	πρὸς τοὺς πόδας αὐτοῦ	πρὸς τοὺς πόδας
		αὐτοῦ . . .
	καὶ παρακαλεῖ αὐτὸν . . .	καὶ ἠρώτα αὐτὸν
καὶ λέγων αὐτῷ ὅτι	λέγων ὅτι	

Mc 1, 40	Mc 5, 22s	Mc 7, 25s
Ἐὰν θέλῃς δύνασαί με καθαρίσαι.	Τὸ θυγάτριόν μου ἐσχάτως ἔχει, ἵνα ἐλθὼν ἐπιθῇς τὰς χεῖρας αὐτῇ ἵνα σωθῇ καὶ ζήσῃ.	ἵνα τὸ δαιμόνιον ἐκβάλῃ ἐκ τῆς θυγατρὸς αὐτῆς.

Le père exprime donc l'objet de sa visite au style direct: 'Ma petite fille est à la fin.' Le diminutif θυγάτριον est propre à Marc qui l'utilise aussi en 7, 25. Ἐσχάτως ἔχειν appartient au langage journalier, comme en français 'être à sa fin, être au bout'. On peut comparer cette expression populaire, condamnée par les Attiques,[12] à celle de Josèphe: ἐν ἐσχάτοις εἶναι,[13] ou encore à la tournure du langage parlé: κακῶς ἔχειν (Mc 1, 32.34; 2, 17; 6, 55).

Le père désire que Jésus vienne imposer les mains sur son enfant. Le ἵνα pourrait introduire une complétive dépendant de παρακαλεῖν comme en Mc 5, 10; 6, 56; 7, 32; 8, 22. Mais la deuxième personne du singulier ἐπιθῇς invite à prendre ἵνα comme conjonction introduisant le subjonctif impératif (cp. Mc 5, 12; 10, 51; 12, 15.19).[14] La construction ἵνα ἐλθὼν et le subjonctif semble, à vrai dire, n'être que le décalque de la tournure araméenne: ... ו אתה די ... (cp. Mc 16, 1; Lc 7, 3; 12, 36).[15]

Le rite d'imposition des mains pour guérir, si fréquent dans le Nouveau Testament (Mc 6, 5; 7, 32; 8, 23-25; 16, 18; Lc 4, 40s; 13, 3; Ac 9, 12.17-18; 28, 8), était, jusqu'à ces dernières années, inconnu dans les écrits juifs. Mais le texte de l'*Apocryphe de la Genèse*, découvert dans la grotte 1 près des ruines du monastère de Qumrân, présente maintenant un beau parallèle au texte de Marc (Col XX).[16] Le Pharaon s'était emparé de Saraï, la femme d'Abraham. Dieu, exauçant la prière d'Abraham, frappa le roi d'Egypte et tous les gens de sa maison d'un esprit mauvais. Le Pharaon convoqua alors tous les magiciens et les médecins d'Egypte qui s'avérèrent incapables de le guérir, lui et les gens de sa maison. Finalement, il envoya un noble de sa cour, Horqanosh, trouver Abraham. *Col XX lig. 21:* 'Alors Horqanosh vint me trouver et me demanda de venir et de prier pour [22]le roi et d'imposer mes mains sur lui pour qu'il vive; car dans un songe ... [28]Et je priai pour [lui et pour] ses grands, [29]et j'imposai mes mains sur sa [tê]te, et la plaie fut écartée de lui, et [l'esprit] mauvais fut chassé [loin de lui], et il vécut. Et le roi se leva et me fit savoir ...' Ce texte indique que ce rite d'imposition des mains pour guérir était utilisé au temps de Jésus.[17] Il nous aide à comprendre aussi la finale du v. 23: ἵνα σωθῇ καὶ ζήσῃ. Beaucoup de commentateurs y voient un hendiadys: σωθῇ καὶ ζήσῃ proviendraient du même original araméen: חי'ה qui signifie à la fois guérir et vivre.[18] Il est sûr que

חיה dans le texte de *l'Apocryphe de la Genèse* (Col XX lig. 22.29), que Dupont-Sommer a traduit littéralement par vivre, signifie aussi guérir, comme en 2 R 1, 2; 8, 8. Mais à la ligne 19 et 20 du texte de Qumrân, on a le verbe אסי au sens de guérir. Ces deux verbes comportent donc une nuance que le grec a rendu par σώζεσθαι et ζῆν. Puisque sa fille est à la dernière extrémité, le père souhaite qu'elle guérisse car elle a encore toute la vie devant elle. On peut aussi considérer l'aoriste ζήσῃ comme marquant le point de départ d'une situation nouvelle: par sa guérison la jeune fille va revivre, mais aussi entrer dans la vie adulte.[19] Le verbe σώζεσθαι est utilisé trois fois par Marc au sens d'être guéri (Mc 5, 23.28; 6, 56). Σώζεσθαι est chez Marc le passif de θεραπεύειν. Au sens d'être guéri, c'est un terme familier que Marc utilise donc de préférence à ἰᾶσθαι (Mc 5, 29), que Matthieu a toléré lorsqu'il dépendait de Marc, que Luc a exclu.[20]

Jésus se rend aux prières de Jaïre, et part avec lui sans mot dire, comme ses disciples avaient fait lorsqu'il les avait appelés (Mc 1, 20). La première scène est terminée. Elle s'ouvrait sur l'arrivée de Jaïre, elle se termine par le départ de Jésus. La supplication angoissée du père a occupé toute la scène.

La critique littéraire a révélé deux aramaïsmes: εἷς τῶν ἀρχισυναγώγων et ἵνα ἐλθών . . .; l'adverbe πολλά est marcien de même que le verbe σώζεσθαι au sens d'être guéri. Le datif ὀνόματι serait à mettre au compte d'un scribe postérieur. Ce début de récit de miracle est, du point de vue style, comparable aux débuts de plusieurs récits de miracle.

Avant de passer à la seconde scène du récit, il est bon de se demander pourquoi Marc a inséré dans ce récit de résurrection celui de la guérison de l'hémorroïsse. Il y a, avons-nous dit, deux raisons qui portent à croire que Marc est l'auteur de cette insertion: le verset 24b est rédactionnel, du style de Marc; le procédé d'enchâssement d'un récit dans un autre est courant chez Marc. A ces deux raisons il faut en ajouter maintenant une troisième, qui indique que ces deux récits n'étaient pas liés originellement: la différence de style entre les deux récits. Alors que le récit de résurrection est surtout narré au présent, que le style en est très vif, les verbes étant reliés par καί, nous trouvons sept participes à la suite pour décrire la situation de l'hémorroïsse (v. 25–27), et le récit en son entier ne compte pas moins de 15 participes. Cet épisode est narré au passé, comme deux autres récits interpolés: la mort de Jean-Baptiste (Mc 6, 17–29), et la question sur Elie (Mc 9, 9–13).[21]

Il faut reconnaître que ces deux récits ont plusieurs points communs qui ont pu amener Marc à les relier.[22] Le thème de la guérison (σώζεσθαι v. 23 et 28), de la foi (πίστις v. 34; μόνον πίστευε v. 36), de la crainte (φοβηθεῖσα v. 33 et μὴ φοβοῦ v. 35) y sont communs. La femme, tout comme le chef de la synagogue, se jette aux pieds de Jésus (v. 22.33). Le chiffre 12 (v. 25.42), le substantif θυγάτηρ (v. 34.35) se rencontrent dans les deux récits. La guérison dans les deux cas s'accomplit grâce à un contact physique qui est aussi un contact de foi (v. 28 et 34; 35 et 41).

Il n'est pas nécessaire de supposer avec plusieurs auteurs que ce retard, causé par la guérison de l'hémorroïsse, est utile pour que parvienne au père de l'enfant et à Jésus l'annonce du décès. Le trajet entre le bord du lac et la maison suffit pour cela. Mais le récit de résurrection marque une progression par rapport au récit de guérison. Sur la route qui le conduit à la mort, l'homme rencontre la maladie. Malade, il rencontre aussi en chemin Jésus prêt à le secourir, avant de voir en lui celui qui un jour le sauvera de la mort.[23]

b. L'annonce du décès en chemin (Mc 5, 35–37)

Cette deuxième scène bouleverse les données. D'une façon abrupte, inattendue, des employés de la maison de Jaïre viennent annoncer au chef de la synagogue le décès de sa fille. Nul besoin maintenant de déranger le Maître, il n'y peut plus rien! Il n'y a rien à faire contre la mort: tel est l'avis du commun des mortels, du monde incroyant. Mais Jésus, lui, en appelle à la foi que Jaïre a placée en lui dès le commencement. Celui qui a eu confiance en lui pour la vie des siens, doit garder la même confiance lorsqu'ils sont morts. Jésus ne retient auprès de lui que ses disciples intimes, Pierre, Jacques et Jean qui seront les témoins de son agonie (Mc 14, 33), mais aussi de sa gloire (Mc 9, 2). L'Evangéliste entend mettre ainsi le lecteur dans une ambiance pascale, avant de poursuivre son récit. Reprenons la scène dans le détail.

Marc relie cette deuxième scène du récit de la résurrection de la fille de Jaïre à la guérison de l'hémorroïsse par la phrase de transition: ἔτι αὐτοῦ λαλοῦντος que Marc utilisera encore en 14, 43.[24] On peut conjecturer que Marc avait dans sa source ἐν τῇ ὁδῷ (cp. 8, 3.27; 9, 33s; 10, 32.52). Il remplaça cette expression rendue inutile par l'insertion du récit de la guérison de l'hémorroïsse par la phrase de transition: 'il n'avait pas fini de parler que . . .' Comme la première scène, la seconde commence par ἔρχονται qui est ici un pluriel impersonnel.[25] On peut comparer ces trois ἔρχεται-ἔρχονται à ceux de la scène du jardin des oliviers (Mc 14, 32.37.41). C'est une introduction des plus simples pour annoncer une nouvelle scène.[26] Sans aucun ménagement à l'égard d'un père qui souffre, on vient donc lui annoncer que sa fille est décédée. L'expression ἀπὸ τοῦ ἀρχισυναγώγου est une abréviation pour ἀπὸ τῆς οἰκίας τοῦ ἀρχισυναγώγου (cp. Ga 2, 12).[27] Les gens de la maison de Jaïre utilisent le substantif θυγάτηρ pour parler de la malade, soit qu'à leurs yeux cette enfant malade, qui était presque d'âge nubile, était déjà une jeune fille,[28] soit qu'ils n'osent utiliser le terme

affectueux θυγάτριον qui chez Marc est réservé aux parents (Mc 5, 23; 7, 25).
C'est en effet le substantif θυγάτηρ qui est employé, comme ici, pour la
suite du récit de la guérison de la fille de la syrophénicienne en Mc 7, 26.29.
L'utilisation de θυγάτηρ en Mc 5, 34 ne semble pas avoir influencé le choix
de ce mot, ici au verset 35. L'emploi de l'aoriste ἀπέθανεν est curieux. On a
voulu y voir, comme en Mc 3, 21, un aoriste au sens de parfait.[29] L'aoriste
souligne le fait de son décès. Le personnel de la maison de Jaïre a vu la
jeune fille s'éteindre, c'est cet événement que les témoins veulent rapporter
(cp. Mc 9, 26; 12, 21s). Symbole du monde incroyant, ils jugent tout à fait
inutile la venue de Jésus, et de tancer leur patron: 'Pourquoi déranges-tu
encore le Maître?' La phrase interrogative est d'allure marcienne (cp. Mc 14,
63), bien que le verbe σκύλλειν soit un hapax chez Marc. Le sens originel
en est 'déchirer, écorcher', mais ce verbe est employé dans le grec tardif au
sens de 'tourmenter, harasser, ennuyer, fatiguer' (Mt 9, 36). Luc utilise ce
même verbe à l'impératif passif: μὴ σκύλλου dans le récit de la guérison du
fils du centurion de Capharnaüm (Lc 7, 6). Jésus est appelé διδάσκαλος
équivalent de l'hébreu *rabbi*. Si ce titre se réfère par son étymologie plutôt
à la charge d'enseignement, le sens en est étendu, et il est appliqué à Jésus même
lorsqu'il s'agit de son pouvoir de thaumaturge (Mc 4, 38; 9, 17.38). Les thau-
maturges dans le monde juif étaient la plupart du temps des *rabbis*.[30]

Jésus qui a surpris ce message n'en tient pas compte. Le participe παρακούσας mieux attesté que le simple ἀκούσας[31] est préférable. Ce verbe signifie
dans le grec classique 'entendre par hasard, à la dérobée'. Il est employé
sept fois dans la LXX (1 Esd 4, 11; Tb 3, 4; Est 3, 3.8; 4, 14; 7, 4; Is 65,
12), soit de manière absolue, soit avec le génitif, une seule fois avec l'accusatif (Est 3, 3). Il y a le sens de 'ne pas prêter attention aux dires, aux actes
de quelqu'un, refuser d'écouter, d'obéir'. C'est également le sens de Mt 18,
7; dans les écrits pauliniens le substantif παρακοή signifie désobéissance
(Rm 5, 19; 2 Co 10, 6; He 2, 2). Il est sûr que Jésus n'attache pas d'importance à ce qui vient d'être dit, puisqu'il continue sa route et qu'il affirmera
bientôt: 'l'enfant n'est pas morte, mais elle dort.' Mais le sens de ce verbe
dans le grec classique convient également. Jésus a surpris ce qui venait
d'être dit et exhorte le père. Puisque les deux sens conviennent au texte,
pourquoi opter pour un sens à l'exclusion de l'autre, et ne pas garder à ce
verbe sa double signification? Jésus donc a surpris le message: τὸν λόγον
λαλούμενον. Cette construction est classique. Après les verbes de perception en effet, le participe, en grec classique, tient le rôle d'une proposition
complétive. Mais on s'attendrait à trouver le génitif au lieu de l'accusatif
(cp. Mc 12, 28; 14, 58).[32] Le scribe du codex Vaticanus a compris autre-
ment, qui a répété τόν devant λαλούμενον, de même que le scribe du codex
Bezae qui a: τοῦτον τὸν λόγον. La tournure λαλεῖν λόγον se retrouve en

Mc 2, 2; 8, 32. Ce message qu'il a surpris, Jésus le tient pour non avenu, et il encourage le père: 'N'aie pas peur, crois seulement!' L'impératif μὴ φοβοῦ renvoie à la tournure fréquente en hébreu: אל־תירא. Cette exhortation est employée dans la bible quand on craint la mort (Jg 4, 18; 1 S 22, 23; 23, 17), mais le plus beau parallèle à notre texte est Gn 21, 17: Hagar, privée d'eau, a abandonné son fils pour ne pas le voir mourir . . . 'Dieu entendit les cris du petit et l'Ange de Dieu appela du ciel Hagar et lui dit: 'Qu'as-tu Hagar? Ne crains pas, car Dieu a entendu les cris du petit . . . '[33] L'impératif présent avec μή pourrait suggérer que Jaïre a déjà craint; il est préférable d'y voir un 'présent de tentative', l'angoisse allait s'emparer de Jaïre, comme Jésus le rassure. L'adverbe μόνον pourrait avoir, après une proposition négative, un sens adversatif, comme la conjonction ἀλλά. Il est préférable de le prendre dans son sens habituel: il limite l'action à celle qui est indiquée par le verbe. C'est la foi seule qui permet de dépasser la mort, d'y donner un sens. Le présent πίστευε indique que Jésus demande à Jaïre de garder la même foi qu'il a manifestée lorsqu'il est venu solliciter la guérison de sa fillette. La mort d'êtres chers ne saurait effrayer celui qui croit au Dieu qui est le Dieu des vivants et non pas des morts (Mc 12, 27).

Jésus dès lors ne permet à personne de le suivre, sinon à ses disciples intimes: Pierre, Jacques et Jean. Le vocabulaire et la construction de la phrase sont habituels chez Marc: le verbe ἀφιέναι au sens de permettre, au lieu du classique ἐᾶν (1, 34; 5, 19; 7, 12; 10, 14; 11, 16; 14, 6); la double négation si fréquente chez Marc; εἰ μή après une négation pour marquer une exception, fréquent également chez Marc; le verbe συνακολουθεῖν employé également en 14, 51; la mention de Pierre, Jacques et Jean dans le même ordre qu'en 3, 16; 9, 2; 13, 3 où André est adjoint; 14, 33.

Et pourtant plusieurs indices témoignent que ce verset a été inséré par Marc. La phrase est au passé, alors que tout le récit, sauf les deux derniers versets, est narré au présent historique. L'article τόν devant Pierre seulement, qui indique que les trois disciples sont considérés comme un tout, à la différence de 9, 2; 14, 33 (?). Le verbe συνακολουθεῖν est utilisé, il est vrai, par Marc en 14, 51, mais ce passage est propre à Marc. Le μετ' αὐτοῦ enfin est gauche: plusieurs manuscrits l'ont corrigé d'ailleurs par αὐτῷ. Pour quelle raison Jésus se débarrasserait-il de la foule avant d'être arrivé à la maison? Jésus chassera de nouveau, au verset 40, tout le monde, pour ne prendre avec lui que le père et la mère de l'enfant, et ceux qui étaient avec lui. On peut difficilement invoquer, pour le verset 37, le secret messianique. Ce motif n'apparaît clairement qu'au verset 43, formulé dans le style de Marc.

Jésus se sépare également de la foule pour guérir le sourd-muet (Mc 7, 33), et l'aveugle de Bethsaïde (Mc 8, 23). Dibelius pense que cette idée de séparation vient de ce qu'on ne peut pas voir la divinité agir, que ce privilège n'est réservé qu'à des personnes choisies.[34] Cette raison, valable peut-être pour le v. 40, peut difficilement être invoquée pour le renvoi de la foule au v. 37.

La solution est plus simple. La mention de la foule n'était pas dans la source de Marc. Elle fut insérée dans le récit de la résurrection de la fille de Jaïre, lorsque le récit de la guérison de l'hémorroïsse fut enchâssé dans ce dernier, par Marc donc. En ajoutant le v. 37, Marc se débarrasse de la foule devenue inutile. Par l'addition de ce verset, il précise aussi le $\tau o \dot{\upsilon} \varsigma \mu \epsilon \tau' \alpha \dot{\upsilon} \tau o \ddot{\upsilon}$ du v. 40: les disciples anonymes du v. 40 sont maintenant Pierre, Jacques et Jean. Car il est clair que l'expression $\mu \epsilon \tau' \alpha \dot{\upsilon} \tau o \ddot{\upsilon}$ est caractéristique des disciples chez Marc (3, 14: $\kappa \alpha \dot{\iota} \dot{\epsilon} \pi o i \eta \sigma \epsilon \nu \delta \dot{\omega} \delta \epsilon \kappa \alpha \ldots \ddot{\iota} \nu \alpha \ddot{\omega} \sigma \iota \nu \mu \epsilon \tau' \alpha \dot{\upsilon} \tau o \ddot{\upsilon}$; 5, 18: $\ddot{\iota} \nu \alpha \mu \epsilon \tau' \alpha \dot{\upsilon} \tau o \ddot{\upsilon} \ddot{\eta}$).[35] Marc avait trouvé dans sa source la mention de ces trois intimes dans le récit de la transfiguration (Mc 9, 2), et dans la scène du jardin des oliviers (Mc 14, 33) avec le même verbe $\pi \alpha \rho \alpha \lambda \alpha \mu \beta \dot{\alpha} \nu \epsilon \iota \nu$, la même expression $\mu \epsilon \tau' \alpha \dot{\upsilon} \tau o \ddot{\upsilon}$ en 14, 33. Ce rapprochement lui suggéra que les disciples anonymes du v. 40 étaient Pierre, Jacques et Jean. Comparons 5, 40 et 14, 33:

Mc 5, 40:	$\pi \alpha \rho \alpha \lambda \alpha \mu \beta \dot{\alpha} \nu \epsilon \iota \ldots \kappa \alpha \dot{\iota}$	$\tau o \dot{\upsilon} \varsigma$	$\mu \epsilon \tau' \alpha \dot{\upsilon} \tau o \ddot{\upsilon}$
Mc 14, 33:	$\pi \alpha \rho \alpha \lambda \alpha \mu \beta \dot{\alpha} \nu \epsilon \iota$	$\tau \dot{o} \nu \Pi \dot{\epsilon} \tau \rho o \nu \kappa \alpha \dot{\iota} (\tau \dot{o} \nu)$	
		$\text{'} I \dot{\alpha} \kappa \omega \beta o \nu \kappa \alpha \dot{\iota} (\tau \dot{o} \nu)$	
		$\text{'} I \omega \dot{\alpha} \nu \nu \eta \nu$	$\mu \epsilon \tau' \alpha \dot{\upsilon} \tau o \ddot{\upsilon}$

Marc avait déjà utilisé le même processus auparavant. En Mc 1, 29 en effet, la mention de André, Jacques et Jean (cp. Mt 8, 14; Lc 4, 38) est ajoutée à la source afin de préciser le $\kappa \alpha \dot{\iota} o \dot{\iota} \mu \epsilon \tau' \alpha \dot{\upsilon} \tau o \ddot{\upsilon}$ de 1, 36. En 5, 37, Marc précise que Jean est le frère de Jacques, ce qui est compréhensible en 1, 19; 3, 17, mais le serait moins ici s'il ne s'agissait pas d'un verset ajouté. Par l'addition de ces trois noms enfin, Marc veut préciser au lecteur que quelque chose d'important va se passer, qui doit être relié à la passion (Mc 14, 33), à la gloire de Jésus (Mc 9, 2), et à l'annonce de la fin des temps (Mc 13, 3).

C'est donc sur cette note marcienne que s'achève la deuxième scène. L'action est nouée, et déjà par le renvoi de la foule et le choix des trois intimes on approche du dénouement. Une troisième scène pourtant, à la maison de Jaïre, va encore retarder l'issue.

c. *L'arrivée de Jésus et le renvoi de la foule des pleureurs (Mc 5, 38–40a)*

Cette scène se déroule dans l'entrée de la maison de Jaïre. Elle commence comme les deux premières, et se termine comme la seconde par le renvoi de la foule. L'intérêt est porté sur les pleurs et la réaction de Jésus. Comme les employés de la maison de Jaïre à la deuxième scène, la foule est ici symbole du monde incroyant. Elle pleure un mort, se rit de Jésus qui considère la mort comme transitoire. Aussi n'aura-t-elle pas le droit de participer à la scène finale de la résurrection.

Le groupe restreint maintenant à quelques personnes arrive à la maison de Jaïre. Le mot οἶκος ou οἰκία est, avons-nous dit, évocateur chez Marc de disputes et de controverses (Mc 2, 1ss; 2, 15ss; 3, 20); l'espace limité d'une maison en fait aussi le lieu tout trouvé pour communiquer un enseignement ou une révélation à un groupe choisi (Mc 7, 17; 9, 28.33; 10.10; 14, 3). A leur arrivée donc, Jésus aperçoit du tumulte. Ce singulier est frappant après le pluriel ἔρχονται; Jésus est le seul, pour l'auteur, à s'apercevoir du vacarme que fait la foule. L'expression θεωρεῖ θόρυβον est impropre, on ne voit pas un bruit confus, et pourtant assez descriptive dans son originalité. 'Le bruit confus du rassemblement, ceux qui pleurent et ceux qui poussent des cris rythmés des lamentations font un véritable spectacle.'[36] Le sub-stantif θόρυβος signifie le bruit confus, le tumulte d'une foule assemblée. En Ez 7, 11 et Dn 10, 6 θόρυβος traduit dans la LXX le substantif hébreu המון qui signifie foule bruyante. Jésus donc n'a renvoyé la foule qui l'accompagnait que pour trouver la maison occupée par une autre.

Le καί suivant est épexégétique. C'est ainsi que l'a compris le codex Bezae qui a le génitif: θόρυβον τῶν κλαιόντων καὶ ἀλαλαζόντων. Il ne s'agit pas, dans le contexte, de pleureuses professionnelles, mais seulement des membres de la parenté et du voisinage. Le verbe ἀλαλάζειν au sens de pousser des cris de lamentations ne se trouve qu'ici dans le Nouveau Testa-ment, mais est utilisé dans le même sens par la LXX (Jr 4, 8; 29, 2; 32, 34; Ez 27, 30).[37]

Jésus entra soit dans la cour de la maison, soit plus vraisemblablement dans la pièce commune de la maison. Il s'adresse aux pleureurs: 'Pourquoi ces lamentations et ces pleurs? L'enfant n'est pas morte, mais elle dort.' Le verbe utilisé, θορυβεῖν, signifie faire du vacarme en parlant d'une foule (Ac 17, 10), mais il a aussi le sens de pousser des cris de lamentations pour un mort (Jg 3, 26; 2 S 4, 1 Sym.; p-ê Ac 20, 10). L'asyndète entre les deux propositions, relativement fréquente chez Marc, met en relief la vivacité des paroles de Jésus. L'enfant est maintenant désignée par le terme παιδίον, diminutif de παῖς. C'est le troisième vocable employé pour parler de la jeune fille, aux versets 41 et 42 un quatrième substantif sera utilisé κορά-σιον. Le diminutif affectueux παιδίον, fréquent dans la LXX, sera encore utilisé par Marc en 7, 28.30; 9, 24.36.37; 10, 13.14s.[38] Le sens de καθεύδειν est plus difficile. Ce verbe peut être utilisé pour parler du som-meil de la mort (Ps 87, 6; Dn 12, 2; 1 Th 5, 10), mais ce sens est exclu par l'affirmation: 'elle n'est pas morte.'[39] Il est bien difficile par ailleurs de penser à une mort apparente, à une sorte de coma, car Jésus n'a pas encore vu l'enfant, il n'énonce donc pas un diagnostic de médecin, mais une affirmation théologique. Jérôme, Bède, Raban envisagent cette affirmation sous deux angles: au regard de Dieu l'enfant n'était qu'endormie, mais aux yeux des hommes elle était morte.[40] La mort des hommes n'est pour Dieu qu'un sommeil, d'où il les tirera par la résurrection. Cette exégèse trouve un appui dans la parole de Dieu à Jacob en Gn. R 96 (60c): 'Tu dormiras, mais tu ne mourras pas.' Mais cette interprétation subtile se heurte au fait que dans le Nouveau Testament les verbes dormir et être endormi, lorsqu'ils sont employés pour parler des morts, ne désignent jamais l'état intermédiaire entre la mort et la résurrection.[41] Par cette métaphore, Jésus ne veut donc affirmer rien d'autre que le côté transitoire et passager de cette mort. Mais sa parole a valeur de signe. En s'adressant aux pleureurs, c'est aux chrétiens du temps de Marc que Jésus s'adresse. Le mort n'est que pour un temps, pourquoi se désoler de la perte d'êtres chers, comme ceux qui n'ont pas d'espérance, est-ce que Dieu, par Jésus, n'amènera pas avec lui, lors de la Parousie ceux qui sont morts? (1 Th 4, 13ss).

Les assistants ne comprirent pas la parole de Jésus, et ils se rirent de lui. Le verbe καταγελᾶν n'est utilisé qu'ici dans tout le Nouveau Testament. Bultmann voit dans ces rires moqueurs un trait caractéristique des récits de miracle.[42] Mais dans ces rires se répercute aussi la moquerie de la foule incroyante à l'égard de la résurrection des morts (cp. Ac 17, 32).

Face à cette réaction incroyante, Jésus réagit violemment. L'accentuation de αὐτὸς δέ, en début de phrase (cp. Mc 1, 8), souligne l'autorité de Jésus, qui va chasser toute la foule à l'extérieur. Le verbe utilisé est très fort: ἐκβάλλειν; il est employé 11 fois pour l'expulsion des démons, et en Mc 11, 15 pour l'expulsion des vendeurs du temple. La foule incroyante ne peut voir l'action de Dieu ressuscitant, qui ne peut être comprise que dans la foi.[43] Jésus donc, chassant la foule des pleureurs et des moqueurs, ne retient auprès de lui que le père et la mère de l'enfant et les trois disciples qu'il avait gardés près de lui. La construction de la phrase τὸν πατέρα τοῦ παιδίου καὶ τὴν μητέρα est une construction nécessaire en hébreu et en araméen, mais étrangère au grec, qui aurait placé τοῦ παιδίου après τὴν μητέρα.[44] La troisième scène est terminée.

Les deux scènes que nous venons d'étudier se répondent admirablement. Dans les deux, les gens de l'extérieur sont le symbole du monde incroyant, et les deux scènes se terminent par leur renvoi. A la deuxième scène, on annonce au père 'que sa fille est morte'. Jésus fournit une réponse directe à ce message à la troisième scène: 'L'enfant n'est pas morte, mais elle dort.' Les deux scènes s'emboîtent l'une dans l'autre, et l'action retardée progresse vers le dénouement, tout en révélant au lecteur une clé d'interprétation. L'intervention des gens de la maison de Jaïre, la réaction des pleureurs à la déclaration de Jésus interrogent le lecteur: Crois-tu, toi aussi, en la puissance de Dieu manifestée en Jésus? As-tu assez de foi pour croire que cette puissance est illimitée, plus forte que la mort?

d. La résurrection et les effets du miracle (Mc 5, 40b–43)

Jésus pénètre dans la chambre où se trouve l'enfant. Le verbe $\varepsilon i\sigma\pi o\rho\varepsilon\acute{u}\varepsilon\sigma\theta\alpha\iota$, bien que typiquement marcien (1/8/5/0/4), est au présent historique, comme le verbe $\check{\varepsilon}\rho\chi\varepsilon\sigma\theta\alpha\iota$ au début des autres scènes, ce qui est un indice qu'il provient de la source de Marc. Jésus saisit la main de la jeune fille, comme s'il ne s'était agi que d'une malade (Mc 1, 31). Lors de la guérison de l'enfant épileptique, alors que les personnes de l'entourage pensent que l'enfant a succombé, Jésus, de même, lui saisit la main et le relève. Les deux scènes sont très proches l'une de l'autre:

Mc 5, 41:	$\kappa\alpha\grave{\iota}$	$\kappa\rho\alpha\tau\acute{\eta}\sigma\alpha\varsigma\ \tau\tilde{\eta}\varsigma\ \chi\varepsilon\iota\rho\grave{o}\varsigma\ \tau o\tilde{u}\ \pi\alpha\iota\delta\acute{\iota}o\upsilon$
Mc 9, 27:	$\ldots\ \check{o}\tau\iota\ \dot{\alpha}\pi\acute{\varepsilon}\theta\alpha\nu\varepsilon\nu.\ \acute{O}\ \delta\grave{\varepsilon}\ \acute{I}\eta\sigma o\tilde{\upsilon}\varsigma$	$\kappa\rho\alpha\tau\acute{\eta}\sigma\alpha\varsigma\ \tau\tilde{\eta}\varsigma\ \chi\varepsilon\iota\rho\grave{o}\varsigma\ \alpha\dot{\upsilon}\tau o\tilde{\upsilon}$
Mc 5, 41s:	$\lambda\acute{\varepsilon}\gamma\varepsilon\iota\ \alpha\dot{\upsilon}\tau\tilde{\eta}\ \ldots\ \check{\varepsilon}\gamma\varepsilon\iota\rho\varepsilon.$	$K\alpha\grave{\iota}\ \varepsilon\dot{\upsilon}\theta\grave{\upsilon}\varsigma\ \dot{\alpha}\nu\acute{\varepsilon}\sigma\tau\eta\ \tau\grave{o}\ \kappa o\rho\acute{\alpha}\sigma\iota o\nu$
Mc 9, 27:	$\check{\eta}\gamma\varepsilon\iota\rho\varepsilon\nu\ \alpha\dot{\upsilon}\tau\grave{o}\nu,$	$\kappa\alpha\grave{\iota}\quad\dot{\alpha}\nu\acute{\varepsilon}\sigma\tau\eta$

Il s'adresse à l'enfant décédée: $\lambda\acute{\varepsilon}\gamma\varepsilon\iota\ \alpha\dot{\upsilon}\tau\tilde{\eta}$, $\alpha\dot{\upsilon}\tau\tilde{\eta}$ pour $\alpha\dot{\upsilon}\tau\tilde{\omega}$ que l'on attendrait après $\tau\grave{o}\ \pi\alpha\iota\delta\acute{\iota}o\nu$ (cp. Mc 5, 23); l'accord se fait selon le sens et non le genre. Jésus opère souvent des miracles par sa parole (Mc 1, 41; 2, 11; 3, 5; 7, 29; 10, 52), mais dans notre texte il s'adresse à l'enfant en araméen, et sa phrase inintelligible pour les grecs et les latins a été rapportée différemment par les scribes des divers codex. Voici les recensions des divers manuscrits:

$\tau\alpha\lambda\varepsilon\iota\theta\acute{\alpha}$	B fam[13] 565 cop[sa]
$\tau\alpha\lambda\iota\theta\acute{\alpha}$	S A C L N Θ Π Σ Φ fam[1] 700
talitha	it[f] vg (pl)
thalitha	it[q] vg (al) syr[p, h] cop[bo]
$\tau\alpha\beta\iota\theta\acute{\alpha}$	W 259
$\rho\alpha\beta\beta\iota\ \theta\alpha\beta\iota\tau\alpha$	D
tabitha	it[a ff 1] vg (alq)
thabitha	it[b c i] vg (alq)
abitha	it[r¹]
tabea acultha cumhi	it[e]
koum	S B C L M N Σ fam[1]
koumi	A D Δ Θ Π Φ fam[13] 565 700 it (exc. ff) vg (pl) syr

Les différences d'orthographe dans la transcription sont secondaires. Il est inutile de s'attarder non plus sur la transcription bizarre et inintelligible des manuscrits *r*[1] et *e* de la vieille latine. La leçon ταβιθά de W 259, et de quelques manuscrits de la vieille latine et de la vulgate, provient soit d'une confusion avec Tabitha d'Ac 9, 36.40, soit d'une correction du codex Bezae que ces manuscrits auraient eu comme source. Il reste donc deux problèmes: doit-on lire 'koum' ou 'koumi'? Comment expliquer la leçon curieuse du codex Bezae, et quelle en est la valeur?

'Koum', impératif masculin singulier 2ème personne, est peut-être utilisé sans référence au sexe, comme dans le français 'debout'. La distinction entre le masculin et le féminin à la deuxième personne de l'impératif s'était peut-être perdue dans le langage parlé par suite de l'accentuation sur la première syllabe. La leçon 'koum' proviendrait alors de la tradition orale, la leçon 'koumi' serait une correction secondaire, lorsque le texte fut couché par écrit. La leçon 'koum', plus difficile et bien attestée, semble préférable.

La leçon de D ραββι θαβιτα est curieuse. La θαβιτα pourrait s'expliquer à la rigueur, malgré la différence d'orthographe, par une confusion avec ταβιθά (Ac 9, 36.40), mais le ραββι précédent reste inexplicable, il est difficile d'en faire sans l'article le sujet du verbe λέγει qui précède, et ce serait le seul cas dans tout le Nouveau Testament où *rabbi* ne serait pas au vocatif. Wellhausen a conjecturé que la leçon originale était ραβιθα, ραβιθα, qui a été transcrite d'une façon erronée par ραββι θαβιτα.[45] *Rabitha*, féminin de *rabia*, signifie jeune fille en araméen.[46] Cette leçon, plus dialectale, aurait été corrigée par *talitha* qui a le même sens. Ce serait donc une variante qui aurait existé déjà dans la tradition araméenne du texte. On doit noter que le manuscrit *e* de la vieille latine a 'puella, puella', ce qui pourrait être une réminiscence du double *rabitha* conjecturé par Wellhausen. Cette conjecture de Wellhausen explique au mieux la difficile leçon du codex Bezae. Cette leçon pourrait donc être aussi ancienne, et même plus primitive que la forme *talitha.*

La forme ταλιθα ou ταλειθα κουμ, attestée par les grands manuscrits, est la transcription araméenne de טליתא קום . טליתא est le féminin emphatique de טליא qui signifie jeune garçon, le fils de la maison, et plus rarement agneau.[47]

Bultmann voit dans l'utilisation d'une langue étrangère une technique caractéristique des récits de miracle.[48] Si l'usage d'une langue étrangère symbolise la puissance secrète du Christ qui agit,[49] on ne peut néanmoins voir dans cet usage une pratique magique. La langue utilisée est celle du pays, compréhensible pour beaucoup. D'autre part, Marc cite l'araméen dans plusieurs textes qui ne sont pas des récits de guérison (Mc 3, 17; 7, 11; 14, 36; 15, 22.34) et il le traduit toujours pour ses lecteurs; la seule exception est en 11, 9, où le mot 'Hosanna', citation du Ps 118, 25s, n'est pas traduit, car ce mot était devenu une acclamation courante dans la liturgie. Enfin les mots utilisés appartiennent au langage courant, ce sont des mots de tous les jours qui n'ont rien de magique. Bref, Marc retient ces mots parce qu'il les a trouvés dans sa source, et que le traducteur grec de cette source avait jugé bon de les conserver.

Marc introduit la traduction des paroles en araméen par ὅ ἐστιν μεθερμη-νευόμενον qui est l'une de ses formules favorites pour amener une traduction (Mc 15, 22.34). Μεθερμηνεύειν est un composé tardif, pour le classique ἑρμηνεύειν (Si *Prol.* 30). Le nominatif τὸ κοράσιον est utilisé au lieu du vocatif, mais correspond parfaitement à l'état emphatique araméen *talitha*. Κοράσιον, diminutif de κόρη, connu de la LXX, est un mot de la Koinè (Mc 6, 22.28). Σοὶ λέγω est ajouté à la traduction de l'araméen. Il est employé de manière emphatique en Mc 2, 11 et par., et en Lc 7, 14. Il sert ici à faire ressortir le sérieux de la parole de Jésus, à accentuer son autorité, et à souligner le caractère énigmatique et de puissance secrète que comporte la phrase en araméen pour un lecteur qui n'entend rien à cette langue.[50] Le verbe ἐγείρειν a plusieurs sens: à l'impératif actif, employé intransitivement, il signifie 'debout!';[51] à la voix passive il signifie se lever (Mc 2, 9; 4, 27; 13, 8.22; 14, 42) ou ressusciter (Mc 6, 14.16; 12, 26; 14, 28; 16, 6). L'impératif présent actif, ἔγειρε, signifie seulement dans notre texte: 'debout!' Jésus donc parle à la jeune fille comme à quelqu'un qui dort. Sa parole pourtant importe plus que son geste, comme le montre une simple comparaison avec Mc 1, 31 et 9, 27. Dans ces deux textes, c'était le geste qui était opérant: ἤγειρεν αὐτὴν κρατήσας τῆς χειρός (Mc 1, 31); mais en Mc 5, 41 le verbe est employé intransitivement, ἤγειρεν αὐτὴν devient ἔγειρε, le geste devient parole. Si le geste accompagne la parole, l'accent est nettement mis sur la parole.

L'effet est immédiat. Εὐθύς est un adverbe fréquent chez Marc; placé en début de phrase il souligne la réaction instantanée de l'enfant qui, ressus-citée, se leva (cp. Mc 9, 27; Ac 9, 34). L'aoriste ἀνέστη pourrait signifier également 'ressuscita', (Mc 9, 9.10.25), mais ce sens est improbable, tant en raison du sens de ἔγειρε, que de la suite du récit: 'et elle marchait!' L'impar-fait dépeint le résultat de l'action (cp. Mc 5, 13; 7, 35). Cette indication n'en est pas moins surprenante pour un récit de résurrection. Un perclus, un boiteux marchent après leur guérison, et c'est une preuve qu'ils sont bien guéris (Jn 5, 9; Ac 3, 8; 14, 10). On s'attendrait à ce qu'un ressuscité se frotte les yeux, se réveille et parle, beaucoup moins à ce qu'il marche! Marc en fournit une explication: la jeune fille avait douze ans. Ce n'était donc pas une θυγάτριον, παιδίον, κοράσιον! Marc introduit ses remarques par ἦν-ἦσαν γάρ (Mc 1, 16.22; 2, 15; 6, 31.48; 7, 3; 10, 22; 14, 40; 16, 1). Il est fort possible que l'indication de l'âge de l'enfant provienne de sa main, car plusieurs des remarques introduites par ἦν–ἦσαν γάρ sont rédactionnelles (Mc 2, 15; 6, 31; 16, 1). Marc aurait repris cette donnée soit à la tradition orale, soit au récit de l'hémorroïsse. L'âge est indiqué par le génitif, comme en grec classique; en 5, 25 l'auteur avait utilisé l'accusatif de durée.

Les parents et les disciples qui ont assisté au miracle sont frappés d'une grande stupeur: καὶ ἐξέστησαν ἐκστάσει μεγάλῃ.[52] Le datif interne ou de qualification ἐκστάσει est un septuagintisme qui traduit souvent l'infinitif absolu hébreu, ou encore un nom et un adjectif, comme dans le texte de Gn 27, 33, très proche du texte de Marc:

TM: ויחרד יצחק חרדה גדלה עד־מאד
Tg Neofiti: ואזדעזע יצחק זעוע רב לחדה
LXX: ἐξέστη δὲ Ισαακ ἔκστασιν μεγάλην σφόδρα

On attendrait normalement, dans le texte de Marc, avec un adjectif, l'accusatif interne, comme dans le texte de la LXX en Gn 27, 33, en Mc 4, 41; Mt 2, 10.[53] Cette comparaison révèle aussi que la source de Marc est palestinienne. Le verbe ἐξιστάναι est utilisé à deux reprises chez Marc pour parler de la réaction des assistants après un miracle (Mc 2, 12; 6, 51). Le verbe en grec indique un transport hors de soi motivé par la crainte, la joie, la folie, ... En Ez 26, 16; 27, 35; 32, 10, où le datif de qualification ἐκστάσει est joint à ἐξιστάναι, il s'agit de crainte, d'effroi, d'épouvante; en Gn 27, 33 Isaac est pris de panique en voyant qu'il s'était fait jouer par Jacob. Les assistants sont donc frappés de crainte, de stupeur; ils sont étourdis par ce qui vient de se passer et craignent devant la puissance divine manifestée en Jésus. Cette réaction n'a pas manqué de surprendre Lohmeyer, qui voit dans la réaction des témoins un trait typique d'un récit d'épiphanie.[54] Mais n'est-ce pas le propre des spectacles sublimes de prendre toutes les âmes et de faire de tous les témoins des spectateurs? Aucune question ne peut se faire, l'homme est saisi de respect et d'effroi devant ce qu'il vient de voir. Mais Jésus va les tirer de leur stupeur en leur enjoignant de ne rien dire à personne. Le verbe διαστέλλειν est marcien (1/5/0/0/1); au moyen, il signifie donner un ordre explicite, enjoindre (Jg 1, 19; Jdt 11, 12; Ez 3, 18; Mc 7, 36bis; 8, 15; 9, 9). La construction est la même qu'en Mc 7, 36 et 9, 9:

5, 43: καὶ   διεστείλατο αὐτοῖς πολλὰ   ἵνα μηδεὶς γνοῖ τοῦτο . . .
7, 36: καὶ   διεστείλατο αὐτοῖς   ἵνα μηδενὶ λέγωσιν
9, 9:   διεστείλατο αὐτοῖς   ἵνα μηδενὶ . . . διηγήσωνται

Ἵνα tient lieu d'une complétive à l'infinitif.[55] Γνοῖ forme vernaculaire attestée par P[45] A B D L W, se retrouve encore en Mc 9, 30.[56] Jésus donc interdit aux témoins de diffuser cet événement (τοῦτο). En 1, 34 et 3, 12 Jésus n'avait pas permis aux démons de parler, car ces derniers connaissaient sa véritable identité. Le sens, ici, n'est pas différent, car l'événement, qui ne doit pas être rapporté, inclut nécessairement la question concernant son auteur.[57] Cet ordre, bien sûr, est rédactionnel. A six reprises, après des guérisons, Jésus interdit de dire qui il est, ou ce qui s'est passé (Mc 1, 34.44; 3, 12; 5, 43; 7, 36; 8, 26). Ce motif ne peut être historique, car Jésus ne guérit pas des malades pour les condamner à vivre reclus![58] Swete, Lagrange, Taylor, pensent que cette injonction serait, dans notre texte, historique, et que Jésus cherche à éviter la publicité pour un certain temps.[59] C'est à peine croyable! On ne peut demander aux parents de garder le silence sur un fait aussi surprenant. Cette injonction au silence ne peut être comprise qu'avec toutes les interdictions de parler, les incompréhensions des disciples, dont Marc a parsemé son Evangile. C'est un procédé littéraire que Marc utilise pour attirer l'attention du lecteur sur la révélation du mystère de Jésus qui se produit déjà dans son activité terrestre, mais qui doit rester, selon le dessein de Dieu, cachée jusqu'à la résurrection. Ce sont des jalons pour le lecteur, qui lui rappellent que le sens profond de ces récits ne peut être compris dans la foi que par celui qui a pénétré le mystère de Jésus, établi Fils de Dieu par sa résurrection d'entre les morts. Cette addition de Marc, comme celle du verset 37, dit au lecteur: lisez ce miracle à la lumière de Pâques![60]

Le récit s'achève par la recommandation de Jésus de donner à manger à la jeune fille. L'aoriste εἶπεν a presque le sens de 'ordonner', comme en Mc 5, 8; 8, 7. Cet usage correspond au sens de אמר dans l'hébreu tardif (1 Ch 21, 17; 2 Ch 1, 18; 14, 3 . . .), qui est construit avec la préposition ל suivie de l'infinitif. Mais le verbe λέγειν peut se charger de beaucoup de nuances, et dans le grec classique, l'infinitif qui suit ce verbe peut avoir un sens jussif.[61] La grande majorité des manuscrits ont l'infinitif passif δοθῆναι. Cette construction a une saveur latine, 'jussit illi dari'. On retrouve néanmoins une construction similaire en Dn 2, 2 (LXX); en Mc 6, 27 (A D L N W Θ); Mc 6, 39 (S B* Θ it); Mc 8, 7 (Sᵃ B L Δ); Mc 10, 49 (A D W). La construction au passif est utilisée lorsque le sujet qui doit exécuter l'ordre n'est pas mentionné. Le sujet du verbe δοθῆναι est φαγεῖν qui, employé comme nom verbal, équivaut à βρῶμα (cp. Mc 6, 37; Mt 25, 35.42; Jn 4, 33).

La leçon du codex Bezae, qui a la voix active δοῦναι au lieu du passif, est digne d'intérêt. Δοῦναι φαγεῖν est la traduction littérale de l'afel du verbe אכל, qui signifie précisément en araméen 'donner à manger'.

Cette recommandation de Jésus veut prouver la réalité de la résurrection: la personne que les témoins voient déambuler n'est pas un fantôme (cp. Lc 24, 41–43); elle témoigne aussi de la bonté et de la sollicitude de Jésus.

Ainsi s'achève la dernière scène, centrée surtout sur Jésus et l'enfant décédée. Chaque scène préparait cette dernière, en mettant en présence, d'une manière voilée mais réelle, Jésus et l'enfant. Le récit se clôt alors que l'enfant s'apprête à reprendre sa vie de tous les jours. La parole toute puissante de Jésus l'a rendue aux siens, prélude et gage de ce que sera la résurrection finale pour ceux qui auront cru à sa parole.

La critique littéraire a permis de constater comment Marc avait légèrement retouché sa source; elle a permis également de déceler les aramaïsmes du texte, ce qui laisse entendre que ce texte est né sur le sol palestinien, et ce qui est un atout majeur pour étudier l'histoire de la formation de ce texte.

Marc a ajouté au verset 21 'et il était au bord de la mer'. Cette addition ne révèle son sens que par le contraste qu'elle forme avec la révélation en secret, dans la chambre de la morte, de la puissance de Jésus, qui n'est découverte qu'à des personnes choisies.

Le datif ὀνόματι fut très vraisemblablement ajouté par un scribe postérieur.

Marc a inséré le v. 37 pour se débarrasser de la foule qu'il avait introduite en liant les deux récits de miracle. Par cette insertion, il précise aussi le καὶ τοὺς μετ' αὐτοῦ du v. 40, et mentionnant Pierre, Jacques et Jean, il souligne le côté pascal de ce miracle.

C'est encore à la foi pascale qu'il renvoie son lecteur par l'injonction au silence au v. 43. On ne peut comprendre ce miracle sans la foi en Jésus ressuscité.

Il est probable enfin que ce soit lui qui ait ajouté la mention 'car elle avait douze ans'.

Parmi les aramaïsmes les plus frappants de ce texte, relevons à la première scène: εἰς τῶν ἀρχισυναγώγων et ἵνα ἐλθών . . . Le substantif θόρυβος au v. 38 qui correspond à l'araméen הַמּוֹן; la construction τὸν πατέρα τοῦ παιδίου καὶ . . . au v. 40; la phrase en araméen au v. 41; le καὶ ἐξέστησαν ἐκστάσει μεγάλῃ au v. 42; et peut-être δοῦναι φαγεῖν au v. 43 qui rend la forme afel de אכל.

3. Le sens et la portée théologique de ce miracle

Il nous faut revenir, pour bien saisir la portée théologique de ce miracle, sur ce que nous avons dit de la structure de ce récit. L'unité interne du récit est réalisée, avons-nous dit, par la présence à chaque scène de Jésus et de l'enfant. Autour de ces acteurs principaux, le père et les trois disciples sont l'image des croyants, tandis que les employés de la maison de Jaïre et la foule des pleureurs sont présentés comme personnifiant le monde incroyant. A mesure que l'action progresse, le monde incroyant est évincé, et seuls le père et la mère et les disciples peuvent assister au miracle. Le symbole est éloquent et révèle que le mystère qui entoure Jésus, le sens de ce miracle ne peuvent être compris que dans la foi. C'est cette perspective, déjà présente dans la tradition avant Marc, que Marc lui-même, par ses additions au texte, soulignera.

a. Le sens et la portée de ce miracle dans la tradition prémarcienne

Lorsque ce récit de miracle parvint à Marc, il avait déjà subi une longue évolution, que nous essaierons de retracer lorsque nous ferons l'histoire de la formation de ce texte. Il nous suffit pour l'instant de remarquer que la christologie développée dans la première et la quatrième scène et dans la seconde et la troisième est fort différente.

Aucun trait particulier dans la première et la quatrième scène, si nous exceptons l'addition marcienne du verset 43, ne vient se superposer au portrait de Jésus tel que l'avait forgé la tradition palestinienne. C'est le prophète eschatologique puissant en paroles et en actes. Rien n'indique qu'il est le Messie, ou que ce miracle tend à prouver sa messianité. Cela est évident aussi pour Marc qui, à la différence de Matthieu et de Luc, n'a pas l'ambassade des disciples du Baptiste auprès de Jésus. Rien ne nous laisse soupçonner non plus qu'il est Fils de Dieu, bien que l'on sût que Dieu seul pouvait ressusciter les morts. Le côté épiphanique du récit n'est pas accentué, comme dans les récits de miracle de la tradition hellénistique, où Jésus est dépeint comme $\theta\varepsilon\tilde{\iota}o\varsigma$ $\grave{\alpha}\nu\acute{\eta}\rho$. Si l'on ne lisait que la première et la quatrième scène, on pourrait penser qu'il ne s'agit que d'une guérison survenue à la dernière minute. Jésus apparaît comme celui qui vient au secours des parents dans l'angoisse, qui partage les souffrances de son peuple et l'en délivre. Il se rend aux prières de Jaïre et va secourir sa fille gravement malade. Il la guérit, comme il a guéri d'autres malades, en la prenant par la main, et par sa parole.

Dans la deuxième et la troisième scène, Jésus est présenté comme le catéchète de sa communauté ($\delta\iota\delta\acute{\alpha}\sigma\kappa\alpha\lambda o\varsigma$ au v. 35). Il recommande la foi au père qui vient d'apprendre le décès de son enfant. 'Ne crains pas, aie seulement la foi.' Et l'auteur de l'Epître aux Hébreux nous dit que par sa mort Jésus a 'affranchi tous ceux qui, leur vie entière, étaient tenus en esclavage par la crainte de la mort' (He 2, 15). Jésus parle de la jeune fille morte, comme Paul parlait des premiers chrétiens décédés avant la venue du Christ: ils dorment, c'est-à-dire que la mort n'est que transitoire. Il chasse le monde incroyant qui n'a pas foi en sa puissance, ou doute de la résurrection des morts. C'est le Seigneur ressuscité qui, dans ces deux scènes, agit et enseigne sa communauté.

Car il semble que déjà avant Marc la tradition avait compris ce miracle en liaison avec la résurrection de Jésus. Le rapprochement du vocabulaire, bien qu'il puisse sembler quelque peu arbitraire, est pourtant significatif.

'Ne crains pas, crois seulement', dit Jésus au père angoissé. 'Ne craignez pas, vous cherchez Jésus, le Nazaréen qui a été crucifié? Il est ressuscité', dira l'ange aux femmes venues visiter le tombeau de Jésus (Mc 16, 6). 'Pourquoi pleurez-vous?' demande Jésus aux personnes du voisinage accourues pour le deuil. 'Pourquoi pleures-tu?' demandera-t-il à Marie-Madeleine après sa résurrection (Jn 20, 15). Ces mêmes paroles prononcées après la résurrection de Jésus et avant la résurrection de la fille de Jaïre indiquent qu'en réalité ces deux miracles sont liés, que la foi en Jésus ressuscité est le garant de la résurrection de l'enfant.

b. L'interprétation marcienne du miracle

Les trois additions que Marc fait au texte de sa source ne font que développer l'enseignement que la tradition avant lui y avait perçu. En opposant le bord de la mer (v. 21), qui est le lieu de la manifestation en public de Jésus, à la chambre de la défunte, où seules quelques personnes privilégiées sont admises, Marc laisse entendre que la révélation de la puissance de Jésus, son mystère ne sont accessibles qu'à ceux qui, à l'exemple du père de l'enfant ou des trois disciples après Pâques, ont foi en lui. Aussi évince-t-il le personnel de la maison de Jaïre qui juge inutile sa venue, pour ne garder auprès de lui que ses trois disciples intimes qui seront les témoins de son agonie, de sa gloire, et les auditeurs privilégiés de l'annonce de la fin des temps (v. 37). Ce miracle enfin ne doit pas être diffusé (v. 43), car il ne peut être connu avant la résurrection de Jésus. Car, pour Marc, la résurrection de Jésus est la clé qui permet de comprendre son oeuvre terrestre, et de percer son mystère, comme le montre la discussion entre les trois disciples, qui furent les témoins de la résurrection de la fille de Jaïre, en Mc 9, 10. Alors qu'ils descendent de la montagne de la transfiguration, et que Jésus leur a demandé de ne rien révéler avant que le Fils de l'homme ne soit ressuscité d'entre les morts, ils se demandaient entre eux ce que signifiait 'ressusciter d'entre les morts'. Avant la résurrection de Jésus, la résurrection de la fille de Jaïre demeure donc incompréhensible.[62] A quoi bon alors diffuser l'événement visible, le cela (τοῦτο), si l'on n'a pas la clé pour le comprendre? L'événement n'est donc, pour Marc, vraiment perceptible qu'aux yeux de la foi, pour le lecteur qui croit en Jésus ressuscité, et voit déjà avec le Jésus terrestre, qui n'est pas autre que le Jésus ressuscité, l'ère eschatologique déjà commencée. La vie terrestre de Jésus, relue à la lumière de Pâques, devient alors pour Marc norme de foi pour l'Eglise, et le récit de la résurrection de la fille de Jaïre symbole de la résurrection générale.

5

LA REDACTION LUCANIENNE DU RECIT DE LA RESURRECTION DE LA FILLE DE JAÏRE (Lc 8, 40–42a. 49–56)

Luc n'a pas recopié le texte de Marc, il l'a récrit et réinterprété. Nous allons tenter de cerner cette nouvelle interprétation par une double approche: en comparant tout d'abord le récit de Luc à celui de Marc et en analysant les changements, puis en essayant de percevoir la signification lucanienne de ce miracle par la place qu'il occupe dans son Evangile, et d'après sa conception de l'histoire de Jésus. Mais, si la comparaison des récits de Marc et de Luc montre clairement que Luc a pour source le récit de Marc, les accords mineurs, que présentent les récits de Luc et de Matthieu contre le texte de Marc, posent la question: Luc ne dépend-il pas aussi de Matthieu? Ou à l'inverse, Matthieu n'a-t-il pas connu le texte de Luc? La démarche que nous allons suivre sera alors la suivante:

1. Comment Luc a-t-il récrit Marc?
2. Les accords mineurs de Luc et de Matthieu contre Marc.
3. Sens et portée de ce miracle chez Luc.

1. Comment Luc a-t-il récrit Marc?

Le récit de Luc est plus concis que celui de Marc: il ne comporte que 152 mots contre 191 du récit de Marc. Le rapport du vocabulaire indique déjà que Luc et Marc sont très proches: ils ont en effet 84 mots en commun, et 28 fragments de mots ou synonymes. Le récit de Luc est moins bien ordonné que celui de Marc et ne comporte plus que trois scènes: la demande de guérison qui n'est plus localisée (v. 41–42a); l'annonce de la mort de la jeune fille en chemin (v. 49–50); la séparation d'avec la foule qui suivait, et la résurrection à la maison de Jaïre (v. 51–56). Luc ne mentionne qu'un seul renvoi de la foule au v. 51: les pleureurs deviennent assimilés à la foule qui suivait Jésus et les versets 52–53 apparaissent comme une incise explicative du renvoi. Luc, percevant sans doute la difficulté que présentait l'éloignement de la foule avant l'arrivée à la maison (Mc 5, 37), a voulu corriger cet illogisme. Mais son récit y a perdu en couleur locale et clarté. Ce remaniement de texte, apparemment manqué, fournit néanmoins un indice précieux que Luc travaillait avec le texte de Marc sous les yeux.

a. La demande de guérison (v. 41–42a)

Ces deux versets n'ont ni la vigueur ni le pathétique de la supplication de Marc. Luc laisse le père de l'enfant sans voix, prosterné aux pieds de Jésus, et formule au style indirect l'objet de la demande. Mais son goût littéraire transparaît dans les corrections stylistiques qu'il fait subir au texte de Marc, tandis que de légers remaniements et suppressions laissent déjà présager sa pensée théologique.

Le récit est introduit par la formule καὶ ἰδοὺ . . . ἀνήρ fréquente chez Luc (5, 12, 18; 9, 30.38; 19, 2; 23, 50; 24, 4). Il est peu probable que Luc ait lu la formule καὶ ἰδού chez Marc qui n'y est attestée que par P[45], A C N W it[c, f] syr[hl], geo, arm, mais non par S B D Θ . . .; souvent en effet Luc utilise la formule καὶ ἰδού dans un récit où Marc ne l'a pas (Mc 1, 40 // Lc 5, 12; Mc 2, 3 // Lc 5, 18; Mc 9, 4 // Lc 9, 30; Mc 9, 17 // Lc 9, 38; Mc 15, 42 // Lc 23, 50; Mc 16, 5 // Lc 24, 4); d'autre part la formule καὶ ἰδοὺ ἀνήρ, ἄνθρωπος, γυνή est utilisée par Luc pour introduire des récits qui lui sont propres (2, 25; 7, 37; 10, 25; 13, 11; 14, 2; 19, 2). L'utilisation de l'une de ses formules préférées permet également à Luc de corriger le trop sémitisant εἷς de Marc.[1] C'est également son habitude de corriger le présent historique de Marc ἔρχεται par un aoriste.[2] Il n'y a qu'une exception à la règle Mc 5, 35 // Lc 8, 49.

Le nom de Jaïre est précédé de la mention ᾧ ὄνομα. C'est l'une des expressions favorites de Luc pour introduire un nom propre (1, 26. 27; 2, 25; 24, 13; Ac 13, 6). Nous avons supposé que Luc ne lisait pas la mention ὀνόματι en Mc 5, 22, or à deux autres endroits où Marc cite un nom propre sans l'introduire (2, 14; 15, 43), Luc ajoute ὀνόματι (Lc 5, 27; 23, 50). Pourquoi ici aurait-il ajouté ᾧ ὄνομα et non pas ὀνόματι? Sans doute est-ce par souci de variété. Néanmoins Luc n'utilise, sauf en ce cas, la formule ᾧ ὄνομα que dans les textes qui lui sont propres. Il y aurait donc là un indice littéraire en faveur de ceux qui croient que la mention de Jaïre a été introduite dans le texte de Marc à partir de Luc, si d'autres raisons ne montraient pas que ce nom existait déjà dans la tradition primitive.[3]

Καὶ οὗτος ἄρχων τῆς συναγωγῆς ὑπῆρχεν. Plusieurs manuscrits portent ici καὶ αὐτός: S A C L P X Γ Δ Λ Π it[b, ff², q¹ ²], syr[p, hl] arm. Bien attestée par P[75] B D, l'expression καὶ οὗτος est préférable. Elle est beaucoup moins fréquente que καὶ αὐτός, ce qui explique facilement le changement de voyelle qui a pu se glisser. Luc utilise l'expression ἄρχων τῆς συναγωγῆς comme équivalente de ἀρχισυνάγωγος ainsi que le montre le verset 49. Il est vraisemblable qu'en dehors de la Palestine à son époque les fonctions de magistrat et de chef de la synagogue étaient cumulatives.[4] Cette précision indique que nous sommes en Galilée après le voyage missionnaire de Jésus en terre païenne (Lc 8, 26–39). Le verbe ὑπάρχειν est lucanien (3/0/15/0/ 25). Il est employé avec un nom comme prédicat en Lc 23, 50; Ac 2, 30; 4, 34; 16, 37; 17, 24; 21, 20; 22, 3.

C'est donc pour améliorer le grec du texte de Marc que Luc s'en est éloigné: le présent historique ἔρχεται et le sémétisant εἰς lui paraissent trop familiers, il tourne dès lors la phrase de Marc et lui donne un son vraiment lucanien si nous la comparons avec Luc 19, 2S et 23, 50.[5]

8, 41:	Καὶ ἰδοὺ ἦλθεν	ἀνὴρ ᾧ	ὄνομα	Ἰάϊρος
19, 2:	Καὶ ἰδοὺ	ἀνὴρ	ὀνόματι καλούμενος	Ζακχαῖος
23, 50:	Καὶ ἰδοὺ	ἀνὴρ	ὀνόματι	Ἰωσὴφ
8, 41:	καὶ οὗτος ἄρχων τῆς συναγωγῆς ὑπῆρχεν			
19, 2:	καὶ αὐτὸς ἦν ἀρχιτελώνης			
23, 50:	βουλευτὴς ὑπάρχων			

Luc améliorera encore le style de sa source en remplaçant le présent historique de Marc πίπτει par le participe aoriste πεσών, et la préposition πρός par παρά comme en 8, 35S; 17, 61S.[6] Il est possible que Luc n'ait pas rapporté l'expression ἰδὼν αὐτόν parce qu'il emploie le style indirect: aux deux endroits en effet où ἰδὼν αὐτόν est lié à πίπτειν (Lc 5, 8; 8, 28), Luc continue au style direct comme s'il y avait une liaison quasi automatique entre voir Jésus, se prosterner et parler. Plusieurs manuscrits ont l'article devant Ἰησοῦ S^c A C D L R X; la leçon sans article attestée par S B semble préférable, Ἰησοῦ au génitif n'a pas d'article (Lc 3, 21; 5, 8), sauf après une préposition (Lc 5, 19; 7, 3).

Luc a donc trouvé la supplication angoissée de Jaïre en Marc trop directe et trop peu syntaxique. Il va remplacer le texte si poignant de Marc, si spontané par deux phrases bien construites, au style indirect: une proposition infinitive suivie d'une causale. Luc a supprimé, comme toujours lorsqu'il relit Marc, l'adverbe πολλά.[7] Jaïre ne presse plus Jésus, mais l'invite seulement. Luc remplace également le trop sémétisant ἵνα ἐλθών de Marc 5, 23 par εἰσελθεῖν εἰς τὸν οἶκον.[8] Le verbe παρακαλεῖν est construit avec une proposition infinitive, ainsi se trouve éliminé le ἵνα impératif de Marc: ἵνα... ἐπιθῇς.[9] Luc évite la demande de l'imposition des mains, suppression intentionnelle si du moins Luc a omis intentionnellement Marc 6, 45–8, 26, car les trois autres demandes d'imposition des mains pour une guérison se trouvent incluses chez Marc dans cette section omise par Luc (Mc 6, 56; 7, 32; 8, 22).[10] Jésus ne guérit chez Luc par imposition des mains qu'en 4, 40; 22, 51. Ailleurs la parole est toujours liée au geste et plus accentuée que le geste (Lc 5, 13; 8, 54; 13, 13; Ac 3, 6s; 9, 12.17; 9, 40s); Ac 28, 8 est une exception. Au temps de Luc l'imposition des mains commençait à être réservée au don de l'Esprit (Ac 6, 6; 8, 17s; 9, 17; 13, 3; 19, 6; 1 Tm 4, 14; 5, 22; 2 Tm 1, 6). Luc va également supprimer ἵνα σωθῇ καὶ ζήσῃ qui dépendait chez Marc de l'imposition des mains, il reprendra σωθήσεται au verset 50 mais dans un sens différent de celui de Marc. Par cette réduction du texte de Marc, Luc exprime sa théologie du miracle: le miracle est toujours chez lui un don libre, la curiosité de ceux qui cherchent à voir des miracles demeure insatisfaite (Lc 4, 23–30; 8, 19; 9, 9; 23, 8), et ceux qui demandent un signe sont appelés à la conversion (Lc 11, 29–32).[11] Cette suppression paraît aussi réduire la demande du chef de synagogue à une demande de visite de courtoisie, de sympathie, que Jésus ferait auprès d'un malade. Il était courant au temps de Jésus de visiter les malades, et on appelait généralement un chef religieux au chevet d'un mourant;[12] cette pratique se maintiendra dans le christianisme comme en témoigne l'Epître de Jacques (Jc 5, 14). Par la réduction et le remaniement qu'il fait subir au texte Marc, Luc entend-il faire allusion à cette coutume des premiers chrétiens? Ce n'est pas impossible.

La raison invoquée par le chef de synagogue pour inviter Jésus à venir chez lui est fournie par une proposition causale: 'parce qu'il avait une fille unique d'environ douze ans qui se mourait'. Luc n'emploie plus les diminutifs affectueux et populaires de Marc: θυγάτριον, παιδίον, κοράσιον mais seulement θυγάτηρ, παῖς. Pour ajouter au pathétique de la scène il mentionne que l'enfant était unique comme en 7, 12; 9, 38 diff. de Marc 9, 17, et indique son âge: l'enfant avait douze ans, elle était au printemps de la vie et allait être nubile. L'âge de l'enfant se trouve rapproché ainsi de la durée de la maladie de l'hémorroïsse au verset suivant 'atteinte d'un flux de sang depuis 12 ans', ce qui nous a valu la belle expression de Bengel 'uno tempore vitae et miseriae'. L'âge de l'enfant est nuancé par l'adverbe ὡς 'à peu près', expression fréquente dans les papyrus et chez Luc (Lc 1, 56; 3, 23; 9, 14.28; Ac 1, 15; 4, 4; 5, 7.36; 10, 3; 13, 20; 19, 7; 19, 34).[13] Il termine la demande par la note tragique: καὶ αὐτὴ ἀπέθνῃσκεν. Καὶ αὐτή (1, 36; 2, 37; 7, 12). Ἀπέθνῃσκεν corrige l'expression populaire de Marc: ἐσχάτως ἔχειν; l'imparfait de tentative indique que l'enfant était entrée en agonie et se mourait.[14]

L'analyse de ces deux versets a montré comment Luc avait amélioré le texte de Marc en corrigeant les sémitismes, les expressions populaires, le style, la construction hachée, peu grecque, mais combien pathétique de Marc. Par les remaniements qu'il fait, Luc laisse aussi percer sa pensée théologique: le miracle est un don libre qu'il est inutile d'exiger du Seigneur. Jaïre ne demande à Jésus ni de prier pour son enfant selon la coutume juive, ni de lui imposer les mains, mais seulement de venir: sa présence seule serait un réconfort. Luc voulait peut-être ainsi faire allusion à la coutume que les premiers chrétiens avaient de visiter les malades et les agonisants. Il crée enfin par l'addition que l'enfant était fille unique et par la mention de son âge une atmosphère plus douloureuse, qu'il souligne en ne faisant pas parler Jaïre. Ces deux versets comparés à Marc nous révèlent donc déjà le styliste et le théologien qu'est Luc.

b. *L'annonce de la mort de la jeune fille (v. 49–50)*

Les changements que Luc fait au texte de Marc sont peu importants mais pourtant significatifs. Améliorations stylistiques mais lourdes de sens théologique.

Alors que la guérison de l'hémorroïsse est à peine achevée, on vient annoncer au chef de la synagogue le décès de son enfant. C'est le seul cas où Luc conserve le présent historique ἔρχεται de Marc, il veut ainsi mettre l'action sous les yeux du lecteur en la présentant comme actuelle: chaque jour apporte son lot de joie et de peine, d'annonce de décès. Il corrige néanmoins le pluriel impersonnel de Marc par l'addition de τις qui signifie également 'on' et remplace la préposition ἀπό par παρά plus classique avec les noms de personnes.[15] La mort de l'enfant est accentuée: τέθνηκεν est placé en tête de la proposition; Luc soulignera à plusieurs reprises que l'enfant était réellement morte (v. 53.55); le parfait accentue encore cette dure réalité: l'enfant est réellement morte, ce n'est plus qu'un cadavre. Il est difficile de trancher entre un langage entaché de vulgarité et le langage familier; Luc pourtant a changé le τί ἔτι en μηκέτι[16] comme il changera le τί . . . κλαίετε de Marc en μὴ κλαίετε. Jésus ne surprend plus (παρακούσας de Marc) l'annonce de la triste nouvelle, mais il l'entend clairement (ἀκούσας); il ne dit plus au chef de synagogue, mais il lui répond (ἀπεκρίθη), bien que celui-ci n'ait rien dit. C'est une réponse au problème de la mort que Jésus va donner. Il ne demande pas au chef de synagogue de garder la même confiance, mais un nouvel acte de foi, plus grand encore, comme en témoigne l'emploi de l'aoriste πίστευσον.[17] 'Crois seulement', même dans cette situation désespérée il y a un espoir de salut. Tel est bien en effet le sens de καὶ σωθήσεται. Le καί n'indique pas une continuation 'puis elle sera sauvée', mais bien la raison qu'a le père d'espérer 'car – tu verras – elle sera sauvée'.[18] La foi est motivée par l'espérance du salut, mais elle est aussi indirectement cause de salut qui a été apporté par Jésus-Christ. Tel est le sens des formules 'ta foi t'a sauvé' (Lc 7, 50; 8, 48; 17, 19; 18, 42); et des passages des Actes des Apôtres où foi et salut sont reliés (14, 9, 15, 11; 16.31: πίστευσον ἐπὶ τὸν Κύριον Ἰησοῦν, καὶ σωθήσῃ . . .) et négativement Lc 8, 12. Le verbe σώζεσθαι, bien qu'emprunté peut-être à Mc 5, 23, n'a pas ici le sens de guérir, mais bien de sauver. L'enfant est déjà morte, elle ne peut être guérie, mais sauvée de la mort.[19]

Les légères retouches que Luc fait au texte de Marc révèlent deux choses: Luc insiste sur la mort réelle de l'enfant, ce qui était plus flou chez Marc; en gardant le présent historique ἔρχεται il veut présenter au lecteur cette annonce comme actuelle et présente quotidiennement. Mais Jésus donne une réponse à cette angoisse de la mort: cette réponse c'est la foi qui espère le salut. Salut qui nous vient par Jésus-Christ (Ac 15, 11; 16, 31), manifesté dans sa résurrection d'entre les morts (Ac 5, 30s), qui devient pour tous un motif de croire (Ac 17, 31).

c. La séparation d'avec la foule et la résurrection de l'enfant (v. 51–56)

Luc pour ce passage a profondément remanié le texte de Marc, il a voulu éviter le renvoi de la foule avant l'arrivée à la maison (cf. Mc 5, 37) qu'il jugeait invraisemblable, il a confondu l'arrivée à la maison avec l'entrée dans la maison et ne distingue plus entre les pleureurs déjà à la maison et la foule qui suit Jésus, ou plutôt c'est la foule qui l'accompagne, qui tient le rôle des pleureurs du texte de Marc. Tous les commentateurs de Luc ont senti la difficulté.[20] H. Schürmann pense que les pleureurs et la mère de l'enfant étaient sortis à la rencontre de Jésus comme en Jn 11, 31.[21] C'est là une supposition gratuite qui n'est pas dans le texte, et il n'est dit nulle part qu'il y avait des pleureurs différents de la foule. Bien préférable paraît être la solution de M. J. Lagrange: '. . . il faudra traiter les versets 52–53, exactement comme les versets 8, 38–39, pour une sorte de parenthèse. Luc revient sur ses pas pour reproduire le dialogue qui, dans sa pensée, avait eu lieu dehors. Puis sans répéter le choix des cinq personnes et sans distinguer la chambre de la morte du reste de la maison, il en vient au miracle'.[22] Venons-en au texte: 'Etant entré dans la maison, il ne laissa personne pénétrer avec lui' (là où était l'enfant) . . . Marc distinguait l'arrivée à la maison, v. 38, l'entrée dans la salle commune, v. 39, où se trouvaient les pleureurs, et l'entrée dans la chambre de la morte, v. 40b. Luc a supprimé l'arrivée à la maison, ou plutôt compris le ἔρχονται εἰς τὸν οἶκον de Marc comme d'une entrée à la maison de Jaïre (cp.Mc 1, 29 // Lc 4, 38; Lc 15, 6; Ac 13, 4?; 18, 7?). Si Luc entendait décrire l'arrivée à la maison, il aurait employé la préposition ἐπί comme en Ac 12, 12, où Pierre vint à la maison de Marie mais reste dehors! Le verbe εἰσελθεῖν de Luc correspond au εἰσπορεύεται ὅπου ἦν τὸ παιδίον de Marc et non au εἰσελθών de 5, 39 que Luc a jugé pléonastique après le ἔρχονται εἰς τὸν οἶκον. Jésus, à la différence de Marc, ne rejette pas la foule des pleureurs au dehors de la maison, mais, la laissant dans la salle commune, il pénètre seul avec ses trois disciples, le père et la mère de l'enfant, dans la chambre mortuaire. Luc corrige la double négation de Marc et remplace οὐδένα par τινα. Il nomme Jean avant Jacques, comme en 9, 28; Ac 1, 13, pour souligner la prééminence de

Jean sur Jacques dans le groupe des disciples. Lorsque Luc parle seulement des deux frères il nomme Jacques en tête (Lc 5, 10; 6, 14; 9, 54). Mais dans le groupe des disciples Pierre et Jean ont un rôle plus important que Jacques (Ac 3, 1.3; 4, 13.19; 8, 14).[23] Ce trio d'intimes sera témoin de la transfiguration de Jésus (Lc 9, 28), mais n'est pas distinct du groupe des disciples lors de l'agonie de Jésus (Lc 22, 39 diff. de Mc 14, 33).

'Tous, en effet, pleuraient et se lamentaient sur elle . . .' Les versets 52–53 sont une explication du laisser pour compte de la foule. Luc revient sur ses pas pour expliquer l'attitude de Jésus. L'explication est reliée au contexte par δέ comme en 8, 38. La mention des pleureurs était peut-être pour les lecteurs de Luc trop couleur locale, ou peut-être Luc a-t-il trouvé que les pleureurs étaient arrivés trop tôt dans le récit de Marc? Il remplace la description colorée de Marc par ἔκλαιον δὲ πάντες. Πάντες est une des caractéristiques du style de Luc.[24] Que recouvre-t-il dans le contexte? Sans aucun doute la foule qui accompagnait Jésus et qui n'a pas été renvoyée, peut-être aussi les quelques personnes qui étaient avec la mère de l'enfant. Luc a remplacé ἀλαλάζοντας par le plus classique κόπτεσθαι (cf. Lc 23, 27). Ce verbe au sens de se lamenter était connu des LXX (Gn 23, 2; 50, 10; 1 M 9, 20: καὶ ἔκλαυσαν αὐτὸν καὶ ἐκόψαντο αὐτόν). Il est construit comme dans le grec classique et la LXX avec l'accusatif.[25]

'Il dit: Ne pleurez pas, car elle n'est pas morte, mais elle dort.' Luc a ici l'aoriste εἶπεν au lieu du présent historique λέγει de Marc; il adoucit le reproche de Jésus aux pleureurs dans Marc: 'Pourquoi vous lamentez-vous et pleurez-vous', en parole de consolation: 'cessez de pleurer' μὴ κλαίετε (cf. Lc 7, 13s);[26] Marc avait ensuite une asyndète qui donnait à la parole de Jésus du poids et de la solennité: τὸ παιδίον οὐκ ἀπέθανεν; Luc adoucit cette forme rude de Marc en reliant la déclaration de Jésus par un γάρ (cp. Mc 12, 36 et Lc 20, 42; Mc 13, 6 et Lc 21, 8; Mc 13, 7b et Lc 21, 9b).[27] Enfin après le rire moqueur de la foule, Luc ajoute 'sachant qu'elle était morte'. L'aoriste ἀπέθανεν est frappant: au verset 49 Luc avait corrigé l'aoriste de Marc par un parfait; il veut ainsi rappeler le décès que la foule a appris en même temps que Jésus sur le chemin. Elle sait que l'enfant a subi la mort, mais sans espoir et sans foi elle ne sait pas que 'Dieu est le Dieu des vivants et non des morts car tous vivent pour lui' (Lc 20, 38 diff. de Mc 12, 27; cf. 4 M 7, 19; 16, 25).[28] En soulignant la mort réelle de l'enfant, Luc entend montrer que Jésus opérera une véritable résurrection, peut-être aussi veut-il excuser l'attitude des rieurs.

L'étude du renvoi de la foule (51–52) montre que, pour avoir voulu simplifier Marc et en corriger une invraisemblance, Luc a obscurci le récit limpide de Marc. Son remaniement du texte de Marc néanmoins lui permet d'assimiler la foule aux pleureurs; comme ailleurs il inverse la position de

Jacques et de Jean, et tend à accentuer par une addition la réalité de la mort, et peut-être aussi à excuser les rires de la foule à l'adresse de Jésus.

Le verset 54 fait suite au v. 51 après l'explication de l'attitude de Jésus au v. 52s. Etant entré auprès de l'enfant, v. 51, Jésus, lui prenant la main, l'appela en disant 'Enfant, lève-toi'. Le αὐτὸς δέ du début du verset est peut-être repris de Mc 5, 40 'Mais lui les chassant . . .' Cette expression est réservée chez Luc pour Jésus, sauf en 18, 39 (cf. 4, 30; 5, 16; 6, 8; 8, 37.54; 11, 17.28; 23, 9), elle marque l'opposition entre ce qui vient de se passer ou d'être dit et la réaction de Jésus. Jésus donne la main à la jeune fille pour l'aider à se relever et non pour la guérir: Jaïre n'a pas demandé que Jésus imposât les mains à son enfant (cp. Mc 1, 31 // Lc 4, 39; 9, 27 // Lc 9, 42). C'est la voix de Jésus qui opère le miracle. Luc en effet précise le λέγει de Marc par ἐφώνησεν λέγων. Le verbe φωνεῖν n'est pas typiquement lucanien (5/9/10/13/4). Luc l'a-t-il utilisé pour rappeler la voix du Fils de Dieu appelant les morts à la vie (Jn 5, 28s) ou seulement parce que le verbe appeler s'accorde bien avec le verbe réveiller? Si le verbe ἀνίστάναι a également ici le sens de ressusciter, il n'est pas douteux que par le choix de φωνεῖν Luc fasse allusion à la résurrection finale. Luc a supprimé l'araméen de Marc inutile pour ses lecteurs, comme partout ailleurs. Le vocatif ἡ παῖς n'est pas pourtant sans rappeler le τὸ κοράσιον de Marc, et la forme du nominatif employé au lieu du vocatif rappelle l'état construit araméen.[29] L'impératif ἔγειρε employé intransitivement a le sens de se lever (Lc 5, 23s; 6, 8). Plusieurs manuscrits ont remplacé l'impératif présent actif par l'impératif passif: A W Koinè; au passif le verbe a le sens de se lever et ressusciter (cf. Lc 7, 14.22; 9, 7.22; 11, 31; 20, 37; 24.6.34). Luc a supprimé l'ordre de Jésus, σοὶ λέγω, qu'il juge inutile, soit parce qu'il n'a pas rapporté l'araméen, soit parce que le nominatif ἡ παῖς ne convenait pas avec un tel ordre (cp. 7, 14). Luc alors précise que 'l'esprit revint en elle' pour montrer qu'il s'agit d'une reprise de la vie ancienne et non d'une nouvelle vie. La formule évoque 1 R 17, 21, où Elie prie que l'âme de l'enfant revienne en lui, mais rappelle aussi Qo 12, 5.7. 'Et les pleureurs tournent déjà dans la rue jusqu'à ce que . . . la poussière retourne à la terre comme elle en vint et l'esprit à Dieu qui l'a donné' (cf. Ps 22, 3 LXX). L'effet est immédiat: 'elle se leva (ou ressuscita) aussitôt'. Παραχρῆμα est lucanien (2/0/10/0/7). Il remplace le εὐθύς de Marc comme en Lc 5, 25 // Mc 2, 12; 8, 44 // Mc 5, 29; 18, 43 // Mc 10, 52; 22, 60 // Mc 14, 72. Le verbe ἀνίστάναι a le double sens de 'se lever' et 'ressusciter'. Il a le sens de ressusciter en Lc 9, 22?; 11, 32; 16, 31; 18, 33; 24, 7; 24, 46. Ce sens est latent dans ἀνέστη car Luc a accentué, d'une part, la réalité de la mort de l'enfant et a supprimé, d'autre part, le περιεπάτει de Marc, qui pouvait s'entendre d'une simple guérison (cp. Lc 4, 39; 5, 25). Pour donner une suite plus naturelle au récit, Luc place immédiatement après la résurrection de l'enfant l'ordre de Jésus de lui donner à manger. Par un tel geste Jésus veut montrer que la vie est revenue en elle, qu'elle n'est pas un esprit (Lc 24, 11ss). Luc a précisé le verbe λέγειν de Marc en utilisant διατάσσειν qui est lucanien (1/0/4/0/5).

En précisant le sujet de ἐξέστησαν, les parents, Luc rend également la scène plus naturelle, car la foule tenue à l'écart n'a pas été témoin de l'événement merveilleux. L'expression οἱ γονεῖς αὐτοῦ ou αὐτῆς est lucanienne (1/1/6/6). Si l'étonnement fut le premier mouvement des parents, on doit noter que Luc ne mentionne pas la joie des parents, ni la louange qu'ils pourraient faire monter vers Dieu: Dieu est entré dans leur vie, mais ils ne comprennent pas.[30] C'est à eux, les parents, que Jésus ordonne de ne rien dire à personne. Les disciples ne sont pas inclus dans le αὐτοῖς; comme intimes du Seigneur, il va de soi qu'ils se tairont d'eux-mêmes (Lc 9, 36 diff. de Mc 9, 9). L'aoriste παρήγγειλεν qui est lucanien (2/2/4/0/11) correspond au διεστείλατο de Marc, que Luc n'utilise qu'une seule fois (Ac 15, 24; cp Mc 1, 44 // Lc 5, 14). Τὸ γεγονός est également un des traits du style de Luc (Lc 2, 15; 8, 34.35.56; 24, 12; Ac 4, 21; 5, 7; 13, 12). Pourquoi Luc a-t-il tenu à garder cet ordre de silence? Dans les récits de guérison Luc ne suit Marc qu'ici et en 5, 14 // Mc 1, 44, mais en 5, 14 l'ordre de garder le silence est relatif: tandis que le lépreux guéri s'en va trouver le prêtre.[31] Il est évident que l'ordre ne concerne pas le retour à la vie de la jeune fille, mais bien l'action de Jésus comme le montre l'addition de τὸ γεγονός. Après Naïm, Luc précise que le fait se répandit dans toute la Judée et le pays d'alentour (7, 17), tandis qu'ici Jésus ordonne de ne dire à personne ce qui est arrivé. Pourquoi cette différence? Il faut noter tout d'abord que Luc n'invente pas. Il a trouvé la mention de la diffusion de l'événement dans sa source en 7, 17 comme en témoigne l'emploi du trop sémitique λόγος au sens de דבר hébreu et araméen פתגמא. La diffusion du miracle de Naïm, d'autre part, était nécessaire à la scène des envoyés du Baptiste qui va suivre (Lc 7, 18–24). Mais ici au contraire le secret se rattache à l'incompréhension, qui va aller croissant, de l'action et des paroles de Jésus. Les mystères du Royaume ne sont révélés qu'aux disciples (8, 10; 10, 21s), les autres voient sans voir, entendent sans comprendre jusqu'à ce que le voile soit levé de leurs yeux par la prédication de la résurrection de Jésus (Ac 2, 36; 5, 31) et qu'une nouvelle chance soit donnée à Israël, chance qu'il recusera (Ac 28, 26–28).[32]

Il faut conclure. L'étude montre que Luc écrivait avec le texte de Marc sous les yeux. Mais ce n'est pas un fidèle copiste du texte de Marc. Dans sa relecture de Marc apparaissent le styliste et le théologien qu'est Luc. A maintes reprises il corrige le grec trop populaire et familier de Marc, les sémitismes, les constructions trop peu grecques; il précise les mots trop vagues, fournit des sujets aux verbes qui n'en ont pas, réordonne le texte de Marc dans une suite plus logique et naturelle. Le texte de Marc y perd en pittoresque, en couleur même en clarté parfois, il y gagne en vraisemblance et élégance.

Les remaniements de Luc au texte de Marc laissent apparaître également ses propres tendances théologiques. Jésus est invité à passer chez Jaïre, on ne le presse plus de venir car le miracle est un don libre qui ne peut être exigé. La mention que la jeune fille était fille unique, les reproches adoucis de Jésus montrent la grande sensibilité de Luc qui donne un portrait beaucoup moins rude de Jésus que Marc. Par la place de τέθνηκεν au verset 49, par les additions des versets 53.55, Luc insiste sur la réalité de la mort de la jeune fille. Il veut montrer qu'il s'agit d'une véritable résurrection opérée par la parole toute puissante de Jésus et non par l'imposition des mains. Son remaniement enfin du texte de Marc: 'Crois seulement et elle sera sauvée' laisse entendre que la foi qui espère le salut sera effective, parce que le salut a été réalisé en Jésus-Christ par sa mort et résurrection. C'est déjà l'ébauche de l'idée que Jean développera en 11, 21–26.

2. Les accords mineurs de Luc et Matthieu contre Marc

Si Luc dépend de Marc lorsqu'il écrit son récit, ne peut-on pas dire aussi qu'il dépend de Matthieu? Ou à l'inverse que Matthieu dépend de Luc? Ou encore qu'ils utilisent une source commune indépendante de Marc? Luc et Matthieu ont en effet en commun sept points où ils s'accordent contre le texte de Marc. Il nous faut les analyser brièvement pour montrer que ces accords mineurs n'exigent pas que Matthieu et Luc se soient connus, ni une source commune indépendante de Marc. Voici ces sept accords mineurs de Mt-Lc contre Marc:

(1) Mt 9, 18: ἰδού	Lc 8, 41: καὶ ἰδού	Mc 5, 22: καὶ ἔρχεται
(2) Mt 9, 18: ἄρχων εἰς	Lc 8, 41: ἄρχων τῆς συναγωγῆς	Mc 5, 22: εἷς τῶν ἀρχισυναγώγων
(3) Mt 9, 18: ἡ θυγάτηρ μου	Lc 8, 42: θυγάτηρ μονογενής	Mc 5, 23: τὸ θυγάτριόν μου
(4) Mt 9, 23: καὶ ἐλθὼν ὁ Ἰησοῦς εἰς τὴν οἰκίαν τοῦ ἄρχοντος	Lc 8, 51: ἐλθὼν δὲ εἰς τὴν οἰκίαν	Mc 5, 38: καὶ ἔρχονται εἰς τὸν οἶκον τοῦ ἀρχισυγώγου
(5) Mt 9, 25: εἰσελθών	Lc 8, 51: εἰσελθεῖν	Mc 5, 40: καὶ εἰσπορεύεται ὅπου ἦν τὸ παιδίον

(6) Mt 9, 24: οὐ γὰρ   Lc 8, 52: οὐ γὰρ   Mc 5, 39: τὸ παιδίον οὐκ
      ἀπέθανεν τὸ κορά-   ἀπέθανεν   ἀπέθανεν
      σιον

(7) Mt 9, 25: ἐκράτησεν   Lc 8, 54: κρατήσας   Mc 5, 41: κρατήσας
      τῆς χειρὸς   τῆς χειρὸς   τῆς χειρὸς
      αὐτῆς   αὐτῆς   τοῦ παιδίου

(1) Matthieu et Luc ont, contre les meilleurs manuscrits de Marc, un
ἰδού au début de leur récit. Nous avons vu que c'était une tendance de Luc
de commencer ses récits par καὶ ἰδού. C'est également une tendance de
Matthieu de placer καὶ ἰδού dans ses récits. Voici les références où Matthieu
seul a καὶ ἰδού, alors que le texte est commun aux trois Evangélistes: Mt 3,
16s; 8, 24.29.32.34; 9, 3.10.20; 12, 10; 19, 16; 20, 30. Le début de récit
de Matthieu est identique à d'autres récits (Mt 12, 46: ἔτι αὐτοῦ λαλοῦντος
. . . ἰδού cp Mc 3, 31; Mt 17, 5 cp Mc 9, 7; Mt 26, 47 cp Mc 14, 43). La
formule ἔτι αὐτοῦ λαλοῦντος ἰδού est donc chez Matthieu une formule de
transition presque stéréotypée. Il n'est pas nécessaire de supposer que
Matthieu et Luc se soient connus ou utilisent une source propre. L'addition
de ἰδού correspond à leur style respectif.

(2) Jaïre chez Marc est un archisynagogue, chez Luc un chef de la communauté et un archisynagogue, chez Matthieu un magistrat. Flavius Josèphe
et Matthieu semblent ignorer le titre d'archisynagogue. Ces variantes
s'expliquent au mieux historiquement, et selon le contexte où les Evangiles
ont été écrits. Si Marc écrit vers 70 et d'après une source palestinienne, ou
même en Palestine,[33] il est normal qu'il nomme Jaïre par sa fonction
d'archisynagogue. L'équivalence que Luc met entre chef de la communauté
et archisynagogue reflète la situation du milieu juif de la diaspora où les
deux charges étaient souvent cumulées.[34] De tendance juive et anti-juive,
l'Evangile de Matthieu ne fut certainement pas achevé avant 70, à cette
époque, l'archisynagogue a cédé le pas au magistrat seul représentant légal
aux yeux du gouvernement romain, les deux fonctions sont devenues
cumulatives, il n'est donc pas surprenant que Matthieu ait actualisé le titre
que Marc donne à Jaïre. La mention de chef de la communauté chez Luc
et de magistrat chez Matthieu peut donc très bien se comprendre comme
une adaptation du titre d'archisynagogue de Marc et ne suppose pas une
dépendance de Luc par rapport à Matthieu, qui aurait complété l'indication
de Matthieu, encore moins une source commune indépendante de Marc.

(3) Marc a un faible pour les diminutifs, aussi emploie-t-il θυγάτριον. Luc
corrige les diminutifs de Marc, trop populaires à son gré, il emploie donc
θυγάτηρ. Matthieu est moins systématique: il conserve κοράσιον (9, 24s;
14, 11 // Mc 6, 28), mais élimine θυγάτριον qu'il remplace ici, et en 15,

22 // Mc 7, 25, par θυγάτηρ. Ce dernier exemple montre qu'il agit indépendamment de Luc. Aucune nécessité de postuler pour ce cas une source
commune, ou une dépendance de Matthieu par rapport à Luc, ou de Luc
par rapport à Matthieu.

(4) Luc a corrigé le présent historique de Marc ἔρχονται par le participe
aoriste ἐλθών. Matthieu dans tout son Evangile n'a conservé que quatre
ἔρχεται des 24 de Marc (Mt 9, 14; 26, 36.40.45). La formule ἐλθών ... εἰς
τὴν οἰκίαν est fréquente chez Matthieu et presque stéréotypée (Mt 2, 11s;
8, 14; 9, 18.28s; 13, 36s; 17, 25s). C'est le seul cas néanmoins où
Matthieu et Luc changent οἶκος de Marc en οἰκία. Les deux mots étant
synonymes pouvaient s'interchanger: Mt 24, 43Q οἰκία // Luc 12, 39 οἶκος;
Mc 14, 3 οἰκία // Mt 26, 6 οἰκία; Lc 7, 36 οἶκος. La construction de
Matthieu: οἰκία τοῦ ἄρχοντος montre qu'il est très proche de Marc: οἶκος
τοῦ ἀρχισυναγώγου. Il n'est pas utile pour un mot synonyme propre à
Matthieu et Luc contre Marc de supposer une source commune ou une
dépendance mutuelle de ces deux Evangélistes, d'autant plus que la formule 'étant entré dans la maison' est chez Matthieu quasi stéréotypée.

(5) Matthieu et Luc ont compris l'arrivée de Jésus à la maison comme
une entrée. Pour décrire l'entrée de Jésus dans la chambre de la morte ils
utilisent tous les deux le verbe εἰσέρχεσθαι que Marc, lui, emploie pour
parler de l'entrée de Jésus dans la maison, tandis que pour rapporter
l'entrée de Jésus auprès de l'enfant morte il utilise εἰσπορεύεται ὅπου ἦν τὸ
παιδίον. Chez Luc, comme nous l'avons vu, cette simplification et ce
remaniement de texte proviennent de ce qu'il veut corriger l'invraisemblance de Mc 5, 37 et comprend le ἔρχονται εἰς ... de Marc comme d'une
entrée de Jésus à la maison. Chez Matthieu l'expression ἐλθών ... εἰς τὴν
οἰκίαν désigne aussi l'entrée de Jésus à la maison, comme chaque fois qu'il
utilise cette expression.[35] L'expression εἰσελθών de Matthieu demeure incompréhensible à qui n'a pas le texte de Marc sous les yeux. Si Matthieu
utilise εἰσελθών et non εἰσπορεύθεις, c'est que ce dernier verbe n'a pas
trouvé faveur auprès de lui. Il ne l'utilise qu'une fois 15, 17 // Mc 7, 18, et
ailleurs l'évite ou le corrige comme ici par εἰσέρχεσθαι: Mt 15, 11 // Mc 7,
15. Loin donc de supposer une dépendance Matthieu-Luc, l'emploi de
εἰσελθών montre que Matthieu dépend de Marc et ne peut se comprendre
qu'à l'aide du texte de Marc.

(6) Luc a corrigé l'asyndète de Mc 5, 39 en ajoutant γάρ. Matthieu fera
de même. Mais là encore Matthieu et Luc sont indépendants, car Matthieu
corrige les asyndètes de Marc par l'addition de γάρ d'une manière indépendante de Luc: Mc 3, 35 // Mt 12, 50; Mc 13, 9b // Mt 10, 17; Mc 14, 6 //
Mt 26, 10; Mc 13, 34 // Mt 25, 14. Comme Luc, il corrige les asyndètes de
Marc par l'addition de γάρ en Mc 13, 6 // Lc 21, 8 // Mt 24, 5; Mc 13, 7b //
Lc 21, 9b // Mt 24, 6b. Cette suppression des asyndètes de Marc par

Matthieu et Luc montrent qu'ils ont agi indépendamment l'un de l'autre et relu à leur façon le texte de Marc.

(7) Il est normal enfin que Matthieu et Luc aient ensemble χειρὸς αὐτῆς alors que Marc a ici χειρὸς τοῦ παιδίου. Ni Luc ni Matthieu n'ont en effet dans leur texte le terme παιδίον. Luc n'utilise que θυγάτηρ et παῖς; Matthieu θυγάτηρ et κοράσιον. L'un et l'autre se trouvaient donc quasiment obligés d'utiliser un pronom pour suppléer au τοῦ παιδίου de Marc.

Ces accords mineurs de Luc et de Matthieu contre Marc s'expliquent donc comme des corrections stylistiques, où les deux Evangélistes agissent indépendamment l'un de l'autre, bien que d'une manière concordante. Le changement du terme ἀρχισυνάγωγος par ἄρχων τῆς συναγωγῆς et ἄρχων reflète par ailleurs l'époque et le milieu où les Evangiles ont été écrits.

3. Sens et portée de ce miracle chez Luc

Ce récit de miracle est placé par Luc pendant la première période du minis-tère de Jésus, avant sa décision de monter à Jérusalem (Lc 9, 51), entre la mission des envoyés du Baptiste (Lc 7, 18-23) et la confession de foi de Pierre (Lc 9, 20). La réponse de Jésus aux envoyés du Baptiste montrait qu'il réalisait le programme que lui-même avait annoncé au début de son ministère (Lc 4, 16-30). La section qui suit cette ambassade et précède la confession de foi de Pierre confirme que Jésus est réellement celui que Jean-Baptiste attendait: le Messie de Dieu. Lorsque Pierre aura reconnu en Jésus le Messie, alors commencera la seconde phase du ministère de Jésus: l'annonce de sa passion et de sa résurrection, et son voyage vers Jérusalem. Les paroles et actes de Jésus entre Lc 7, 23 et 9, 20 veulent conduire le lec-teur vers la confession de foi de Pierre, en confirmant la déclaration que Jésus a faite aux envoyés de Jean-Baptiste.

Si Luc écrit une histoire de Jésus, c'est à des lecteurs chrétiens qu'il s'adresse (Lc 1, 4), qui reconnaissent déjà Jésus comme leur Seigneur. C'est la foi des convertis que Luc veut fortifier par l'histoire de Jésus, son inten-tion théologique est donc liée à son but historique. Lorsque Luc rédige son Evangile, vers la fin du premier siècle,[36] l'attente de la Parousie imminente s'est estompée. On attend encore la venue de Jésus, mais on en ignore la date. Et Luc comprend la vie de Jésus, comme une partie, centrale certes, de l'histoire du salut. 'Dans les autres Evangiles le problème de l'histoire est un aspect particulier du problème de l'eschatologie, chez Luc, l'eschatologie est devenue un aspect particulier du problème de l'histoire.'[37] En accen-tuant donc la mort de l'enfant pour souligner qu'il s'agit bien d'une résur-rection, Luc veut donc présenter ce miracle d'abord comme une preuve de la messianité et de la Seigneurie de Jésus sur terre, et montrer que le

Royaume de Dieu est déjà arrivé avec la venue de Jésus (Lc 11, 20; 17, 21).

Mais 'l'Evangile de Luc n'est pas seulement un témoignage qui rapporte un événement passé, mais aussi un témoignage qui interpelle le lecteur, dans sa situation actuelle. C'est le Christ présent lui-même qu'on rencontre dans la relation évangélique des paroles et des actes de Jésus.'[38] Les miracles de Jésus ont inauguré le temps du salut, mais le salut peut toujours être atteint en se convertissant et en croyant à l'oeuvre de Dieu manifestée en Jésus. 'Crois seulement et elle sera sauvée', appelle son parallèle: 'Crois au Seigneur Jésus et tu seras sauvé' (Ac 16, 31). Cette parole de Jésus, le miracle de Jésus interpellent le croyant d'aujourd'hui. Car Luc associe à un exposé objectif de la vie terrestre de Jésus une proclamation du salut eschatologique présent. Et les 'aujourd'hui' dont il a parsemé son Evangile, dans les textes qui lui sont propres, résonnent comme un appel toujours présent de Dieu à ceux qui veulent écouter: 'Aujourd'hui un sauveur vous est né . . .' (Lc 2, 11); 'Aujourd'hui s'accomplit à vos oreilles ce passage de l'Ecriture' (Lc 4, 21); 'Aujourd'hui le salut est arrivé à cette maison' (Lc 19, 9); 'Aujourd'hui tu seras avec moi dans le Paradis' (Lc 23, 43).

Ce miracle de Jésus, sa parole, qui autrefois ont accompli les Ecritures, qui aujourd'hui prêchés dans l'Eglise confirment le croyant dans sa foi ou appellent l'incroyant à la foi, restent enfin une promesse encore à réaliser, un signe prophétique pour le futur. Le passé, réactualisé par la foi du croyant, est signe pour l'avenir. L'action de Dieu accomplie en Jésus autrefois lui fait percevoir le salut prochain de Dieu. En ressuscitant la fille de Jaïre, Jésus s'affirme comme Seigneur, comme le Sauveur qui a inauguré le temps du salut, qui donne aux croyants de ne pas espérer en vain, d'attendre dans la foi l'accomplissement des promesses, qu'autrefois sa prédication et son oeuvre ont garanties dans des signes.

6

LA REDACTION MATTHEENNE DU RECIT DE LA RESURRECTION DE LA FILLE D'UN MAGISTRAT
(Mt 9, 18–19. 23–26)

Le récit matthéen de la résurrection de la fille d'un magistrat est d'une concision et d'une sobriété exemplaires.[1] Il ne comporte que 89 mots au lieu de 191 de Marc. Les deux récits pourtant présentent une grande parenté littéraire: ils ont 38 mots en commun et 24 mots synonymes, soit 62 mots sur 89 pour Matthieu. Un tel accord laisse entendre que Matthieu et Marc utilisent une source commune ou parallèle, ou même que Matthieu récrit en l'abrégeant le récit de Marc. Plusieurs commentateurs: Lagrange, Schniewind, Lohmeyer, Grundmann, expliquent les contacts littéraires entre les deux récits par l'utilisation de traditions ou de sources parallèles; d'autres même: Schlatter, Butler, vont jusqu'à préférer une dépendance de Marc par rapport à Matthieu. Le recours à une tradition ou à une source parallèle ne saurait expliquer la forme stéréotypée des récits de miracles chez Matthieu, ni rendre compte de l'enseignement théologique presque constant qui y est inclus sur la foi, les disciples, la personne de Jésus; il serait étonnant qu'une tradition vivante ait agi aussi uniformément. La forme stéréotypée des récits, l'enseignement théologique presque constant qui y est donné sont l'oeuvre d'un auteur qui a récrit intentionnellement les récits de miracles qui lui étaient fournis par ses sources, sous une forme facilement mémorisable, afin de les mettre au service de l'enseignement religieux de son temps.

Les contacts frappants de vocabulaire entre les récits de Matthieu et de Marc, l'emploi de $\epsilon\iota\sigma\epsilon\lambda\theta\dot{\omega}\nu$ au verset 25, difficilement compréhensible pour qui n'a pas lu le récit de Marc, autorisent à prendre comme hypothèse de travail que Matthieu travaillait avec le texte de Marc sous les yeux, d'autant plus que nous avons suggéré que la liaison du récit de la guérison de l'hémorroïsse et de la résurrection de la fille de Jaïre était l'oeuvre de Marc. Voici la démarche que nous allons suivre:

1. La structure du récit.
2. Le récit de Matthieu comparé à celui de Marc. Etude des points communs et des différences.

3. Sens et portée de ce récit chez Matthieu.

1. La structure du récit

Malgré sa brièveté, le récit de Matthieu est fort bien composé.[2] Il est formé
de quatre parties: la demande du magistrat v. 18-19; la venue de Jésus à la
maison et le renvoi de la foule v. 23-25a; le miracle v. 25b; la répercussion
du miracle v. 26. Chacune de ces parties commence par le verbe
ἔρχεσθαι ou un de ses composés:

v. 18:   ἰδοὺ ἄρχων εἷς   ἐλθών ...
v. 23:   καὶ   ἐλθὼν ὁ Ἰησοῦς ...
v. 25b: ...   εἰσελθών ...
v. 26:   καὶ   ἐξῆλθεν ...

On peut comparer cette structure, articulée sur des mots crochets, à
celle de Mt 8, 2.3a.3b articulée sur le verbe καθαρίζειν, à celle de Mt 9,
21.22a.22b avec le verbe σώζειν, à celle de Mt 14, 28.29a.29b avec
ἔρχεσθαι.

La demande du magistrat et l'action de Jésus se répondent admirablement:

v. 18:   ἀλλὰ ἐλθὼν ἐπίθες τὴν χεῖρά σου   ἐπ᾽ αὐτὴν καὶ ζήσεται
v. 25b: εἰσελθὼν ἐκράτησεν τῆς χειρὸς   αὐτῆς καὶ ἠγέρθη ...

Une telle correspondance montre que Jésus exauce à la perfection les
demandes de ceux qui le supplient avec foi. La même correspondance se
rencontre en Mt 8, 8b.13.

2. Le récit de Matthieu comparé à celui de Marc. Etude des ressemblances et des différences

a. La demande du père v. 18-19

Ces deux versets renferment trois difficultés sur le plan de la critique textuelle:

(1) *v. 18:*   εἷς προσελθών   S[b] B it[a, c, ff¹] vg
               τις προσελθών   C[3] G L U fam[13] it[g¹]
               προσελθών   S*
               εισ ελθων   S[c] C D E M N W Θ Σ Φ 700 fam[1] syr[s]

Il est difficile de savoir pour la quatrième leçon si les onciaux ont
εἰσελθών ou εἷς ἐλθών. La leçon εἰσελθών laisserait entendre que Jésus se
trouve encore à l'intérieur de la maison (Mt 9, 10), et que le magistrat y
pénètre. La leçon εἷς ἐλθών est parallèle au texte de Marc: ἔρχεται εἷς. Avec
le syr̄sin, il est préférable de lire εἷς ἐλθών.

Le verbe προσέρχεσθαι est matthéen (52/5/10/1/10). Matthieu l'emploie fréquemment dans les débuts des récits de miracle ou de discussion.[3] On peut penser que la leçon εἰς ἐλθών lue εἰσελθών, a été corrigée en προσελθών par le premier scribe du Sinaïticus, puis complétée par l'addition de εἰς et améliorée par le changement de εἰς en τις. Plus rare et plus difficile la leçon εἰς ἐλθών est préférable.

(2) *v. 18:* Plusieurs manuscrits: B C E . . . ont après λέγων un ὅτι récitatif. Il est omis par S D fam[1] fam[13] syr[s, p, h] cop[sa, bo] eth arm. Hormis les expressions stéréotypées: ἐγὼ δὲ λέγω ὑμῖν ὅτι ou ἀμὴν . . . λέγω ὑμῖν ὅτι, Matthieu n'emploie le ὅτι récitatif après λέγειν qu'en 10, 17; 13, 11; 14, 26; 16, 7; 19, 8; 20, 7; 27, 43.47; 28, 7.13. Mais cet ὅτι a un sens causal en 13, 11; 14, 26; 16, 7; 19, 8; 20, 7, et la Bible de Jérusalem traduit avec raison: 'C'est . . . que.' En 10, 17 ὅτι est omis par B et syr[s]; en 27, 47 par S D L 33. En 27, 43.47; 28, 7 le ὅτι est propre à Matthieu et sans doute du dernier rédacteur de l'Evangile. Matthieu n'emploie pas ὅτι après προσεκύνει αὐτῷ λέγων en 8, 2; 14, 33; 15, 25; 18, 26. Bien qu'attestée par B, et que la leçon avec ὅτι soit la plus difficile, la critique interne demande pourtant que ὅτι soit supprimé. L'addition est plus facile à comprendre que la suppression. La leçon sans ὅτι est donc préférable.

(3) *v. 19:* Les manuscrits S D it vg ont l'imparfait: ἠκολούθει, sequebatur; B W syr[s] et les manuscrits de la Koinè ont l'aoriste: ἠκολούθησεν. Cette dernière leçon, bien que plus facile, semble préférable, car Matthieu n'emploie jamais l'imparfait après ἐγερθείς.

C'est une habitude fréquente de Matthieu de relier entre eux récits et discours. Aussi le magistrat se présente-t-il pendant que Jésus converse avec les disciples du Baptiste (Mt 9, 14–17). La formule de transition employée n'est pas rare chez Matthieu (12, 46; 17, 5; 26, 47).[4] La comparaison entre Mt 12, 46 et Mc 3, 31 montre que l'Evangéliste se comporte vis-à-vis du texte de Marc d'une façon identique:

Mc 3, 31: καὶ ἔρχεται ἡ μήτηρ αὐτοῦ . . .

Mt 12, 46: ἔτι αὐτοῦ λαλοῦντος τοῖς ὄχλοις   ἰδοὺ ἡ μήτηρ . . .

Mc 5, 22: καὶ ἔρχεται εἷς τῶν ἀρχισυναγώγων . . .

Mt 9, 18: ἔτι αὐτοῦ λαλοῦντος αὐτοῖς   ἰδοὺ ἄρχων εἷς . . .

Matthieu actualise le titre de ἀρχισυνάγωγος de Marc en le remplaçant par ἄρχων: magistrat. Il ne mentionne pas le nom de ce magistrat; il supprimera de même le nom de Bartimée 20, 29s // Mc 10, 46s et mentionnera à la place deux aveugles. Matthieu ne s'intéresse pas aux personnes en tant que telles, mais à leurs attitudes qui peuvent servir d'exemples à la communauté croyante.

Il utilise εἷς. Cet adjectif, qui joue souvent le rôle d'article indéfini, se rencontre 66 fois chez lui. Il est placé soit avant, soit après le nom, comme en hébreu et en araméen (cf. Mt 8, 19; 18, 24). Il n'est pas suivi du génitif partitif, mais précédé du nominatif ἄρχων. Deux fois encore Matthieu corrigera de même l'expression de Marc: Mt 18, 5 // Mc 9, 37; Mt 26, 69 // Mc 14, 66.

L'emploi de ἐλθών est rare chez Matthieu dans un début de récit de miracle. Il correspond ici au présent historique de Marc. En 15, 25 // Mc 7, 25, Matthieu emploie le même participe, mais avec un pronom: ἡ δὲ ἐλθοῦσα. Comme Luc, Matthieu a supprimé le ἰδὼν αὐτόν de Marc (cp. Mt 26, 69 // Mc 14, 66) et, comme en 15, 25 // Mc 7, 25, il change le πίπτει πρὸς τοὺς πόδας en προσεκύνει. Il obtient ainsi un début presque stéréotypé de récit de miracle:

Mt 8, 2:	καὶ ἰδοὺ λεπρὸς προσελθὼν	προσεκύνει	αὐτῷ	λέγων
Mt 9, 18:	ἰδοὺ ἄρχων εἷς ἐλθὼν	προσεκύνει	αὐτῷ	λέγων
Mt 15, 25:	ἡ δὲ ἐλθοῦσα	προσεκύνει	αὐτῷ	λέγουσα

Προσκυνεῖν est un verbe cher à Matthieu (13/2/2/11/4). Il le réserve à l'adoration du Seigneur (cp. Mt 18, 26 et 18, 29), aussi ne l'utilise-t-il pas lorsque les soldats raillent Jésus (cp. Mc 15, 19 // Mt 27, 29). Il ne l'emploie, dans les récits de miracle, que là où Marc utilise une expression analogue. L'adoration du Seigneur témoigne de la foi du suppliant et sert d'exemple à la communauté qui, dans la foi, peut avoir le même accès auprès du Seigneur pour lui confier ses besoins.[5] La foi du magistrat est accentuée encore par la liaison des deux récits: il n'hésite pas à adorer Jésus en présence des disciples du Baptiste qui viennent de contester la conduite de Jésus et de ses disciples.

Aux pieds de Jésus, le magistrat adresse sa supplication: 'Ma fille vient de mourir, mais viens, impose-lui ta main et elle vivra.' Comme en 15, 22 // Mc 5, 25, Matthieu remplace le diminutif θυγάτριον par θυγάτηρ. Mais combien plus important est le changement qu'il fait subir au texte de Marc. La jeune fille est morte il y a un instant, elle n'est plus à sa dernière extrémité! Jusque dans la mort, cet homme fait confiance au Seigneur et lui demande un miracle qu'il n'a encore jamais accompli.

Matthieu utilise le verbe τελευτᾶν comme en 2, 19; 15, 4 // Mc 7, 10; 22, 25 // Mc 12, 50 qui a ἀποθνήσκειν. Ἄρτι est matthéen (7/0/0/12/0). Le ἵνα impératif de Marc[6] est remplacé par ἀλλά, qui est mieux de circonstance, puisque Matthieu n'a pas employé le verbe παρακαλεῖν, ἀλλά marque l'opposition entre la situation réelle et l'espérance fondée sur la puissance de Jésus, comme en Mc 9, 2; il met en valeur la foi du magistrat. Sa demande est encore plus directe que chez Marc. Elle est formulée à l'impératif: ἀλλὰ ἐλθὼν ἐπίθες. La foi sincère du père lui donne de l'assurance; il adore, mais exige presque du Seigneur. Il demande que Jésus vienne imposer la main à son enfant, comme s'il ne s'agissait que d'une simple guérison. C'est le seul cas chez Matthieu où une telle demande est faite pour un miracle. Le verbe ἐπιτιθέναι est construit avec la préposition ἐπί, Marc dans le texte parallèle n'a que le datif, mais ἐπί en 8, 25; 16, 18. Le changement de ἵνα σωθῇ καὶ ζήσῃ en καὶ ζήσεται souligne encore l'assurance du père: non plus, 'afin qu'elle soit guérie et vive', mais 'et elle vivra'. Matthieu supprime σωθῇ devenu inutile, car l'enfant est déjà morte, et le verbe σώζεσθαι garde chez Matthieu, dans les récits de miracle, le sens d'être guéri (Mt 9, 21-22).

Jésus ne répond pas à la demande du père, mais 'se met en route et le suit avec ses disciples'. Le participe ἐγερθείς est caractéristique de Matthieu (8/0/1/1/0). Il peut laisser entendre que Jésus était assis dans sa maison (Mt 9, 10), où avaient défilé Pharisiens et disciples du Baptiste, mais Matthieu aurait utilisé en ce cas le participe ἀναστάς comme en 9, 9; 26, 62. Le participe ἐγερθείς a donc plus vraisemblablement le sens sémitique de 'se mettre à'. Jésus se met en route et suit le père. Matthieu a précisé le ἀπῆλθεν μετ' αὐτοῦ de Marc par l'aoriste ἠκολούθησεν (cp. Mc 1, 20 // Mt 4, 22). Les disciples ne joueront aucun rôle dans l'épisode de la guérison de l'hémorroïsse, ni dans le récit de la résurrection de la jeune fille, néanmoins ils doivent être les témoins de ce miracle, puisque Jésus leur enjoindra bientôt de ressusciter les morts (Mt 10, 8).

Cette étude littéraire montre que Matthieu avait pour source Marc. Il a reformulé la demande pathétique du père chez Marc sous une forme presque stéréotypée. Ce faisant, Matthieu laisse voir qu'il s'intéresse moins aux personnes comme telles qu'à leurs attitudes qui peuvent servir d'exemple pour la communauté. Il ne donne pas non plus le nom du père, mais emploie προσεκύνει, ἀλλά au lieu du ἵνα impératif de Marc, καὶ ζήσεται au lieu de ἵνα σωθῇ καὶ ζήσῃ et formule la demande à l'impératif. Tous ces changements tendent au même but: mettre en évidence la foi du père. Mais c'est surtout sa démarche auprès de Jésus, alors que son enfant est déjà morte, qui le fait apparaître aux yeux du lecteur comme un modèle de foi. Qui croit au Seigneur peut exiger de lui des miracles aussi surprenants que la résurrection d'un mort. 'Par la foi, des femmes ont recouvré leurs morts par la résurrection', dira l'auteur de l'Epître aux Hébreux (11, 35). C'est par la foi que Jaïre recouvrera son enfant, et deviendra ainsi un exemple pour tout croyant. Quelle différence avec le ton humble de la demande du père chez Luc!

b. *La suppression de l'annonce de la mort en chemin*

Matthieu, s'il utilise Marc, serait-il un mauvais abréviateur, dépourvu de tout tact littéraire, ainsi que le voudrait M. J. Lagrange? La suppression de l'annonce de la mort en chemin ne peut manquer de surprendre, de prime abord, quiconque croit que Matthieu avait Marc comme modèle. Matthieu en effet rapporte souvent une parole de Jésus sur la foi du suppliant (Mt 8, 13; 9, 22.29; 15, 28). L'occasion lui en était donnée ici par le texte de Marc, où Jésus déclare: 'Ne crains pas, crois seulement.' Plusieurs raisons pourtant expliquent la suppression volontaire par Matthieu de 'cette intéressante péripétie'.

(1) Jésus ne demande jamais chez Matthieu au suppliant de croire, mais il confirme sa foi (Mt 8, 13; 9, 22.29), ou s'enquiert de sa foi (Mt 9, 28). La foi est chez Matthieu prérequise au miracle, il n'est nullement étonnant alors qu'il ait supprimé cette scène, et accentué la foi du père en le faisant venir trouver Jésus alors qu'il avait déjà perdu son enfant.

(2) Le reproche des serviteurs à leur maître: 'Pourquoi déranges-tu encore le Maître?' est contraire à l'enseignement théologique de Matthieu; il faut au contraire déranger le Maître, se confier à lui totalement dans la foi. La foi du père n'est plus contestée par les gens de la maison, mais mise en relief par la démarche qu'il fait auprès de Jésus.

(3) C'est une caractéristique de Matthieu de laisser tomber dans les récits de miracle les personnes secondaires: la foule, les disciples ne jouent aucun rôle dans le récit. Les employés de la maison de Jaïre, de même, sont évincés par cette suppression, tout comme les envoyés du centurion en Mt 8, 5-13 // Lc 7, 1-10. Le récit est centré complètement sur la personne de Jésus et du suppliant.[7]

Matthieu veut présenter le père comme un modèle de foi. La parole de consolation et d'exhortation: 'Ne crains pas, crois seulement', le reproche des employés: 'Pourquoi déranges-tu le Maître' n'ont plus de raison d'être, la démarche, que le magistrat a faite, les a rendus inutiles, en les ayant déjà accomplis.

c. L'entrée de Jésus à la maison et le renvoi de la foule v. 23-25a

L'entrée de Jésus à la maison du magistrat est reformulée au passé:

Mt 9, 23: $\grave{\epsilon}\lambda\theta\grave{\omega}\nu$ ... $\kappa\alpha\grave{\iota}\,\grave{\iota}\delta\grave{\omega}\nu$ ... $\grave{\epsilon}\lambda\epsilon\gamma\epsilon\nu$
Mc 5, 38: $\grave{\epsilon}\rho\chi\omega\nu\tau\alpha\iota$ ... $\kappa\alpha\grave{\iota}\,\theta\epsilon\omega\rho\epsilon\bar{\iota}$ ... $\lambda\epsilon\gamma\epsilon\iota$

L'expression $\grave{\epsilon}\lambda\theta\grave{\omega}\nu\,\epsilon\grave{\iota}\varsigma\,\tau\grave{\eta}\nu\,o\grave{\iota}\kappa\acute{\iota}\alpha\nu$ est stéréotypée (Mt 2, 11; 8, 14; 9, 28; 17, 25), et forme presque un nouveau début de récit, si on la compare à Mt 2, 11 et 8, 14:

Mt 2, 11: $\kappa\alpha\grave{\iota}$ $\grave{\epsilon}\lambda\theta\acute{o}\nu\tau\epsilon\varsigma$ $\epsilon\grave{\iota}\varsigma\,\tau\grave{\eta}\nu\,o\grave{\iota}\kappa\acute{\iota}\alpha\nu$
Mt 8, 14: $\kappa\alpha\grave{\iota}$ $\grave{\epsilon}\lambda\theta\grave{\omega}\nu\,\grave{o}\,\rq I\eta\sigma o\bar{\upsilon}\varsigma$ $\epsilon\grave{\iota}\varsigma\,\tau\grave{\eta}\nu\,o\grave{\iota}\kappa\acute{\iota}\alpha\nu\,\Pi\acute{\epsilon}\tau\rho o\upsilon$

Mt 9, 23: καὶ ἐλθὼν ὁ Ἰησοῦς   εἰς τὴν οἰκίαν τοῦ ἄρχοντος
Mt 2, 11: εἶδον . . .
Mt 8, 14: εἶδεν . . .
Mt 9, 23: καὶ ἰδὼν . . .

C'est véritablement l'entrée à la maison, et non dans la cour, que Matthieu veut décrire par cette expression. Nulle part en effet cette expression ne signifie une entrée dans la cour.[8] C'est en de nouveaux termes, plus adaptés à des lecteurs juifs, que Matthieu décrit la lamentation funèbre. Il mentionne les joueurs de flûte: τοὺς αὐλητάς (cf. Jr 48, 36; Josèphe, *Guerre J.* 3, 9, 5). L'enfant était morte depuis quelque temps, joueurs de flûte et pleureurs ont eu le temps d'arriver à la maison. Selon la Mishna 'même le plus pauvre en Israël doit pour l'enterrement de sa femme prendre pas moins de deux joueurs de flûte et une pleureuse' (*Keth.* 4, 4). La foule des pleureurs indique le grand train de cette maison. L'expression τὸν ὄχλον θορυβούμενον correspond au θόρυβον καὶ κλαίοντας καὶ ἀλαλάζοντας de Marc. Le juif Matthieu a-t-il perçu sous le grec θόρυβος l'équivalent araméen המון qu'il veut rendre plus exactement par ὄχλος θορυβούμενος? Il a senti certainement l'incongruité de θεωρεῖ θόρυβον, 'voir un bruit confus', et l'a simplement corrigée par 'la foule se lamentant'. Le participe θορυβούμενος a ici le sens de se lamenter, comme en Jg 3, 26; 2 S 4, 1 Sym; Ac 20, 10. Un tel changement montre que Matthieu s'adapte à ses lecteurs juifs, comme Luc s'était adapté pour ce passage à ses lecteurs grecs, mais n'exige pas nécessairement que Matthieu utilise une tradition indépendante de Marc.[9]

'Il disait: Retirez-vous, car la fillette n'est pas morte: elle dort.' L'imparfait ἔλεγεν ne laisse pas de surprendre, on imaginerait plus facilement un aoriste (cp. Mt 12, 48 // Mc 3, 33). L'imparfait de λέγειν est rare chez Matthieu, il n'est employé que huit fois, et dans cinq occasions il est parallèle au texte de Marc. En 12, 23 et 21, 11 il est employé pour la foule, et peut s'entendre au sens de répéter. Ce sens pourrait convenir dans le texte, faisant pendant à l'imparfait κατεγέλων, mais il s'accorderait mal avec l'ordre bref et autoritaire de Jésus: 'Retirez-vous'. L'imparfait veut souligner la teneur des paroles qui vont être prononcées, il veut comme les décrire pour inviter le lecteur à porter toute son attention sur ce qui va être énoncé.[10] Loin d'être une parole d'étonnement et de reproche comme chez Marc, de consolation comme chez Luc, la parole de Jésus est un ordre strict: 'Retirez-vous'. Le verbe ἀναχωρεῖν est matthéen (10/1/0/1/2). Matthieu rapporte ensuite presque littéralement les paroles de Jésus et la réaction des assistants, telles qu'elles sont en Marc. Il corrige néanmoins l'asyndète de Marc par l'addition de γάρ et remplace παιδίον par κοράσιον qu'il emprunte à Mc 5, 41. Cette remarque de Jésus acquiert chez Matthieu un très grand poids, puisque ce sont les seules paroles que Jésus prononce dans ce récit, et que Matthieu lui-même a voulu en souligner l'importance par l'imparfait ἔλεγεν. La mort n'est que pour un temps: voilà ce que les lecteurs doivent retenir. Il faut prendre exemple sur le père de cette enfant qui au delà de la mort a fait confiance à Jésus, sur l'hémorroïsse qui fut sauvée par son geste de foi. Les joueurs de flûte, les pleureurs qui, par incroyance, rient de Jésus sont chassés. Matthieu utilise la voix passive qu'il affectionne particulièrement:[11] le renvoi de la foule était signifié dans l'ordre de Jésus: 'Retirez-vous', il était inutile de redire que Jésus avait chassé la foule.

Matthieu, dans cette scène, a donc récrit Marc selon une méthode qui lui est habituelle. Il fait du début de cette scène presque un nouveau commencement de récit. Il corrige le texte de Marc et l'adapte à ses lecteurs judéo-chrétiens en mentionnant les joueurs de flûte, il reproduit fidèlement les paroles de Jésus, tout en corrigeant l'asyndète de Marc. Ces paroles ont chez Matthieu d'autant plus de valeur que ce sont les seules que Jésus prononce dans tout le récit. Le renvoi de la foule enfin, exprimé au passif, correspond au style de Matthieu, s'accorde bien au contexte, et fait contraste avec la foi du père et de l'hémorroïsse.

d. La resurrection v. 25b

Ni parents, ni disciples ne sont mentionnés. Jésus seul entre et ressuscite la morte. Il ne dit rien, mais prend seulement la main de la jeune fille qui se lève. L'action répond point par point à la demande du magistrat au verset 19. C'est pour souligner cette correspondance entre la demande de foi et son accomplissement, que Matthieu, à la différence de 8, 3; 9, 6; 12, 13, a supprimé la parole prononcée par Jésus. La similitude de vocabulaire entre la demande du père et la guérison suggère aussi que l'Evangéliste a utilisé demande et guérison comme cadre pour accentuer le contraste entre l'hémorroïsse et les pleureurs. La femme croit et est sauvée, les pleureurs se rient de Jésus par incroyance et sont chassés.[12]

Le participe εἰσελθών correspond au εἰσπορεύεται ὅπου ἦν τὸ παιδίον de Marc. Il serait peu intelligible dans le contexte sans le secours du texte de Marc. Jésus ressuscite la jeune fille en lui prenant la main. C'est le seul cas où Matthieu utilise, pour un récit de miracle, le verbe κρατεῖν; en 8, 3.15; 9, 29; 20, 34 il emploie le verbe ἅπτεσθαι. 'Et l'enfant se leva.' Le verbe ἐγείρειν a au passif trois sens qui peuvent convenir au contexte: se lever, se réveiller, ressusciter. L'aoriste ἠγέρθη correspond à ἀνέστη de Marc (cp.Mt 8, 15; 9, 7). Le verbe ἀνιστάναι n'a pas chez Matthieu le sens de ressusciter, il est possible dès lors qu'il ait changé le ἀνέστη de Marc en ἠγέρθη pour bien montrer qu'il s'agit d'une résurrection.

Aucune preuve de la résurrection n'est donnée: l'enfant ne marche pas, Jésus n'ordonne pas qu'on lui donne à manger, la foule ne s'étonne pas. Le miracle n'est pas chez Matthieu un signe qui a pour but de provoquer la foi, mais un paradigme qui veut montrer ce que peut la foi. 'En vérité je vous le dis, si vous avez une foi qui n'hésite pas, non seulement vous ferez ce que je viens de faire au figuier, mais même si vous dites à cette montagne: Soulève-toi et jette-toi dans la mer, cela se fera. Et tout ce que vous demanderez dans une prière pleine de foi, vous l'obtiendrez' (Mt 21, 21s). Cette parole de Jésus, prononcée après le dernier miracle de Jésus dans l'Evangile de Matthieu, peut résumer l'enseignement que Matthieu a mis dans ses récits de miracle. Il entend moins décrire des récits de miracle que montrer à la communauté des exemples vivants de foi. Et ce récit de la résurrection de la jeune fille est, à vrai dire, plus un paradigme, qui illustre la puissance de la foi en Jésus, qu'un récit de miracle!

e. La répercussion du miracle v. 26

'Et ce bruit se répandit dans tout ce pays.' Aucun ordre de garder le silence n'est donné par Jésus. Au contraire la nouvelle se diffuse dans tout le pays. L'aoriste ἐξῆλθεν offre un contraste saisissant avec le participe εἰσελθών du verset 25b. Jésus agit, et c'est son activité qui devient missionnaire. La phrase est comparable à Mc 1, 28; Mt 9, 31; Lc 4, 14; 7, 17. Le verbe ἐξέρχεσθαι a le même sens qu'en Mc 1, 28; Lc 4, 14; 7, 17; Jn 21, 23.[13] Le substantif φήμη ne se trouve qu'ici chez Matthieu, mais Matthieu utilise le verbe διαφημίζειν en 9, 31 et 28, 15. La leçon αὕτη, attestée par B K L W it, est préférable à la leçon αὐτοῦ de D cop[sa], et à αὐτῆς attesté par S C syr[pal]. Le substantif γῆ désigne le pays, ici la Galilée, comme en Mt 4, 23. La précision ἐκείνη peut laisser entendre que le narrateur se situe d'un point de vue extérieur à la Galilée.[14] Mais cette limitation géographique correspond également à l'intention matthéenne de montrer que l'activité terrestre de Jésus s'est limitée, au moins en intention, au peuple d'Israël (Mt 10, 6; 15, 24). Elle rappelle le lieu de son ministère (Mt 4, 11–17), et le premier sommaire de son activité (Mt 4, 23).

Pourquoi Matthieu aurait-il changé l'ordre de silence de Marc en une diffusion de la nouvelle dans tout le pays? Matthieu rapporte moins un récit de miracle qu'un exemple de foi qui a valeur pour tous, et qui doit être proclamé partout. L'activité missionnaire de Jésus qui se répand dans tout le pays, ici et en 9, 31, prépare l'activité missionnaire des disciples qui, au chapitre dixième, vont recevoir la consigne de guérir les malades, de ressusciter les morts (Mt 10, 8). Cette renommée des oeuvres de Jésus doit, à la différence de Marc, atteindre Jean-Baptiste dans sa prison (Mt 11, 2; cp Lc 7, 17s).

E. Lohmeyer a tiré argument de la liaison que fait Matthieu au v. 27 'Comme il s'en allait *de là* (ἐκεῖθεν)' pour affirmer que le verset 26: 'Et ce bruit ce répandit dans tout *ce pays*' a été transmis par la tradition, et voit dans cette finale un signe de l'indépendance de la tradition de Matthieu par rapport à Marc.[15] Il est vrai que Matthieu relie souvent deux épisodes qui lui sont fournis par la tradition par l'adverbe ἐκεῖθεν (Mt 4, 21 // Mc 1, 19; Mt 9, 9 // Mc 2, 14; Mt 12, 9 // Mc 3, 1; Mt 12, 15 // Mc 3, 7; Mt 15, 29 // Mc 7, 31; Mt 19, 15 // Mc 10, 16s). Mais Matthieu emploie au moins deux fois ἐκεῖθεν lorsqu'il réorganise lui-même ses récits, en 11, 1 et 14, 13. Le récit de la guérison des deux aveugles (Mt 9, 27–31) est un doublet de Mt 20, 29–34 // Mc 10, 46–52, qui provient de la main même de Matthieu, comme l'a fort bien montré H. J. Held.[16] La liaison que Matthieu fait au v. 27 ne suppose donc pas qu'il ait reçu le v. 26 de la tradition. Il a fort bien pu reformuler le v. 26, et a composé son v. 27 d'après 20, 30 // Mc 10, 46, utilisant la même construction qu'en 9, 9 et 8, 23. Le v. 26 est apparenté à Mc 1, 28, tandis que son parallèle v. 30–31 est très voisin, pour ne pas dire une copie de Mc 1, 43a.44a.45.

Le récit de la résurrection de la fille d'un magistrat chez Matthieu s'explique donc au mieux comme une réélaboration du récit de Marc. La forme structurée et stéréotypée de ce récit, les changements et suppressions qu'on y rencontre, qui tendent tous à mettre en relief la foi du magistrat et l'accomplissement de sa demande par Jésus, ne peuvent provenir de la tradition, mais sont l'oeuvre d'un auteur qui agit avec des intentions bien déterminées. Le rédacteur de la résurrection a fait de son récit un exemple du pouvoir de la foi qu'il présente à sa communauté judéo-chrétienne. S'il faut dès lors attribuer ce récit à un auteur qui a agi consciemment, avec des buts déterminés, pourquoi ne pas l'attribuer à Matthieu, ou du moins au rédacteur des récits de miracle de son Evangile, plutôt qu'à un écrivain, antérieur à Matthieu, perdu dans l'anonymat de la tradition? S'il faut lui trouver une source écrite, pourquoi ne pas prendre le texte de Marc, puisque l'auteur matthéen se comporte dans la réélaboration des récits de miracle qu'il trouve chez Marc presque toujours de la même façon?

3. Sens et portée de ce miracle chez Matthieu

Le récit de Matthieu est moins un récit de miracle qu'un exemple vivant du pouvoir de la foi. Matthieu va mettre en lumière la foi agissante du magistrat de trois façons, par le cadre même où il place son récit, par la structure de ce récit, par la composition de son récit comparé à celui de Marc.

a. Le cadre

Le récit de la guérison de l'hémorroïsse, de la résurrection de la fille du magistrat, et le récit de la guérison des deux aveugles qui suit (Mt 9, 27–31) forment une unité topographique et théologique. Ces trois miracles se déroulent entre l'aller et le retour de Jésus à sa maison. Jésus se rend à la maison du magistrat et en chemin guérit l'hémorroïsse; sur le chemin du retour, il rencontre deux aveugles, les ramène à sa maison où il les guérit. Cet agencement, dû à Matthieu, sert à mettre en relief l'enseignement théologique qu'il veut donner: le pouvoir de la foi. L'hémorroïsse est guérie par sa foi, et non plus par un pouvoir magique sorti de Jésus; Jaïre est exaucé en raison de sa confiance folle, éperdue en Jésus; les aveugles sont guéris car ils croient en la puissance de Jésus (Mt 9, 28). La parole de Jésus aux aveugles: 'Qu'il vous advienne selon votre foi' (Mt 9, 29), décrit également ce qui s'est produit pour l'hémorroïsse et Jaïre. Tous ont été exaucés en raison de leur foi. Ces trois miracles sont des illustrations du pouvoir de la foi en Jésus.[17]

b. *La structure*

La structure de ce récit sert à mettre en évidence le pouvoir de la foi en Jésus. L'action de Jésus répond point par point (v. 25b) à la demande confiante que lui a faite le magistrat au verset 18. Aucune parole ne souligne la foi du magistrat, elle est montrée par la construction du récit.

c. *La composition*

La composition même du récit tend à souligner ce pouvoir de la foi. Le magistrat vient demander à Jésus une chose invraisemblable: la résurrection de son enfant. Il n'hésite pas, mais ordonne presque au Seigneur qu'il adore. Les disciples et la foule sont évincés du récit pour laisser en présence seulement Jésus et le suppliant. Les pleureurs sont chassés par un ordre strict comme gêneurs et incroyants. Aucune preuve tangible du miracle n'est donnée, car la foi doit précéder la demande même de miracle. Tout le récit n'est qu'une illustration de la parole du Seigneur en Mt 21, 22: 'Tout ce que vous demanderez dans la prière avec foi, vous l'obtiendrez.'

Par la foi, Jaïre obtient la résurrection d'un mort. Matthieu veut ainsi répondre aux questions de sa communauté. Lorsqu'il écrit, l'attente d'une Parousie prochaine s'est estompée. Au problème de la mort, il n'y a plus qu'une issue, la foi au Seigneur ressuscité, présent dans sa communauté jusqu'à la fin du monde. Jaïre témoigne de la même foi en Jésus que Marthe en Jn 11, 26: 'Je suis la résurrection et la vie . . . crois-tu en cela? Oui, Seigneur, je crois que tu es le Christ, le Fils de Dieu venu dans le monde.' Cette théologie déjà avancée de Matthieu montre que nous sommes vers la fin du premier siècle.

Jésus est présenté dans ce miracle comme le Seigneur qui vient en aide à sa communauté. Il est Seigneur, aussi Jaïre se prosterne-t-il devant lui. 'Tout pouvoir lui a été donné' (Mt 28, 18), aussi peut-il venir en aide à sa communauté croyante, l'aider dans ses nécessités, et aller même jusqu'à ressusciter des morts.

Jésus accomplit aussi par ses miracles, par sa vie, les promesses de l'Ancien Testament. Lorsque les disciples du Baptiste viendront le trouver (Mt 11, 2-6), Jésus répondra en énumérant ses oeuvres, son activité qui avaient été prédites du serviteur de Yahvé et de Dieu lui-même dans l'Ancien Testament.

Enfin Jésus est présenté comme le Maître qui, agissant devant ses disciples, leur déléguera le même pouvoir. Les disciples assistent à la résurrection de la jeune fille, car bientôt Jésus va leur enjoindre de ressusciter les morts (Mt 10, 18 diff. de Mc 6, 7s et de Lc 9, 2), mission qui n'est confiée aux disciples que chez Matthieu. L'activité missionnaire de Jésus se répand dans tout le pays, préparant ainsi l'activité missionnaire post-pascale des disciples.

Matthieu invite à lire ce miracle dans une triple perspective. Dans une perspective historique: Jésus est celui qui accomplit les promesses de l'Ancien Testament en tant que serviteur de Dieu. Dans une perspective actuelle: Jésus est Seigneur, il vient en aide à ceux qui le prient avec foi. Dans une perspective ecclésiale: Jésus a donné le même pouvoir à ses disciples. Cette dernière perspective, propre à Matthieu, n'est pas la moins surprenante!

7

HISTOIRE DE LA FORMATION DU RECIT DE LA RESURRECTION DE LA FILLE DE JAÏRE

Le récit de Marc est le plus primitif: tel est le résultat de la critique littéraire que nous avons faite. Il n'est pas douteux que Luc ait connu ce texte. Le récit matthéen s'explique aussi au mieux comme une réinterprétation du texte de Marc. Il reste maintenant à essayer de remonter, en partant du texte de Marc, si possible, à l'événement historique, et à montrer comment le récit s'est formé dans la tradition. Reconstituer la genèse d'un récit ne va pas sans hypothèses, et avant de présenter notre solution, nous voudrions exposer et critiquer l'hypothèse de M.-E. Boismard.

1. L'hypothèse de M.-E. Boismard[1]

Boismard vient de présenter une nouvelle théorie destinée à expliquer la genèse littéraire des Evangiles. Cette théorie suppose l'existence de quatre documents primitifs: *Q*, qui était déjà connu, et *A B C* qui auraient déjà été des évangiles. *A* serait d'origine palestinienne et aurait été écrit pour des judéo-chrétiens. *B* en serait la réinterprétation à l'usage des milieux pagano-chrétiens. *C* serait une tradition propre, différente de *A* et *B*. Ces divers documents ont influencé différemment un Marc-intermédiaire, un Matthieu-intermédiaire, un proto-Luc et un Jean. De plus le Matthieu-intermédiaire aurait influencé le proto-Luc et celui-ci Jean. Ces évangiles intermédiaires seraient, d'une façon diverse, eux-mêmes à l'origine des quatre évangiles dans le stade ultime de leur rédaction; l'ultime rédacteur de Matthieu ayant, de plus, pu influencer l'ultime rédacteur de Jean. L'évolution de ces différents documents serait à mettre au compte des rédacteurs qui avaient le souci constant d'harmoniser les sources dont ils disposaient. Le schéma d'ensemble, mieux que des discours, expliquera cette nouvelle solution apportée au problème synoptique (voir ce schéma page suivante).

Il s'agit, on le voit, d'une théorie essentiellement documentaire. C'est son mérite et sa faiblesse. 'Les analyses nouvelles qui sont apportées sont, comme le dit Boismard, autant d'éléments dont il faudra tenir compte pour proposer une solution au problème synoptique.'[2] Mais on peut se demander si l'auteur n'a pas forcé l'analyse littéraire dans le sens de sa théorie, s'il a

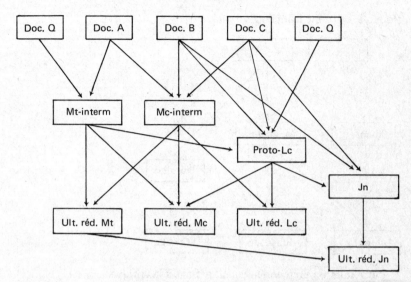

tenu suffisamment compte du travail de composition des rédacteurs et de leurs tendances théologiques respectives et, pour le présupposé document *A*, des aramaïsmes qui normalement devraient s'y trouver. Enfin toute hypothèse documentaire, qui fait fi de l'histoire de la tradition, n'est-elle pas viciée à la base?

Boismard propose la solution suivante pour le récit de la résurrection de la fille de Jaïre:

- Le document *A*, qui équivaut au Mt-intermédiaire, serait formé par Mt 9, 18–19. 23–24a 25.
- Le document *B*, qui équivaut au proto-Luc, correspondrait au texte actuel de Luc, moins les versets 55c–56. Le mention 'et elle sera sauvée' serait à reporter au début du récit.
- Le Mc-intermédiaire aurait fusionné les textes du document *A* et *B* et aurait ajouté la consigne du silence (Mc 5, 43a) et le thème de la 'stupeur' des assistants (Mc 5, 42c).
- L'ultime rédacteur matthéen aurait ajouté, sous l'influence du Mc-intermédiaire, le v. 24b, et le v. 26 qu'il aurait repris d'un autre lieu.
- L'ultime rédacteur lucanien aurait ajouté les thèmes de la stupeur et la consigne du silence (v. 55c–56) sous l'influence du Mc-intermédiaire. Il aurait transféré 'et elle sera sauvée' au v. 50 afin d'unir le thème du salut et de la foi.
- L'ultime rédacteur marcien aurait ajouté aux versets 41–42 les mots 'je te le dis' et 'elle marchait' pour harmoniser ce récit avec celui de la guérison du paralytique. Au verset 42 il aurait ajouté le mot 'stupeur' (ἔκστασις).

Nous aurions donc le schéma suivant:

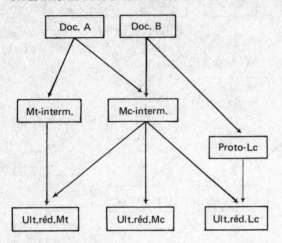

Cette solution prête sérieusement le flanc à la critique.

a. Les aramaïsmes. On s'attendrait à trouver les aramaïsmes dans le document *A*. Or le document *A* n'a qu'un seul sémitisme: καὶ ἐγερθείς qui correspond à l'hébreu ויקם 'et il se mit à . . .'. Tous les aramaïsmes du récit sont, comme nous l'avons vu, dans le texte de Marc. Or Boismard ne dit pas qui, selon son hypothèse, du Mc-intermédiaire ou de l'ultime rédacteur marcien a ajouté les mots araméens: *talitha koum*, et pourquoi une telle addition aurait été faite. Il pense également que l'ultime rédacteur marcien a ajouté le mot 'stupeur' au v. 42. Mais l'expression 'et ils furent saisis d'une grande stupeur' est, comme nous l'avons vu, un aramaïsme.

b. Le document A. Boismard retire au texte de Matthieu les v. 24b. 26 pour parvenir au document *A*. Car, dit-il, ces mots (v. 24b) se retrouvent identiques à la fin du v. 39 et au début du v. 40 de Marc; cette identité de vocabulaire paraît suspecte; on notera de plus, dit-il, que le thème du sommeil de la mort et des rires moqueurs des assistants vient bien dans Marc et Luc; Jésus dit qu'il ne faut pas pleurer parce que l'enfant n'est pas morte; dans Matthieu au contraire, malgré le 'car' de liaison, on ne voit pas pourquoi il faut que les gens se retirent 'car la fillette n'est pas morte'! Il faut tout simplement que les gens se retirent car les mélodies lugubres des joueurs de flûte et les lamentations funèbres n'ont pas de raison d'être si l'enfant n'est pas morte! Où est la difficulté? L'hypothèse d'un transfert du v. 26 est très problématique. Le texte de Matthieu forme une unité littéraire et théologique difficile à briser. Enfin c'est aller contre les lois de l'évolution d'un récit dans la tradition que de prétendre que le récit du document *A* a été adouci dans le document *B*. Tandis que dans le document *A* le chef annonce dès son entrevue avec Jésus que sa fille est morte, dans le document *B* il annonce qu'elle est à toute extrémité. L'évolution de *B* vers *A* est beaucoup plus compréhensible!

c. Le texte de Mc-intermédiaire est-il la fusion des documents A et B? Les commentateurs pensent que Matthieu et Luc ont, chacun de leur côté, fait un choix dans les détails du récit de Marc. Boismard pense au contraire que c'est le Mc-intermédiaire qui a fusionné deux récits différents: les documents *A* et *B*, et il apporte comme preuve les doublets de Marc. 'Au verset 38 Marc indique l'arrivée à la maison du chef de la synagogue, détail qui se lit également aux v. 23a et 51a de Luc; mais ensuite Marc dit à deux reprises que Jésus 'entre': une première fois au début du v. 39, comme en Lc 8, 51; une seconde fois à la fin du v. 40, ce qui correspond à la fin du v. 25 de Mt; pour rendre le doublet moins flagrant, Marc ajoute la seconde fois: 'là où était l'enfant'. Nous avons montré dans l'analyse des textes qu'il faut comprendre le ἐλθὼν εἰς τὴν οἰκίαν de Mt 9, 23a et Lc 8, 51 comme d'une entrée à la maison et non pas de l'arrivée. L'argument ne vaut pas.

Marc aurait combiné le thème du 'bruit' (θορυβούμενος Mt) avec celui des pleurs (κλαίειν Lc). Mais chez Matthieu il n'est pas question de bruit, mais de cris de lamentation: θορυβεῖν signifie clairement dans le contexte 'pousser des cris de lamentation', comme à plusieurs reprises dans la LXX.

'On notera encore le doublet au v. 23c de Marc: qu'elle soit sauvée et qu'elle vive.' Nous avons montré, grâce au parallèle du texte de *l'Apocryphe de la Genèse* de Qumrân, qu'il ne s'agit nullement d'un doublet.

On ne voit pas enfin pourquoi le Mc-intermédiaire aurait ajouté le thème de la stupeur. Ce thème se rencontre, ainsi que nous l'avons signalé lors de la critique littéraire du texte de Marc, deux autres fois dans les récits de miracle chez Marc. L'expression 'et ils furent saisis d'une grande stupeur' est de plus un aramaïsme qui doit remonter à la première tradition du récit.

d. L'ultime rédacteur marcien. Il est curieux enfin que l'ultime rédacteur de Marc ait ajouté 'je te le dis' et 'et elle marchait' pour harmoniser son texte avec celui de la guérison du paralytique. L'expression 'et elle marchait' laisse entendre au contraire, comme nous le verrons, qu'il s'agit d'un récit de guérison qui devint dans la tradition un récit de résurrection.

Cette hypothèse compliquée n'est donc pas recevable, parce qu'elle repose sur une critique littéraire insuffisante, qui n'a pas tenu compte des aramaïsmes du récit, ni de la façon de composer de chaque auteur, ni du sens précis des mots, ni du bon sens, tout simplement, dans l'évolution d'une tradition. C'est pourquoi nous allons tenter une nouvelle approche, en reprenant chaque scène du récit de Marc l'une après l'autre, en y décelant d'abord les aramaïsmes, en la comparant ensuite avec des textes parallèles de l'Ancien et du Nouveau Testament, et en tirant pour chaque scène des conclusions provisoires que nous réévaluerons ensuite dans la conclusion générale.

2. Histoire de la formation du récit[3]

a. La demande du père (Mc 5, 22-24a)

Cette scène ne contient pas moins de deux aramaïsmes: εἷς τῶν ἀρχισυνα-γώγων et ἵνα ἐλθὼν ἐπιθῇς. Mais la phrase est en grande partie d'allure araméenne, comme la comparaison avec le texte de *l'Apocryphe de la Genèse* (Col XX, lig. 21) le montre:

Mc 5, 22s	*Apocryphe de la Genèse*
Καὶ ἔρχεται . . . Ἰάϊρος	באדין אתה עלי חרקנוש
Et vient Jaïre	Alors vint vers moi Horqanosh
. . . καὶ παρακαλεῖ αὐτὸν	ובעא מני
et il lui demande	et il me demanda
. . . ἵνα ἐλθὼν	די אתה . . .
de venir	de venir . . .
ἐπιθῇς τὰς χεῖρας αὐτῇ	ואסמוך ידי עלוהי
lui imposer les mains	et d'imposer mes mains sur lui
ἵνα σωθῇ καὶ ζήσῃ.	ויחה
afin qu'elle soit guérie et vive.	afin qu'il vive (ou soit guéri)

Le ἵνα impératif de Marc s'explique au mieux comme l'équivalent d'un די araméen, et la formule ἵνα ἐλθὼν ἐπιθῇς τὰς χεῖρας αὐτῇ correspond presque littéralement à la forme araméenne:

די אתה ואסמוך ידי עלוהי

Mais comment expliquer l'élargissement du texte: 'disant: ma petite fille est à toute extrémité.' Il faut, avant de répondre, comparer ce texte avec celui de la guérison du serviteur du centurion (Lc 7, 1-10 // Mt 8, 5-13 // Jn 4, 46-54), avec le début du récit de la résurrection du fils de la Shunamite (2 R 4, 27), et avec le début de la guérison de la petite fille de la syrophénicienne (Mc 7, 25-27).

(1) Comparaison avec le début du récit de la guérison du serviteur du centurion:

Lc 7, 1-6[4]	*Mc 5, 22s*
1. . . εἰσῆλθεν εἰς Καφαρναούμ.	
2. Ἑκατοντάρχου δέ τινος	
δοῦλος κακῶς ἔχων	τὸ θυγάτριόν μου ἐσχάτως ἔχει,

Lc 7, 1–6	Mc 5, 22s
ἤμελλεν τελευτᾶν . . .	
3. . . . ἐρωτῶν αὐτὸν	(παρακαλεῖ αὐτὸν)
ὅπως ἐλθὼν	ἵνα ἐλθὼν . . .
διασώσῃ τὸν δοῦλον αὐτοῦ . . .	ἵνα σωθῇ . . .
6. Ὁ δὲ Ἰησοῦς ἐπορεύετο σὺν	καὶ ἀπῆλθεν μετ᾽ αὐτοῦ.
αὐτοῖς.	

La parenté entre le début de ces deux récits est évidente. La guérison du serviteur du centurion est localisée à Capharnaüm comme la résurrection de la fille de Jaïre chez Matthieu. Le serviteur (Lc) ou l'enfant (Mt 8, 6), ou le fils (Jn 4, 46) est gravement malade et sur le point de mourir. On prie Jésus de venir le guérir. Jésus s'en va avec ceux qui lui ont demandé de l'aide. La suite du récit nous apprendra que ce centurion a construit la synagogue (Lc 7, 5), or c'était précisément le rôle d'un archisynagogue de construire la synagogue et de veiller à son entretien.[5]

Cette parenté entre ces deux récits s'explique-t-elle par une même tradition à l'origine, diversifiée par la suite? Il est bien difficile de répondre. Plusieurs indices cependant portent à croire qu'il s'agit de deux traditions différentes. La localisation du miracle à Capharnaüm n'est pas primitive dans le récit de la résurrection de la fille de Jaïre, mais elle est due à la réorganisation des textes chez Matthieu. Chez Marc, le miracle n'est pas localisé. Dans un cas il s'agit d'un enfant, ou d'un serviteur, voire même d'un fils, dans l'autre d'une fillette. Le centurion, dans le miracle de Capharnaüm, est un païen, et c'est là une donnée fixe de la tradition, puisque la pointe du récit est la parole de Jésus: 'En vérité, je vous le dis, chez personne je n'ai trouvé pareille foi en Israël (Mt 8, 10).[6] Il est difficile d'imaginer que ce centurion païen et croyant, qui avait fait construire une synagogue pour les Juifs, soit devenu par la suite un chef de synagogue croyant certes, mais qui doit être rassuré par Jésus: 'Ne crains pas, crois seulement.' Les quelques contacts littéraires entre la demande du centurion faite par des messagers et la demande du chef de synagogue s'expliquent par l'utilisation d'un schéma presque stéréotypé de début de récit de miracle. Les accords entre ces deux récits n'exigent pas nécessairement qu'il y ait à la base des deux récits une seule et même tradition. Les différences entre ces deux débuts de récits laissent entendre plutôt qu'il s'agit de deux événements, apparentés certes, mais distincts.

(2) Comparaison avec le début du récit de la résurrection du fils de la Shunamite (2 R 4, 18–30).

Le début du récit de Marc présente une certaine analogie avec le début du récit de la résurrection du fils de la Shunamite au second livre des Rois:

'Et elle vint vers Elisée sur la montagne, et elle lui saisit les pieds. Elle lui dit . . . Elisée se leva et la suivit' (2 R 4, 27.30). Il est difficile de parler d'une dépendance de Marc, car le vocabulaire est différent, seules les expressions 'et elle vint' et 'ses pieds' sont identiques. Il s'agit d'une similitude de situation plutôt que d'un emprunt fait par la tradition au livre des Rois.

(3) Comparaison avec le début du récit de la guérison de la fille de la syrophénicienne (Mc 7, 25ss).

Le début du récit de la résurrection de la fille de Jaïre est comparable enfin à celui de la guérison de la fille de la syrophénicienne: 'Une femme dont la petite fille était possédée d'un esprit impur, entendit parler de lui et vint se jeter à ses pieds . . . et elle lui demandait d'expulser le démon de sa fille' (Mc 7, 25s). La forme indirecte de la demande semble plus primitive que la forme directe du récit de la résurrection de la fille de Jaïre. Bien que non universelle, c'est une loi de la tradition de mettre au style direct des paroles rapportées primitivement au style indirect.[7] On peut se demander si la demande du père: 'Ma petite fille est à toute extrémité, viens lui imposer les mains pour qu'elle soit guérie et vive' (Mc 5, 23), n'était pas rapportée primitivement au style indirect. Le passage du style indirect au style direct expliquerait fort bien l'oscillation entre le style indirect et direct qu'a conservée la phrase de Marc.

Au terme de cette première enquête sur l'histoire de la formation du texte, il semble plus probable que ce texte a eu une source araméenne, dont le texte de Marc garde encore quelques traces: le verbe placé en tête, le εἷς τῶν ἀρχισυναγώγων, le ἵνα ἐλθών. Cette source est plus facilement retrouvable si l'on suppose que la demande de Jaïre était rapportée au style indirect. Le ἵνα correspondrait parfaitement à l'araméen רִי, et se raccrocherait à παρακαλεῖ.

Il est quasiment certain que la tradition qui est à la base du récit de Marc n'a aucun rapport avec le récit de la résurrection du fils de la Shunamite au second livre des Rois. Les contacts littéraires qui existent entre ce début de récit de résurrection chez Marc et la guérison du fils du centurion s'expliquent par la forme stéréotypée des débuts de récits de miracle. Si la situation dans les deux cas est très peu différente, il est difficile cependant, en raison de divergences importantes, de faire découler ces deux récits d'une même tradition diversifiée par la suite.

On peut donc conjecturer, comme plus plausible, un récit araméen, qui était narré au style indirect, et qui rapportait un événement historique: 'Alors vint Jaïre, un chef de synagogue, dont la petite fille était à toute extrémité. En voyant Jésus, il tomba à ses pieds et lui demanda de venir lui imposer les mains pour qu'elle soit guérie et vive. Il partit avec lui.'

b. L'annonce du décès en chemin (Mc 5, 35–37)

Le verset 35 garde quelques traces d'un modèle araméen. Le pluriel impersonnel ἔρχονται,[8] l'utilisation de la préposition ἀπό, correspondant au מִן araméen, au lieu de παρά, l'aoriste ἀπέθανεν qui, bien qu'explicable dans le récit, équivaut néanmoins à un parfait sémitique: l'action est déjà accomplie au moment où l'on parle: ce sens est celui du parfait araméen,[9] et finalement le substantif διδάσκαλος comme équivalent de l'araméen *Rabbi*.

Le verset 36, bien que rédigé au présent, ne garde pas de trace d'aramaïsme: le sujet, Jésus, est placé avant le verbe, le participe παρακούσας n'a pas d'équivalent en araméen. La construction avec le participe τὸν λόγον λαλούμενον, qui joue le rôle d'une complétive après un verbe de perception, est de l'excellent grec. Si l'expression μὴ φοβοῦ correspond à l'hébreu אַל־תִּירָא, elle est aussi très grecque; enfin la liaison avec le verset précédent est faite par δέ, alors que toutes les autres liaisons du récit sont faites par καί, excepté le αὐτὸς δέ du verset 40b. La teneur grecque de ce verset n'est-elle pas un léger indice que ce verset n'appartient pas au texte primitif?

Le verset 37, narré au passé, provient ainsi que nous l'avons montré de la main même de Marc.

Le verset 35 présente quelques analogies avec le récit de la guérison du serviteur du centurion (Lc 7, 6), et celui de la guérison de l'enfant épileptique en Mc 9, 26.

Lc 7, 6	Mc 5, 35
ἤδη δὲ αὐτοῦ οὐ μακρὰν ἀπέχοντος ἀπὸ τῆς οἰκίας	ἔτι αὐτοῦ λαλοῦντος
ἔπεμψεν φίλους ὁ ἑκατοντάρχης λέγων αὐτῷ	ἔρχονται ἀπὸ τοῦ ἀρχισυναγώγου λέγοντες ὅτι . . .
Κύριε, μὴ σκύλλου . . .	Τί ἔτι σκύλλεις τὸν διδάσκαλον;

La situation est encore assez proche dans les deux cas. Alors que Jésus est en chemin, on vient le prévenir que ce n'est plus la peine de se déranger. Le verbe σκύλλειν au sens de 'déranger' ne se trouve que dans ces textes dans le Nouveau Testament. Mais d'un côté, on a une dissuasion polie, adressée à Jésus lui-même: 'Seigneur, ne te dérange plus, car . . .', de l'autre côté, un reproche hardi adressé au chef de synagogue: 'Pourquoi déranges-tu encore le Maître?' La jeune fille, en effet, vient de mourir.

On peut rapprocher encore cette annonce du décès de la jeune fille de l'opinion de la foule en Mc 9, 26: 'Après avoir poussé des cris et l'avoir violemment secoué (l'esprit) sortit, et l'enfant devint comme mort, si bien que la plupart des gens disaient: il a trépassé (ἀπέθανεν). Mais Jésus le prenant par la main le releva et il se leva.' La parenté de ce texte avec Mc 5, 35.41–42a est frappante au niveau du vocabulaire.

Peut-on dire alors que cette annonce du décès en chemin, apparentée à Lc 7, 6 et Mc 9, 26, est un artifice qui fut utilisé dans la tradition pour transformer un récit de guérison en récit de résurrection?[10] Les traces d'aramaïsmes au verset 35 laisseraient supposer que s'il y a eu, par cette annonce, transformation d'un récit de guérison en récit de résurrection, le changement s'est fait dans la tradition araméenne du récit. Avant de répondre à cette question, il faut analyser les scènes suivantes.

Ainsi dans cette deuxième scène, seul le verset 35 appartiendrait à la tradition araméenne du récit.

Le verset 36 est rédigé en grec, sans trace d'aramaïsme. Il a donc été ajouté lorsque le récit fut traduit en grec. Il semble avoir pour but d'introduire le thème de la foi: devant la mort, l'homme ne doit pas avoir peur, mais continuer d'avoir confiance en Dieu, le maître de la vie. La mort a été vaincue grâce à Jésus qui s'est fait homme 'afin de réduire à l'impuissance, par sa mort, celui qui a la puissance de la mort, c'est-à-dire le diable, et d'affranchir tous ceux qui, leur vie entière, étaient tenus en esclavage par la crainte de la mort' (He 2, 14s). L'intention catéchétique de ce verset vient confirmer son caractère secondaire, que déjà l'analyse littéraire avait révélé.

c. L'arrivée de Jésus et le renvoi de la foule des pleureurs (Mc 5, 38–40a)

Plusieurs traces d'aramaïsmes sont décelables dans ces versets. Au verset 38, le pluriel impersonnel ἔρχονται suivi d'un singulier θεωρεῖ serait un aramaïsme, 'car fréquemment dans une histoire sémitique, on ne se soucie pas d'indiquer le changement de sujet: l'identification est laissée à l'intelligence du lecteur'.[11] Le substantif θόρυβος renvoie à l'araméen המון. La construction τὸν πατέρα τοῦ παιδίου καὶ τὴν μητέρα est araméenne et peu grecque.

Le texte semble avoir des reprises: la mention des pleureurs et des gémissants semble gauchement raccordée par un καί épexégétique après θόρυβον. Le καὶ εἰσελθών du v. 39 est une reprise de καὶ ἔρχονται εἰς τὸν οἶκον au v. 38, et a pour but d'introduire la question de Jésus. Le texte se comprendrait facilement si on lisait à la suite v. 38a et 40b: 'On arrive à la maison du chef de synagogue, et il aperçoit une foule qui s'agitait, mais lui les chasse tous et prend avec lui le père et la mère de l'enfant et ceux qui étaient avec lui, et entre là où était l'enfant.'

Les paroles mises dans la bouche de Jésus: 'Pourquoi vous lamenter et pleurer? L'enfant n'est pas morte, mais elle dort' (Mc 5, 39) sont-elles des paroles authentiques du Seigneur? Comme dans la plupart des cas où Jésus prend la parole dans un récit, il y a une asyndète qui souligne la portée des paroles. Mais pourquoi Jésus reprocherait-il de pleurer un mort? Pourquoi surtout prononcerait-il, avant d'avoir vu l'enfant, cette phrase sybilline: 'L'enfant n'est pas morte, mais elle dort'? On ne comprend cette réaction du Seigneur que si on la compare à la catéchèse primitive sur le sort des morts: 'Nous ne voulons pas, frères, que vous soyez ignorants au sujet de ceux qui s'endorment; il ne faut pas que vous ayez du chagrin comme ceux qui n'ont pas d'espérance' (1 Th 4, 13). La mention des pleureurs, le reproche de Jésus, sa parole énigmatique sur l'enfant ne s'expliquent-ils pas au mieux comme une insertion à but catéchétique dans un récit déjà consti-tué? Le rire des pleureurs devient alors le symbole du monde incroyant incapable de croire en la résurrection.

Dans cette scène, seuls les v. 38a et 40b, à saveur araméenne, appartien-draient à la tradition primitive. Le v. 38b à partir 'des gens qui pleuraient', les v. 39 et 40a auraient été insérés dans le récit dans un but catéchétique.

d. La résurrection et les effets du miracle (Mc 5, 40c–43)

Les v. 42b et 43a proviennent de la main de Marc ainsi que nous l'avons montré. Le v. 41 contient une parole du Seigneur en araméen: *talitha koum*. Le v. 42c contient un aramaïsme notoire: 'et ils furent saisis d'une grande stupeur' (cp. Gn 27, 33). La finale du v. 43 'et il dit de lui donner à manger' semble remonter, si l'on accepte la leçon du codex Bezae, à une source araméenne.

Il y a quelque chose de surprenant dans la preuve qui est fournie de la résurrection: 'et elle marchait!' Dans les récits de miracle, cette preuve apparaît seulement dans les récits de guérison (Jn 5, 9; Ac 3, 8; 14, 10). La preuve véritable de la résurrection est renvoyée à la fin: 'et il dit de lui donner à manger' (cp. Lc 24, 41–43; Ac 1, 4). Cet antagonisme entre 'marcher' qui est généralement employé comme preuve dans un récit de guérison, et 'donner à manger' qui est une preuve de résurrection, rejetée à la fin du récit après la stupeur des assistants, n'est-il pas un indice que nous aurions un récit de guérison qui est devenu un récit de résurrection?

Le verset 35 qui rapporte l'annonce du décès en chemin assurerait le passage du récit de guérison au récit de résurrection. L'annonce de la mort en chemin, qui survient d'une façon si abrupte, où les termes employés pour annoncer au père le décès de l'enfant sont si rudes, est peu vraisem-blable historiquement. Il s'agit plus vraisemblablement d'un artifice qui permet de transformer le récit d'une guérison opérée par Jésus à la dernière extrémité en récit de résurrection.

Les versets 41–42a sont très voisins de Mc 9, 27, comme nous l'avons indiqué dans la critique littéraire du récit de Marc. On peut se demander s'il n'y a pas eu, en 5, 41, passage du style indirect au style direct, lorsque le récit est devenu un récit de résurrection. La forme primitive de Mc 5, 41–42a aurait été au style indirect comme en Mc 9, 27. On aurait changé cette forme indirecte en parole de Jésus pour rappeler que les morts ressusciteront à l'appel du Fils de Dieu (Jn 5, 25.28s). Luc en 8, 54 a ajouté encore 'il l'appela' pour accentuer l'importance de la parole de Jésus.

L'opposition 'marcher–donner à manger' dans cette scène fait penser à une transformation d'un récit de guérison en récit de résurrection. Cette transformation, qui se serait faite dans la tradition araméenne du récit, aurait été réalisée par l'addition du v. 35. Il est probable que cette transformation a suscité le passage du style indirect au style direct au v. 41, peut-être aussi l'addition 'afin qu'elle vive' au v. 23. La teneur originale de cette scène serait donc: 'Il entra là où était l'enfant, lui prit la main et la fit se lever. La jeune fille se leva aussitôt et elle marchait. On fut saisi d'une grande stupeur.' Lorsque ce récit devint un récit de résurrection l'action de Jésus passa au style direct, et on ajouta: 'et il dit de lui donner à manger.'

3. Conclusion

Toute recherche sur le développement d'un récit repose nécessairement sur des hypothèses. Cet aspect conjectural est inévitable, aussi faut-il en être conscient pour garder à l'égard des solutions proposées une attitude critique Nous nous sommes basé, pour distinguer les couches du récit, sur les ruptures et illogismes du texte, sur la théologie qui y est impliquée, et surtout sur les aramaïsmes du texte: leur nombre, leur répartition, mais aussi la construction parataxique du récit, font penser à une source araméenne. Ce n'est pas une preuve irréfutable, car qui peut dire si l'auteur de ce passage n'était pas un palestinien parlant araméen et écrivant grec? Nous proposons néanmoins comme plus plausible l'hypothèse suivante: à la base du récit actuel, il y eut le récit de la guérison de la petite fille d'un chef de synagogue; ce récit est devenu dans la tradition araméenne un récit de résurrection. Il a été amplifié par la suite, lorsqu'il fut traduit et prêché en grec, par des motifs catéchétiques, avant d'être repris et inséré dans son Evangile par Marc. Finalement un copiste a introduit le datif ὀνόματι devant Ἰάϊρος en 5, 22.

Voici le détail de l'évolution de ce récit:

(1) Un récit de guérison que l'on retrouve en Marc 5, 22–24a (au style indirect); 38a.40b.41 (au style indirect) 42ac.

Alors vint Jaïre, un chef de synagogue, dont la petite fille était à toute extrémité. En voyant Jésus il tomba à ses pieds et lui demanda de venir lui imposer les mains pour qu'elle soit guérie. Il partit avec lui. On arriva à la maison du chef de synagogue, et il aperçut une foule qui s'agitait; lui, les chassa tous et prit avec lui le père et la mère de l'enfant et ceux qui étaient avec lui, et entra là où était l'enfant. Il lui prit la main et la fit se lever. La jeune fille se leva aussitôt et elle marchait. On fut saisi d'une grande stupeur.

Si on remplace les 'on' par des 'nous', ce récit semble dicté par un témoin.

(2) Ce récit de guérison serait devenu très tôt, déjà dans la tradition araméenne, un récit de résurrection. Ce changement aurait eu pour but d'accentuer le pouvoir miraculeux de Jésus et de faire pressentir sa messianité et même sa divinité. Le changement aurait été réalisé par l'addition du v. 35 qui, originellement, devait être très proche de Lc 7, 6: '(En chemin), on vint de chez le chef de synagogue dire: ta fille est morte. Pourquoi déranges-tu encore le Maître?' Plusieurs modifications auraient été apportées au texte de la première tradition: peut-être l'addition 'afin qu'elle vive' au v. 22; l'action de Jésus au v. 41 passe au style direct, son geste devient parole: 'Il lui prit la main et dit: "talitha koum", et l'enfant se leva aussitôt et elle marchait!' Comme preuve de la résurrection, on ajouta au texte: 'et il dit de lui donner à manger.'

(3) Ce récit aurait été amplifié, lorsqu'il passa dans le monde grec, par plusieurs motifs catéchétiques. Le v. 36 aurait été ajouté: 'Jésus ayant surpris ce qui avait été dit, dit au chef de synagogue: Ne crains pas, crois seulement!' La mention des pleureurs et des gémissants aurait été également ajoutée au v. 38b, de même que la déclaration Jésus aux v. 39–40a. Le récit aurait reçu à ce stade une coloration catéchétique très nette. La parole de Jésus serait une réponse à l'inquiétude de la première communauté au sujet des morts. C'est lors de la traduction de la péricope en grec, que la demande du père (v. 23) serait passée au style direct.

(4) Marc en insérant ce récit dans la trame de son Evangile y ajoute le v. 37, l'ordre de garder le silence au v. 43, et peut-être également la mention de l'âge de la jeune fille au v. 42b.

(5) Un copiste zélé ajoutera enfin ὀνόματι devant Ἰάϊρος.

(6) Luc et Matthieu reprendront, chacun à leur manière, avec des intentions théologiques différentes, le récit de Marc.

Ce récit ne présente à aucun stade de la tradition un emprunt aux récits de résurrection rapportés dans les livres des Rois. Les contacts littéraires avec le récit de 2 R 4, 18–37 sont minimes. Il n'y a que deux mots en commun au début du récit: 'elle vint . . .' et 'ses pieds'. En 2 R 4, 32s il est dit: 'Elisée arriva à la maison; là était l'enfant, mort et couché sur son lit. Il entra . . .' En Mc 5, 38a.39a.40b: 'On arrive à la maison . . . il entra . . . pénétra là où était l'enfant . . .' Ce rapprochement s'explique plus par une similitude de situation que par un emprunt que la tradition ou Marc auraient fait au récit du livre des Rois. Ce récit enfin ne dérive pas de la résurrection de Tabitha en Ac 9, 36–43.[12] L'inverse, comme nous le verrons lorsque nous étudierons ce récit, est beaucoup plus vraisemblable.

Notre tâche est terminée. Si cette dernière partie, en raison de son objet, demeure la plus hypothétique, elle n'en est pas pour autant la moins importante pour celui qui veut au travers de la tradition remonter au Jésus historique, et saisir comment la foi au Christ s'est exprimée. En devenant par sa résurrection premier-né d'entre les morts, Jésus est devenu objet d'espérance et de foi pour sa communauté. C'est donc sans être infidèle à ses sources que la tradition a pu relire et même totalement réinterpréter sous l'action de l'Esprit Saint les actions du Jésus terrestre pour exprimer sa foi en Jésus ressuscité, et son espérance en la résurrection des morts. L'histoire de la formation du récit de la résurrection de la fille de Jaïre illustre cette relecture de la vie de Jésus qui s'est faite après Pâques.

8

LA RESURRECTION DE LAZARE (Jn 11, 1-46)

Aucune question, parmi celles que suscite la genèse littéraire du quatrième Evangile, n'est peut-être plus embrouillée que celle du récit de la résurrection de Lazare. Et pourtant, si difficile que soit la critique littéraire de ce texte,[1] on ne peut en faire l'économie. Car comprendre un texte évangélique c'est naître et grandir avec lui, c'est retrouver l'élan créateur de l'Esprit qui, au travers d'un prédicateur, d'une communauté, d'un ou plusieurs auteurs, d'un éditeur, a engendré et porté le texte à son point d'achèvement dans un temps, dans une langue, dans un milieu donnés. L'exégèse biblique ne peut se passer d'une certaine archéologie textuelle qui permet de dégager ou d'entrevoir les différentes étapes de la formation du texte. Ce travail d'archéologie doit être complété par l'étude de chaque couche en elle-même et dans son rapport au texte. Quelle signification nouvelle, quel éclairage original cette nouvelle couche apporte-t-elle au texte? Quelles raisons ont poussé l'auteur à ajouter tel passage, à retrancher ou modifier tel autre? Autant de questions auxquelles l'exégète doit s'efforcer de répondre avant de saisir, au delà et à l'intérieur des remaniements successifs, le sens dernier d'un texte.

Ces réflexions indiquent notre méthode et délimitent la démarche que nous allons suivre dans l'explication de ce texte. Nous essaierons dans une première partie de remonter par étapes successives, jusqu'à la prédication ou au texte primitifs, au moyen de la critique littéraire qui sera basée sur les apories du texte et sur les conceptions théologiques diverses qui sont impliquées dans le récit. Nous partirons de la prédication ou du texte primitifs pour expliquer, dans une seconde partie, comment le texte s'est développé théologiquement.

I. LES DIFFERENTES ETAPES DANS L'ELABORATION DU TEXTE

Voici la démarche qui sera suivie dans cette première partie:

1. Le travail de l'auteur principal du quatrième Evangile
   a. Un morceau apparemment hors-contexte: 7b–11a.16

1. Le travail de l'auteur principal du quatrième Evangile

a. Un morceau apparemment hors-contexte: 7b–11a.16

Les versets 7b–10.16 ont pour thème la décision ferme de Jésus de monter en Judée et l'opposition, puis l'acceptation résignée des disciples. Divers indices montrent que ces versets sont une addition au récit de la résurrection de Lazare:

- Il n'est pas question dans ces versets de Lazare, et pour provoquer la réponse angoissée des disciples, Jésus déclare au v. 7: 'Retournons en Judée' et non pas: 'Allons à Béthanie'.

- Les mots de liaison au v. 11a: $\tau\alpha\tilde{\upsilon}\tau\alpha$ $\epsilon\tilde{\iota}\pi\epsilon\nu$ $\kappa\alpha\grave{\iota}$ $\mu\epsilon\tau\grave{\alpha}$ $\tauo\tilde{\upsilon}\tauo$ $\lambda\acute{\epsilon}\gamma\epsilon\iota$ $\alpha\dot{\upsilon}\tauo\tilde{\iota}\varsigma$ sont une reprise du v. 7a: $\breve{\epsilon}\pi\epsilon\iota\tau\alpha$ $\mu\epsilon\tau\grave{\alpha}$ $\tauo\tilde{\upsilon}\tauo$ $\lambda\acute{\epsilon}\gamma\epsilon\iota$ $\tauo\tilde{\iota}\varsigma$ $\mu\alpha\theta\eta\tau\alpha\tilde{\iota}\varsigma$.

- Le mot 'Juifs' au v. 8 n'a pas le même sens que dans le reste du récit: tandis qu'il désigne ici les autorités juives hostiles à Jésus, dans le reste du récit le mot 'Juifs' désigne les habitants de Jérusalem, la foule.

- L'insertion du v. 16 est des plus maladroites: le $\mu\epsilon\tau$' $\alpha\dot{\upsilon}\tauo\tilde{\upsilon}$ final désigne sans aucun doute Jésus, mais le contexte laisserait croire qu'il s'agit de Lazare! Le $\alpha\dot{\upsilon}\tau\acute{o}\nu$ du v. 17 ne peut renvoyer qu'à Lazare et se rapporte, par-dessus le v. 16, au v. 15. Le v. 16 suit logiquement le v. 10.

Les v. 7b–11a.16 apparaissent donc comme une addition postérieure à un texte déjà composé. Ils servent à maintenir la tension dramatique qui parcourt tout l'Evangile: la réponse des disciples au v. 8: 'tout récemment encore les Juifs cherchaient à te lapider' renvoie aux v. 10, 31s.39. La réponse de Jésus en forme de parabole indique que le temps de son action est limité comme le jour est limité par la nuit; il peut disposer à son gré du peu de temps qui lui reste à passer sur terre tant que son heure n'est pas venue. Sa montée en Judée et la résurrection de Lazare vont précipiter l'heure de sa mort et de sa glorification.

Bien qu'étrangers au contexte, ces versets pourtant portent l'empreinte johannique: $^{c}P\alpha\beta\beta\acute{\iota}$ (4/4/0/8); $\lambda\iota\theta\acute{\alpha}\zeta\epsilon\iota\nu$ (0/0/0/4); $o\acute{\iota}$ $^{c}Io\upsilon\delta\alpha\tilde{\iota}o\iota$ au sens des autorités juives; l'emploi de $\kappa\alpha\acute{\iota}$ pour introduire une interrogation comme en 2, 20; 3, 10; 8, 57; 9, 34; 14, 9. Les versets 9-10 sont une parabole empruntée au monde juif; le même style parabolique se retrouve dans deux autres paraboles de Jean (12, 24; 16, 21).[2] L'expression du v. 16: Θωμᾶς ὁ λεγόμενος Δίδυμος se retrouve en Jn 20, 24; 21, 2. Συμμαθηταί est un hapax.

Ces versets supposent les v. 10, 40ss. Jésus séjourne au delà du Jourdain. Au v. 7 il propose à ses disciples de repartir pour la Judée. On peut se demander si, à un stade antérieur de l'Evangile, ces versets johanniques ne suivaient pas le v. 10, 42; ils auraient été insérés dans le récit de la résurrection de Lazare lorsque ce dernier devint le prélude du récit de la passion. Ces versets ont des parallèles dans les Synoptiques: Mc 10, 1 et Mt 19, 1 parlent d'un séjour de Jésus dans la région de la Judée [et] au delà du Jourdain comme Jn 10, 40; Mc 10, 32 et Lc 9, 51 parlent de la ferme décision de Jésus de monter à Jérusalem et de la crainte des disciples. On peut se demander si Jn 11, 7b-10 n'est pas la réinterprétation, en style johannique, de l'intention de Jésus de monter à Jérusalem avant sa passion. Enfin, le v. 16 semble bien être un écho affaibli des protestations de fidélité des disciples dans les Synoptiques, à la veille de la passion (Mc 14, 31; Mt 26, 35; Lc 22, 33). Tous ces indices portent à croire que ces versets, avant l'insertion du récit de Lazare à cet endroit, faisaient suite au v. 10, 42, et commençaient le récit de la passion chez Jean qui s'ouvrait par l'onction de Béthanie.

b. Le rôle des Juifs dans ce récit

Il est question des Juifs aux versets 8.19.31.33.36.37.45.46. Ils seront encore mentionnés en 12, 9.11. Nous avons déjà parlé du v. 8, les autres versets vont retenir notre attention.

19: πολλοὶ δὲ ἐκ τῶν Ἰουδαίων ἐληλύθεισαν . . ἵνα παραμυθήσωνται . .

31: οἱ οὖν Ἰουδαῖοι . . .

33: καὶ τοὺς συνελθόντας αὐτῇ Ἰουδαίους κλαίοντας . . .

36: ἔλεγον οὖν οἱ Ἰουδαῖοι . . .

37: Τινὲς δὲ ἐξ αὐτῶν εἶπαν . . .

45: Πολλοὶ οὖν ἐκ τῶν Ἰουδαίων . . .

46: Τινὲς δὲ ἐξ αὐτῶν . . .

A deux reprises, les Juifs sont présentés comme consolateurs, aux v. 19 et 31. Les consolateurs deviennent des pleureurs au v. 33, ce qui est apparemment étrange. Les v. 36-37 et 45-46 présentent une idée chère à Jean: devant le Christ et ses oeuvres s'opère le jugement; certains lui sont favorables, d'autres s'étonnent et rapportent aux autorités ce que Jésus a fait La personne de Jésus, son oeuvre causent la scission entre les hommes.

La formule πολλοὶ ἐκ τῶν Ἰουδαίων ne se retrouve qu'aux v. 19 et 45. A la formule composite du v. 45, l'auteur préfère ordinairement la forme plus simple: πολλοὶ ἐπίστευσαν εἰς αὐτόν (2, 23; 7, 31; 8, 30; 10, 42). La construction πολύς . . . ἐκ se retrouve en 6, 66; 10, 20; plus fréquente est la construction ἐκ . . . πολύς (4, 39; 7, 31; 12, 42). La formule τινὲς ἐκ . . . est chère à l'auteur principal de l'Evangile (6, 64; 7, 25.44.48; 9, 16; 11, 49). L'expression ἔλεγον οὖν οἱ Ἰουδαῖοι au v. 36 est typiquement johannique (5, 10; 7, 35; 8, 22.57). Ces indices littéraires indiquent que l'insertion des Juifs dans ce récit est due à l'auteur principal de l'Evangile. D'autres indices littéraires permettent d'attribuer les versets où sont mentionnés les Juifs, en totalité ou en partie, à l'auteur principal de l'Evangile.

Le v. 19, et le v. 18 qui le prépare, proviennent de cet auteur. Fortna attribue ces deux versets à l'éditeur de la source des signes et appuie son argumentation sur deux chefs: l'article devant Jérusalem au v. 18, et l'emploi de l'adverbe ὡς devant un numéral; ces deux indices sont pour lui caractéristiques de la source. L'article devant Jérusalem se retrouve en 2, 23; 5, 2; 10, 22; or Fortna lui-même n'attribue à la source que le v. 5, 2, cet argument n'est donc pas de grand poids. L'adverbe ὡς devant ἀπὸ σταδίων δεκαπέντε manque en D syr[s] et peut n'avoir été ajouté que pour corriger la donnée assez inexacte de la distance entre Béthanie et Jérusalem. Ce seul indice en tout cas ne suffit pas pour attribuer ces versets à l'éditeur de la source. Car d'autres indications littéraires invitent à attribuer ces versets à l'auteur principal de l'Evangile: ἦν δέ du v. 18, imparfait qui reporte le lecteur au temps du récit comme en 4, 6; 18, 1; 19, 41; l'emploi de la préposition ἐγγύς suivi d'un génitif de lieu comme en 3, 23; 6, 19.23; 11, 54; 19, 20; l'emploi de la préposition ἀπό et du génitif pour marquer la distance comme en 21, 8. Au v. 19 l'emploi du plus-que-parfait et la construction ἔρχεσθαι ἵνα sont des caractéristiques johanniques. Le verbe παραμυθεῖσθαι n'est pas johannique, on le retrouve en 1 Th 2, 11; 5, 14; 4 Esd 10, 2. Mais ces indications suffisent pour montrer que ces versets ne proviennent pas de la source, mais de l'auteur principal du quatrième Evangile.[3]

Il en va de même du v. 31 qui a pour but d'amener les Juifs en contact avec Jésus et de les rendre témoins du signe qu'il va accomplir. Jamais verset de transition ne fut plus lourd! Trois participes et deux complétives précèdent le verbe principal, le nom de Marie est précédé de deux pronoms. L'expression ἠγέρθη ταχύ du v. 29 y est reprise par un synonyme: ταχέως ἀνέστη; de même οἰκίᾳ remplace le οἴκῳ du v. 20. Le οἱ οὖν Ἰουδαῖοι en début de phrase est johannique (7, 11; 19, 31), de même οἱ ὄντες μετ' αὐτῆς (cf. 9, 40). Ce verset, selon toute apparence, a été intercalé après coup.

Il est probable qu'au v. 33 la mention des Juifs ait été rajoutée: le verset se comprend très bien si on lit seulement: καὶ τοὺς σὺν αὐτῇ κλαίοντας.

Les v. 36–37 sont également des additions de l'auteur qui ont pour but de relier ce récit à la guérison de l'aveugle-né et de préparer déjà la scission parmi les témoins du miracle qui apparaîtra clairement aux v. 45s. L'addition des v. 36s a amené deux changements au texte. Il est probable que le v. 35 suivait originellement le v. 33 comme on le voit encore dans quelques manuscrits secondaires. Placé après le v. 34, il n'a d'autre but que de provoquer la réaction des Juifs. Cette addition des v. 36s, d'autre part, a entraîné au v. 38 la répétition πάλιν ἐμβριμώμενος ἐν ἑαυτῷ reprise du v. 33.

L'addition πολλοὶ οὖν ἐκ τῶν Ἰουδαίων au v. 45 a rendu ce verset incorrect grammaticalement. On attendrait en effet le génitif τῶν ἐλθόντων au lieu du nominatif, comme dans la correction du codex Bezae. L'expression τινὲς ἐξ αὐτῶν du v. 46 rappelle la séparation entre les témoins des v. 36s et jette une lumière sur le rôle des Juifs dans le récit de la résurrection de Lazare: il fallait qu'ils fussent témoins de l'événement pour pouvoir le rapporter aux autorités juives. Il était nécessaire qu'ils fussent de Jérusalem pour pouvoir rappeler la guérison de l'aveugle-né et avoir accès facilement aux autorités. L'énigme des v. 18s: pourquoi les Juifs viennent-ils de Jérusalem et non de Béthanie pour consoler Marthe et Marie, pourquoi des hommes et non pas des femmes, est ainsi résolue. Inutiles au déroulement du récit en lui-même, les Juifs servent dans le récit de la résurrection de Lazare à faire le lien avec le récit de la guérison de l'aveugle-né qui précède, et avec le complot des autorités juives contre Jésus qui suit (Jn 11, 47–53). Leur fonction théologique est de montrer figurativement la scission qui s'opère parmi les hommes devant la révélation de Jésus.[4]

Divers indices montrent que la mention des Juifs fut intercalée dans un récit déjà composé.

- Le v. 20 se comprend parfaitement comme la suite du v. 17 avec les mots-crochets: ἐλθὼν οὖν ὁ Ἰησοῦς v. 17, ὅτι Ἰησοῦς ἔρχεται v. 20.
- Le v. 31 est intercalé entre les v. 30 et 32 qui se suivent parfaitement avec les mots-crochets: ἀλλ᾽ ἦν ἔτι ἐν τῷ τόπῳ ὅπου v. 30, ὡς ἦλθεν ὅπου ἦν Ἰησοῦς v. 32.
- Les v. 36–37 sont inutiles à l'histoire elle-même: ils servent à manifester l'attitude des hommes devant Jésus et à faire la liaison avec le signe précédent.
- Au v. 45 l'addition postérieure est patente par l'incorrection grammaticale qu'elle a entraînée.

On peut donc conclure. La mention des Juifs n'est pas essentielle au récit. Ils servent principalement à faire la liaison entre les récits. Plusieurs indices montrent qu'ils furent insérés dans un récit déjà composé, lorsque l'auteur relia le récit de la résurrection de Lazare à celui du complot des autorités juives contre Jésus (Jn 11, 47-53), et que ces deux récits devinrent prélude au récit de la passion de Jésus.

c. Le rôle de Marthe. Sa fonction théologique dans le récit

C'est grâce au personnage de Marthe que l'Evangéliste exprime sa pensée théologique. C'est à elle qu'est dévolu le rôle qui est tenu par les disciples dans les discours de révélation de l'Evangile. Autour de Marthe se groupent les versets 1b.4b.5.20-30.39b.40.41b.42. Notre propos pour l'instant est de montrer que ces versets ont été insérés dans le texte et qu'ils proviennent de la main de l'auteur principal de l'Evangile.

Au v. 1, Marthe est nommée en second lieu alors qu'elle apparaît en première place au v. 5 et au v. 19 qui, ainsi que nous l'avons montré, provient de l'auteur principal de l'Evangile. Nous allons montrer dans un instant que le v. 5 provient également de cet auteur. La mention de Marthe en second lieu au v. 1 pourrait suggérer qu'il fut ajouté secondairement au texte. Le v. 1 ne laisse pas entendre que Marthe et Marie sont soeurs de Lazare.

Les v. 4a et 6a sont identiques. Le v. 6a semble une reprise de l'Evangéliste après l'insertion de 4b-5.

Le v. 4b est johannique, tant au point de vue grammatical que théologique: on retrouve en effet le οὐκ . . . ἀλλ' ἵνα comme en 1, 8.31; 9, 3; 13, 18; 14, 31; 15, 25; 1 Jn 2, 19; l'expression πρὸς θάνατον se retrouve en 1 Jn 5, 16; δόξα τοῦ Θεοῦ au v. 40 et 12, 43; le δι' αὐτῆς en fin de phrase en 1, 7; 3, 17; 1 Jn 4, 9. Cette phrase synthétise d'autre part la doctrine sur la gloire dans Jean. Jésus en effet cherche la gloire du Père (7, 18) et atteint ainsi sa propre gloire (8, 54), car la gloire du Père et du Fils est une (12, 28; 13, 31).[5] On peut donc, sans la moindre réticence, attribuer ce verset à l'auteur principal de l'Evangile. Il est en relation avec le personnage de Marthe par la mention de la gloire de Dieu ici et au v. 40.

Le v. 5 reprend, mais maladroitement, ce qui a été dit au v. 3. Ce verset aurait sa place logique après le v. 1. La mention de Lazare en dernière position ne manque pas de surprendre! La solution la plus vraisemblable est que ce verset fut ajouté par l'auteur pour montrer que le rôle principal dans le récit est tenu, non pas par Lazare, mais par Marthe.

Le début du v. 20 est identique au début du v. 29, c'est la même construction qu'au début des v. 32 et 33. Le ὅτι Ἰησοῦς ἔρχεται indique, comme nous l'avons dit, que ce verset devait suivre le v. 17: il reprend en effet le ἐλθὼν οὖν ὁ Ἰησοῦς du v. 17. Marie est assise à la maison comme en Lc 10, 39. La tradition sous-jacente au récit de Lc 10, 38-42 a certainement influencé l'auteur de ce verset.

Les v. 21 et 32b sont quasiment identiques. Or il semble bien que ce soit le v. 32b qui soit primitif, car il a son correspondant en Mc 5, 22, dans le récit de la résurrection de la fille de Jaïre. D'autre part, la plainte que Marie adresse à Jésus est analogue au reproche qui est formulé dans d'autres récits de résurrection (cf. 1 R 17, 18; 2 R 4, 28). Le v. 21 est donc une reprise du v. 32b pour introduire le dialogue entre Marthe et Jésus.

Le v. 22 prépare les v. 41b.42. Il est de tournure johannique. Le καὶ νῦν est fréquent chez Jean (4, 23; 5, 25; 14, 29; 17, 5; 1 Jn 2, 18.28; 4, 3; 2 Jn 5). Le verbe αἰτεῖν est suivi du verbe δοῦναι en Jn 16, 23, dans une phrase qui rappelle ce verset 22: 'En vérité, en vérité je vous le dis, ce que vous demanderez au Père, il vous le donnera en mon nom' (cf. 4, 10; 15, 16; 1 Jn 5, 16). Lorsque le verbe αἰτεῖν est employé avec le verbe δοῦναι il est toujours à la voix active, mais ici l'auteur utilise la voix moyenne comme en 15, 7 et 16, 26.

Il est à peine besoin de prouver que les v. 23–27 proviennent de l'auteur principal de l'Evangile. Parmi les caractéristiques de style johannique on peut noter: ἐν τῇ ἐσχάτῃ ἡμέρᾳ (6, 39.40.44.54; 7, 37; 12, 48). Ἐγώ εἰμι 24 fois en Jean. Πιστεύειν εἰς (1/1/0/34/3), et 3 fois dans la première épître de Jean. Πᾶς suivi d'un participe au nominatif (3, 8.15.16.20; 4, 13; 6, 40.45; 8, 34; 12, 46; 16, 2; 18, 37; 1 Jn 2, 23; 3, 3.4.6, etc.) Εἰς τὸν αἰῶνα (2/2/2/12) et 2 fois dans les épîtres. Πιστεύειν suivi de l'accusatif, au v. 26, se retrouve encore en 1 Jn 4, 16; Ναί, κύριε en 21, 15.16. Πεπίστευκα se rencontre en 6, 69, dans une confession de foi; ὁ Χριστὸς ὁ υἱὸς τοῦ Θεοῦ en 20, 31; ὁ εἰς τὸν κόσμον ἐρχόμενος en 6, 14. La théologie impliquée dans ces versets est totalement johannique. Nous en traiterons dans la seconde partie de cette étude.

Les v. 28–30 ont pour but d'amener Marie en présence de Jésus et de faire la jonction avec le v. 32 de la source. Ce sont des versets de remplissage. Le ταῦτα εἰποῦσα rappelle Jn 20, 14 et les nombreux ταῦτα εἰπών (7, 9; 9, 6; 11, 43; 13, 21; 18, 1.22). L'aoriste ἐφώνησεν renvoie à 12, 17 qui, avec le v. 18, a été retravaillé pour rappeler le récit de la résurrection de Lazare. Le mot διδάσκαλος se retrouve en 1, 38; 3, 2.10; 13, 13s; 20, 16. L'adverbe ταχύ est un hapax chez Jean, il est repris par ταχέως au v. 31. Le ἤρχετο πρὸς αὐτόν se retrouve en Jn 4, 30, et οὔπω ἐληλύθει ὁ Ἰησοῦς en 6, 17; οὔπω ἐληλύθει en 7, 30; 8, 20. La formule ὁ τόπος ὅπου enfin est typiquement johannique (4, 20; 6, 23; 10, 40; 19, 20; 19, 41); au v. 6, on a ἐν ᾧ au lieu de ὅπου. Ces versets sont donc des versets de suture, de style typiquement johannique. Le v. 32 suivait dans cette rédaction le v. 30.

Les v. 39b–40 interrompent le récit. L'ordre donné par Jésus au v. 39a 'Enlevez la pierre' devait être suivi de son exécution au v. 41a. La réflexion de Marthe 'Seigneur il sent déjà' a pour but d'amener la réponse de Jésus:

'Ne t'ai-je pas dit que si tu croyais tu verrais la gloire de Dieu?' Le v. 39b ne présente pas de caractéristiques de style johannique. Ὄζεω est un hapax du Nouveau Testament qui se retrouve seulement dans la bible en Ex 7, 18. Τεταρταῖος est un hapax: la construction du nombre ordinal avec εἶναι remplace la construction avec ἔχεω et le nombre cardinal au v. 17. La mention de Marthe semble avoir été ajoutée à moins que l'expression 'la soeur du mort' ne soit une indication inutile qui a été empruntée à un autre endroit du récit primitif.[6] Cette mention a d'ailleurs été supprimée par le codex Koridethi, la syrsin et la vieille latine. Le v. 40 fait écho au v. 4 par la mention de la gloire de Dieu dans ces deux versets. La foi exigée renvoie au v. 26. Il est évident que nous sommes dans la même couche de réinterprétation théologique. La phrase est typiquement johannique avec la négation interrogative οὐ en début de phrase (4, 35; 6, 70; 7, 19.25.42; 8, 48; 9, 8; 10, 34; 11, 37; 14, 10; 18, 26; 19, 10). L'expression 'voir la gloire de Dieu' se retrouve en Jn 12, 41. Ce verset néanmoins ne laisse pas de surprendre, car jamais Jésus n'exige la foi avant un signe. Cette exigence de la foi semble en contradiction avec le v. 15 où Jésus se réjouit de ne pas avoir été là afin que ses disciples croient, et avec les v. 42 et 45 où le signe a pour but de provoquer la foi. Cette contradiction en fait est plus apparente que réelle, comme nous le verrons en seconde partie. Ces indications théologiques et stylistiques montrent que le v. 40 et la mention de Marthe au v. 39b proviennent de l'auteur principal de l'Evangile. A-t-il forgé la réflexion de Marthe, ou l'a-t-il trouvée dans sa source? Il est difficile d'en décider.

Les v. 41b–42 enfin appartiennent à la même couche théologique exprimée autour du personnage de Marthe. Au v. 41b Jésus va prier tout comme Elie, Elisée et Pierre avant de ressusciter un mort. Il est donc possible qu'il y ait eu dans la source une indication que Jésus a prié. Il lève les yeux au ciel comme en 6, 5; 17, 1, et rend grâce à son Père: Πάτερ, εὐχαριστῶ σοι ὅτι ἤκουσάς μου. Le verbe εὐχαριστεῖν est rare chez Jean (6, 11 et 6, 23; mais cette dernière leçon est douteuse). Il est curieux de noter que Jésus prie comme le pharisien de la parabole en Lc 18, 11: ὁ Θεὸς εὐχαριστῶ σοι ὅτι, mais Jésus s'adresse à Dieu sous le vocable de Père. Sa relation avec le Père est si étroite que sa prière de demande est nécessairement exaucée, ce qui confirme le dire de Marthe au v. 22. Le verbe ἀκούεω, au sens d'exaucer, renvoie à Jn 9, 31 mais aussi au récit de 1 R 17, 22 où il est dit que Dieu exauça l'appel d'Elie. Au v. 42 le ἐγὼ ᾔδεω se retrouve en 1, 31.33; ἀλλὰ . . . ἵνα est un johannisme (1, 8.31; 3, 17; etc.). Ἵνα πιστεύσωσω ὅτι σύ με ἀπέστειλας se retrouve en 6, 29; 17, 8.21. On ne peut donc douter que ces versets proviennent de l'auteur principal de l'Evangile.

Cette étude montre que l'auteur s'est servi du personnage de Marthe pour inclure sa pensée théologique dans le récit. Il est probable qu'il ait lui-même introduit ce personnage dans le récit, puisant à la même tradition que Lc 10, 38–42. Plusieurs indices montrent que Marthe n'était pas dans le récit primitif. Au v. 21 Marthe adresse à Jésus le même reproche que Marie en 32c. Au v. 45 qui, sans la mention des Juifs, appartient à la source du récit, Marthe n'est pas mentionnée. Aux v. 5 et 19 qui proviennent de l'auteur principal, Marthe est mentionnée en tête, contrairement au v. 1 où elle semble surajoutée, et manque d'ailleurs dans quelques manuscrits. En 12, 2 la simple mention 'Marthe servait' rappelle Lc 10, 40 et semble surajoutée. Il est donc plus plausible de penser que le personnage de Marthe ne provient pas de la tradition, mais a été utilisé par l'auteur principal de l'Evangile pour inclure ses réflexions théologiques. Il utilise le même procédé dans les discours après la cène où les réflexions des disciples servent à faire progresser le discours.

Résumons le chemin parcouru avant de poursuivre. Les v. 7b–11a.16 sont étrangers au récit mais de couleur johannique: ce morceau fut interpolé dans le récit en dernier lieu pour maintenir la tension dramatique qui se retrouve dans tout l'Evangile et préparer au récit de la Passion. Les v. 18–19.31.36–37.46, et la mention des Juifs aux v. 33 et 45, furent ajoutés par l'auteur dans un texte déjà composé: cette mention des Juifs a pour but de figurer l'attitude des hommes devant la révélation de Jésus et de faire la liaison avec ce qui précède et ce qui suit. Enfin les derniers versets que nous avons étudiés montrent que l'auteur a exprimé sa théologie dans le récit grâce au personnage de Marthe. Ils furent insérés après coup dans la source, mais, avant de préciser à quel moment ils furent insérés, il nous faut continuer le démontage du texte en étudiant le rôle des disciples aux v. 11b–15.

d. Le rôle des disciples aux v. 11b–15

Les disciples ont souvent dans le quatrième Evangile un rôle secondaire; l'auteur les utilise pour introduire ses propres réflexions ou faire progresser le discours. C'est le cas aux chapitres quatrième et neuvième, où les disciples n'apparaissent que lorsqu'on a besoin d'eux, c'est encore le cas pour le chapitre onzième, aux v. 11b–15. Ces v. 11b–15 sont une catéchèse sur le problème de la mort. Ils sont la traduction en termes johanniques de la réflexion de Jésus avant la résurrection de la fille de Jaïre: 'Elle n'est pas morte mais elle dort' (Mc 5, 39).[7] Nous voudrions ici étudier ces versets seulement littérairement pour voir s'ils traduisent une seule main ou plusieurs.

Le v. 11 est introduit par: ταῦτα εἶπεν, καὶ μετὰ τοῦτο λέγει αὐτοῖς qui est une reprise du v. 7a, après l'insertion des v. 7b–10 dans le récit. Le v. 7a est donc la véritable introduction au v. 11b; Lazare dans la source (v. 3) était l'ami de Jésus. Il devient dans la bouche de Jésus l'ami des disciples: 'Lazare notre ami'. Le verbe κοιμᾶσθαι n'est pas johannique, on ne le retrouve qu'ici et au v. 12, mais c'est un mot de la catéchèse primitive pour désigner la mort (1 Th 4, 13ss; 1 Co 7, 39; 11, 30; 15, 6.18.51; Ac 7, 60; 13, 36; 2 P 3, 4). Le ἀλλὰ πορεύομαι ἵνα ἐξυπνίσω αὐτόν en 11c interrompt la remarque des disciples au v. 12: εἰ κεκοίμηται σωθήσεται et fait double emploi avec le ἀλλὰ ἄγωμεν du v. 15. Si nous sautons 'mais j'irai le réveiller', on comprend mieux l'incompréhension des disciples: 'S'il est endormi, il sera sauvé', car il y a une certaine contradiction entre le sommeil qui est regardé par les disciples comme moyen de guérison et Jésus qui veut réveiller Lazare. Le verbe ἐξυπνίζειν se rencontre dans la bible au sens de 'réveiller des morts' en Jb 14, 12. Or Jb 14, 12-15 a fortement influencé, comme nous le verrons en seconde partie, la rédaction de Jn 11, 23-27. Il est probable que le v. 11c a été ajouté en même temps que 23-27. La réflexion de l'Evangéliste au v. 13 apparaît comme une reprise du texte. C'est un procédé utilisé pour préciser le sens de ce qui vient d'être dit (2, 21s; 7, 39; 12, 16.33). L'expression κοιμήσις τοῦ ὕπνου n'est peut-être pas élégante mais elle sert à expliquer le double sens que pouvait avoir κοιμᾶσθαι: être endormi et être mort.

Le v. 14 commence par le très johannique τότε οὖν (19, 1.16; 20, 8), et continue par le non moins johannique παρρησίᾳ (7, 4.13.26; 10, 24; 11, 54; 16, 25.29; 18, 20). Néanmoins, l'annonce de la mort de Lazare, après que fut annoncée sa maladie, se retrouve dans les autres récits de résurrection (1 R 17, 17; 2 R 4, 20; Mc 5, 35; Ac 9, 37). Il est probable qu'une partie du verset appartienne à la source, et l'addition johannique de τότε οὖν et παρρησίᾳ pourrait s'expliquer par l'addition du v. 13.

Le v. 15 est de couleur johannique: ἵνα πιστεύσητε (13, 19; 14, 29; 19, 35; 20, 31). La finale du verset n'est pas johannique, et le ἀλλὰ ἄγωμεν πρὸς αὐτόν semble provenir de la source. Ce v. 15ab explique la raison du retard de Jésus au v. 6, et prépare la déclaration du v. 42 'afin qu'ils croient que tu m'as envoyé'.

Cette étude montre que ces versets ont été retravaillés par l'auteur principal de l'Evangile. A son actif on peut mettre le v. 11c; le v. 13; τότε οὖν et παρρησίᾳ du v. 14, et le v. 15 sauf ἀλλὰ ἄγωμεν πρὸς αὐτόν. Il est probable que cette relecture a été faite par l'auteur principal de l'Evangile en même temps que l'insertion théologique accomplie grâce au personnage de Marthe, puisque le texte de Jb 14, 12-15 a influencé à la fois le v. 11c et les v. 23-27 comme nous le verrons lorsque nous étudierons le développement théologique de ce récit. Les additions de l'auteur principal à sa source ont pour but de préciser l'enseignement sur le sommeil et la mort.

e. La source de l'auteur principal du quatrième Evangile

Avant de poursuivre, il n'est pas inutile d'indiquer la source que l'auteur principal de l'Evangile a reprise à 'la source des signes':

1 'Il y avait un malade, Lazare de Béthanie, du village de Marie.
2 C'est cette Marie, qui oignit le Seigneur de parfum et lui essuya les pieds avec ses cheveux, dont le frère était malade.
3 La soeur envoya donc dire: "Seigneur, voici que celui que tu aimes est malade."
4 L'ayant appris, Jésus . . .
5 . . . resta deux jours à l'endroit où il était.
7 Puis après ces deux jours, il dit aux disciples . . .
11 . . . "Lazare notre ami est endormi."
12 Les disciples lui dirent: "Seigneur s'il est endormi, il guérira."
14 Jésus leur dit: "Lazare est mort.
15 . . . Mais rendons-nous auprès de lui."
17 A son arrivée, Jésus le trouva depuis quatre jours au tombeau.
32 Marie, en le voyant, tomba à ses pieds en lui disant: "Seigneur, si tu avais été là, mon frère ne serait pas mort."
33 Jésus, la voyant pleurer et pleurer ceux qui étaient avec elle, frémit intérieurement, se troubla,
35 et pleura.
34 Et il dit: "Où l'avez-vous mis?" On lui dit: "Seigneur, viens voir."
38 Jésus se rend au tombeau. C'était une grotte et une pierre était placée dessus.
39 Jésus dit: "Enlevez la pierre" . . .
41 On enleva donc la pierre. Jésus leva les yeux au ciel, (pria)
43 et cria d'une voix forte: "Lazare, viens ici. Dehors!"
44 Le mort sortit les pieds et les mains liés de bandelettes et le visage couvert d'un suaire. Jésus leur dit: "Déliez-le et laissez-le aller."
45 Ceux qui étaient venus chez Marie, voyant ce qu'il avait fait, crurent en lui.'

Le texte se tient. On y retrouve la même catéchèse sur le problème du sommeil et de la mort que dans le récit de la résurrection de la fille de Jaïre, rendu ici par un court dialogue entre Jésus et ses disciples. Un rapide tableau synoptique montre clairement qu'il a pu y avoir contact, au moins au niveau de la prédication ou de la tradition, entre ces deux récits.

Mc 5, 22ss.	Jn 11, 1ss.
22 ἰδὼν αὐτὸν πίπτει πρὸς τοὺς πόδας αὐτοῦ	32 ἰδοῦσα αὐτὸν ἔπεσεν αὐτοῦ πρὸς τοὺς πόδας

Mc 5, 22ss.

35 ἔρχονται . . . λέγοντες ὅτι
   ἡ θυγάτηρ σου ἀπέθανεν
38 καὶ ἔρχονται εἰς τὸν οἶκον
   καὶ θεωρεῖ
   θόρυβον καὶ κλαίοντας
   καὶ ἀλαλάζοντας πολλά,
   λέγει αὐτοῖς, Τί θορυβεῖσθε,
   τὸ παιδίον οὐκ ἀπέθανεν ἀλλὰ
   καθεύδει

Jn 11, 1ss.

14 εἶπεν ὁ Ἰησοῦς
   Λάζαρος ἀπέθανεν
17 ἐλθὼν οὖν ὁ Ἰησοῦς . . .
33 Ἰησοῦς οὖν ὡς εἶδεν
   αὐτὴν κλαίουσαν καὶ τοὺς σὺν
   αὐτῇ κλαίοντας
   ἐνεβριμήσατο τῷ πνεύματι . . .
 7 λέγει τοῖς μαθηταῖς, Λάζαρος
11 ὁ φίλος ἡμῶν κεκοίμηται

Le texte de Lc 8, 41ss // Mc 5, 22ss présente deux particularités que l'on retrouve dans le récit de Jean. En 8, 51 Luc a: ἐλθὼν δὲ εἰς τὴν οἰκίαν, or, au v. 17, Jean a: ἐλθὼν οὖν. En 8, 50 Luc a: μὴ φοβοῦ, μόνον πίστευσον καὶ σωθήσεται. Jean a aussi σωθήσεται au v. 12. Mais ces rapprochements sont trop ténus pour penser que le rédacteur de la source a connu le texte de Luc, d'autant plus que le verbe σώζεσθαι n'a pas le même sens en Lc 8, 50 et en Jn 11, 12. En Jn 11, 12 il signifie seulement: il guérira; en Lc 8, 50: elle sera sauvée. Il est peu vraisemblable également que l'auteur de la source ait connu le texte de Marc. S'il y a eu des contacts entre ces deux récits, ils se sont produits au niveau de la tradition orale et catéchétique.

Poursuivons notre étude par l'analyse de la rédaction et de la tradition de la source que nous avons mise à jour.

2. Histoire de la rédaction et la tradition de cette source. Vers le récit primitif

Le verset 1 est marqué de l'empreinte du rédacteur de la source des signes en Jean. Le ἦν δὲ τις se retrouve dans la source en 4, 46 (S D al.); 5, 5. La construction est identique à celle de 1, 44: ἀπό . . . ἐκ, verset qui, selon Bultmann et Fortna, appartient à la source; Luc a également la même construction en 2, 4. La construction est légèrement différente de celle de Jn 7, 42 qui provient de l'auteur principal de l'Evangile:

11, 1: ἀπὸ βηθανίας ἐκ τῆς κώμης
1, 44: ἀπὸ βηθσαιδά ἐκ τῆς πόλεως
7, 42: ἀπὸ βηθλέεμ   τῆς κώμης ὅπου

Ἀσθενῶν est utilisé par le rédacteur de la source en 5, 3.7; 6, 2.

Si la main du rédacteur de la source des signes se laisse clairement percevoir, le travail de la tradition sur ce verset n'en est pas moins évident, et c'est elle qui a fourni au rédacteur le nom de Lazare, la mention de Béthanie et le nom de Marie.

a. Le nom de Lazare

La mention de Lazare est gauche après le τις ἀσθενῶν; on attendrait ὄνομα αὐτῷ après Λάζαρος comme en Jn 3, 1. Le personnage présenté sans carte d'identité doit être connu du lecteur. Seul Luc utilise ce nom dans la parabole du mauvais riche (Lc 16, 19–31). Il n'est pas invraisemblable que la tradition populaire ait pu adapter ce nom de Lazare de la parabole à un récit de résurrection d'abord anonyme, mais ce n'est qu'une hypothèse entre autres![8] Le verset 44 en effet a seulement ὁ τεθνηκώς. Au v. 39, il y a seulement: la soeur du mort. Les autres mentions de Lazare dans le texte sont secondaires. Au v. 5 Lazare est mentionné en dernier lieu, car c'était Marthe qui intéressait l'auteur principal de l'Evangile. Les v. 11 et 14 trahissent déjà l'influence de la catéchèse primitive sur le premier récit. Le seul cas litigieux reste le v. 44 où Jésus ordonne: 'Lazare, viens ici, dehors!' Mais le nom de Lazare a pu y être ajouté en même temps qu'aux v. 1.2.11. 14. Il est probable, en raison de l'expression 'le mort' aux v. 39 et 44, que dans le premier récit de miracle le mort était anonyme.

b. La mention de Béthanie. Le nom de Marie

Il est précisé dès le v. 1 que Lazare était de Béthanie, du village de Marie et de Marthe. Le nom du village de Marthe et Marie n'est pas précisé en Lc 10, 38–42. Jésus est en route vers Jérusalem (Lc 9, 51). Mais Marc et Matthieu localisent l'onction de Jésus, avant la passion, à Béthanie (Mc 14, 3; Mt 26, 6). Il est vraisemblable que le récit de l'onction en Jn 12, 1ss était localisé, lui aussi, avant que n'y soient insérés les noms de Lazare et Marthe, à Béthanie. Mais déjà la tradition orale avait fusionné dans ce récit l'onction en Galilée, que l'on rencontre en Lc 7, 36–50, avec celle de Béthanie.[9] Il est possible alors que la femme qui demeure anonyme, tant dans le récit de l'onction en Galilée (Lc 7, 36ss), que dans celui de l'onction de Béthanie (Mc 14, 3ss), ait reçu le nom assez commun de Marie. On en fit ensuite la soeur de Lazare (Jn 11, 2), et ainsi le récit de la résurrection, qui d'abord n'était pas localisé, fut placé également à Béthanie.

L'analyse du verset 2 confirme cette hypothèse. Ce verset est regardé par presque tous les commentateurs comme une glose. La mention 'celle qui oignit le Seigneur de parfum et lui essuya les pieds avec ses cheveux' est reprise, dit-on, de Jn 12, 3. Mais pourquoi ne pas penser qu'elle a été insérée dans les deux textes en même temps, lorsque la tradition fusionna le récit de l'onction en Galilée et celle de Béthanie?

Cette addition au v. 2 ne peut pas provenir de l'auteur principal de l'Evangile qui ne désigne jamais Jésus par le titre ὁ Κύριος avant le chapitre vingtième. Le titre ὁ Κύριος en Jn 4, 1 et 6, 23 est douteux au regard de la critique textuelle. D'autre part l'Evangéliste principal aurait sans doute utilisé, au lieu du participe aoriste ἀλείψασα, le futur, avec le verbe μέλλειν, comme en 6, 71 et 12, 4.[10]

Cette addition au v. 2 semble également être antérieure à la rédaction de la source des signes; si on la supprimait, le αὐτόν du v. 3 n'aurait plus d'antécédent, et il faudrait lui substituer τὸν Ἰησοῦν comme D, it, syr[s, p] eth l'ont fait. Il est probable que cette addition remonte à la tradition orale, lorsque la tradition de l'onction en Galilée et de l'onction de Béthanie furent fusionnées et que la femme anonyme reçut le nom de Marie.

Il faut noter d'autre part que la finale de ce v. 2: 'dont le frère Lazare était malade' est gauche. On a trois fois malade en trois versets. On peut se demander si le premier récit de résurrection ne commençait pas simplement par: ἦν (δὲ) τις Μαριὰμ ἧς ὁ ἀδελφὸς ἠσθένει dont on a un beau parallèle en Jn 4, 46: ἦν (δέ) τις βασιλικὸς οὖ ὁ υἱὸς ἠσθένει. Et puisqu'il y a eu une influence simultanée de la tradition sur le récit de l'onction de Béthanie et sur le récit de la résurrection de Lazare, et que la femme dans le récit de l'onction était d'abord anonyme, on peut penser que le récit de la résurrection de Lazare commençait par cette formule très simple: ἦν (δέ) τις (γυνὴ) ἧς ὁ ἀδελφὸς ἠσθένει.

La dépêche que les soeurs envoient à Jésus (v. 3) appartient au genre littéraire des récits de miracle (Ac 9, 38). Mais puisque, selon notre hypothèse, la mention de Marthe n'a été insérée dans le récit que par l'auteur principal de l'Evangile, cette phrase devrait être, dans le premier récit, comme dans celui de la source des signes, au singulier. Si l'addition d'autre part de 'celle qui oignit le Seigneur de parfum et lui essuya les pieds avec ses cheveux' remonte à la tradition orale et n'appartient pas au premier récit, il faut nécessairement remplacer le pronom αὐτόν par τὸν Ἰησοῦν. On peut conjecturer que dans le premier récit, le v. 3 se lisait: ἀπέστειλεν οὖν (ἡ ἀδελφὴ) πρὸς (τὸν Ἰησοῦν) λέγουσα Κύριε, ἴδε ὅν φιλεῖς ἀσθενεῖ.

Le v. 4a appartient au récit primitif. Jésus, après avoir appris la triste nouvelle, demeura encore deux jours là où il était (v. 6b). Ce délai, qui n'est pas motivé, est lié, sans aucun doute, à la mention que Lazare était déjà enterré depuis quatre jours lorsque Jésus arriva (v. 17). La mention des quatre jours veut indiquer que Lazare était bien mort, car, selon la croyance juive de l'époque, l'âme du défunt rôdait encore trois jours autour du cadavre après la mort. Mais cette mention des quatre jours au v. 17 n'était sans doute pas dans le récit primitif; elle correspond en effet à la tendance au grossissement des miracles que l'on rencontre dans la source des signes de l'Evangile de Jean. La guérison des aveugles dans les synoptiques y est devenue une guérison d'aveugle de naissance en Jn 9 (cf. Jn 2, 9s; 4, 52; 5,

5; 6, 22). La construction du v. 17 avec le verbe ἔχειν, le nombre cardinal et la préposition ἐν se retrouve également dans la source des signes en 5, 5. Si la mention des quatre jours provient de la tradition qui a une singulière tendance à grossir les miracles, le délai de deux jours au v. 6 est dû, lui aussi, à la tradition; il sert en effet à expliquer les quatre jours du v. 17 et prépare la réflexion de Jésus aux v. 12.14 difficilement compréhensible sans ce retard de Jésus. On retrouve en Jn 4, 40 une construction semblable à celle du v. 6: καὶ ἔμεινεν ἐκεῖ δύο ἡμέρας, or ce verset appartient à la source des signes.

Le v. 7a appartient sans doute au premier récit. Les v. 11b.12.14 servent à la catéchèse du récit. Il est probable qu'ils ne se trouvaient pas dans le premier récit. Ils n'auraient été rajoutés, comme la parole de Jésus en Mc 5, 39: 'L'enfant n'est pas morte, mais elle dort,' que pour faire de ce récit de résurrection une catéchèse sur le sort des trépassés. Le v. 15b 'allons vers lui' devait suivre dans le premier récit les v. 4a.7a: 'L'ayant appris, Jésus dit à ses disciples: "allons vers lui!"'

Le début du v. 32: 'Marie donc quand elle vint là où était Jésus' est une reprise qui fait suite aux v. 28-30. Il est vraisemblable que la phrase commençait dans le récit primitif par: 'en le voyant . . .' (v. 32b); comme sujet de la phrase on peut suppléer 'la soeur du mort' du v. 39 qui n'est plus à sa place. Elle tombe aux pieds de Jésus comme Jaïre (Mc 5, 22), mais son geste rappelle celui de la Shunamite (2 R 4, 27). La plainte adressée par la soeur du mort à Jésus rappelle également le reproche adressé par la veuve de Sarepta à Elie et par la Shunamite à Elisée en 1 R 17, 18 et 2 R 4, 28. Ce verset donc, sauf le début, appartient au récit primitif.

Seule la finale du v. 33 pose quelques problèmes. Le verbe ἐμβριμᾶσθαι signifie 'frémir de colère, d'indignation,' c'est le sens de la LXX: Dn 11, 30 (LXX); Lm 2, 6; Ps 7, 12 (Aquila); Is 17, 3 (Symmaque); c'est également le sens du Nouveau Testament: Mc 1, 43; 14, 5; Mt 9, 30. L'expression ἐνεβριμήσατο τῷ πνεύματι cependant n'est pas grecque mais sémitique (cp Mc 8, 12). Selon M. Black ce serait un syriacisme.[11] Or l'expression en syriaque ('eth' azaz bᵉ ruha) ne signifie plus 'frémir de colère intérieure- ment' mais 'être profondément troublé' ce qui forme une tautologie avec ἐτάραξεν ἑαυτόν qui suit. M. Black suppose, pour expliquer cette tauto- logie, une variante d'une traduction d'un original araméen. L'équivalent araméen de ἐτάραξεν ἑαυτόν est la forme réflexive du verbe זע que la LXX a traduit en Est 4, 4 par ἐταράχθη. Le traducteur grec aurait choisi le verbe ταράσσειν pour traduire la forme réflexive du verbe araméen זע et aurait mis à côté l'expression syriaque ἐνεβριμήσατο τῷ πνεύματι. Il faudrait supposer que ce traducteur grec ait été un syrien habitant Antioche, où grec et syriaque étaient à la fois bien connus. Cette solution proposée par

Black apparaît bien byzantine! On ne peut nier cependant que ἐνεβριμήσατο τῷ πνεύματι soit un syriacisme, mais ce n'est pas un aramaïsme.

Cette hypothèse de Black trouva la faveur de Boismard[12] qui pense que la leçon primitive n'avait que 'se troubler' et apporte plusieurs témoins à l'appui. Mais toutes les variantes apportées peuvent s'expliquer par Jn 13, 21: ἐταράχθη τῷ πνεύματι et proviennent sans doute de l'incompréhension de ce syriacisme. On peut se demander si la forme . . . τῷ πνεύματι καὶ ἐτάραξεν ἑαυτόν et le v. 35 ne furent pas plutôt ajoutés après coup, dans le milieu et la tradition syriaques d'Antioche, lorsque la catéchèse sur les morts eut évolué en raison du retard de la Parousie. L'attente d'un retour prochain du Christ s'était estompée, et les morts, que dans la primitive Eglise on espérait revoir bientôt, devinrent à nouveau occasion de peine et de deuil. Il est bien possible qu'à un stade antérieur de la tradition le texte n'avait que ἐνεβριμήσατο: Jésus se fâche, comme dans le récit de la résurrection de la fille de Jaïre devant les pleurs versés pour un mort. Ce verset se serait donc formé en deux temps: la colère de Jésus devant les pleureurs se serait changée avec le temps en émotion et en pleurs. Ce verset est trop dépendant de la catéchèse pour appartenir au premier récit.

Le v. 34 porte la marque du rédacteur: ποῦ τεθείκατε renvoie à 20, 2.13.15, et la formule sémitisante ἔρχον καὶ ἴδε à 1, 39.46. Il provient du rédacteur.

La venue de Jésus au tombeau au v. 38a fait apparemment double emploi avec le v. 17 où il est dit que Jésus trouva le mort déjà au tombeau, mais le v. 17 indique nullement que Jésus soit déjà parvenu au tombeau. Ce verset, sans la reprise 'frémissant de nouveau,' appartient donc au récit primitif.

Les v. 38b et 39a appartiennent au récit primitif.

Au v. 41 ἦρεν τοὺς ὀφθαλμοὺς ἄνω provient du rédacteur de la source des signes (cp. Jn 6, 5 et Mc 6, 34).

Le v. 43 appartient également au récit primitif. Le verbe κραυγάζειν est un terme cher à l'auteur principal de l'Evangile et au rédacteur de la source de la passion, mais il est possible qu'il ait été dans le récit primitif (cp. Jn 12, 13 et Mc 11, 9; Jn 18, 40 et Lc 23, 18).

Il est possible enfin que la finale du v. 44: καὶ ἄφετε αὐτὸν ὑπάγειν provienne du rédacteur (cp. Jn 18, 8: ἄφετε τούτους ὑπάγειν).

Le v. 45 terminait le récit; sans doute était-il abrégé: 'Beaucoup, en voyant ce qu'il avait fait, crurent en lui.'

Cette étude a montré l'oeuvre du rédacteur de la source des signes et de la tradition sur le tout premier récit. En raison du syriacisme du v. 33 on peut penser que la tradition et la rédaction de cette source proviennent du milieu syriaque d'Antioche. Le degré de certitude est beaucoup moins grand que pour la reprise de ce récit par l'auteur principal de l'Evangile, on peut néanmoins conjecturer comme récit de base, qui fut amplifié ensuite par la tradition et remanié par le rédacteur de la source des signes, le texte suivant:

v. 2 'Il y avait (une femme) dont le frère était malade.

3 La soeur envoya dire (à Jésus): "Seigneur, voici que celui que tu aimes est malade."

4 L'ayant appris Jésus

7 dit à ses disciples:

15 "allons vers lui."

17 A son arrivée, Jésus le trouva déjà enterré.

32 Lorsque (la soeur du mort) l'aperçut, elle tomba à ses pieds disant: "Seigneur, si tu avais été là, mon frère ne serait pas mort."

38 Jésus se rend alors au tombeau. C'était une grotte et une pierre était placée dessus.

39 Jésus dit: "Enlevez la pierre."

41 On enleva donc la pierre. Jésus (pria),

43 et cria d'une voix forte: "Viens ici. Dehors!"

44 Le mort sortit les pieds et les mains liés de bandelettes, et le visage enveloppé d'un suaire. Jésus dit: "Déliez-le."

45 Beaucoup en voyant ce qu'il avait fait crurent en lui.'

Ce récit très simple suit le schéma littéraire qui est commun à plusieurs récits de résurrection. On est d'abord averti de la maladie du patient. Les proches parents préviennent l'homme de Dieu de cette maladie (2 R 4, 27; Mc 5, 22), et celui-ci se met en route. Si la Shunamite saisit les pieds d'Elisée, Jaïre et la soeur du mort tombent aux pieds de Jésus (2 R 4, 27; Mc 5, 22; Jn 11, 32). La veuve de Sarepta, la Shunamite adressent un reproche au prophète (1 R 17, 18; 2 R 4, 28); ce reproche devient chez Jean une plainte de supplication: 'Si tu avais été là, mon frère ne serait pas mort.' Jésus vient et trouve le malade déjà mort; Elisée avait trouvé l'enfant mort étendu sur son lit. Avant d'opérer la résurrection, Jésus prie tout comme Elie et Elisée. Le récit de la résurrection de Tabitha en Ac 9, 36ss, qui suit également le schéma littéraire du récit de la résurrection du fils de la Shunamite, présente avec le récit de Lazare des analogies frappantes.[13]

Mais il nous faut maintenant retrancher le genre littéraire de ce premier récit pour retrouver les 'motifs théologiques' qui sont à la base de ce récit.

3. Les motifs théologiques du premier récit

Plusieurs motifs se retrouvent dans le récit primitif de résurrection: l'amitié

de Dieu au delà de la maladie et de la mort; les liens de la mort; l'ordre:
'Viens ici. Dehors!'; le suaire.

a. L'amitié de Dieu au delà de la mort

Ce motif est un des thèmes du Ps 116, 15s (LXX 115, 6s), où il est joint au
thème des liens de la mort:

> Elle a du prix aux yeux de Yahvé
> la mort de ses dévots.
> Ah! Yahvé parce que je suis ton serviteur,
> moi, ton serviteur, le fils de ta servante,
> tu as délié mes liens!

Ce double thème de l'amitié et des liens de la mort se retrouve dans le
premier récit de résurrection. Le même thème de l'amitié se retrouve
encore dans le Ps 16, 10 qui fut appliqué à Jésus dans la prédication primitive:

> Car tu n'abandonneras pas mon âme au Shéol
> tu ne permettras pas que ton dévot voie la fosse
> (LXX corruption).

b. Les liens de la mort et l'ordre: 'Viens ici. Dehors!'

La mention des liens de la mort se retrouve au Ps 116, 16 qui présente
plusieurs contacts avec le récit de résurrection: le thème de l'appel v. 1-4;
du retour à la vie v. 8-9. Mais ce sont surtout deux textes d'Isaïe qui parlent
de l'oeuvre future du Serviteur de Yahvé qui présentent les plus grandes
affinités avec notre texte: Is 42, 7; 49, 8s.

Is 42, 7 LXX: Je t'ai désigné comme alliance du peuple, comme
lumière des nations,
pour ouvrir les yeux des aveugles,
pour faire sortir des liens ceux qui sont liés
et de la prison ceux qui siègent dans les ténèbres.

Is 49, 8s LXX: Ainsi parle le Seigneur:
au temps favorable je t'ai exaucé,
et le jour du salut je t'ai secouru
et je t'ai placé comme alliance des peuples
pour relever la terre
et hériter de l'héritage du désert
en disant à ceux qui sont dans les liens: 'sortez'
à ceux qui sont dans les ténèbres de se montrer à la
lumière.

Le targum de ce dernier passage est encore plus explicite, mais il n'y a aucune preuve que l'interprétation qu'il donne existât à l'époque du Nouveau Testament. 'Ainsi parle Yahvé: Au temps où vous faites ma volonté j'exaucerai votre prière, et au jour d'angoisse je ferai lever le salut et le secours pour vous, et je t'établirai et te mettrai comme alliance du peuple pour ressusciter les justes qui habitent la poussière, pour prendre possession des héritages dévastés, pour dire à ceux qui sont prisonniers parmi les nations: "sortez", à ceux qui sont liés parmi les royaumes comme dans les ténèbres: "montrez-vous à la lumière".'

c. La mention du suaire

Isaïe parle également du suaire qui ensevelissait toutes les nations au ch. 25, 7s:

> TM: Il détruira sur cette montagne le voile placé sur tous les peuples,
>   le suaire qui ensevelissait toutes les nations.
>   Il détruira la mort à jamais,
>   Le Seigneur essuiera les larmes de tous les visages.

Mais ce texte est difficile. Quelle en était l'interprétation à l'époque du Nouveau Testament? La LXX ne l'a pas compris. Le targum présente ici encore une leçon très intéressante, malheureusement indatable. 'Et sur cette montagne sera détruite la face du prince qui gouverne toutes les nations, et la face du roi qui gouverne tous les royaumes. Ils oublieront la mort pour toujours et le Seigneur Dieu essuiera les larmes de tous les visages; les reproches de son peuple seront enlevés de la terre car dans le Memra de Yahvé il en fut décidé ainsi. On dira en ce temps-là: voici notre Dieu, celui que nous avons attendu, et il nous sauvera. C'est Yahvé dont nous attendions le Memra, joie et allégresse en son salut.'

Il est difficile de savoir si le mot araméen רב, prince, désigne la mort personnifiée ou Satan. Nous pouvons néanmoins évoquer ici les textes de Jn 12, 31: 'Maintenant le prince de ce monde va être jeté bas' et de Lc 4, 6; Mt 4, 8: 'L'emmenant alors plus haut il lui fit voir en un instant tous les royaumes de l'univers et lui dit: Je te donnerai toute cette puissance et la gloire de ces royaumes car elle m'a été remise et je la donne à qui je veux' (cf. également Lc 11, 21; 13, 16).

Appliquons les données de ces différents textes à notre récit.

Le thème de l'amitié dans la maladie et dans la mort est exprimé dans notre récit par la sollicitation de la soeur du mort auprès de Jésus: 'Voici que celui que tu aimes est malade.' La formule est laconique et nulle part auparavant il n'a été question de l'amitié entre Jésus et ce malade, elle se prête à une interprétation symbolique telle que nous l'avons au Ps 116, 15 et au Ps 16, 10.

Il est question des liens au v. 44: 'Le mort sortit les pieds et les mains liés de bandelettes, le visage enveloppé d'un suaire; Jésus leur dit: déliez-le.' Le verbe ἐξέρχεσθαι est utilisé pour la sortie d'un tombeau en Mt 8, 28; 27, 53 (cf Is 49, 9). Plus curieuse est l'expression δεδεμένος τοὺς πόδας καὶ τὰς χεῖρας κειρίαις. Le mot κειρίαι est utilisé une fois dans l'Ancien Testament en Pr 7, 16 au sens de 'couvertures'; il peut désigner également les bandelettes pour envelopper un mort et correspond peut-être aux תכריכין de la Mishna (*Shab* 23, 4). Ailleurs, l'Evangéliste utilise ὀθονία (19, 40; 20, 5ss). En 19, 40 il utilise pour l'ensevelissement de Jésus le terme lier: 'ils le lièrent de bandelettes avec des aromates.' Mais la précision: 'les pieds et les mains liés' est sans aucun doute symbolique, car cette méthode d'ensevelir est inconnue du monde juif; par cette expression l'auteur veut signifier qu'il s'agit d'un captif, comme en Mt 22, 13; Ac 21, 11: '(Le prophète Agabus) vint nous trouver et, prenant la ceinture de Paul, il s'en lia les pieds et les mains en disant: "l'homme auquel appartient cette ceinture, les Juifs le lieront comme ceci à Jérusalem et ils le livreront aux mains des païens." ' Le mort de notre récit est donc le représentant de ceux qui sont captifs dans le Shéol. En ordonnant au mort de sortir, et aux témoins du miracle de le délier, Jésus accomplit la prédiction qu'avait faite Isaïe du Serviteur de Yahvé: 42, 7; 49, 8s. Il est le Messie, annoncé par le prophète, qui ouvre les yeux des aveugles (Jn 9), et fait sortir des liens ceux qui sont prisonniers (Jn 11). Le verbe délier sert à exprimer la résurrection en Ac 2, 24: 'Mais Dieu l'a ressuscité, le déliant des souffrances de l'Hadès.'

Devons-nous interpréter également symboliquement: καὶ ἡ ὄψις αὐτοῦ σουδαρίῳ περιεδέδετο? Le verbe περιδεῖν ne se retrouve dans ʼɔ bible qu'en Jb 12, 18 au sens de ceindre. Ὄψις peut désigner soit le visage, soit l'aspect extérieur. Σουδάριον enfin peut se traduire soit par suaire comme en Jn 20, 7 ou désigner seulement 'un morceau de tissu qui enveloppe' (Lc 19, 20; Ac 19, 12). Les indices d'un symbolisme quelconque sont apparemment trop cachés pour être parlant de prime abord. Il reste possible néanmoins en raison du sens symbolique 'des pieds et des mains liés' qu'il y ait également ici allusion à Is 25, 7. Mais la difficulté du texte massorétique, l'incertitude de son interprétation à l'époque du Nouveau Testament, laissent planer un doute sérieux sur l'interprétation symbolique de cette donnée.

L'étude des motifs qui sont à la base du premier récit nous fournit la clé de son interprétation. L'ordre de Jésus: 'viens ici. Dehors!', 'déliez-le', l'indication que le mort sortit 'les pieds et les mains liés' montrent que Jésus accomplit les prédictions faites au sujet du Serviteur de Yahvé dans le livre d'Isaïe. La mention du tombeau, la formule 'cria d'une voix forte' font songer à la résurrection générale à la fin des temps (cf. Jn 5, 28s). On pourrait résumer la prédication de ce premier récit ainsi: Jésus est le Serviteur de

Yahvé qui accomplit les prophéties prédites de lui par le prophète Isaïe. En lui il y a certitude de la résurrection des morts pour ceux qui durant leur vie auront été ses amis et amis de Dieu. Ce premier récit est donc à la fois une prédication sur la messianité de Jésus et une catéchèse sur la résurrection des morts.

4. Conclusion

Résumons en sens inverse le chemin parcouru depuis le début.

(1) A la base de notre récit il y a une prédication sur la messianité de Jésus et une catéchèse sur la résurrection générale. Prédication et catéchèse sont formulées dans un récit très simple, construit d'après le schéma des récits de 1 R 17 et 2 R 4.

(2) La tradition amplifie les données de ce récit. La femme et le mort héritent d'un nom. Grâce à l'influence de la tradition qui a personnifié la femme anonyme de l'onction de Béthanie, le miracle va être localisé à Béthanie. Lazare et Marie sont joints au récit de l'onction de Béthanie. La catéchèse autour de ce récit se développe en même temps: pour consolider la foi en la résurrection générale on ne fait parvenir Jésus sur les lieux du décès que quatre jours après la mort. Un dialogue entre Jésus et ses disciples sert à expliciter l'enseignement chrétien sur le sort des trépassés. Jésus, comme dans le récit de la résurrection de la fille de Jaïre, s'indigne devant les pleurs des assistants, puis la catéchèse évoluant en raison du retard de la Parousie, lui-même va se troubler et pleurer. Un nouveau récit prend forme sous la main du rédacteur de la source des signes dans l'Evangile de Jean.

(3) L'auteur principal de l'Evangile va compléter ce récit en plusieurs étapes. Il adjoint d'abord à Marie, sa soeur Marthe, grâce à laquelle il va exprimer sa propre théologie. Puis, pour relier son récit avec ce qui précède et le complot des autorités juives qui suit, il fait intervenir les Juifs dans son récit, où ils n'ont qu'un rôle secondaire, mais servent cependant à figurer l'attitude des hommes devant la révélation. Il est probable enfin que les v. 7b–11.16, qui suivaient primitivement le v. 10, 40, ne furent insérés dans ce récit qu'en dernier lieu.

Ces conclusions reposent sur l'étude des apories du texte et sur la critique littéraire. La théologie bien caractéristique de l'auteur principal de l'Evangile, la comparaison entre la catéchèse de ce récit et celle contenue dans le récit de la résurrection de la fille de Jaïre, le schéma littéraire des récits de résurrection, les caractéristiques littéraires du rédacteur de la source des signes ont aidé dans la séparation des différentes couches du récit. Les procédés de l'Ecole des Formes ont permis enfin de montrer l'influence de la tradition sur le développement de ce récit. Tous les arguments invoqués ne peuvent être d'égale valeur. Au niveau de la reprise du texte par l'auteur principal, on peut se demander s'il est exact de dire que les v. 11c.13.15ab proviennent de cet auteur, tandis que les v. 11ab.12.14.15c appartiendraient à sa source. La réflexion de la soeur du mort au v. 39: 'Seigneur, il sent déjà, c'est le quatrième jour,' ne se trouvait-elle pas déjà dans la source de l'auteur principal? Le côté hypothétique ne fait que s'accroître à mesure que l'on remonte vers la préhistoire du texte. Il est possible que les raisons invoquées pour attribuer tel ou tel verset à l'Evangéliste, au rédacteur de la source, ou à la tradition paraissent parfois trop ténues. D'aucuns hésiteront à remonter du premier récit jusqu'à la prédication primitive qui l'a suscité. Le symbolisme de ce premier récit – le thème de l'amitié avec Dieu au delà de la mort, la méthode d'ensevelir pieds et poings liés inconnue du monde juif, l'ordre de Jésus: 'viens ici. Dehors!', qui se retrouvent dans les psaumes et dans les chants du Serviteur de Yahvé – autorise, à notre avis, à ne voir dans le premier récit qu'une prédication en acte sur la messianité de Jésus et l'espérance en la résurrection prochaine des morts. Mais tout jugement porté sur la valeur historique d'un récit, où dès le départ le théologique a pris le ton de l'histoire, ne peut guère dépasser le domaine du probable.

II. LE DEVELOPPEMENT THEOLOGIQUE DU RECIT

1. L'enseignement théologique du premier récit

La théologie du Nouveau Testament prit naissance au matin de la Pentecôte, lorsque Jésus qui avait annoncé la venue imminente du Royaume de Dieu devint lui-même l'Annoncé. Sa résurrection d'entre les morts venait de l'authentifier aux yeux de ses disciples comme le Messie et le Fils de l'homme attendu pour la fin des temps. La première prédication chrétienne tournera autour des thèmes: Dieu a ressuscité Jésus, il l'a constitué Messie: 'convertissez-vous afin que Dieu envoie le Messie qui vous a été destiné, Jésus, celui que le ciel doit garder jusqu'au temps de la restauration universelle' (Ac 3, 15.19s). Le premier texte, qui est à la base du récit de la résurrection de Lazare, n'enseigne rien d'autre, mais reporte dans la vie de Jésus ce qui n'était dans la première prédication qu'objet d'espérance. Comme le Messie annoncé par Isaïe, Jésus appelle à la lumière ceux que la mort a enchaînés, sa voix retentissant comme celle de la trompette finale fait sortir ceux qui gisent dans la tombe. Le parallélisme entre Is 49, 9; Jn 5, 28s et le premier récit de résurrection fait ressortir clairement ce double enseignement:

Is 49, 9: disant à ceux qui sont dans les liens: 'sortez'.
Jn 5, 28s: L'heure vient où tous ceux qui sont dans la tombe entendront sa voix et sortiront . . .

Jn 11, 17.43: Jésus le trouva déjà dans la tombe . . . Jésus cria d'une voix forte: 'viens ici. Dehors!' Le mort sortit les pieds et les mains liés . . .

Faut-il s'étonner que la première prédication sur Jésus se soit concrétisée dans un récit plus vivant, plus coloré qu'on reporte dans la vie historique de Jésus? La vie terrestre de Jésus se prêtait à une telle transposition, car il fut un thaumaturge, et ses miracles, sa prédication autorisaient, après Pâques, une telle réinterprétation messianique. Qu'une relecture messianique de la vie de Jésus ait entraîné le passage d'une première prédication *sur* Jésus à un récit de miracle *de* Jésus semble assez naturel, si l'on considère la vie passée de Jésus, et la tendance de l'esprit humain à objectiver ses espérances et à les fonder. La foi en la venue de Jésus comme Messie, en la résurrection des morts, n'était plus seulement un cri d'espérance fondé sur l'acte salvifique de Dieu qui avait ressuscité Jésus, mais trouvait un fondement plus reposant pour l'esprit dans la vie même de Jésus. Les promesses de l'Ancien Testament sur l'oeuvre du Messie, sur la résurrection des morts, trouvaient dans la vie de Jésus leur accomplissement. Mais il y avait danger que l'espérance en la venue prochaine du Messie, en la résurrection générale, s'évanouît si la promesse accomplie partiellement durant la vie terrestre de Jésus ne restait plus objet d'espérance, si l'événement, la résurrection d'un mort, ne redevenait pas parole. Le développement du premier récit ne sera qu'une revitalisation de l'événement pour le rendre parole signifiante. On y adjoindra d'abord la catéchèse qui se développait autour de la résurrection des morts, l'Evangéliste par la suite, en ne traitant l'événement que comme symbole, lui redonnera une valeur prédicative beaucoup plus profonde et actuelle que celle du kérygme primitif qui suscita l'événement. L'objectivation du kérygme et sa réinterprétation, loin d'être un appauvrissement, fut un enrichissement considérable, comme nous allons le voir dans les paragraphes suivants.

2. Le développement théologique entre le premier et le second récit: l'oeuvre de la tradition et du rédacteur de la source des signes

La tradition et le rédacteur de la source des signes donnèrent des noms aux personnages anonymes du premier récit, accentuèrent le fait miraculeux, localisèrent le miracle grâce à l'identification de la femme de l'onction de Béthanie qui devint la soeur de Lazare, et inclurent enfin dans le récit la catéchèse qui se développait à propos des morts dans la première communauté.

L'identification des personnages, la localisation du miracle ont peu d'importance du point de vue théologique. La place que ce récit désormais va occuper dans la source de l'Evangile de Jean, juste avant l'onction de Béthanie, permettra par la suite à l'Evangéliste de faire de la résurrection de Lazare l'occasion immédiate qui provoqua la décision des autorités juives de mettre à mort Jésus.

Le grossissement du miracle, Jésus ne parvient à Béthanie que quatre jours après le décès de son ami, sert ici comme dans les autres signes johanniques à grandir la figure de Jésus, mais aussi à garantir la foi en la résurrection des morts à la fin des temps. Après quatre jours passés au tombeau, Lazare était véritablement mort; si son âme, selon la croyance juive de l'époque, avait continué de rôder pendant trois jours autour de son corps, elle s'en était allée maintenant au lieu des morts. Pour ne faire parvenir Jésus à Béthanie qu'au quatrième jour, on le fit rester sans motif apparent deux jours au lieu où il était. L'auteur de la source veut-il souligner ainsi que l'action de Jésus n'est pas motivée par les requêtes humaines comme en 2, 3s; 7, 6ss? Bultmann le pense, mais il n'est pas sûr que 2, 4 et 7, 6 appartiennent à la source de Jean comme le veut cet auteur. Ce délai dans la source n'a pour but que de préparer la déclaration de Jésus au v. 11 'Lazare est endormi' et de justifier son arrivée sur les lieux du décès le quatrième jour.[14]

La catéchèse sur la mort considérée comme sommeil transitoire avant la résurrection générale est identique à celle de Marc 5, 39 et de Paul en 1 Th 4, 13ss. Elle est développée ici dans un court dialogue entre Jésus et ses disciples (v. 11b.12.14). Jésus déclare: 'Lazare est endormi.' Cette connaissance directe, qui n'a besoin d'aucun intermédiaire humain, n'est pas plus surprenante que celle que Jésus manifeste en Mc 2, 8; 5, 30; Jn 5, 6. Les disciples se méprennent sur le sens de 'être endormi' qu'ils ne comprennent qu'au sens naturel et, avec bon sens, affirment que le sommeil ne peut que favoriser la guérison. Leur méprise en fait sert seulement à révéler au lecteur l'enseignement catéchétique contenu dans la parole de Jésus qui, pour dissiper tout malentendu, annonce: 'Lazare est mort.' La formulation rappelle Mc 5, 35: 'Ta fille est morte.'[15]

Il est probable que la première prédication de ce miracle parlait de la colère de Jésus devant les pleurs qui étaient regardés comme un signe d'incroyance en la résurrection des morts et au pouvoir thaumaturgique de Jésus. Le retard de la Parousie entraîna bientôt une nouvelle catéchèse sur les morts, et la colère de Jésus se changea en émotion et en pleurs. Le v. 34 qui fait liaison avec le v. 38 provient du rédacteur de la source des signes. Il est superflu de se demander pourquoi Jésus, qui sut sans qu'on ne le lui annonçât que Lazare était mort, demande maintenant: 'Où l'avez-vous mis?' Ce verset est nécessaire à l'économie du récit, c'est tout.

3. Le développement théologique du récit par l'Evangéliste

Le récit de la résurrection de Lazare, que l'Evangéliste reprit à la source
des signes, fut pour lui l'occasion d'exprimer sa propre pensée sur le problème de la résurrection des morts. C'est autour du personnage de Marthe
qu'il bâtit sa théologie sur la résurrection. Il insère également des Juifs consolateurs de Jérusalem dans son récit pour ménager la liaison avec le récit de
la guérison de l'aveugle-né qui précède, et préparer le complot des autorités
juives contre Jésus qui suit. La ferme décision de Jésus de monter en Judée
et l'opposition des disciples aux v. 7–10.16 maintiennent à l'intérieur de
l'Evangile la tension dramatique présente depuis le v. 11 du prologue: 'Il
est venu chez les siens, et les siens ne l'ont pas reçu;' elles acheminent le lecteur vers le dénouement qui, par la décision des autorités juives de mettre
à mort Jésus, se fait tout proche. Les sutures du récit ont permis de voir
que l'Evangéliste avait composé son récit en plusieurs étapes. La mention
des Juifs, et la décision de Jésus de monter en Judée furent insérées dans le
récit lorsque l'Evangéliste fit de la résurrection de Lazare la cause directe de
la mort de Jésus. Nous allons pourtant traiter chaque verset successivement,
car chaque partie ne prend son sens plénier que si elle est incluse dans le
tout. Il n'est sans doute pas inutile de rappeler ici les versets que nous avons
attribués à l'Evangéliste. Au v. 1 la mention de Marthe; 4b–5.6a; 7b–11a.11c;
13; le τότε οὖν et παρρησίᾳ au v. 14; 15ab.16; 18–32a; le ἐλθόντας Ἰουδαίους
au v. 33; 36–37; la reprise πάλιν ἐμβριμώμενος ἐν ἑαυτῷ au v. 38; 39b–40;
41b–42; la mention des Juifs v. 45; 46; au ch. 12, 2 la mention καὶ ἡ
Μάρθα διηκόνει.

Il n'est pas douteux que l'Evangéliste connût la même tradition que Lc
10, 38ss. C'est à elle qu'il puise pour associer Marthe à sa soeur Marie.
Plusieurs indications montrent la dépendance de l'Evangéliste par rapport à
la tradition lucanienne de 10, 38ss: au v. 20b: 'Marie était assise à la maison'
et Lc 10, 39: 'Marie qui s'étant assise aux pieds du Seigneur . . .' En Jn 12,
2: 'et Marthe servait' et Lc 10, 40: 'Marthe était absorbée par les multiples
soins du service.' Le rôle principal dans le récit de Luc est tenu par Marie
comme dans le récit de l'onction de Béthanie en Jn 12, 1–8 et le récit de la
source de la résurrection de Lazare. Ces indices montrent que la tradition a
d'abord identifié la femme de l'onction de Béthanie avec la pécheresse de
Lc 7, 36ss et avec la soeur de Lazare. Marthe ne fut ajoutée au récit que plus
tard: en raison de la teneur de théologie johannique que recouvre le personnage de Marthe, de la mention des v. 20b et 12, 2b qui proviennent de
l'Evangéliste, il paraît plus vraisemblable qu'il ait lui-même puisé à la tradition lucanienne le personnage de Marthe pour inclure sa théologie.

C'est par une parole assez énigmatique de Jésus au v. 4b que l'Evangéliste entre véritablement en jeu: 'Jésus dit: "Cette maladie n'est pas pour la mort mais pour la gloire de Dieu, afin que le Fils de Dieu soit glorifié par elle." ' Plus loin pourtant Jésus déclarera: 'Lazare est mort.' On comprend pourtant que cette maladie n'est pas mortelle mais pour la gloire de Dieu, lorsque Jésus avant de ressusciter Lazare dit à Marthe: 'Ne t'ai-je pas dit que si tu crois tu verras la gloire de Dieu?' et lorsque Jésus s'approche du tombeau et crie: 'Lazare, viens ici. Dehors!' Mais quel profit pour Lazare d'être ressuscité pour devoir finalement mourir? Est-ce là seulement la gloire de Dieu? 'Non ce n'est pas par la résurrection de Lazare que cette maladie n'est pas mortelle, mais parce qu'il est, c'est par Lui.'[16] La maladie de Lazare n'est pas mortelle pour qui a compris la parole de Jésus: 'Je suis la résurrection et la vie; quiconque croit en moi, fût-il mort vivra; et quiconque vit et croit en moi ne mourra jamais.' La guérison de l'aveugle-né a pour fin aussi de 'manifester les oeuvres de Dieu' (9, 3), mais permet aussi la déclaration de Jésus: 'Tant que je suis dans le monde, je suis la lumière du monde' (9, 5; 9, 39). Ce n'est plus uniquement par son action, comme à Cana (2, 11), que Jésus manifeste sa gloire mais aussi par sa révélation.

La résurrection de Lazare, qui entraînera la décision des autorités juives de mettre Jésus à mort, sert aussi de prélude à la glorification de Jésus dans sa mort. La mort de Jésus sera sa suprême glorification. C'est en ce sens qu'il va être question maintenant de la glorification de Jésus (12, 16.23.28; 13, 31s; 17, 1.4s).

La maladie de Lazare n'est pas mortelle mais a pour fin la gloire de Dieu et la glorification du Fils de Dieu, car par elle Jésus va manifester la puissance de Dieu et se révéler comme le vainqueur de la mort, car à cause d'elle Jésus va être condamné à mort et dans sa mort être glorifié.

En insérant le v. 5 l'Evangéliste avertit le lecteur que le rôle principal du récit est tenu par Marthe. C'est elle qu'il mentionne en premier lieu avant Marie et Lazare. Cette insertion rend le délai de Jésus au v. 6 encore plus inexplicable, aussi l'Evangéliste fournit-il une explication à ce délai en ajoutant le v. 15: 'Je me réjouis de ne pas avoir été là afin que vous croyiez.' Dans la pensée de l'Evangéliste, ce délai exprime aussi la liberté de Jésus à l'égard des sollicitations humaines (2, 4; 7, 6s). En s'attardant au lieu où il était, Jésus manifeste sa volonté de ne se mettre en marche vers sa Passion qu'à l'heure fixée par le Père comme l'indique clairement les v. 7–10. Peut-être même peut-on voir dans ce retard volontaire de Jésus le symbole du délai entre la résurrection de Jésus et la résurrection générale lors de la Parousie.[17] Ce délai a reçu de l'Evangéliste une profonde justification théologique.

Ce n'est qu'au troisième jour que Jésus déclare à ses disciples: 'Retournons en Judée.' Cette intention surprend les disciples qui se rappellent les tentatives récentes des Juifs de lapider Jésus (10, 33s.39). Jésus répond par une parabole dont le sens est très voisin de celui de 9, 4:

> N'y a-t-il pas douze heures dans le jour?
> Quand on marche dans le jour, on ne trébuche pas,
> parce qu'on voit la lumière de ce monde;
> mais quand on marche la nuit on trébuche
> parce qu'on n'a plus la lumière.

La parabole s'ouvre par une interrogation négative avec οὐχί comme en Mt 6, 25; Lc 14, 28; 15, 8. La formule δώδεκα ὡραί εἰσιν τῆς ἡμέρας se retrouve dans le Testament d'Abraham.[18] La construction antithétique ἐάν . . . ἐάν se rencontre dans deux autres paraboles de Jean (12, 24; 16, 21 et Mt 18, 12s). Une parabole rabbinique présente une grande parenté avec cette déclaration de Jésus.[19] Nul doute donc que l'Evangéliste utilise à ses fins une parabole ou un dicton populaire.

Le sens en est clair. Comme le jour est limité par la nuit, le temps de Jésus est limité. Il lui faut donc mettre à profit le temps qui lui reste à passer sur terre, continuer d'agir pour le bien des hommes même si son action doit entraîner sa mort. S'il marche à la lumière du jour qui est pour lui la volonté du Père, il ne trébuchera pas. La douzième heure, son Heure, n'a pas encore sonné. Il lui faut donc travailler aux oeuvres de celui qui l'a envoyé tandis qu'il fait jour avant que ne surgisse la nuit (9, 3s). Quand son Heure viendra, il fera nuit (13, 30; 17, 1).

Au v. 11c l'Evangéliste ajoute 'mais j'irai le réveiller'. Le verbe ἐξυπνίζειν au sens de 'réveiller d'entre les morts, ressusciter' ne se trouve que dans la version de Théodotion en Jb 14, 12 et dans la version d'Aquila en Is 26, 19. Origène dans les Hexaples en Jb 14, 12 a marqué le texte d'un astérisque ✳ pour indiquer qu'il ne l'a pas trouvé dans la LXX. Peut-on supposer que l'Evangéliste ait connu la version de Théodotion ou son original? Il est curieux de noter que Jn 19, 37 (εἰς ὅν ἐξεκέντησαν) cite Za 12, 10 d'après la version de Théodotion et non de la LXX. En 1 Co 15, 54 Paul cite de même Is 25, 8 d'après Théodotion. Le texte de Jb 14, 12–15 semble avoir trop influencé Jn 11, 23–27 pour ne pas penser qu'il a emprunté ἐξυπνίζειν à Jb 14, 12. Voici la traduction de Jb 14, 12–15 d'après la version de la LXX:

> 12 L'homme qui s'est endormi ne se relèvera sûrement pas
>   jusqu'à ce que le ciel ne se soit recousu!
>   ✳ Et ils ne seront pas réveillés de leur sommeil.
>
> 13 Ah! tu aurais dû me garder dans l'Hadès,
>   me cacher jusqu'à ce que cessât ta colère,

et jusqu'à ce que tu fixes un temps où tu te souviennes de moi!

14 Car si l'homme meurt il vivra,
   après avoir achevé le cours de sa vie.[20]
   J'attendrai jusqu'à ce que je sois de nouveau.

15 Puis tu m'appelleras et moi je t'obéirai,
   ne rejette pas l'oeuvre de tes mains!

On retrouve en Jb 14, 12 le participe κοιμηθείς et le verbe ἐξυπνίζειν comme en Jn 11, 11. Ὕπνος (Jn 11, 13) se rencontre en Jb 14, 12: 'ils ne seront pas réveillés de leur sommeil.' L'affirmation de Jésus (v. 11c) contredit la déclaration de Jb 14, 12 où il est affirmé que les morts ne ressusciteront pas avant la fin du monde. La même idée est reprise dans le dialogue entre Marthe et Jésus (v. 23–27). Cette insertion du v. 11c.13 et l'emprunt fait au livre de Job indiquent clairement que pour l'Evangéliste la résurrection de Lazare n'est que le symbole de la résurrection générale.

L'auteur relie le verset 14 par l'expression qui lui est chère: τότε οὖν. C'est lui qui ajoute son autre mot favori: παρρησίᾳ qui désigne chez Jean non pas le droit ou l'assurance à parler, mais la révélation publique, claire, qui s'oppose à toute déclaration faite à demi-mot ou en secret.

Au v. 15 l'absence de Jésus lors du décès de Lazare reçoit une autre justification. Le signe que Jésus fera engendrera la foi chez les disciples tout comme le premier signe à Cana (Jn 2, 11). Ce n'est peut-être pas sans ironie que l'Evangéliste a placé aussitôt après la réflexion de Thomas l'incrédule, qui logiquement devrait faire suite au v. 10. La résignation de Thomas est le premier pas vers l'acceptation de la croix de Jésus par les disciples. Bientôt Jésus dira: 'Si quelqu'un me sert qu'il me suive, et où je suis, là aussi sera mon serviteur' (12, 26). Dans les discours après la cène, Jésus indiquera clairement que le destin du disciple ne saurait être différent de celui du Maître.[21]

La réflexion de Thomas fait la liaison entre le dialogue précédent et l'arrivée de Jésus à Béthanie. L'insertion des v. 18s sert à justifier la présence des Juifs de Jérusalem qui selon les moeurs du temps s'emploient à réconforter les parents de la perte de leur défunt.

La scène décisive pour l'Evangéliste s'ouvre au v. 20. A peine Marthe a-t-elle appris que Jésus arrivait qu'elle se précipite à sa rencontre tandis que Marie demeure assise à la maison. Elle lui adresse la même plainte de supplication que Marie au v. 32. Mais Marthe ajoute: 'mais je sais que tout ce que tu demanderas à Dieu, Dieu te le donnera.' Sa certitude en la puissance d'intercession de Jésus est une véritable confession de foi qui anticipe les dernières recommandations que Jésus fera à ses disciples: 'tout ce que vous demanderez *en mon nom*, je vous le donnerai' (14, 13s; 15, 16; 16, 23s.26). Elle confesse que le Père a tout remis entre les mains du Fils (3, 35) et que le Père et le Fils sont un (10, 30). Jésus confirmera cette profession de foi de Marthe lorsqu'il déclarera au v. 42: 'Je sais que tu m'exauces toujours.'

La réponse de Jésus: 'Ton frère ressuscitera' est vague, et Marthe en approuvant et en complétant cette réponse: 'Je sais qu'il ressuscitera au dernier jour' ne fait qu'exprimer la foi la plus commune de son époque en la résurrection des morts à la fin des temps, comme l'enseignaient les Pharisiens, comme Job l'affirme en 14, 12 (LXX). Jésus déclare:

> Je suis la résurrection et la vie.
> Qui croit en moi, fût-il mort, vivra;
> et quiconque vit et croit en moi
> ne mourra jamais.[22]

L'arrière-fond de Jb 14, 12–14 semble évident. Après avoir affirmé sa foi en la résurrection des morts à la fin des temps au v. 12, Job ajoute: 'Car si l'homme meurt, il vivra.' La construction est identique à Jn 11, 25:

Jb 14, 14: $\grave{\epsilon}\grave{\alpha}\nu\ \gamma\grave{\alpha}\rho\ \grave{\alpha}\pi o\theta\acute{\alpha}\nu\eta\ \check{\alpha}\nu\theta\rho\omega\pi o\varsigma\ \zeta\acute{\eta}\sigma\epsilon\tau\alpha\iota$
Jn 11, 25: $\kappa\grave{\alpha}\nu\qquad\grave{\alpha}\pi o\theta\acute{\alpha}\nu\eta\qquad\zeta\acute{\eta}\sigma\epsilon\tau\alpha\iota$

L'Evangéliste remplace 'homme' de Job par 'celui qui croit en moi.' C'est la foi en Jésus qui garantit la résurrection et la vie éternelle. Jésus est la résurrection, car il est celui qui fait vivre (5, 21.25.28); il est la vie car le Père lui a donné d'avoir la vie en lui-même (5, 26) et parce qu'il communique cette vie aux hommes (10, 10.28). Il est aussi la vie en tant qu'il est la résurrection, car la vie éternelle que le croyant reçoit dans la foi est une véritable résurrection opérée par la parole du Fils de Dieu, et qui assure le chrétien de la résurrection générale (6, 40.54). Le parallélisme de Jn 5, 24.25.28 fait ressortir clairement cet enseignement de l'Evangéliste:

24 En vérité,	25 En vérité,	28 Ne vous étonnez pas
en vérité,	en vérité,	
je vous le dis,	je vous le dis,	
	l'heure vient	l'heure vient
	et c'est maintenant	
celui qui	où les morts	où tous ceux qui sont dans les tombeaux
entend ma parole	entendront la voix du Fils de Dieu	entendront sa voix
et croit	et ceux qui l'auront entendue	

à celui qui m'a
envoyé
a la vie éternelle   vivront   et s'en iront . . .

La vie éternelle, selon Jn 5, 24–28, est donc un bien eschatologique que le croyant reçoit dès ici-bas dans la foi à la parole du Fils de Dieu qui le ressuscite. Et cette vie éternelle est pour lui gage de la résurrection générale (6, 40.54), qui sera l'épiphanie et la réalisation plénière de cette résurrection accomplie dans la foi.

L'enseignement de Jn 11, 25s n'est pas différent. 'Je suis la résurrection et la vie: Qui croit en moi, fût-il mort, vivra.' Qui croit au Fils de Dieu a en lui-même la vie éternelle que la mort terrestre ne saurait lui ravir, et il est assuré de ressusciter au dernier jour. Mais la vie éternelle est déjà une résurrection anticipée (5, 24s), aussi l'Evangéliste peut-il renchérir: 'celui qui vit et croit en moi ne mourra jamais' ou 'ne mourra pas pour toujours.' Οὐ μὴ ἀποθάνῃ εἰς τὸν αἰῶνα signifie en effet positivement: continuera de vivre de la vie eschatologique, et négativement: ne sera pas perdu éternellement (cf.Jn 3, 16; 6, 39; 8, 51). Pour le croyant la mort terrestre n'a plus de sens car il possède déjà la vie éternelle qui lui garantit la résurrection générale. Et puisque cette résurrection générale est déjà anticipée dans la vie de foi du croyant, elle évite au chrétien la condamnation éternelle.

A l'affirmation de Marthe: 'Je sais qu'il ressuscitera au dernier jour,' Jésus répond: 'Qui croit en moi vivra,' car le croyant vit déjà de la vie éternelle qui est une véritable résurrection et qui lui assure de ne pas périr éternellement. Ce qui devait arriver est déjà présent sous le mode de la foi, et ce qui est déjà sera toujours. Devant celui qui est la résurrection et la vie, qui fait vivre maintenant ceux qu'il veut (5, 21.25), qui communique aux hommes la vie (10, 10.28), le futur n'a de sens que s'il est déjà. Ainsi donc la foi en Jésus arrache l'homme au temps et le place, au delà de la vie humaine et de la mort terrestre qui sont sujettes au temps, dans le domaine de l'éternité. Le 'oui' du croyant à la parole du Fils de Dieu le ressuscite parce qu'il l'arrache et le fait mourir à la vie purement terrestre.

La résurrection de Lazare anticipe la résurrection finale, et est pour l'Evangéliste le symbole de la résurrection actuelle du croyant dans la foi. Lazare ne ressuscitera pas au dernier jour mais il répondra maintenant à l'appel du Fils de Dieu; le croyant est de même ressuscité par l'intervention actuelle de la parole de Dieu qui lui confère la vie éternelle.[23]

'Crois-tu cela?', demande Jésus à Marthe. Crois-tu que celui qui a la foi a pour toujours triomphé de la mort terrestre? Que la vie éternelle que 'Je' lui donne dans la foi le fera vivre maintenant et pour toujours? Que la foi l'arrache au temps pour le relier au domaine de l'éternité? Que ni la vie ni la mort au sens humain de ces termes n'ont pour lui d'importance?

La réponse de Marthe est celle d'un vrai disciple. Elle délaisse en effet toute confession de foi en la résurrection pour se tourner uniquement vers celui qui est la résurrection et la vie et reconnaître en lui l'intervention eschatologique de Dieu. Les titres qu'elle donne à Jésus sont tous eschatologiques: Christ et Fils de Dieu, à la suite, se retrouvent dans la première conclusion de l'Evangile (20, 31); le dernier titre 'celui qui vient dans le monde' marque plus que tout autre l'intervention de Dieu dans notre monde (1, 9; 6, 14), et rappelle 'le Verbe s'est fait chair.'[24] Croire à la résurrection ne signifie rien d'autre que de croire que Dieu a parlé en Jésus-Christ qui donne à tout croyant la vie éternelle.

Afin de rencontrer sa source au v. 32, l'Evangéliste insère les v. 28-31. Marthe annonce en secret à sa soeur, qui était restée assise à la maison, que le Maître l'appelle. Elle lui transmet le message du Seigneur de bouche à oreille afin de rappeler discrètement au lecteur la présence des Juifs, et lui faire reporter son attention sur le personnage de Marie. Marie se lève aussitôt et part à la rencontre de Jésus qui, nous dit-on, se tenait encore à l'endroit où Marthe l'avait rencontré. Le départ précipité de Marie ne laisse pas d'intriguer les Juifs présents dans la maison qui, pensant qu'elle allait pleurer au tombeau, la suivirent. Tout cela sent l'artifice et ce verset n'a pour but que de permettre la rencontre de Jésus et des Juifs nécessaire à la suite du récit. L'Evangéliste raccroche à la source en insérant au début du v. 32 'quand elle vint où était Jésus' qui rejoint le v. 30 par-dessus le v. 31 inséré après coup dans le récit.

Ces versets de remplissage ne présentent aucun intérêt du point de vue théologique. Ils préparent néanmoins la suite du récit qui illustre la parole de Jésus: 'Je suis la résurrection' et la fonde pour ceux qui, à la différence de Marthe, ont besoin de signes pour croire.

Le v. 32b, que l'Evangéliste reprend à la source, reçoit, bien qu'inchangé, un sens nouveau. On ne peut en effet que comparer cette plainte de supplication de Marie à celle de Marthe au v. 21 et à la certitude que Marthe a dans la puissance d'intercession du Seigneur. Marie reste en arrière, sa foi n'a rien de comparable à celle de sa soeur, elle ne semble attendre du Seigneur qu'une parole de réconfort à moins que son geste de supplication ne traduise, comme chez la Shunamite ou Jaïre, le secret espoir d'un miracle.

Les pleurs de Marie, auxquels l'Evangéliste joint ceux des Juifs, vont provoquer la colère intérieure de Jésus et l'émotion. Quel que soit le sens primitif du syriacisme ἐνεβρυμήσατο τῷ πνεύματι, l'Evangéliste voit dans cette expression la manifestation de la colère de Jésus vis-à-vis de l'attitude incroyante des Juifs, comme le montre la reprise ἐμβριμώμενος ἐν ἑαυτῷ au v. 38 après les remarques des Juifs.[25] Le reproche plaintif de Marie au

v. 32, ses pleurs et ceux des Juifs, l'interrogation indignée de certains d'entre eux au v. 37, toute leur attitude, montrent qu'ils ne croient pas vraiment à la puissance thaumaturgique de Jésus: comment pourraient-ils reconnaître qu'il est la résurrection et la vie? Jésus se fait alors conduire au tombeau, et chemin faisant se met à pleurer. Mais 'les larmes arrivent trop tard, et le trait n'a été conservé que pour y ajuster les remarques des Juifs'; dans le récit de la source 'la douleur de l'assistance se communiquait au Christ.'[26] Les v. 35–37 rappellent le schisme qui s'est opéré au sein des Juifs après la guérison de l'aveugle-né (9, 16; 10, 19–21); tandis que plusieurs interprètent favorablement l'émotion et les larmes de Jésus comme une preuve de son amitié pour Lazare (v. 3), d'autres lui reprochent, comme Marie, de n'avoir pas empêché la mort de Lazare. Le miracle confirmera ces dispositions intérieures des Juifs: beaucoup croiront et d'autres iront dénoncer Jésus aux autorités juives. Le signe révèle les dispositions profondes d'un chacun.

Arrivé au tombeau, Jésus ordonne d'enlever la pierre. Marthe fait remarquer: 'Seigneur, il sent déjà, car c'est le quatrième jour.' Réflexion à peine croyable dans la bouche de celle qui vient de confesser sa foi en Jésus, résurrection et vie, si l'Evangéliste se souciait tant soit peu de vraisemblance historique ou psychologique. L'objection qu'il met dans la bouche de Marthe n'a d'autre but que d'introduire à la réponse de Jésus et par elle servir à l'instruction du lecteur. 'Ne t'ai-je pas dit que si tu croyais tu verrais la gloire de Dieu?' L'homme naturellement cherche à voir pour croire, Marthe est invitée à donner l'exemple d'une démarche inverse: croire pour voir. Et Jésus bientôt dira à Thomas: 'Bienheureux ceux qui n'ont pas vu et ont cru.' Au v. 15 Jésus se réjouissait de ne pas avoir été présent lors de la mort de Lazare afin que ses disciples croient. Au v. 42 il prie afin que par ce signe la foule présente croie que le Père l'a envoyé. La contradiction entre les v. 15.42 et 40 est plus apparente que réelle, et aide à percevoir une des significations du signe dans l'Evangile de Jean. Si le signe a pour but d'engendrer la foi, sa signification profonde, perçue par qui voit dans le signe un symbole, n'est comprise que dans la foi. Les Juifs ont assisté à la multiplication des pains, ont reconnu en Jésus le prophète qui vient dans le monde, mais se refusent à admettre la signification symbolique et réelle du signe (6, 41.52.60). Obligés malgré eux de reconnaître la guérison miraculeuse de l'aveugle-né, les pharisiens refusent de confesser que Jésus est l'envoyé de Dieu venu pour le jugement. Ils croient voir et ainsi demeurent dans leur péché. Voir et croire, c'est passer du signe sensible à la signification profonde et réelle du signe; au delà de l'événement sensible, c'est atteindre le mystère même de Jésus envoyé de Dieu pour les hommes. La vision n'engendre pas nécessairement cette foi en Dieu révélé pour les hommes en Jésus-Christ, tandis que la foi peut se passer de voir des signes (4, 48s; 20, 31). Pour être reconnu dans toute sa dimension, le signe présuppose une certaine foi, une précompréhension de la personne même de Jésus. Le signe mettra au jour les dispositions de chacun vis-à-vis de la révélation. La résurrection de Lazare engendrera la foi en Jésus chez plusieurs assistants bien disposés à son égard, indisposera les incrédules qui iront dénoncer Jésus, confirmera enfin la foi de Marthe qui, avant d'avoir vu, a cru en Jésus résurrection et vie. Elle avait compris, avant d'avoir vu, la signification réelle du signe que Jésus lui avait révélée. Aussi Jésus lui rappelle-t-il que si elle croit, elle verra la gloire de Dieu, c'est-à-dire, au travers du miracle, Dieu manifesté en Jésus-Christ comme résurrection et vie (cf.v. 4. 25-27).

L'Evangéliste a formulé la prière de Jésus aux v. 41b-42: 'Père, je te rends grâce de m'avoir exaucé; je savais bien que tu m'exauces toujours; mais c'est pour la foule qui m'entoure que je parle, afin qu'ils croient que tu m'as envoyé.'[27] Jésus dans sa prière ne demande rien à son Père, mais rend grâce d'avoir été exaucé. Il fut exaucé sans avoir rien demandé, car le Père a prévenu sa demande. Jésus ne fait rien de lui-même (5, 19; 8, 28), mais seulement les oeuvres de son Père (4, 34; 5, 36; 9, 4; 17, 4), la volonté de celui qui l'a envoyé (4, 34; 6, 38; 10, 18; 12, 49; 14, 31; 15, 10), aussi a-t-il la certitude d'être toujours exaucé (14, 16; 17, 9.15.20s). Puisque son oeuvre est celle du Père, la prière de Jésus est une constante action de grâce au Père qui prévient toujours les demandes d'un fils obéissant. Aussi Jésus prie-t-il ici pour que la foule, en le voyant prier, reconnaisse que ce miracle est un don de Dieu qui manifeste la parfaite unité du Père et du Fils. Jésus souhaite, qu'en le voyant prier, les assistants qui vont être les témoins du miracle ne s'arrêtent pas au signe sensible, mais perçoivent la signification du miracle, que le Père et le Fils sont un, que 'comme le Père ressuscite les morts et fait vivre, ainsi le Fils fait vivre ceux qu'il veut' (5, 21), qu'il est lui-même 'la résurrection et la vie', l'envoyé de Dieu dans le monde.

L'Evangéliste ajoutera au v. 45 'Beaucoup de Juifs.' Mais cette addition rend incorrect οἱ ἐλθόντες qui suit. Le miracle que Jésus vient d'opérer a révélé les dispositions d'un chacun à l'égard de Jésus. Beaucoup croient, mais quelques-uns cependant s'en vont rapporter aux Pharisiens ce que Jésus a fait. L'oeuvre du Fils opère le jugement qui éclate dans la scission entre les hommes, entre ceux qui voyant ne croient pas, parce que dans leur coeur aveuglé de suffisance ils pensent voir, et ceux qui voyant croient, parce que leur coeur est droit. Telle fut l'histoire d'un aveugle qui guéri vint à la foi, et des Pharisiens qui pensant voir s'aveuglèrent (9, 35-41).

Le récit de la résurrection de Lazare va se poursuivre par la décision des autorités juives de mettre à mort Jésus. Jamais peut-être l'ironie de l'Evangéliste ne fut plus cinglante que dans la composition du chapitre 11. Le Grand-Prêtre et les Pharisiens vont prononcer un arrêt de mort contre celui qui vient de ressusciter un mort et de se proclamer la résurrection et la vie![28] La futilité de leur entreprise n'en est que plus évidente et l'arrêt prononcé contre Jésus le conduira à sa glorification. Vraiment la maladie de Lazare n'était pas mortelle, mais pour la gloire de Dieu, pour que le Fils de Dieu soit glorifié par elle!

9

LA RÉSURRECTION DE TABITHA (Ac 9, 36–43)

La section du livre des Actes des Apôtres comprise entre les versets 9, 32 et 11, 18 forme une unité dominée par la figure de Pierre. Luc y a groupé, dans le cadre d'un voyage de Pierre, trois épisodes, de taille fort inégale, qui primitivement étaient des traditions isolées. Les sutures de ces récits entre eux trahissent la main de Luc. Ainsi l'épisode de Tabitha est relié au récit de guérison précédent par la mention du verset 38a: 'Comme Lydda n'est pas loin de Joppé': l'emploi de la préposition ἐγγύς avec le datif comme en Ac 27, 8; le génitif Λύδδας, alors que Λύδδα est indéclinable en 9, 32.35 B S, laissent deviner la touche de l'historien. Le verset 43, qui relie le récit de la résurrection de Tabitha à celui de la conversion de Corneille, contient trop de lucanismes pour remonter à la tradition: ἐγένετο; ἡμέρας ἱκανάς (Ac 9, 23; 18, 18; 27, 7); μένειν ἐν suivi d'un nom de ville (Ac 20, 5.15); μένειν παρά suivi d'un datif de personnes (Ac 18, 3; 21, 7.8, ailleurs seulement en Jn 1, 39; 4, 40; 14, 17.25); la mention 'un certain Simon tanneur' est reprise de Ac 10, 6.32. Primitivement donc, le récit de la résurrection de Tabitha était une tradition isolée qui fut recueillie par Luc et insérée dans le livre des Actes.[1]

Ce récit de résurrection suit un schéma qui est très proche de celui des récits de résurrection de l'Ancien Testament, dont nous avons défini les grandes lignes dans le premier chapitre de cette étude. Le récit contient également plusieurs détails anecdotiques et édifiants qui l'apparentent aux récits hagiographiques. Tabitha est présentée comme une 'sainte femme' riche en bonnes oeuvres et aumônes, couvrant de ses largesses, même après sa mort, les veuves qui travaillaient avec elle. Pierre agit comme Jésus lors de la résurrection de la fille de Jaïre: il se rend sans mot dire à l'invitation qui lui est faite, chasse les pleureurs, prononce les mêmes paroles ressuscitantes que Jésus. Ces traits font percevoir une origine populaire au récit, où disciple et Maître sont placés presque sur un pied d'égalité, où la vertu est récompensée.

L'activité littéraire de Luc est décelable tout au long du récit, et Luc a si bien couvert ses traces qu'il est difficile de dire avec certitude s'il utilise une source écrite ou une tradition orale. Il se peut que Luc ait composé ce récit avant de l'inclure dans cette partie des Actes, mais il n'y a pas de preuves péremptoires à cela.[2]

L'étude que nous allons faire a pour but de déceler d'abord l'activité littéraire de Luc dans cet épisode et de chercher en deçà de la composition lucanienne les traces soit d'une source écrite soit d'une tradition orale. Il nous faudra ensuite montrer la parenté de ce récit avec le récit de la résurrection de la fille de Jaïre et celui de la résurrection du fils de la Shunamite en 2 R 4, 18–37. Une comparaison avec les récits de résurrection dans les Actes apocryphes des Apôtres nous aidera à saisir l'originalité d'un tel récit. Nous terminerons en précisant le sens de ce récit dans le livre des Actes, dans la 'geste' de Pierre qui y est rapportée.

1. La rédaction lucanienne du récit

Le récit n'a pas une structure marquée. Chaque phrase est reliée à la précédente par δέ. On peut néanmoins diviser le récit en plusieurs parties: la présentation de Tabitha v. 36; l'annonce de sa mort et la requête auprès de Pierre v. 37–39a; l'arrivée de Pierre et la résurrection de Tabitha v. 39b–41; les effets du miracle v. 42; la transition avec le récit suivant v. 43.

a. La présentation de Tabitha v. 36

'A Joppé, il y avait une chrétienne du nom de Tabitha qui, traduit, veut dire Gazelle. Elle était riche des bonnes oeuvres et des aumônes qu'elle faisait.'

Magnifique début de récit, à vrai dire, qui s'apparente beaucoup au commencement d'un conte merveilleux et que l'on pourrait tout aussi bien traduire: 'Il était une fois, à Joppé, une femme . . .' Mais le nom de Joppé situe le récit dans un cadre géographique précis et non pas au pays des mille et une nuits! Le nom du lieu est accentué, placé en tête de la phrase. Il sera question de Joppé dans le récit de la conversion de Corneille, et seulement dans ces deux passages du livre des Actes. L'accentuation du lieu prépare déjà le récit suivant. Au temps de Pierre, Joppé était un port florissant du sud de la Méditerranée, mais qui avait perdu de son influence après le développement de la ville de Césarée. Vieille de plus de 1.500 ans la ville sera détruite par les légions de Vespasien en 68 ap. J.-C. Lorsque Luc rédige le livre des Actes, aux alentours de l'an 90, Joppé était donc détruite depuis plus de 20 ans! Le substantif μαθήτρια est un hapax de la bible. On le retrouve néanmoins chez Diodore de Sicile (2, 52) et Diogène Laërce (4, 2; 8, 42); dans l'Evangile de Pierre, ce titre est attribué à Marie-Madeleine (v. 50). Comme μαθήτης dans le livre des Actes, il désigne simplement une chrétienne. Le datif ὀνόματι est fréquent chez Luc: sept fois dans l'Evangile, vingt-deux fois dans les Actes. Le nom de Tabitha, gazelle en araméen, est l'équivalent de l'hébreu Cibya, nom que portaient la mère du roi Joas (2 R 12, 2; 2 Ch 24, 1) et une des descendantes de Benjamin (1 Ch 8, 9). Tabitha est le nom d'une servante de Gamaliel II (Lv R 19); ce nom se retrouve encore dans le Talmud de Jérusalem (*Nidd* II, 49b).

Ce début de récit est lucanien et a plusieurs parallèles dans le livre des Actes (9, 10; 10, 1; 14, 8; 16, 1.14). La traduction du nom de Tabitha est donnée en grec. L'emploi du pronom relatif féminin ἥ, au nominatif, unique dans les Actes, qui partout ailleurs ont ἥτις, pourrait indiquer que Luc utilise une source écrite si l'utilisation de τις juste auparavant ne révélait pas plutôt le styliste qui veut éviter une répétition. Le verbe διερμηνεύειν est employé par Luc dans son Evangile (24, 27) et plusieurs fois par Paul (1 Co 12, 30; 14, 5; 13.27 cf également 2 M 1, 36).[3] L'expression ἥ λέγεται n'est pas lucanienne, elle est utilisée surtout dans l'Evangile de Jean (Jn 1, 38; 17, 3; 20, 16; He 9, 2). Luc emploie καλεῖσθαι (Lc 2, 4: ἥτις καλεῖται Βηθλέεμ) ou le participe καλούμενος (Lc 6, 15; 7, 11 etc. Ac 1, 12.23; 3, 11; etc.) ou encore le verbe ἐπικαλεῖν (Ac 1, 23; 4, 36; 10, 18.32; etc.), ou enfin λεγόμενος (Lc 22, 1.47; Ac 3, 2; 6, 9). Pour traduire un nom araméen, il emploie τοῦτ' ἔστιν (Ac 1, 19) ou ὅ ἐστιν μεθερμηνευόμενον (Ac 4, 36). L'expression ἥ διερμηνευομένη λέγεται, à la différence des autres expressions, révèle peut-être que Tabitha n'était pas connue sous son nom grec et qu'elle n'avait donc pas, selon la mode du temps, un double nom araméen et grec; cette expression inusitée ailleurs dans les écrits lucaniens pourrait être un léger indice que Luc utilisait une source écrite. 'Dorcas' est la traduction exacte de Tabitha araméen. Il est attesté dans les inscriptions grecques (IG, VII, 942; XIV, 646), chez Josèphe (*Guerre J.* 4, 145) et chez Lucien (*Dial. Meretr.* 9).[4]

Comme dans les récits hagiographiques, les qualités de Dorcas sont présentées. 'Elle était riche des bonnes oeuvres et des aumônes qu'elle faisait.' L'emploi du pronom démonstratif féminin αὕτη pour marquer une reprise est un trait de style lucanien (Lc 2, 36; Ac 8, 26; 16, 17; cf. Ac 10, 36. masc.). L'adjectif πλήρης employé pour des personnes et suivi d'un génitif se retrouve dans la LXX (Gn 25, 8 . . . Is 1, 4), deux fois dans l'Evangile de Luc et huit fois dans les Actes. L'expression 'bonnes oeuvres' au pluriel n'est pas lucanienne, mais deutéro-paulinienne (Ep 2, 10; 1 Tm 2, 10). Le καί suivant n'est pas épexégétique comme le veut Jacquier, car la prière et le jeûne font également partie des 'bonnes oeuvres.' Comme pour Corneille (Ac 10, 2), il est dit que Tabitha faisait l'aumône. Le partage des richesses, la mise en commun des biens, était, selon Luc, pratique courante de la primitive Eglise (Ac 2, 44; 4, 34s); en se conformant à cet usage, Tabitha apparaît comme une bonne chrétienne. Plus loin, au v. 39, les dons qu'elle a faits seront mentionnés. Mais cette indication de l'aumône peut préparer le récit de la résurrection lui-même. En Pr 21, 21 (LXX), il est dit: 'Le chemin (= la pratique) de la justice et de l'aumône trouvera vie et gloire.' En Tb 14, 10 B A, 'Manassé fit l'aumône et fut sauvé du filet de la mort.' Il est significatif que cette femme est sauvée en raison de ses oeuvres accomplies comme disciple du Christ. L'imparfait 'qu'elle faisait' sert à préciser que c'était elle qui faisait l'aumône, qu'elle n'était pas riche des aumônes qu'elle aurait reçues. L'attraction du pronom relatif par l'antécédent déjà fréquent dans la LXX avec le verbe ποιεῖν est d'usage courant chez Luc (Lc 3, 19; Ac 1, 1; 2, 22; 10, 39; 22, 10).

Il est probable que cette présentation de Tabitha remonte à la source de Luc. Mais la construction et le style de la phrase sont lucaniens; l'expression ἣ λέγεται, l'hapax μαθήτρια et l'expression 'bonnes oeuvres' pourraient suggérer que Luc a utilisé une source écrite, à moins que, en employant la tournure ἣ λέγεται, Luc veuille laisser entendre que Tabitha ne portait pas ce nom de Dorcas.

b. *L'annonce de la mort et la requête auprès de Pierre v. 37–39a*

'Il advint en ces jours-là qu'elle tomba malade et mourut.' Cette phrase est le véritable début du récit de résurrection. La phrase est d'allure sémitique et pourtant lucanienne. Elle est construite avec l'accusatif et l'infinitif, à la manière grecque, comme toujours dans les Actes (15 fois).[5] La formule ἐγένετο δέ se rencontre quatorze fois dans les Actes. La forme ἐγένετο ou ἐγενήθη ἐν ταῖς ἡμέραις ἐκείναις se retrouve en Jg 19, 1; 1 S 4, 1; 28, 1; Ex 2, 11 avec πολλαῖς; Lc 2, 1; 6, 12 avec ταύταις; Ac 2, 1 D; au singulier en Gn 26, 32; 1 S 3, 2; Ac 8, 1. La construction est identique à celle de Ac 19, 1; 21, 1: ἐγένετο, sujet à l'accusatif, participe aoriste, infinitif. Par sa teneur la phrase se rapproche beaucoup de Lc 16, 22s.

Lc 16, 22s:	ἐγένετο δὲ	ἀποθανεῖν τὸν πτωχόν.
Lc 9, 37:	ἐγένετο δὲ . . . αὐτὴν	ἀποθανεῖν

La mention de la maladie et de la mort appartient au schéma des récits de résurrection.

Il est impossible de retrouver derrière cette composition lucanienne la source écrite de Luc.

'Après l'avoir lavée on la mit dans une chambre haute.' Le pronom αὐτήν manque en B. Nous le maintenons avec S A C. Il n'y a dans l'Ancien Testament aucune mention explicite qu'on lavait les morts. Mais il est probable que l'on procédait à une toilette funèbre.[6] La Mishna (*Shab* 23, 5) mentionne qu'on peut le jour du sabbat oindre et laver les morts. Ces soins étaient également donnés aux défunts dans le monde grec.[7] Le verbe τιθέναι est utilisé pour la déposition d'un cadavre en Gn 50, 26; Jos 24, 30s; Mt 27, 60 // Mc 15, 46 // Lc 23, 53 // Jn 19, 42; Mc 6, 29; 16, 6; Jn 11, 34; 20, 2.13.15; Ac 7, 16; 13, 29. La chambre haute, lieu le plus frais de la maison, était le salon mortuaire de l'époque. La veuve de Sarepta déposa également son fils mort dans la chambre haute (1 R 17, 19); la Shunamite fera de même (2 R 4, 21 cp 2 R 4, 10).

Le pluriel impersonnel utilisé au lieu du passif pourrait faire songer à un aramaïsme. Il est rare dans les Actes (3, 2; 13, 29b; 19, 19).[8] Mais il semble préférable de voir ici comme en 13, 29 un septuagintisme (cp. Gn 50, 26; Jos 24, 30s). Malgré sa tournure impersonnelle cette phrase comme 13, 29b peut fort bien provenir de Luc.

'Comme Lydda n'est pas loin de Joppé, les disciples apprenant que Pierre s'y trouvait lui envoyèrent deux hommes le prier: "Ne tarde pas à passer jusque chez nous." '

Le début du verset fait la liaison avec le récit précédent, et provient de Luc. Mais tout le verset porte l'empreinte lucanienne: le mot $\mu\alpha\theta\eta\tau\alpha\acute{\iota}$ désigne, comme partout dans les Actes, les chrétiens (6, 1.2.7; 9, 1.10.19.25 etc.). La phrase est construite comme Ac 8, 14 (cp. Lc 7, 3).

Ac 8, 14:		$\dot{\alpha}\kappa o\acute{\upsilon}\sigma\alpha\nu\tau\epsilon\varsigma$ $\delta\grave{\epsilon}$ $o\acute{\iota}$ ... $\dot{\alpha}\pi\acute{o}\sigma\tauo\lambda o\iota$ $\ddot{o}\tau\iota$ ...
Ac 9, 38:	$o\acute{\iota}$ $\mu\alpha\theta\eta\tau\alpha\acute{\iota}$	$\dot{\alpha}\kappa o\acute{\upsilon}\sigma\alpha\nu\tau\epsilon\varsigma$ $\ddot{o}\tau\iota$ ...
Lc 7, 3:		$\dot{\alpha}\kappa o\acute{\upsilon}\sigma\alpha\varsigma$ $\delta\grave{\epsilon}$ $\pi\epsilon\rho\grave{\iota}$ $\tauo\tilde{\upsilon}$ 'Ιησοῦ
Ac 8, 14:	$\dot{\alpha}\pi\acute{\epsilon}\sigma\tau\epsilon\iota\lambda\alpha\nu$	$\pi\rho\grave{o}\varsigma$ $\alpha\dot{\upsilon}\tauo\grave{\upsilon}\varsigma$ Πέτρον καὶ Ἰωάννην
Ac 9, 38:	$\dot{\alpha}\pi\acute{\epsilon}\sigma\tau\epsilon\iota\lambda\alpha\nu$	$\delta\acute{\upsilon}o$ $\ddot{\alpha}\nu\delta\rho\alpha\varsigma$ $\pi\rho\grave{o}\varsigma$ $\alpha\dot{\upsilon}\tau\acute{o}\nu$
Lc 7, 3:	$\dot{\alpha}\pi\acute{\epsilon}\sigma\tau\epsilon\iota\lambda\epsilon\nu$	$\pi\rho\grave{o}\varsigma$ $\alpha\dot{\upsilon}\tau\acute{o}\nu$ πρεσβυτέρους ...

Le mot Πέτρος est employé comme partout dans la première partie des Actes pour désigner Pierre; il n'est appelé Simon que par des étrangers (Ac 10, 5.18.32; 11, 13). La mention 'deux hommes' est lucanienne (Lc 7, 18; 9, 30.32; 10, 1; 19, 29; 24, 4; Ac 1, 10; 10, 19 cp 10, 7); dans les Actes, les Apôtres également vont souvent de pair: Pierre et Jean (cf 3–4); Paul et Barnabé (13–15); Paul et Silas (16–17). Le verbe $\pi\alpha\rho\alpha\kappa\alpha\lambda\epsilon\tilde{\iota}\nu$ est utilisé par Luc dans des récits de miracles en Lc 7, 4 et 8, 41, mais ici seulement dans le Nouveau Testament, il introduit directement le style direct. L'invitation à Pierre est copiée de Nb 22, 16:

Nb 22, 16:	$\mu\grave{\eta}$ $\dot{o}\kappa\nu\acute{\eta}\sigma\eta\varsigma$	$\dot{\epsilon}\lambda\theta\epsilon\tilde{\iota}\nu$ $\pi\rho\grave{o}\varsigma$ $\mu\acute{\epsilon}$.
Ac 9, 38:	$\mu\grave{\eta}$ $\dot{o}\kappa\nu\acute{\eta}\sigma\eta\varsigma$	$\delta\iota\epsilon\lambda\theta\epsilon\tilde{\iota}\nu$ $\ddot{\epsilon}\omega\varsigma$ $\dot{\eta}\mu\tilde{\omega}\nu$.

Luc remplace $\ddot{\epsilon}\rho\chi\epsilon\sigma\theta\alpha\iota$ par son verbe préféré $\delta\iota\acute{\epsilon}\rho\chi\epsilon\sigma\theta\alpha\iota$ (2/2/9/3/21). $\Delta\iota\acute{\epsilon}\rho\chi\epsilon\sigma\theta\alpha\iota$ $\ddot{\epsilon}\omega\varsigma$ se retrouve en Lc 2, 15 et Ac 11, 19 suivi d'un nom de ville. $\H{\epsilon}\omega\varsigma$ avec un génitif de personnes n'est pas classique, on le retrouve néanmoins en Lc 4, 42; Ac 8, 10; 13, 20. Le Siracide recommandera: 'Ne tarde pas à prendre soin d'un malade' (7, 35). Le verbe ὀκνεῖν est presque toujours utilisé en grec à la forme négative, c'est la façon polie d'inviter quelqu'un à se hâter de faire quelque chose. Le subjonctif aoriste, employé avec μή en grec classique pour les défenses précises, traduit ici l'attitude de la volonté qui exhorte.

Ce verset 38, qui se retrouve dans le schéma des récits de résurrection a été composé par Luc. Il est très difficile de percevoir une source écrite sous l'élaboration lucanienne.

'Pierre partit tout de suite avec eux.' Ἀναστάς est un sémitisme qui exprime le commencement du mouvement inclus dans le verbe qui suit. Mais c'est aussi un septuagintisme (Gn 13, 11; 23, 7; 24, 10 . . . 2 S 15, 9; Tb 8, 10; 10, 10; 1 M 16, 5 . . .); l'expression ἀναστάς δὲ se rencontre deux fois dans Luc (1, 39; 4, 38) et six fois dans les Actes, seulement dans la première partie (5, 6.17.34; 6, 9; 11, 28; 13, 16). Dans la seconde partie pourtant, le participe ἀναστάς est employé dans le même sens (14, 20; 15, 7; 22, 10.16). On peut donc penser que ἀναστάς, bien que de provenance sémitique, est un septuagintisme cher à Luc. Le verbe συνέρχεσθαι est lucanien (1/3/2/2/17). La phrase donc est lucanienne. Elle appartient au schéma général des récits de résurrection (cp. Mc 5, 24a; 2 R 4, 30).

Il est donc impossible de déceler dans les versets 38–39a une source écrite que Luc aurait transformée. Ces deux versets néanmoins se retrouvent dans presque tous les récits de résurrection.

c. L'arrivée de Pierre et la résurrection de Tabitha v. 39b–41

'Une fois arrivé, on le fit monter à la chambre haute.' Le verbe παραγίνεσθαι est lucanien (3/1/8/2/20); la construction ὂν παραγενόμενον est la même qu'en Ac 11, 23; 18, 27 avec le nominatif. Ce verbe lucanien correspond au verbe ἔρχεσθαι chez Marc et Matthieu (Mc 3, 31 // Lc 8, 19; Mt 10, 34 // Lc 12, 51; Mt 25, 20 προσέρχεσθαι // Lc 19, 16). On pourrait donc, à la rigueur, conjecturer que derrière cette construction lucanienne il y avait dans la source: καὶ ἦλθεν ὁ Πέτρος εἰς τὸν οἶκον, comme en 2 R 4, 32s. Le verbe ἀνάγειν est lucanien (1/0/3/0/17). On peut penser ici encore à un pluriel impersonnel à moins que le sujet ne soit les deux compagnons de Pierre. P[45] a ἤγαγον. L'article τὸ devant ὑπερῷον indique que c'est la chambre dont on a parlé précédemment. La phrase est composée par Luc. Une source écrite serait, à la rigueur, retraçable. La description de l'arrivée du faiseur de miracles appartient au schéma littéraire des miracles de résurrection.

'Et toutes les veuves se présentèrent à lui, en pleurs, lui montrant les tuniques et les manteaux que faisait Dorcas lorsqu'elle était avec elles.' Les veuves sont présentées comme les compagnes de Dorcas; mais l'auteur n'avait pas précisé si Dorcas était veuve, célibataire ou mariée. Les veuves ici forment le cercle des pleureuses qui entourent Pierre et lui présentent les vêtements que Dorcas faisait. La mention de ses bonnes oeuvres et aumônes (v. 36) devient ainsi concrétisée. L'emploi du moyen ἐπιδεικνύμεναι peut suggérer que les veuves portaient sur elles ces vêtements,[9] ou simplement qu'elles prennent intérêt à présenter les travaux d'aiguilles qu'elles faisaient toutes ensemble lorsque Dorcas était vivante. Χιτών, tunique, était un vêtement de dessous, sur laquelle on portait un manteau ἱμάτιον (cf.Mt 5, 40 // Lc 6, 29; Jn 19, 23). Le verbe παρίσταναι n'est pas typiquement lucanien (1/6/3/2/13). L'adjectif πᾶσαι provient sans doute de Luc. La mention des pleureuses rappelle Mc 5, 38 // Lc 8, 52: ἔκλαιον δὲ πάντες; le pronom ὅσα pourrait suggérer la quantité plutôt que la qualité de ce travail de couturière, mais il est probablement mis pour ἅ.[10] L'imparfait ἐποίει sert à montrer l'activité habituelle de Dorcas et sans doute de toutes ces dames. La construction εἶναι μετά et le génitif n'est pas typiquement lucanienne (7/6/10/16/7). L'emploi de Dorcas ici pourrait suggérer que Tabitha avait effectivement deux noms, il est préférable d'y voir la main de Luc qui pense à ses lecteurs grecs. La phrase contient moins de caractéristiques lucaniennes que les précédentes. La construction de la phrase avec le verbe en tête, suivi de deux participes, pourrait faire songer à une source écrite. Comme 9, 36, ce verset décrit le personnage de Tabitha d'une façon indirecte, et ici comme en 9, 36 il est difficile de trancher en faveur d'une source écrite ou orale. 'Ayant mis tout le monde dehors, Pierre à genoux pria.' Le début de la phrase est presque un décalque de Mc 5, 40:

Mc 5, 40: αὐτὸς δὲ   ἐκβαλὼν   πάντας
Ac 9, 40:   ἐκβαλὼν δὲ ἔξω πάντας

Πάντες employé absolument est une caractéristique lucanienne.[11] Luc seul emploie ἐκβάλλειν ἔξω sans complément au génitif, ici et en Lc 13, 28. Il ne mentionne pas lors de la résurrection de la fille de Jaïre que Jésus chasse tout le monde; il dit seulement que Jésus ne les laisse pas entrer avec lui (8, 51). Elisée en 2 R 4, 33, Elie en 1 R 17, 19, comme Pierre ici, s'enferment seuls avec le mort et prient. L'expression θεὶς τὰ γόνατα est lucanienne (0/1/1/0/4), peut-être un latinisme 'ponere genua'; la LXX et Paul utilisent le verbe κάμπτειν. L'association 'se mettre à genoux et prier' se retrouve en Lc 22, 41S; Ac 20, 36; 21, 5. L'aoriste προσηύξατο est utilisé en 2 R 4, 33. Il est bien difficile encore de savoir si Luc compose à partir d'une source écrite ou orale, il est possible que Luc ait composé sa phrase en se rappelant Mc 5, 40 et le récit de la résurrection du fils de la Shunamite.

'Se tournant ensuite vers le corps, il dit: "Tabitha, lève-toi!"' Le verbe ἐπιστρέφειν est lucanien (4/4/7/1/11), et est souvent utilisé comme dans la LXX au sens figuré de 'se convertir'. Si Luc a composé ce récit avec le texte de 2 R 4 sous les yeux, il n'est pas impossible qu'il ait emprunté ce verbe à 2 R 4, 35. Le substantif σῶμα désigne le cadavre comme en Lc 17, 37; 23, 52.55; 24, 3.23. L'aoriste εἶπεν rappelle Lc 7, 14 et 8, 51. L'impératif ἀνάστηθι, fréquent dans la LXX, est utilisé sept fois dans les Actes, trois fois dans un récit de miracle: ici, en 9, 34 et 14, 10. A la différence de 3, 6 et de 9, 34, il n'y a pas ici d'invocation au nom de Jésus: seuls quelques manuscrits occidentaux ont: 'in nomine domini nostri Jesu Christi': harcl[mg] sah it[gig, p] vg (codd) Ambroise; Cyprien et le Pseudo-Augustin ont: 'in nomine Jesu Christi'. Cette leçon occidentale a peu de chance d'être originale (cp. le texte occidental en 2, 38; 6, 8; 9, 17; 10, 48; 14, 10; 18, 8; 19, 5).

Pour ce verset encore l'auteur s'inspire peut-être de 2 R 4, et du récit marcien de la résurrection de la fille de Jaïre.

'Elle ouvrit les yeux et voyant Pierre elle se mit sur son séant.' Ἡ δὲ ἤνοιξεν τοὺς ὀφθαλμοὺς αὐτῆς est emprunté à 2 R 4, 35. Ἀνακαθίζειν se retrouve dans le récit de la résurrection du fils de la veuve de Naïm (Lc 7, 15). 'Au sens intransitif, ce terme est employé par les écrivains médicaux parlant d'un malade s'esseyant sur son lit.'[12]

'Lui donnant la main, Pierre la fit lever.' Jésus, lui, avait saisi la main de la fille de Jaïre avant de la ressusciter. Pierre ne lui donne la main qu'après avoir prononcé les paroles ressuscitantes (cp. Ac 3, 6s; Mc 9, 27). La résurrection est décrite en plusieurs étapes pour la visualiser (cf. Mc 8, 22s). Le verbe ἀνίσταναι est employé transitivement dans les Actes pour décrire la résurrection de Jésus, sept fois. Ici il signifie seulement faire lever.

'Appelant alors les saints et les veuves, il la leur présenta vivante.' La phrase ici encore est bien proche de 2 R 4, 36: 'Et Elisée cria à Géhazi et dit: appelle cette Shunamite. Et il l'appela et elle entra près de lui.' La mention des veuves renvoie au v. 9, 39. Les 'saints' comme en Ac 9, 13.32; 26, 10. L'expression se retrouve quarante-et-une fois dans les écrits pauliniens, quatorze fois dans l'Apocalypse. Primitivement elle avait un sens eschatologique: les saints sont les membres du royaume eschatologique (Is 4, 3; Ps 33, 10; Tb 8, 15; Dn 7, 18.22; 1 Hén 38, 4). Cette expression n'est utilisée dans les Actes que dans les récits de la conversion de Paul (9, 13; 26, 10) et peut-être, par attraction, dans les deux récits qui suivent cette conversion (9, 32.41). Elle désigne dans le livre des Actes les chrétiens de Palestine. On aurait attendu plutôt 'disciples' comme en 9, 38.

'Il la leur présenta vivante.' Expression lucanienne (cp. Ac 1, 3: οἷς καὶ παρέστησεν ἑαυτὸν ζῶντα).

d. Les effets du miracle v. 42

'Tout Joppé sut la chose et beaucoup crurent au Seigneur.' L'article τῆς manque devant Joppé en B C. La forme γνωστὸν γίγνεσθαι est un lucanisme inspiré de la LXX (Ac 1, 19; 4, 16; 19, 17). Καθ' ὅλης est un lucanisme: (Lc 4, 14; 8, 39; 23, 5; Ac 9, 31; 10, 37; 13, 43 D E).[13] Πιστεύειν ἐπὶ τὸν Κύριον est un autre lucanisme (Ac 11, 17; 16, 31; 22, 19). Ce verset de conclusion provient donc entièrement de la main de Luc. Il est quasi impossible de retracer sa source. Il était inutile que la répercussion du miracle s'étendît au delà de Joppé, puisque c'était là que la tradition fixait la rencontre entre Pierre et les envoyés du centurion Corneille (cp. 9, 35).

e. Le verset de transition v. 43

Le verset 43 qui sert de liaison avec le récit suivant provient, ainsi que nous l'avons dit, de Luc. Ἐγένετο est construit avec l'infinitif sans sujet:[14] certains manuscrits ont suppléé αὐτόν Sᶜ A C. Nous ne savons pas plus que Luc les raisons du séjour de Pierre chez 'un certain Simon, tanneur'.[15] Ce métier était tenu pour immonde chez les Juifs (Mishna *Keth* 7, 10) et jouissait de peu de considération auprès des grecs. Le rédacteur, après la tradition (Ac 10, 6.32), veut-il laisser entendre que Pierre, qui allait bientôt permettre aux païens d'entrer dans l'Eglise, était déjà passablement dégagé des lois juives? Ou bien le présenter comme son Maître, fréquentant les petites gens? Ce motif est lucanien, mais la raison fondamentale de ce séjour de Pierre chez un tanneur demeure inconnue. Luc, en tout cas, garde une mémoire fidèle des gens hospitaliers (Ac 9, 11; 16, 14s; 17, 5-7; 18, 2-3; 21, 8.16; 28, 7).

Luc utilisait-il une source écrite ou simplement une tradition orale lorsqu'il composa ce récit? A cette question l'analyse littéraire ne fournit pas de réponse définitive. Luc retouche parfois si profondément ses sources qu'il est impossible de les retrouver sous son texte, comme par exemple dans le récit de la tempête apaisée (Lc 8, 22-25 // Mc 4, 35-41). Si l'analyse littéraire ne permet pas de trancher en faveur d'une source écrite ou orale, elle nous révèle cependant quelques indications importantes. Il est quasiment impossible de retrouver sous le texte de Luc une source araméenne. Seul le nom de Tabitha est le vestige de ce qui a pu être une tradition araméenne orale. Ce sont les versets qui dépeignent Tabitha qui contiennent le moins de lucanismes: v. 36.39b. Le v. 36 contient trois hapax chez Luc μαθήτρια, ἣ λέγεται, ἔργων ἀγαθῶν. Le v. 39b 'et toutes les veuves se présentèrent à lui . . .' semble également provenir d'une tradition écrite. Le pluriel impersonnel en 9, 37b et 39b est peu dans la manière de Luc, mais peut être un septuagintisme. La mention 'les saints' au v. 41, qui ne se retrouve que dans les passages pauliniens (9, 13; 26, 10) et annexes (9, 32 et 9, 41), peut peut-être faire songer à une source écrite. L'analyse littéraire montre également-ment que le récit est construit d'après celui de 2 R 4 et qu'il emprunte aussi quelques données au récit marcien de la résurrection de la fille de Jaïre. Source écrite ou tradition orale? En raison des tournures non lucaniennes du texte surtout des v. 36.39, il paraît plus probable de penser que Luc a entendu ce récit oralement, qu'il a pris quelques notes, et ensuite élaboré lui-même le récit en prenant comme modèle le récit de résurrection du fils de la Shunamite et celui de la résurrection de la fille de Jaïre chez Marc.[16] Tous les traits de ce récit, en dehors du portrait de Tabitha et de la présence des veuves (v. 39), semblent empruntés par l'auteur aux récits de 2 R 4, 18ss et de Mc 5, 22ss. Même le portrait de Tabitha 'riche en bonnes oeuvres et aumônes' est bien conventionnel. Il demeure donc impossible de remonter à l'événement historique.[17] Tel que présenté, le récit s'apparente aux légendes hagiographiques. Légende pourtant qu'il serait difficile d'expliquer si Pierre n'avait pas eu une réputation de thaumaturge, ce qui à son tour ne se conçoit guère sans quelque fondement historique.[18]

2. La comparaison de ce récit avec celui de la résurrection du fils de la Shunamite et celui de la fille de Jaïre

Le récit de la résurrection de Tabitha s'apparente à la fois au récit de la résurrection du fils de la Shunamite et au récit marcien de la résurrection de la fille de Jaïre. Cette double source à ce récit s'explique mieux si c'est Luc lui-même qui a composé ce récit à partir de ses modèles, que par des influences de la tradition. Un tableau synoptique des trois récits auxquels nous joignons, pour le début, celui de la résurrection opérée par Elie à Sarepta, va montrer les emprunts que Luc vraisemblablement a faits à ses modèles.

1 R 17, 17ss	2 R 4, 18ss	Mc 5, 22ss	Ac 9, 36ss
Et *il arriva* que le fils de la maîtresse de maison	Et *il arriva* que l'enfant sortit trouver son père auprès des mois-sonneurs, et il dit à son père: 'Oh! ma tête! Oh ma tête!' Et le père ordonna à un serviteur de le porter à sa mère;		Or *il arriva* qu'elle

1 R 17, 17ss	2 R 4, 18ss	Mc 5, 22ss	Ac 9, 36ss
	il resta sur ses genoux jusqu'à midi		
tomba malade et sa maladie fut violente jusqu'à ce qu'aucun souffle ne restât en lui.			*tomba malade*
	et il *mourut.*		et *mourut.* Après l'avoir lavée, on la déposa dans une *chambre haute.*
. . . il l'enleva de son sein, le monta dans la *chambre haute*	Elle monta l'étendre sur la couche de l'homme de Dieu. (cp. R 4, 10) Elle appela son mari et dit: Envoie-moi l'un des serviteurs avec une ânesse, je cours chez l'homme de Dieu. . . . Et elle vint vers Elisée à la montagne . . .		
			. . . Les disciples apprenant que Pierre s'y trouvait, lui dépêchèrent deux hommes pour le *supplier* . . .
		Et il le *supplie* beaucoup . . .	
	30 Alors Elisée *se leva*		*S'étant levé,* Pierre
	et *la suivit* . . . Elisée *entra* à la maison; là était l'enfant	Et il *partit avec lui* . . . Et ils *viennent* à la maison . . .	les *accompagna.* Une fois *arrivé* on le fit monter à la chambre haute

1 R 17, 17ss	2 R 4, 18ss	Mc 5, 22ss	Ac 9, 36ss
	mort, couché sur sa couche.		
	Elisée *entra* à la maison	*Etant entré . . .*	
		et il voit . . . des *pleureurs*	. . . les veuves *en pleurs*
	et ferma la porte sur eux deux,	Mais lui les *chassant tous* . . .	les *chassant tous* dehors,
Et il invoqua Yahvé et dit . . .	et *pria* . . .		il *pria* à genoux.
	Et il *se retourna* et marcha . . .		*S'étant retourné* vers le corps
		il *dit* Jeune fille je te l'ordonne *lève-toi.*	il *dit* Tabitha *lève-toi;*
	et l'enfant *ouvrit ses yeux . . .*		et elle *ouvrit ses yeux . . .*
	et lui dit: Appelle cette Shunamite. Et il l'*appela*, et elle entra près de lui. Elisée dit: prends ton fils . . .		et *ayant appelé* les saints et les veuves, il la leur présenta vivante.

Ce tableau synoptique montre comment l'auteur, vraisemblablement Luc lui-même, a combiné le récit de la résurrection du fils de la Shunamite et de la fille de Jaïre pour former son récit. Le récit de la résurrection du fils de la femme de Sarepta entre peu en ligne de compte. Ce travail est davantage l'oeuvre d'un auteur qui compose son récit d'après ses modèles que le point d'aboutissement d'une tradition, d'autant plus que Luc emploie ici encore le verbe ἀνακαθίζειν qu'il a utilisé pour la résurrection du fils de la veuve de Naïm (7, 15). Cette comparaison invite également à ne pas prendre à la lettre les détails historiques de ce récit.

3. Comparaison de ce récit avec les récits de résurrection dans les Actes apocryphes des Apôtres

Les écrits canoniques ne nous rapportent que deux récits de résurrection opérées par les Apôtres, celle de Tabitha par Pierre, et celle d'Eutyque par Paul (Ac 20, 7-12), encore que dans ce dernier cas on puisse douter qu'il s'agisse d'une véritable résurrection. Les Actes apocryphes seront plus éloquents et des résurrections seront attribuées à Paul, Pierre, Thomas, Jean.[19] Ces récits empreints de merveilleux sont avant tout didactiques: ils servent à montrer la grandeur de l'apôtre, la véracité de son enseignement, où seulement à enseigner la grandeur d'une vertu chrétienne. C'est ainsi que la résurrection du fils du jardinier par Pierre veut seulement mettre en valeur la virginité. Rien de comparable dans les Actes apocryphes avec le récit de la résurrection de Tabitha. Alors que là la légende populaire s'empare du récit et l'enfle au point d'en faire une histoire merveilleuse, Luc, dans le récit de Tabitha, à partir d'une tradition orale sans doute, construit son récit selon les modèles bibliques qu'il a à sa disposition. Si plusieurs traits du récit de Tabitha relèvent de la légende hagiographique, dans la présentation de Tabitha, dans les gestes de Pierre qui agit comme Jésus, rien de merveilleux pourtant n'apparaît. Mais cette sobriété ne saurait être un garant sûr d'historicité, car lorsque Luc composa son récit, il ne savait que peu de choses de l'événement réel, comme le montrent les emprunts qu'il fait à ses modèles bibliques; on doit lui savoir gré d'avoir donné un récit mettant en valeur la personne de Pierre sans être tombé dans l'exagération pieuse.

4. Sens et portée de ce miracle dans la geste de Pierre et dans le livre des Actes

En rapportant ce miracle, nul doute que Luc veut d'abord faire oeuvre d'historien, et relater sans la critiquer une légende hagiographique qu'il a apprise concernant Pierre. Il insère cette histoire, au départ isolée, dans un ensemble cohérent où domine la figure de Pierre (Ac 9, 32-11, 18). Il place son récit après le récit ou plutôt le souvenir, d'une guérison opérée par Pierre, et avant le récit de la conversion de Corneille qui commence l'évangélisation des païens. La mention de Joppé dans les deux récits aidait à un tel rapprochement. Ce récit contribue donc, avec les deux récits qui l'enserrent, à former un tableau de l'activité de Pierre dans la primitive Eglise. Un premier cycle de récits au début du livre des Actes présentait le rôle primordial de Pierre et de Jean dans la première communauté. Des récits légendaires, proches parents des récits apocryphes, comme l'épisode d'Ananie et de Saphire (Ac 5, 1-6), y côtoyaient des récits et discours remontant à une ancienne tradition. Dans ce second cycle de miracles, et surtout dans le récit de la résurrection de Tabitha, Pierre est présenté comme un nouveau Jésus sur terre, comme le disciple du Seigneur, à la manière dont Elisée était le disciple et le continuateur de l'oeuvre d'Elie. Jésus dans le récit de la résurrection du fils de la veuve de Naïm était présenté comme un prophète égal à Elie, Pierre son disciple apparaît ici comme l'équivalent d'Elisée. Il agit aussi comme Jésus, possède le même pouvoir thaumaturgique que lui, réalisant la parole du Seigneur en Mt 10, 8; Jn 14, 12. Ce récit de miracle complète donc la figure historique et déjà légendaire de Pierre; il montre en Pierre le Nouvel Elisée reprenant et continuant l'oeuvre du Nouvel Elie.

La place du récit est importante aussi pour montrer l'intention de Luc dans la première partie des Actes. Avant de partir pour le ciel, Jésus avait dit à ses disciples: 'Vous serez mes témoins à Jérusalem, dans toute la Judée et la Samarie, et jusqu'aux confins de la terre' (Ac 1, 8). Dans la première partie des Actes, Luc décrit l'évangélisation de la Palestine. La conversion des habitants de Jérusalem est entreprise, et avec quel succès, dès le jour de la Pentecôte, et se poursuit par la suite grâce aux miracles et discours de Pierre et Jean. Une persécution de l'Eglise de Jérusalem dispersera les premiers chrétiens en Judée et en Samarie (Ac 8, 1). Cette dernière province, grâce aux efforts de Philippe, sera bientôt évangélisée et confirmée dans la foi par Pierre et Jean. Le Sud-Ouest de la Palestine allait recevoir le message évangélique du même Philippe qui annonce la bonne nouvelle de Azot à Césarée (Ac 8, 40). Ces mêmes régions se devaient alors de recevoir, comme précédemment la Samarie, la visite de Pierre, et c'est le but des récits de la section 9, 32–11, 18. Auparavant Luc nous avait informés que la Galilée avait reçu la parole de Dieu (Ac 9, 31), et la dispersion des Hellénistes, le récit de la conversion de Paul préparent la conversion prochaine du monde païen. Dans le plan de la première partie des Actes, les miracles de Lydda et de Joppé ont pour but de faire confirmer par Pierre la mission de Philippe, et de parachever la conversion de la Palestine, avant que le message évangélique ne passe aux païens. Le miracle accompli à Lydda entraîne la conversion de toute la ville et de toute la plaine du Saron, le miracle de Joppé convertit beaucoup d'habitants de cette localité. C'est le point final de la mission des Apôtres en Palestine. Corneille, le premier païen, va entrer dans l'Eglise, et après lui, Chypre et Antioche, qui ont reçu les premiers disciples envoyés aux païens, vont se convertir (Ac 11, 19–25). Ce tableau d'ensemble montre avec quelle diligence Luc a disposé ses sources dans cette première partie des Actes. Ces sources, il les a recueillies de divers points: Jérusalem, Césarée, Antioche, Damas, certaines par oral, d'autres par écrit, il les recompose et les dispose dans ce début du livre des Actes pour donner un tableau panoramique de l'évangélisation de toute la Palestine avant de se tourner vers le monde païen. Le récit de la résurrection de Tabitha est le dernier miracle de Pierre et le plus grand, c'est avec lui que prend fin l'évangélisation de la Palestine.

Ce récit a-t-il, comme récit de résurrection, une portée eschatologique? Stählin le pense.[20] La présentation de Tabitha devant les saints et les veuves (9, 41) serait une anticipation de la présentation des individus et des communautés devant le Seigneur céleste et Juge après la résurrection eschatologique des morts. Il compare cette présentation à 2 Co 4, 14: 'sachant bien que Celui qui a ressuscité le Seigneur Jésus nous ressuscitera nous aussi avec Jésus, et nous placera près de lui avec vous.' Il est vrai qu'en Ac 9, 41 la mention 'les saints' est surprenante. Primitivement cette expression désignait les membres du royaume eschatologique, comme nous l'avons dit. Le verbe παρίσταναι peut avoir aussi un sens eschatologique. L'emploi du verbe φωνεῖν comme en Lc 8, 54 pourrait évoquer la résurrection générale. Le choix du vocabulaire permet d'y voir une allusion eschatologique, mais c'est une allusion bien discrète. Et la phrase: 'il la présenta vivante' est parallèle au v. 1, 3, qui, lui, désigne la résurrection de Jésus. Ce verset (9, 41) ne constitue pas dans la rédaction lucanienne la pointe du récit, et la portée primitivement eschatologique du récit est disparue sous la rédaction lucanienne qui donne au récit une portée missionnaire et hagiographique.

DEUXIEME PARTIE

La théologie des récits de résurrection des morts

INTRODUCTION

Nous avons interprété les récits de résurrection des morts que nous a transmis le Nouveau Testament. Interpréter un texte biblique c'est redécouvrir l'intelligibilité du langage d'un univers culturel et religieux disparu, que l'on a reconstitué hypothétiquement par la pensée; c'est faire apparaître le sens trans-événementiel que ce langage véhicule et l'horizon vers lequel celui-ci fait référence; c'est transposer le sens trans-événementiel du texte, et l'horizon qu'il ouvre et découvre, dans notre propre univers culturel. Par l'interprétation, nous avons tenté d'apprivoiser le sens des récits en les situant dans le monde culturel et religieux des premières communautés chrétiennes; le message de foi en Jésus, d'espérance en la résurrection des morts, dont ces récits étaient porteurs, s'est dévoilé à nos regards interrogateurs et nous a invités à dépasser l'horizon temporel et fermé avec lequel nous avançons. La parole de ces textes est devenue appel à l'adhésion de foi; l'interprétation de ces récits nous a conduits au seuil de la conversion.

Cet appel à la foi, à la conversion ne perd-il pas pourtant toute sa valeur, toute crédibilité dans l'hypothèse où les récits qui portent cette invitation ne relateraient pas des événements historiques? Sur quoi fonder le message de ces récits si ces récits n'ont été créés que pour transmettre le message? Comment expliquer sérieusement la genèse de ces récits si aucun événement historique ne les sous-tend?

Quiconque met en doute l'historicité des récits de résurrection des morts ne saurait dédaigner l'urgence et la gravité de ces questions. Or, l'analyse littéraire que nous avons faite de ces textes nous conduit précisément à considérer comme plus probable l'hypothèse que Jésus de Nazareth n'a pas ressuscité de morts.

Le récit de la résurrection du fils de la veuve de Naïm nous est apparu comme un démarquage du récit de la résurrection du fils de la veuve de Sarepta. Il suit le genre littéraire des 'récits de résurrection en chemin' que l'on trouve dans le monde païen ambiant, avant et après la parution des Evangiles.

Le récit de la résurrection de la fille de Jaïre nous a semblé être un élargissement d'un récit primitif de guérison. Le 'motif' factice de l'annonce du décès en chemin et la double preuve, de la guérison, puis de la résurrection, montrent clairement l'amplification du récit de guérison.

Le premier récit de la résurrection de Lazare est tout empreint de données symboliques qui dépeignent Jésus sous les traits du Messie annoncé par Isaïe. La notice: 'et le mort sortit les pieds et les mains liés', façon d'ensevelir inconnue des Juifs, laisse percevoir clairement l'intention du récit: Jésus est le Messie qui libère ses amis de la mort. Ce premier récit est une prédication de la messianité de Jésus.

Il nous est apparu impossible enfin de remonter jusqu'à l'événement historique, s'il en existe un, sous-jacent au récit de la résurrection de Tabitha dans le livre des Actes. Luc y rapporte une anecdote concernant Pierre qu'il avait apprise sans doute oralement. Il a rédigé son récit en s'inspirant des récits de la résurrection du fils de la Shunamite et de la fille de Jaïre.

A d'aucuns peut-être les raisons de douter de l'historicité de ces récits apparaîtront trop ténues. Plutôt que d'y souscrire on préférera en souligner l'insuffisance et opposer peut-être aux arguments qui battent en brèche la valeur historique des récits, des réponses qui n'exigeraient plus de mettre en doute l'événement historique.

Le jugement historique, en fait, est de l'ordre du probable et non de la nécessité. Il comporte très souvent un côté éclairé et une part d'ombre. Le côté éclairé découle de la valeur du travail accompli sur les documents, la part d'ombre provient le plus souvent des présupposés engagés inconsciemment, sans avoir été critiqués, par l'historien dans sa recherche. Celui qui porte un jugement historique court alors le risque de se tromper moins pour les raisons qui déterminent son choix que pour les impondérables dont dépend partiellement son jugement.

La non-historicité de ces récits nous semble être la conséquence normale de l'analyse littéraire des textes que nous avons faite. Mais il est vrai aussi que nous admettions, déjà avant de commencer la critique littéraire, que l'événement historique n'est pas le seul support valable à la vérité et à la réalité évangéliques, que la première prédication de Jésus-Christ ne fut pas simplement le récit des événements de sa vie terrestre tels qu'ils s'étaient déroulés. Une telle présupposition, parce que consciente, nous a rendu plus libre à l'égard des textes, mais il n'est pas impossible non plus qu'elle ait influencé inconsciemment notre analyse. C'est pourquoi, en jugeant plus probable l'hypothèse de la non-historicité de ces récits, nous acceptons le risque de pouvoir nous tromper.

Une telle hypothèse fait donc problème tant par les présupposés qu'elle implique qu'en raison des questions qu'elle entraîne comme conséquences.

Dans la première partie de cette étude nous essaierons de répondre à ces questions, d'expliquer le sens de la création des récits de résurrection au sein des diverses communautés chrétiennes, de montrer comment tous ces récits s'adossent à la résurrection de Jésus dont ils sont une conséquence et une interprétation. En élucidant le problème de la genèse de ces récits nous justifierons aussi, au moins indirectement, le présupposé admis avant de commencer ce travail, que la vérité et la réalité évangéliques peuvent être, en certains cas, indépendantes de l'événement historique. Nous intitulerons la première partie de cette étude: La Parole se fait récit.

Chacun maintenant raconte un récit à sa façon et, avant d'être fixés dans les Evangiles où chaque auteur confia sa propre interprétation à l'écriture, nos récits reçurent des premiers prédicateurs chrétiens plusieurs colorations. L'archéologie des textes a montré que la prédication de ces récits s'était cristallisée autour de plusieurs centres: la personne de Jésus, la couple sommeil-mort et le problème des pleurs. L'évolution de ces récits a suivi, en fait, le développement de la catéchèse primitive sur Jésus et le problème de la résurrection des morts. Les récits ont continué d'annoncer le message d'espérance apporté par la résurrection de Jésus, mais en tenant compte de la nouvelle perception qui se fit jour peu à peu sur la personne et l'oeuvre de Jésus, et des questions qui jaillissaient dans la première communauté au sujet de la résurrection des morts. Nous développerons ces questions dans la deuxième partie de cette étude que nous intitulerons: Les premiers récits de résurrection comme Parole dans les communautés chrétiennes primitives.

Que nous disent enfin, à nous lecteurs du vingtième siècle, ces textes? Mettre en doute l'historicité de ces récits ne signifie plus, comme au temps du modernisme, les reléguer au magasin des pieuses antiquités légendaires. Même s'ils ne sont pas historiques, ces récits pourtant nous transmettent le témoignage de foi et d'espérance des premiers chrétiens en Jésus Sauveur de la mort. Ils nous aident à percevoir la nouvelle compréhension de l'existence que les premiers chrétiens ont découverte par la résurrection de Jésus. La même espérance nous est donnée par ces récits, si dans la foi nous croyons que Jésus ressuscité est Seigneur. L'horizon terrestre de nos existences est brisé par Jésus ressuscité qui nous ressuscite dès ici-bas à la vie éternelle, et nous ressuscitera au dernier jour. Nous développerons ce thème dans la troisième et dernière partie de cette étude que nous intitulerons: Les récits comme Parole pour les chrétiens d'aujourd'hui.

10

LA PAROLE SE FAIT RECIT

Jésus passa parmi les siens presque incognito. Il se révéla sans ostentation ni grandeur mondaines, selon l'ordre de la charité. Ses disciples, durant sa vie terrestre, perçurent à l'occasion, comme en un éclair, son mystère. Mais ce fut sa résurrection d'entre les morts qui l'authentifia vraiment à leurs yeux comme le Messie de Dieu et le Fils de l'homme. Comment proclamer cette foi, comment annoncer l'espérance qui venait jaillir en leurs coeurs, à des contemporains qui avaient connu le Jésus terrestre? La première prédication fut l'annonce sans cesse réitérée de la résurrection de Jésus et de sa venue prochaine comme Messie (Ac 3, 15.19s; 1 Th 1, 9s). Jésus était le Messie constitué et promis par Dieu.

Il y eut peu à peu un dévoilement, une perception de la vérité cachée dans la personne et l'oeuvre de Jésus. On relut, sous la conduite de l'Esprit Saint, la vie et l'oeuvre de Jésus à la lumière des prophéties messianiques de l'Ancien Testament et des récits juifs contemporains. Jésus fut révélé et prêché comme le Messie qui avait accompli pendant sa vie terrestre ce qui avait été annoncé de lui 'par Moïse, les Prophètes et les Psaumes' (Lc 24, 45).

La foi et l'espérance messianiques suscitées par la résurrection de Jésus débordèrent le souvenir de sa vie terrestre. Pour rendre plus manifeste la richesse du mystère de Jésus, on lui prêta des propos plus messianiques, de nouveaux récits de miracle ou de controverse virent le jour, et Marc bientôt développera la théorie du secret messianique qui a son fondement réel dans le choix que Jésus fit de se manifester comme Messie dans l'abaissement et selon l'ordre de la charité. Qu'importe après tout une telle amplification si le mystère de Jésus devenait ainsi plus manifeste, si le plan de salut de Dieu était ainsi révélé?

Les récits de résurrection des morts sont, à notre avis, nés pour expliciter toute la richesse et l'espérance ouvertes par la résurrection de Jésus, pour manifester sa messianité et son mystère. Le chemin que nous allons suivre pour soutenir cette hypothèse sera long, mais il est nécessaire. Nous partirons du lien qu'il y avait entre la venue du Messie et la résurrection des morts dans le Judaïsme aux abords de l'ère chrétienne. Puis nous parlerons de l'énigme de la vie de Jésus, de l'ambiguïté de ses miracles, de sa prédication sur la résurrection des morts. Nous traiterons dans une troisième étape de la résurrection de Jésus et de la première prédication chrétienne sur Jésus Messie et sur la résurrection des morts. Nous aborderons finalement la question: pourquoi a-t-on créé ces récits de résurrection des morts?

1. Le lien entre l'avènement du Messie et la résurrection des morts dans le Judaïsme aux abords de l'ère chrétienne

Le premier texte que nous avons à étudier est celui du *Siracide* en 48, 10–11. L'auteur parle du retour d'Elie, qu'il considère peut-être comme le Messie. Le texte hébreu découvert à la Génizah du Caire est très fragmentaire. Voici la traduction que nous en proposons après restauration du texte:

> Toi dont il est écrit que tu es désigné pour le temps,
> pour apaiser la colère avant qu'elle n'éclate,
> pour ramener le coeur des pères vers les fils,
> pour rétablir les tribus de Jacob.
> Heureux qui t'a vu et est mort,
> à plus forte raison celui qui, lorsqu'il te verra, sera vivant!

Le texte du dernier verset est très fragmentaire:

$$אשר ראך ומ(ת)$$
$$יה ... ן ou ך ou ף$$

La majorité des commentateurs restaure ainsi:[1]

$$(ואשרי)ך (כי חיה תיח)יה$$

Et heureux toi qui vis vraiment.

Mais une telle restauration suppose que le second stique commence aussi par 'heureux', que l'on ne rencontre ni dans la LXX, ni dans la syriaque. Segal propose:[2]

$$(כי א)ף(הוא חיה יח)יה$$

Car celui-là vivra sûrement.

L'expression כי אף est inconnue de la bible. Une telle restauration laisserait entendre d'autre part que Ben-Sira croyait à la résurrection des morts, ce qui ne semble pas être le cas (Si 38, 16–23). C'est pourquoi nous proposons la restauration suivante qui tient compte du parallélisme anti-thétique hébreu:

$$אשר ראך ומ(ת)$$
$$(אף כי־רא)ך (חיה יח)יה$$

Heureux qui t'a vu et est mort,
à plus forte raison celui qui, lorsqu'il te verra, sera vivant!

Il est curieux de noter qu'un hymne juif chanté le samedi soir porte les
vers suivants:

Heureux qui l'a vu dans son rêve,
heureux qui a pu le saluer,
et celui à qui [Elie] a rendu le salut.[3]

Les trois premiers stiques du v. 10 reproduisent l'annonce de Ml 3, 23–24
au sujet d'Elie. L'auteur attribue à Elie, au quatrième stique, une fonction
qui rappelle celle du Serviteur en Is 49, 6: 'C'est trop peu que tu sois mon
serviteur en relevant les tribus de Jacob . . .' La fin du poème est plus
obscure et conjecturale. Ben-Sira semble rendre hommage à Elisée et aux
disciples du prophète, qui l'ont vu sur terre, mais il salue aussi ceux qui
auront la chance de vivre lors de son retour, c'est-à-dire juste avant la visite
de Dieu. L'auteur ne semble pas faire allusion à la résurrection des morts,
mais il songe peut-être aux heureux temps de paix et de tranquillité qui
suivront pour les justes la venue du Seigneur.

Le texte de la LXX est différent du texte hébreu qui a été proposé,
notamment pour le dernier verset:

Heureux ceux qui t'ont vu, (var. connu)
et ceux qui dans l'amour se sont endormis, (var. ont été ornés)
car nous aussi nous vivrons sûrement.

Le traducteur grec a-t-il lu dans son manuscrit hébreu נחיה au lieu de
יחיה, ou a-t-il voulu actualiser cette bénédiction du Siracide pensant que
sa génération serait encore vivante lors du retour d'Elie? Il est probable que
ce traducteur croyait, à la différence de Ben-Sira, à la résurrection des
morts; ce serait la raison pour laquelle il écrit: 'Ceux qui *dans l'amour* se
sont endormis'; il s'agirait des justes qui participeront à la résurrection lors
de la venue du Seigneur. Son cri final traduit l'espérance de voir le jour du
Seigneur ou peut-être, plus simplement, l'espoir de vivre éternellement dans
l'au-delà. Quoi qu'il en soit du 'comment' de la survie, l'idée en est ici
clairement exprimée.

Le texte de la syriaque est différent du texte hébreu et de celui de la
LXX:

Lui qui doit revenir avant que n'arrive le Jour du Seigneur
pour ramener les fils vers leurs pères,
pour prêcher aux tribus de Jacob.

Heureux qui t'a vu et est mort;
en vérité il n'est pas mort, il vivra sûrement.

Le premier stique est une reprise de Ml 3, 23 'avant que n'arrive mon
Jour'. Le deuxième stique, de même, est une citation de Ml 3, 24b. Le mot
'prêcher' (litt. prêcher la bonne nouvelle) semble être dû à une main
chrétienne. La finale est peut-être due pareillement à une réminiscence de
Jn 11, 25: 'même s'il meurt, vivra.' Le texte syriaque n'est peut-être qu'une
traduction chrétienne de la pensée de Ben-Sira.

Ainsi, selon la restauration du texte hébreu proposée, Ben-Sira, songeant
sans doute au bonheur paradisiaque qui suivrait, pour les justes, le retour
d'Elie et la venue du Seigneur, a salué et béni par avance ceux qui seraient
vivants lorsque Elie reviendrait. Le traducteur grec bénit ceux qui se sont
endormis dans l'amour puisqu'ils auront part à la résurrection finale, et les
personnes de sa génération qui verront peut-être la venue d'Elie et jouiront
sur terre du règne de Dieu, ou qui sont assurés au moins de participer à ce
règne par la résurrection d'entre les morts, ou par une vie sans fin. Entre
Ben-Sira et son traducteur, la doctrine de la résurrection des morts avait
fait son chemin en Israël (cf.Dn 12, 1–4). Elie a pour fonction de préparer
la venue du Seigneur en recréant sur terre la paix et l'harmonie entre les
générations, en restaurant comme Serviteur de Yahvé, les tribus d'Israël; il
n'a aucun rôle dans la résurrection des morts proprement dite.

Le texte le plus ancien qui associe directement la résurrection des morts
et l'apparition du Messie est peut-être le curieux passage du *Livre des
Songes* (1 Hén 90, 28–38):

Je me levai et vis: on replia cette vieille maison, on en enleva tous les
piliers, toutes les poutres et l'ornementation de la maison furent repliées
en même temps qu'elle; on l'enleva et on la mit dans un endroit au sud
du pays.

Et je vis: Le Seigneur des brebis apporta une nouvelle maison plus
grande et plus haute que la première. Il la mit à la place de la première
qui avait été repliée. Tous ses piliers étaient neufs, nouvelle aussi son
ornementation, plus considérable encore que celle de la première,
l'ancienne qu'il avait enlevée; et toutes les brebis furent à l'intérieur.

Et je vis toutes les brebis qui avaient été laissées, toutes les bêtes de la
terre et tous les oiseaux du ciel se prosterner et rendre hommage à ces
brebis, les supplier et leur obéir en tout.

Par après les trois (hommes célestes) vêtus de blanc, qui naguère
m'avaient pris par la main et m'avaient enlevé, et la main de ce bélier se

saisissant aussi de moi, m'enlevèrent et me placèrent au beau milieu de
ces brebis (. . .) Et toutes ces brebis étaient blanches, leur laine était
abondante et propre. Et toutes celles qui avaient péri et avaient été
dispersées, et toutes les bêtes des champs et tous les oiseaux du ciel se
réunirent dans cette maison; et le Seigneur des brebis se réjouit d'une
grande joie car toutes étaient bonnes et étaient retournées à sa maison.

Et je vis: on déposa cette épée qui avait été donnée aux brebis et
qu'elles rapportaient à la maison, on la scella en présence du Seigneur,
et toutes les brebis furent invitées (var. enfermées) dans la maison, mais
elle ne pouvait les contenir. Et les yeux de toutes furent ouverts, et elles
virent le bien, et aucune d'elles ne voyait pas. Et je vis que cette maison
était grande et vaste et très pleine.

Et je vis qu'un taureau blanc était né, avec de grandes cornes, et toutes
les bêtes des champs et tous les oiseaux du ciel le craignaient et le sup-
pliaient en tout temps. Et je vis: toutes leurs générations furent transformées et tous devinrent des taureaux blancs et le premier parmi eux
devint un buffle,[4] et ce buffle devint un grand animal et avait des cornes
noires sur la tête, et le Seigneur des brebis se réjouit à cause de lui et
de tous les taureaux.

Ce passage termine la vision où Hénoch narre l'histoire de l'humanité
d'Adam jusqu'à Abraham, puis d'Israël jusqu'au jugement final et l'établissement du royaume messianique. Les hommes y sont symbolisés par des
animaux: Adam et les patriarches par des taureaux, les Israélites et les
justes de la fin des temps par des brebis, les païens par des bêtes sauvages
et des oiseaux de proie. Ce passage, qui appartient à la partie apocalyptique
du Livre des Songes, fait suite directement à l'assaut final des païens contre
Israël (1 Hén 90, 13-19) et au jugement et à la condamnation des Anges
déchus, des 70 pasteurs et des brebis aveugles (1 Hén 90, 20-27). Le
Seigneur replie l'ancienne maison et crée une nouvelle demeure où le reste
d'Israël est installé, tandis que les survivants des nations païennes se proster-
nent et rendent hommage à Israël avant d'être admis à se joindre aux élus
et entrer dans la maison qui se trouve remplie et débordante. Le Messie
apparaît alors sous la forme d'un taureau blanc et toutes les générations
sont transformées à sa ressemblance, tandis que lui-même devient un buffle.
Les élus ont retrouvé sans doute ainsi la justice primitive de l'Eden puisque
Adam lui-même était un taureau blanc (1 Hén 85, 3).

L'idée de résurrection est latente dans ce texte. Elle est à la fois antérieure et concomitante à l'apparition du Messie; antérieure puisque toutes les
brebis qui avaient péri durent ressusciter avant de prendre place dans le

nouveau temple du Seigneur; concomitante puisque après l'apparition du Messie toutes sont transformées à sa ressemblance. Le Messie, peut-être comme nouvel Adam, est le prototype des ressuscités, mais lui-même n'exerce aucun rôle dans la résurrection.

Un siècle plus tard,[5] deux passages du *Livre des Paraboles* vont associer la résurrection des morts à l'Elu: 1 Hén 51, 1–5; 61, 5. En voici la traduction:

1 Hén 51, 1–5
En ces jours-là la terre rendra ce qui lui a été confié,
et le Shéol rendra ce qu'il a reçu,
et l'Enfer rendra son dû.

Car en ces jours-là l'Elu se lèvera[6]
et choisira les justes et les saints parmi eux,
car le jour de leur salut s'est fait proche.

Et l'Elu siégera en ces jours-là sur mon trône,
sa bouche proférera tous les secrets de la sagesse et de conseil,
car le Seigneur des Esprits l'en a gratifié et l'a glorifié.

En ces jours-là les montagnes sauteront comme des béliers
et les collines gambaderont comme des agneaux rassasiés de lait,
et tous (les justes) deviendront comme des anges dans le ciel.

Et la terre se réjouira
et les justes l'habiteront,
et les élus s'y promèneront.

L'Elu apparaît après la résurrection des morts pour rendre le jugement, choisir les justes qui vont habiter sur une terre renouvelée. Il n'a aucune fonction dans la résurrection elle-même.

1 Hén 61, 1–2.5.8:
Et je vis en ces jours-là que de longues cordes avaient été remises à ces anges, et elles prirent des ailes et s'envolèrent vers le Nord. Et j'interrogeai l'ange et lui dit: 'Pourquoi ces anges ont-ils pris ces cordes et sont-ils partis?' Il me répondit: 'Ils sont partis mesurer . . .'

Et ces mesures révèleront tous les secrets des profondeurs de la terre, afin que ceux qui ont péri dans le désert, ceux qui ont été dévorés par les bêtes, ceux qui ont été dévorés par les poissons de la mer puissent revenir et être présents au Jour de l'Elu; car nul ne sera détruit devant le Seigneur des Esprits, et nul ne peut être détruit . . . Et le Seigneur des

Esprits placera l'Elu sur le trône de gloire et il jugera toutes les oeuvres des Saints, en-haut dans le ciel, tous leurs faits seront pesés dans la balance.

Ce texte nous montre encore que l'Elu ne participe pas à la résurrection des morts, mais exerce seulement la fonction de Juge à l'égard des ressuscités. Le jugement en effet est l'un des attributs de l'Elu dans le Livre des Paraboles (45, 3; 55, 4; 62, 2-3; 69, 27). Les justes ressuscités vivront en sa compagnie (39, 6-7; 45, 4; 62, 13-14): 'Et les justes et les élus seront sauvés en ce jour, et ils ne verront plus désormais la face des pécheurs et des impies. Et le Seigneur des Esprits habitera au-dessus d'eux, ils mangeront en compagnie de ce Fils de l'homme, et se coucheront et lèveront pendant l'éternité.'

Le Testament des douze Patriarches parle à plusieurs reprises de la résurrection des morts (Test Sim 6, 7; Test Lévi 17, 2; 18, 14; Test Juda 25, 1s; Test Benj 10, 6s; Test Zab 10, 2s). Nous ne retiendrons que deux textes: Test Jud 25, 1 et Test Lév 18, 14, où avant toute interpolation chrétienne, l'apparition du Messie est liée à la résurrection des morts.[7]

Test Juda 24, 5-6; 25, 1-2; 25, 3-5:

24, 5-6: Alors le sceptre de ma royauté resplendira,
        et de vos racines un surgeon poussera,
        et de lui grandira un bâton de justice pour les peuples,
        pour juger et sauver tous ceux qui invoquent le Seigneur.

25, 1-2: Et après cela Abraham, Isaac et Jacob ressusciteront pour la vie, et moi et mes frères serons chefs des tribus d'Israël. Lévi, le premier, moi le second, Joseph le troisième, Benjamin le quatrième, Siméon le cinquième, Issachar le sixième et tous dans l'ordre. Et le Seigneur a béni Lévi, et l'Ange de la Présence m'a béni; les Puissances de gloire, Siméon; les cieux, Ruben; la terre, Issachar; la mer, Zabulon; les montagnes, Joseph; le tabernacle, Benjamin; les luminaires, Dan; l'Eden, Nephtali; le soleil, Gad; la lune, Aser.

25, 3-5: Et il n'y aura qu'un peuple du Seigneur, et une seule langue;
        Et il n'y aura plus d'esprit de perversité de Béliar, car il sera jeté dans le feu pour toujours.
        Et ceux qui sont morts dans la peine ressusciteront dans la joie,
        Et ceux qui furent pauvres pour le Seigneur deviendront riches,
        Et ceux qui furent mis à mort pour le Seigneur ressusciteront pour la vie,

Et les cerfs de Jacob courront dans la joie,
et les aigles d'Israël voleront dans l'allégresse,
et tous les peuples glorifieront le Seigneur éternellement.

Ce passage est formé de deux morceaux rythmés (24, 5–6 et 25, 3–5) interrompus par un passage en prose (25, 1–2). L'annonce de la venue du Messie (24, 5–6) se rattache par delà l'interpolation chrétienne (24, 1–3) et la glose marginale introduite dans le texte (24, 4) à l'annonce de la visite de Yahvé en 23, 5. Il est probable que la mention de la résurrection des patriarches fût introduite après coup, de même aussi que le poème final. Le v. 4 est peut-être une glose chrétienne qui rappelle Lc 6, 20–23.[8]

Quoi qu'il en soit de la formation de ce texte, il est intéressant de noter pour notre propos qu'avant toute interpolation chrétienne, la résurrection des morts fait suite à la venue du Messie. Lui-même ne paraît jouer aucun rôle dans la résurrection. Sa fonction est de juger et sauver ceux qui invoquent le Seigneur.

Le problème posé par le Testament de Lévi au chapitre dix-huitième est encore plus complexe. On y a vu un hymne de composition chrétienne, ou même un écrit de la secte de Qumrân qui magnifiait le Maître de Justice.[9] La position adoptée par Becker semble préférable.[10] Ce passage n'appartient pas à l'écrit de base du Testament de Lévi, mais fut ajouté par après. Il est formé de deux morceaux: un hymne au Messie-Prêtre 18, 1–9 et un passage apocalyptique 18, 10–14. L'hymne messianique fut interpolé par la suite par un auteur chrétien aux versets 3.5.6.7.9. En voici la traduction sans les interpolations chrétiennes.

Test Lévi 18, 2–14:

2. Alors le Seigneur suscitera un nouveau prêtre,
   à qui seront révélées toutes les paroles du Seigneur;
   il opérera sur terre un jugement de vérité à la plénitude des temps...

4. Il brillera comme le soleil sur la terre,
   et enlèvera toutes les ténèbres de dessous le ciel,
   et il y aura la paix par toute la terre.

5. Les cieux exulteront en ces jours-là ...
   et les nuées jubileront ...
   et les Anges de la Gloire et de la Présence du
   Seigneur se réjouiront en lui ...

8. Lui-même donnera la Majesté du Seigneur à ses fils
   dans la vérité pour toujours;
   et il n'aura aucun successeur de génération en
   génération pour l'éternité.

9. Et sous sa prêtrise les païens seront comblés de
   connaissance sur la terre,
   et seront illuminés par la grâce du Seigneur.
   Sous sa prêtrise le péché disparaîtra,
   et les impies cesseront de faire le mal . . .

10. Et lui-même ouvrira les portes du Paradis,
    et écartera l'épée qui menaçait Adam.

11. Et il donnera à tous les Saints de manger de l'arbre
    de vie et l'Esprit de Sainteté reposera sur eux.

12. Et Béliar sera lié par lui,
    et il donnera à ses enfants pouvoir de fouler aux
    pieds les esprits mauvais.

13. Et le Seigneur se réjouira de ses enfants,
    et trouvera plaisir en ses bien-aimés pour toujours.

14. Alors Abraham, Isaac et Jacob exulteront . . .
    et tous les Saints seront revêtus de joie.

La fusion de l'hymne au Messie-Prêtre (v. 2-9) et du passage apocalyptique (v. 10-14) a contribué à faire du Messie le portier qui introduit les siens dans le paradis retrouvé. Les Saints grâce à lui pénètrent dans le jardin de l'Eden où ils ont accès à l'arbre de vie. La dernière image: 'ils seront revêtus de joie' laisse entendre que leur condition est changée bien que la mention de la résurrection ne soit pas explicite.

Quelques textes du *Targum de Jonathan sur les prophètes* vont compléter ces données de l'Apocalyptique juive. Ce targum sur les prophètes est tardif: ce n'est que la revision 'canonique' de l'ancien targum palestinien malheureusement perdu pour les textes que nous allons citer. Il n'est pas impossible néanmoins que les textes que nous allons mentionner gardent une ancienne tradition palestinienne qui associait la résurrection des morts à la venue du Messie.

Le premier texte à relier la résurrection des morts au Messie est le targum d'Osée en 14, 6-8:

Ma parole sera comme la rosée pour Israël,
ils fleuriront comme le lis,
et habiteront au coeur de leur pays.
Comme l'arbre du Liban qui étend ses branches,
ils multiplieront leurs fils et leurs filles,
leur splendeur sera comme celle du candélabre de Sainteté

et leur parfum comme celui de l'encens aromatique.
Ils seront rassemblés du milieu de la captivité,
ils habiteront à l'ombre du Messie,
les morts revivront,
le bien grandira sur terre,
le souvenir de leurs bienfaits ira grandissant et sera impérissable,
comme le souvenir du son de la trompette quand le vin
vieux est offert en libation dans le sanctuaire.

L'auteur de cette paraphrase du texte biblique promet aux Israélites dispersés d'être un jour rassemblés pour vivre en compagnie du Messie. La
résurrection des morts ouvrira l'ère messianique. L'auteur semble garder un
souvenir nostalgique de la ménorah et du son de la trompette qui accompagnait la libation de vin dans le temple. Il est fort probable que cette
interprétation du texte d'Osée vit le jour après la destruction du temple et
la seconde révolte juive, lorsqu'Israël fut déporté parmi les nations.

Le targum d'Isaïe relie au moins à deux endroits la résurrection des
morts à la venue du Messie (Tg Is 49, 8; 53, 10).

Tg Is 49, 8:
Ainsi parle Yahvé: Au temps où vous faites ma volonté, j'exaucerai votre
prière, et au jour d'angoisse je ferai lever le salut et le secours pour vous.
Je t'établirai et ferai de toi une alliance de peuple pour ressusciter les
justes qui habitent la poussière, pour prendre possession des héritages
dévastés, pour dire à ceux qui sont prisonniers parmi les nations: 'sortez',
et à ceux qui sont liés parmi les royaumes comme dans les ténèbres:
'montrez-vous à la lumière.'

Tg Is 53, 10:
Ce fut la volonté du Seigneur de passer au creuset et de purifier le reste
de son peuple, afin de rendre leurs âmes pures du péché. Ils verront le
règne du Messie, ils multiplieront leurs fils et leurs filles, ils prolongeront
leurs jours et ceux qui suivront la loi du Seigneur prospéreront dans sa
volonté.

Ces deux textes sont sans doute postérieurs à la dispersion du peuple
juif qui suivit la seconde révolte. Ils veulent redonner aux Israélites dispersés parmi les nations l'espoir de voir un jour le règne du Messie, de vivre
un jour en sa compagnie une ère de paix et de bonheur. En Tg Is 49, 8 le
Serviteur reçoit mission de ressusciter les justes, de restaurer l'héritage
dévasté, de libérer les Israélites captifs dans des pays étrangers.

Au terme de cette longue enquête, il faut avouer que le butin est maigre et ponctué de nombreux points d'interrogation. Parmi les textes cités, seul celui du Livre des Songes (1 Hén 90, 28–38) peut être daté avec de sérieuses probabilités du début du deuxième siècle avant Jésus-Christ (164 av.J.C.?). Il y a de fortes probabilités également que les textes cités du Testament des douze Patriarches et du Livre des Paraboles soient antérieurs à l'ère chrétienne. Il est possible enfin, mais nullement assuré, que les textes des targums reposent sur une ancienne tradition palestinienne antérieure ou contemporaine de Jésus, où la venue du Messie était reliée à la résurrection des morts.

Il est difficile de nous représenter clairement le lien qui existait entre la venue du Messie et la résurrection des morts. Au troisième siècle avant Jésus-Christ on attendait le retour d'Elie (Ml 3, 23s; Si 48, 10) qui préparait la venue du Seigneur. Au deuxième siècle, dans les milieux apocalyptiques, la doctrine de la résurrection des morts se fait jour, aboutissement d'une longue éducation de la foi par Dieu, et conséquence de la persécution d'Antiochus Epiphane (Dn 12, 1–4; 2 M 7; 12, 43–45; 14, 37–46). La visite de Dieu s'accompagnerait dès lors de la résurrection des justes, et du châtiment des impies. Le Messie apparaîtrait lors de cette visite du Seigneur et les élus seraient transformés à sa ressemblance (1 Hén 90, 28–38). Plusieurs écrits de la même époque et plus récents envisagent la résurrection ou la survie sans qu'apparaisse le Messie.[11] Dès la seconde moitié du premier siècle avant Jésus-Christ, le Messie est présenté comme le légat de Dieu sur terre chargé de restaurer son royaume, de punir les coupables et de chasser les païens (Ps Sal 17). Il semble qu'à partir de cette époque la venue du Messie tende à se substituer à la visite même du Seigneur et que le Messie hérite de nombreuses prérogatives qui étaient réservées au Seigneur lors de sa venue. Après son apparition les morts ressuscitent (Test Jud 25, 1–5); c'est lui qui fait entrer les justes dans le jardin de l'Eden (Test Levi 18, 10; cp.1 Hén 25, 4). Il exerce à l'égard des ressuscités le jugement de Dieu (1 Hén 51, 1–5; 61, 1–8, . . .), les justes sont appelés à vivre en sa compagnie (1 Hén 39, 6–7; 45, 4; 62, 13–14; Tg Osée 14, 8?).

Cette recherche nous a conduits au seuil de l'Evangile, vers les années 30 de notre ère, alors que 'Jésus commence à prêcher et à dire: "Repentez-vous car le Royaume des cieux est proche"' (Mt 4, 17). Comment va-t-il se présenter? Quelle image de lui-même va-t-il donner à ses contemporains? Quel sens avaient ses miracles pour les gens de son époque? Quel enseignement va-t-il donner sur la résurrection des morts? Ce sont ces divers points qu'il nous faut maintenant examiner.

2. L'énigme de la vie de Jésus. L'ambiguïté de ses miracles. Son enseignement sur la résurrection des morts[12]

a. L'énigme de la vie de Jésus

Jésus garda, au milieu de ses contemporains, l'incognito. Il ne revendiqua ni le titre de Messie, ni, semble-t-il, celui de Fils de l'homme, dont il parla d'une façon énigmatique à la troisième personne, ni ouvertement celui de Fils.[13] Il apparut aux gens de son époque comme un prophète des derniers temps et cependant plus qu'un prophète, comme un rabbi juif mais dont l'enseignement et la conduite différaient des autres, comme un exorciste et un guérisseur. Sa vie fut une énigme pour la foule, les autorités juives et même pour ses disciples jusqu'à Pâques. Nous ne prendrons que trois exemples, reconnus par la majorité des critiques comme des paroles ou la conduite authentiques de Jésus, qui illustreront la question que posa Jésus à ses contemporains et qu'il pose encore à tout homme: nous étudierons la formule 'En vérité je vous le dis', l'appellation de Dieu par le terme 'Abba' et l'attitude de Jésus envers les pécheurs.

(1) 'En vérité, je vous le dis.' Le peuple de Galilée sortait de la synagogue impressionné par l'enseignement qu'il venait d'entendre (Mc 1, 22). L'autorité du prédicateur l'avait frappé, il n'enseignait pas comme les autres scribes, il y avait dans ses paroles plus de puissance et de souveraineté. Il n'est pas illusoire de penser que les Evangélistes nous ont conservé, même si par la suite ils l'ont enrichi, un écho de cette autorité de Jésus dans la formule que Jésus utilise: 'En vérité, je vous le dis.'[14] 'En vérité' est la traduction française du mot hébreu 'Amen', utilisé également en araméen. 'Amen' était une formule solennelle par laquelle les Israélites ratifiaient ce qui venait d'être dit par le célébrant, que ce fût une proclamation, une bénédiction ou une malédiction. Dans l'Evangile à l'inverse, 'En vérité' est employé pour introduire et accentuer ce que Jésus et lui seul va prononcer. Cette expression est toujours suivie par 'je vous (te) le dis' qui est comme la transposition de la formule qui signe les oracles prophétiques: 'Ainsi parle Yahvé.' La formule 'En vérité, je vous le dis' exprime donc toute la puissance et l'autorité de Jésus. La nouveauté de cette expression, sa limitation aux seules paroles de Jésus, le témoignage concordant des diverses couches de la tradition montrent que nous avons affaire avec une création de langage qui remonte à Jésus lui-même. La tradition a ressenti la nouveauté et l'étrangeté d'une telle formule et nous l'a conservée. Nul doute qu'une telle revendication d'autorité ait posé un problème aux contemporains de Jésus comme elle en pose un aux historiens encore aujourd'hui. Qui est celui qui ose parler avec une autorité aussi grande?

(2) 'Abba.' 'Abba' est en araméen le premier mot que balbutie un enfant pour appeler son père, le vocable sous lequel un fils ou une fille s'adresse à son père, le qualificatif respectueux que l'on donne à toute personne respectable.[15] L'expression était si familière que nul n'osait invoquer Dieu par ce seul titre, on ajoutait d'ordinaire 'notre Roi, Seigneur du monde'. Cette invocation 'Père' se retrouve néanmoins dans la Septante, où le traducteur a subi sans doute l'influence grecque et stoïque, en Si 23, 1.4., où l'original hébreu doit être rendu par 'Dieu de mon Père', en Sg 14, 3 et 3 M 6, 3.8. Mais la littérature juive ancienne n'offre aucun exemple où, dans la prière publique ou privée, quelqu'un se serait adressé à Dieu en l'appelant seulement 'Père'. Jésus fut le premier juif à invoquer Dieu sous ce seul vocable. Le mot 'abba' ne se rencontre dans les Evangiles qu'en Mc 14, 36, mais il est sûr que le terme 'abba' se tient derrière le vocatif grec $\pi\acute{\alpha}\tau\epsilon\rho$, ou $\pi\alpha\tau\acute{\epsilon}\rho$ $\mu o \upsilon$, de même que derrière le nominatif $\acute{o}$ $\pi\alpha\tau\acute{\eta}\rho$ employé comme vocatif et qui correspond parfaitement à l'état emphatique 'abba'. Les chrétiens qui ont reçu l'Esprit du Fils oseront à la suite de Jésus appeler Dieu 'abba' (Ga 4, 6; Rm 8, 15).

La nouveauté et l'unicité de cette invocation de Dieu par le terme 'abba' exprime la relation particulière et intime de Jésus à Dieu. Il appelle Dieu 'Père' ou 'mon Père' avec la confiance d'un enfant et le respect d'un adulte, assuré d'être écouté, et prêt à l'obéissance. Le secret de la mission de Jésus transparait dans cette invocation. Il se sait autorisé à révéler Dieu, parce que Dieu lui donne de le connaître comme Père.

(3) Jésus et les pécheurs. Jésus vint appeler les pécheurs (Mc 2, 17).[16] Il fut même, au dire de ses dénigreurs, leur ami (Mt 11, 19). Les publicains et les prostituées sont dans l'Evangile le type même des pécheurs: les uns sont le symbole de la malhonnêteté, les autres de l'immoralité. Le métier de prostituée ne fut jamais tenu par les gens honnêtes en haute considération. Objet de plaisir et de profit, les prostituées étaient regardées de haut par les gens pieux (Lc 7, 39), et vivaient en marge de la société. Les publicains n'avaient pas meilleure presse. Chargés de collecter l'impôt pour de riches fonctionnaires qui avaient affermé à l'Etat le recouvrement des impôts, ils profitaient souvent de l'ignorance des contribuables pour s'enrichir à leurs dépens. Ils passaient aux yeux des honnêtes citoyens pour des menteurs et des voleurs de métier. Les droits du citoyen leur étaient refusés; ils ne pouvaient ni exercer une autre charge plus honorable, ni témoigner devant un tribunal. Publicains et prostituées étaient donc au temps de Jésus deux classes de gens mis au ban de la société, considérés comme des pécheurs publics qu'il était préférable d'éviter.

Et voilà que Jésus choisit comme disciples deux publicains Matthieu et

Lévi.[17] Il se laisse toucher par une prostituée (Lc 7, 38), proclame que les publicains et les prostituées arrivent avant ceux qui se pensent justes dans le Royaume de Dieu (Mt 21, 31). L'intervention de Dieu leur est promise et se réalise déjà en leur faveur dans la prédication de Jésus qui inaugure le temps du salut. Les paraboles des deux débiteurs insolvables (Lc 7, 41–43), du débiteur impitoyable (Mt 18, 23–35), de l'amour du Père (Lc 15, 11–32) montrent que le temps du salut est là, qu'il se réalise déjà dans l'annonce du pardon des fautes. Jésus parle de la remise d'une dette énorme (Mt 18, 27), de petites et grosses fautes (Lc 7, 42), de l'exaucement du pécheur (Lc 18, 14), du retour de l'égaré (Lc 15, 5), de la découverte de ce qui était perdu (Lc 15, 11–32). Il dépeint le père qui sort à la rencontre de son enfant et l'embrasse, le revêt de somptueux vêtements, lui passe un anneau au doigt et lui donne des chaussures, signe auquel en Orient on reconnaît un homme libre; il fait préparer un festin en l'honneur de son fils avec de la musique et des danses. Le père est heureux, son fils était mort, il est revenu à la vie, perdu et le voilà de retour au foyer.

Ce pardon de Dieu, Jésus ne l'a pas seulement annoncé dans sa prédication, mais il l'a signifié par son propre comportement, en accueillant les pécheurs à sa table. Jésus les reçoit dans sa propre maison et partage avec eux son repas (Mc 2, 15s; Lc 15, 2). Inviter quelqu'un à sa table, c'est en Orient honorer son hôte, lui témoigner sa paix, sa confiance, sa fraternité, son pardon. Dans le judaïsme surtout, la communauté de table est une communion sous le regard de Dieu, puisque chaque convive en mangeant un morceau de pain rompu participe à la louange que le chef de famille a prononcée auparavant sur le pain entier. Les repas de Jésus avec les pécheurs ne se situent donc pas sur un simple plan social, ce ne sont pas des gestes purement humanitaires de compassion pour ceux qui sont méprisés: ils atteignent à une signification beaucoup plus profonde. Ils concrétisent le mandat qu'a reçu Jésus (Mc 2, 17), ce sont des fêtes auxquelles la communauté des saints assiste, qui préparent et symbolisent le repas du salut de la fin des temps (Mt 8, 11). L'accueil des pécheurs dans la communauté de salut, qui se réalise dans le partage en commun du repas, est l'expression la plus évidente du message de l'amour rédempteur de Dieu.

La prédication de Jésus, son comportement avec les pécheurs allaient susciter un mouvement d'indignation parmi ses contemporains. Ils murmurent contre lui, l'insultent même: 'Voici un glouton et un ivrogne, un ami des publicains et des pécheurs' (Mt 11, 19)! Cette réaction n'a rien de surprenant. On sait que les Esséniens de Qumrân ne partageaient leur repas qu'avec les membres à part entière de leur communauté. Un membre de la communauté ne doit témoigner ni miséricorde, ni sympathie à l'égard des pécheurs:

Je serai sans rancune et sans colère envers ceux qui
se sont convertis de la rébellion,
mais je serai sans miséricorde à l'égard de tous ceux qui
se sont écartés de la voie,
je ne consolerai pas ceux qui sont frappés jusqu'à ce que
leur voie soit parfaite (1 QS 10, 20-21).

Par souci de pureté légale les Pharisiens évitaient d'inviter à leur table un homme du peuple: 'Celui qui prend l'engagement de devenir un compagnon des hommes instruits . . . ne peut être l'hôte d'un homme du peuple, il ne peut recevoir comme hôte un homme du peuple qui porte ses propres vêtements' (*Demai* 2, 3). 'Et si quelqu'un n'est pas instruit, il est interdit d'avoir pitié de lui, comme il est écrit: car c'est un peuple sans intelligence aussi son Créateur est pour lui sans pitié' (*b. Ber* 33a). 'Mais cette racaille qui ignore la loi, ce sont des maudits' (Jn 7, 49). Dieu, selon la doctrine tant des Esséniens que des Pharisiens, n'est miséricordieux qu'à l'égard des justes. Les pécheurs peuvent être sauvés mais après avoir fait pénitence et avoir changé de vie.

L'amour de Dieu se porte, selon Jésus, de préférence vers les pécheurs et ceux qui sont méprisés. C'est eux que Jésus invite au repas eschatologique et non les justes qui se dérobent derrière le paravent de leur propre justice. Dieu ne semblait pas selon Jésus tenir compte de la conduite morale, alors que selon le judaïsme la relation à Dieu dépendait de la conduite de l'homme; l'ancienne morale apparemment s'écroulait. Qu'on laissât faire Jésus et c'en était fait du fondement de la religion juive!

Jésus va répondre aux attaques dont il est l'objet et justifier sa conduite. Il compare les pécheurs à des malades, or ce sont les malades qui ont besoin de médecin (Mc 2, 17). Les pécheurs, dit-il, ont plus de reconnaissance que les justes, plus grande est la faute, plus grande sera la reconnaissance (Lc 7, 36-50). Les justes s'imaginent faire le bien par eux-mêmes, se complaisent dans leur propre bonté (Lc 18, 9-14), ils affirment écouter l'appel de Dieu mais ne font rien (Mt 21, 28-31); ils sont sans amour pour leurs frères dans le besoin (Lc 15, 25-32), cachent parfois leur piété sous un masque d'hypocrisie (Mt 23, 13-32). Confiants en leur propre justice, ils sont plus éloignés de Dieu que les pécheurs. Mais surtout, pour justifier sa conduite, Jésus en appelle à la miséricorde inlassable de Dieu qui se réjouit lorsque l'égaré retrouve le sentier de la maison (Lc 15, 4-10), qui écoute le cri des miséreux plus sûrement que le juge insensible qui se laisse attendrir par une plaignante (Lc 18, 1-8), qui exauce la prière du publicain méprisé (Lc 18, 9-14), qui court au devant de son enfant et prévient une accusation qui l'humilierait (Lc 15, 19.21). Voilà véritablement ce qu'est Dieu! En en appelant à la bienveillance de Dieu Jésus entend par son comportement choquant mettre en oeuvre l'amour de Dieu; il adopte une telle attitude comme représentant de Dieu. L'amour de Dieu à l'égard des pauvres, des pécheurs devient actualisé dans sa prédication et sa conduite.

L'unicité d'une telle prédication, d'un tel comportement, les réactions qu'ils suscitent sont de sérieuses garanties d'authenticité. La première communauté chrétienne aurait difficilement pu rapporter des réactions aussi fortes que celle de Mt 11, 19, si elles n'avaient pas réellement eu lieu. La communauté post-pascale adoptera à l'égard des pécheurs une attitude différente de celle de Jésus: il est impensable qu'elle ait inventé cette attitude et cette prédication de Jésus à l'égard des pécheurs. Il faut donc voir dans ces paroles et gestes de Jésus à l'égard des pécheurs, une prédication et un comportement authentiques du Jésus historique.

Les trois exemples que nous avons choisis montrent que Jésus, par l'autorité de sa prédication, par son contenu, par sa façon d'invoquer Dieu, par son comportement, fut pour ses contemporains une énigme et une occasion de scandale. Lui-même le reconnaît: 'Heureux, dit-il, celui pour qui je ne serai pas une occasion de scandale' (Mt 11, 6). Il sait que sa prédication est une énigme pour beaucoup:

A vous le mystère du Royaume de Dieu a été donné,
mais pour ceux du dehors tout est énigmatique,
afin qu'en ayant beau regarder, ils ne voient pas,
et qu'en écoutant de toutes leurs oreilles, ils ne
comprennent pas,
à moins qu'ils ne se convertissent et que Dieu ne
leur pardonne (Mc 4, 11–12).

Quand pointera sur terre et dans le coeur des disciples la lumière de Pâques, l'énigme sera levée. Les disciples reconnaîtront en Jésus l'Envoyé de Dieu, et prêcheront afin que les hommes reconnaissent que Jésus, sans titre, 'sans biens et sans aucune production au dehors de science . . . est venu en grande pompe et une prodigieuse magnificence aux yeux du coeur et qui voient la Sagesse.'[18]

b. Les miracles de Jésus; leur ambiguïté

'Dieu l'a oint de l'Esprit Saint et de puissance. Il a passé en faisant le bien et en guérissant tous ceux qui étaient tombés au pouvoir du diable' (Ac 10, 38). Cette phrase, mise dans la bouche de Pierre lors de sa prédication chez Corneille, témoigne que la première communauté était convaincue que Jésus avait fait des miracles. Les quatre Evangiles rapportent de nombreux miracles accomplis par Jésus; devant le grande nombre de ces récits, l'historien ne peut douter que Jésus a guéri des malades, chassé des démons. Mais il est douteux que tous les miracles narrés dans l'Evangile aient eu lieu. Plusieurs de ces récits sont légendaires ou du moins teintés par la légende. Le problème se pose à l'exégète: comment distinguer entre ces récits? Existent-ils des critères qui non seulement rendent possible une telle distinction, mais permettent aussi de la réaliser? Une recherche critique sur les récits de miracles permet d'arriver à plusieurs résultats qui aident grandement la critique historique.[19]

(1) Les Evangélistes, dans la rédaction de leur évangile, ont répété certains récits de miracles, créé des sommaires. Ainsi Mt 12, 22 rapporte la guérison d'un sourd-muet afin de préparer la discussion entre Jésus et les Pharisiens qui suit. Cette brève notice est un doublet de Mt 9, 32-34. Luc en 7, 21 rapporte que Jésus en présence des envoyés du Baptiste, guérit beaucoup de malades, d'infirmes, d'aveugles. Ce bref sommaire, ignoré de Mt 11, 2-6, est une création de Luc pour préparer la réponse de Jésus aux envoyés du Baptiste.

(2) Il est possible que la mauvaise compréhension d'un terme araméen ait entraîné soit la transformation d'un récit de miracle, soit la création. J. Jeremias en donne trois exemples:[20] ainsi la légende des démons qui entrent dans les porcs et se précipitent du haut de la falaise dans la mer serait née d'une mauvaise compréhension du terme araméen לגיונא qui signifie tout à la fois légion et légionnaire. A Jésus qui lui demandait son nom, l'esprit mauvais répond: Λεγιὼν ὄνομά μοι, ὅτι πολλοί ἐσμεν, qui originellement aurait signifié: 'Je m'appelle légionnaire, parce que nous sommes beaucoup de mon espèce.' Le mot לגיונא fut compris faussement d'une légion, et le possédé se vit accablé d'un régiment d'esprits mauvais. De là on serait passé au récit populaire du troupeau de cochons. Il est possible que le miracle du figuier maudit (Mc 11, 12-14.20) provienne d'une malédiction prononcée par Jésus sur un figuier. L'imparfait יאכל qui se trouve derrière l'optatif φάγοι pouvait avoir plusieurs sens. Primitivement, il pouvait avoir le sens d'un futur et Jésus aurait dit: 'Personne ne mangera plus de tes fruits', car la fin des temps était proche. Ce futur fut compris comme un optatif et devint une parole de malédiction qui se vit réalisée. Il y a de fortes probabilités que le récit de la marche sur les eaux (Mc 6, 45-52) soit seulement un doublet du récit de la tempête apaisée. L'expression ἐπὶ τῆς θαλάσσης peut signifier en araméen (עַל יְמָא) 'vers la mer' ou 'sur la mer'.

(3) La critique littéraire fait ressortir que les Evangélistes ont tendance à grossir les miracles.[21] Le nombre des miraculés augmente.[22] On rapporte des doublets.[23]

(4) La loi de 'la légende dorée' qui entoure les grands hommes a joué dans la formation de l'Evangile. Ainsi Jésus guérit l'oreille du serviteur du

grand-prêtre que l'un des assistants avait tranchée (cp. Mc 14, 47 et Lc 22, 51). Au genre 'merveilleux' appartient aussi le statère trouvé par Pierre dans la gueule du poisson (Mt 17, 27).

(5) Il est fort probable que certains récits ne furent au début que des illustrations d'une parole de Jésus: ainsi la pêche miraculeuse illustre la parole 'Vous serez des pêcheurs d'hommes'. La résurrection de Lazare illustre que Jésus est le Messie qui accomplit ce qui avait été prédit de lui.

(6) Si l'on compare les miracles évangéliques avec les récits de miracles du monde grec et juif, on s'aperçoit que la tradition a emprunté certains détails ou certains récits de miracles au monde ambiant. Le récit de 'la résurrection en chemin' est, ainsi que nous l'avons montré, un motif largement répandu. Le changement de l'eau en vin est un trait connu du mythe et du culte de Dyonisos. Tacite et Suétone rapportent que l'empereur Vespasien guérit un aveugle en utilisant de la salive.[24] Il convient que le paralytique emporte son grabat pour prouver sa guérison.[25]

(7) 'L'histoire des formes', en nous fournissant le canevas dans lequel les récits de miracles chez les grecs sont moulés, permet de distinguer entre une tradition hellénistique récente et une tradition palestinienne ancienne. Les récits de miracles privés du canevas grec, la présence d'aramaïsmes dans un texte sont la garantie d'une ancienne tradition. Ainsi J. Jeremias montre que le récit de la guérison de Bartimée en Mc 10, 46–52 est d'origine palestinienne, tandis que celui de l'aveugle de Bethsaïde en Mc 8, 22–26 est d'origine hellénistique, formé d'après le schéma de la guérison du sourd-muet de 7, 32–37.[26] Les récits d'origine hellénistique enfin auront tendance à présenter Jésus sous les traits d'un thaumaturge antique, ceux d'origine palestinienne feront ressortir la toute-puissance de Dieu qui agit en lui.

Tous ces critères sont des moyens qui permettent à un exégète de se faire une idée sur l'ancienneté d'une tradition et quelquefois sur l'authenticité historique de tel ou tel miracle. Mais dans ce domaine plus que tout autre la probabilité et parfois l'incapacité de trancher sont les conséquences du travail scientifique; l'étude sert alors à montrer les causes de l'ignorance!

Si certains critères, souvent combinés, invitent à juger de la non-historicité de tel ou tel récit, il est impossible de penser que Jésus n'ait fait aucun miracle. Un noyau de la tradition ancienne est lié avec des événements miraculeux accomplis par Jésus. Ainsi le reproche que lui adressent les scribes de chasser les démons par le Prince des démons (Mc 3, 22 par.) trahit leur hostilité à l'égard de Jésus. Un tel reproche n'est pas né dans la première communauté, n'a pas été prononcé sans que Jésus n'ait réellement chassé de démons. Les guérisons de Jésus le jour du sabbat sont attestées dans les différentes couches de tradition: on peut donc y voir un souvenir très réel de l'activité de Jésus, qui scandalisa peut-être les disciples eux-mêmes. La première journée des miracles de Jésus rapportée par Marc (1, 21–31) remonte peut-être aux mémoires de Pierre. La guérison du lépreux (Mc 1, 40–44) peut provenir également d'une tradition ancienne,[27] de même que la guérison de la fille de Jaïre. La difficulté que Jésus éprouve à faire des miracles à Nazareth (Mc 6, 5a), la malédiction de Chorazeïn, Bethsaïde, Capharnaüm (Mt 11, 20–24), l'incapacité des disciples de guérir l'enfant épileptique (Mc 9, 18), leur jalousie devant les exorcistes qui chassent des démons au nom de Jésus (Mc 9, 38–40) sont autant de traits de l'ancienne tradition qui seraient incompréhensibles si Jésus lui-même n'avait pas accompli de miracles.

La guérison des malades, l'expulsion des démons furent donc une part assez importante de l'activité terrestre de Jésus. En accomplissant des miracles Jésus montre que le Royaume de Dieu est déjà à l'oeuvre, que la puissance de Satan sur le monde commence à reculer. Chaque fois que Jésus chasse un esprit mauvais ou guérit un malade, l'heure où Satan sera totalement dépossédé est anticipée. Au retour de la mission des soixante-douze disciples, Jésus leur confie qu'il a vu, dans une sorte de vision apocalyptique, Satan qui tombait du ciel comme l'éclair. Le temps paradisiaque déjà s'accomplit: les disciples peuvent fouler aux pieds la puissance de l'ennemi, vivre en compagnie des bêtes sauvages, leurs noms sont inscrits dans les cieux (Lc 10, 18–20).

Aux yeux de ses contemporains, l'action de Jésus était pourtant, tout comme son enseignement, énigmatique. Satan tout comme Jésus pouvait accomplir des oeuvres miraculeuses (Mc 13, 22). Les adversaires de Jésus lui reprochent de chasser les démons par le Prince des démons. Que fallait-il penser de quelqu'un qui guérissait le jour du sabbat? Sa doctrine eût permis de juger de ses miracles, si elle-même n'avait été suspecte, si sa conduite avait été moins surprenante. 'Les Juifs avaient une doctrine de Dieu comme nous en avons une de Jésus-Christ, et confirmée par des miracles; et défense de croire à tous faiseurs de miracles (Dt 18, 10). Et ainsi toutes les raisons que nous avons pour refuser de croire les faiseurs de miracles, ils les avaient à l'égard de leurs prophètes.'[28] Le Talmud de Babylone rapporte que Jésus fut crucifié la veille de la Pâque 'parce qu'il avait pratiqué la sorcellerie et entraîné Israël dans l'apostasie' (*b. Sanh* 43a). Justin connaît la même tradition: 'Ceux qui voyaient ces choses arriver disaient que c'étaient des visions magiques, car ils ont osé soutenir qu'il était magicien, et qu'il égarait le peuple.'[29] Tout enseignement inscrit dans le langage humain, toute action insérée dans l'histoire est ambivalente et sujette à diverses interprétations. Seul le don de la foi peut lever l'ambiguïté qui pèse sur la personne historique de Jésus.

c. L'enseignement de Jésus sur la résurrection des morts[30]

Jésus a avalisé la croyance pharisienne dans la résurrection des morts, comme le montrent la controverse avec les Sadducéens (Mc 12, 18-27), et le logion sur le scandale des petits (Mc 9, 43-48). Il a annoncé prophétiquement et inauguré par sa prédication, son comportement, ses miracles, le Royaume de Dieu à venir. Les paraboles sur le Royaume, l'expulsion des démons, les guérisons qu'il a accomplies, le rassemblement d'une petite communauté de disciples et de pauvres autour de lui annonçaient et figuraient déjà ce Royaume futur. Le Royaume définitif de Dieu ne serait pourtant établi, selon les données apocalyptiques de l'époque, qu'après la résurrection des morts, la venue du Fils de l'homme et le jugement final. Et Jésus parle, selon ce scénario classique de la fin des temps, de la venue prochaine du Fils de l'homme dans la gloire, des assises du grand jugement, du sort des élus et des réprouvés (Mt 10, 23; 13, 41-43; 19, 28; 24, 30s; 25, 31s).

Jésus a-t-il innové dans son enseignement sur la résurrection des morts et la vie future? On répond souvent hâtivement que Jésus a universalisé et dématérialisé l'eschatologie juive. Il nous paraît pourtant impossible, dans l'état actuel de la recherche, de donner une réponse valable à cette question. Car toute réponse suppose que l'on ait tranché au préalable deux questions qui sont actuellement très débattues: la date du Livre des Paraboles, et le rapport entre Jésus et le Fils de l'homme. Si l'on date, avec la majorité des critiques, le Livre des Paraboles du premier siècle avant Jésus-Christ, étant donné la grande parenté entre l'enseignement de ce livre sur la vie future et les données des Synoptiques, on dira que Jésus a peu innové dans son enseignement. Tout autre sera la réponse si l'on date le Livre des Paraboles au troisième siècle après Jésus-Christ. Celui qui pense que Jésus s'est identifié au Fils de l'homme, dira que Jésus a actualisé l'enseignement apocalyptique de son époque, en se désignant lui-même comme le futur juge et en rassemblant autour de lui une communauté d'élus. Mais si Jésus a parlé du Fils de l'homme comme d'un autre, s'il a annoncé la venue du Royaume comme imminente, le nouveauté de son enseignement sur la résurrection des morts et la vie future est restreinte à l'idée d'imminence. C'est cette solution que nous retiendrons comme minimale, et nous dirons que Jésus a cru et a enseigné ce que, à son époque, les Pharisiens croyaient et enseignaient au sujet de la vie future. Toute la nouveauté de l'enseignement de Jésus sur cette question tient à ce qu'il annonce la venue du Royaume de Dieu comme imminente, et la voit déjà se réaliser dans sa prédication et dans sa vie.

La vie de Jésus fut donc une énigme pour ses contemporains qui ne purent reconnaître en lui ni le Messie, ni le Fils de l'homme. Il fut pendant sa vie sur terre un Messie sans royaume et un Fils de l'homme sans gloire. Il ne fut pas un Messie guerrier qui chassa les étrangers, qui ramena en Palestine les Juifs captifs, prélude nécessaire selon la croyance apocalyptique de l'époque à l'établissement définitif du Royaume de Dieu. Les promesses de la paix messianique: résurrection des morts et vie sans fin dans la joie d'un paradis retrouvé ne furent pas réalisées lors de sa vie terrestre. Son enseignement, son comportement, ses miracles étaient aux yeux de ses contemporains ceux d'un prophète apocalypticien; pour beaucoup, ils restèrent énigmatiques. Les autorités religieuses juives les trouveront bientôt scandaleux, et Jésus sera livré aux Romains pour être crucifié. Mais la résurrection de Jésus allait révéler qu'en lui 'la sagesse de Dieu mystérieuse, demeurée cachée, celle qu'aucun prince de ce monde n'a connue' (1 Co 2, 7s) s'était révélée d'une manière définitive.

3. La résurrection de Jésus. Jésus prêché comme Messie et Fils de l'homme. La résurrection des morts dans l'Eglise primitive

Que fut la résurrection de Jésus? Quel sens la première communauté donnat-elle à cet événement surnaturel? Les indications maigres et clairsemées que l'étude critique des premières confessions de foi, ou des textes les plus anciens, peut nous fournir à cet égard, composent un étrange tableau à la Rembrandt où quelques flaques de lumière ne font que mieux accuser la superficie des noirceurs.

Gratifiés de visions, dont il est difficile de préciser le caractère objectif ou subjectif, les premiers compagnons de Jésus crurent qu'il était ressuscité d'entre les morts. La résurrection de Jésus ne fut pas, pour autant qu'on en puisse juger, considérée à l'aube de la chrétienté comme un événement eschatologique mettant fin au monde ancien, et ouvrant l'ère eschatologique. Par sa résurrection Jésus avait été élevé dans la gloire, intronisé dans la dignité de Messie et de Fils de l'homme (Ac 2, 31-36; 7, 55s; Rm 1, 3s). Mais l'instauration du Royaume transcendant de Dieu, que Jésus durant sa vie terrestre avait prêché et inauguré prophétiquement, n'aurait lieu que lors de la venue du Seigneur, qui ne saurait tarder: 'En vérité, je vous le dis, vous n'achèverez pas le tour des villes d'Israël avant que ne vienne le Fils de l'homme' (Mt 10, 23). 'En vérité je vous le dis, il en est d'ici présents qui ne goûteront pas la mort avant d'avoir vu le Royaume de Dieu venu avec puissance' (Mc 9, 1). Forte de ces paroles de Jésus, l'espérance du petit troupeau des disciples est tournée vers la venue prochaine de Jésus comme Juge et Sauveur, comme Fils de l'homme et Messie (Ac 3, 20s; 5, 31; 10, 42; 1 Th 1, 9s). L'affaire Jésus continue, enfermée encore dans les limites de l'Apocalyptique juive.

Le problème de la résurrection des morts ne paraît pas avoir préoccupé la toute première génération chrétienne. Selon la croyance apocalyptique de l'époque, avalisée par Jésus, on sait que l'ère messianique que l'on attend pour bientôt s'ouvrira par la résurrection des morts et le jugement. Paul, en se basant sur une parole du Seigneur et de la tradition juive, annonce aux Thessaloniciens que la venue du Seigneur inclut la résurrection des morts et l'enlèvement des vivants auprès de lui. La foi en la résurrection de Jésus garantit que Dieu, par Jésus, amènera les morts avec lui (1 Th 4, 14).[31] La résurrection des morts reste médiatisée par la venue du Seigneur qui, elle, est garantie par sa résurrection. L'ère messianique sera inaugurée par sa venue. La première génération chrétienne, sous l'influence de la pensée apocalyptique juive, vit dans l'attente du tournant du monde qui se réalisera lorsque viendra le Seigneur Jésus.

Quand et comment la communauté primitive comprit-elle vraiment que la résurrection de Jésus était l'événement eschatologique par excellence qui inaugurait ici-bas l'ère messianique? Il semble que cette prise de conscience ait eu lieu assez tôt, qu'elle se soit faite à la lumière de l'Ecriture, comme en témoigne la confession de foi de 1 Co 15, 4:

[Christ] est ressuscité le troisième jour selon les
Ecritures.

L'emploi du mot 'Christ', sans article, comme nom propre, laisse supposer que Jésus était déjà considéré comme ayant été le Messie durant sa vie terrestre. L'emploi du parfait ἐγήγερται insinue que Jésus est vivant et exalté. L'expression 'le troisième jour selon les Ecritures' sous-entend que la résurrection de Jésus était déjà comprise comme un événement de la fin des temps. Cette expression provient, à n'en pas douter, de Os 6, 2: 'Il nous fera revivre après deux jours, le troisième jour il nous ressuscitera, et nous revivrons devant lui.' Le targum a paraphrasé ce texte: 'Il nous fera revivre aux jours des consolations qui doivent venir; au jour où il fera revivre les morts, il nous ressuscitera et nous vivrons devant lui.' Le troisième jour est identifié avec celui de la résurrection générale. Le *Midrash Rabba* sur Gn 22, 4 a conservé une collection d'oeuvres bénéfiques accomplies par Dieu au troisième jour. La dernière sera la résurrection des morts: 'Au troisième jour, celui de la vivification des morts, selon qu'il est écrit: Après deux jours il nous fera revivre, au troisième jour il nous ressuscitera et nous vivrons devant lui.' Ces deux versets montrent que le judaïsme ancien interprétait le texte de Os 6, 2 comme une annonce prophétique de la résurrection eschatologique.[32] On peut en conclure que la résurrection de Jésus, qui eut lieu le troisième jour, fut regardée par la première communauté, à la lumière de l'Ecriture, comme un événement eschatologique. Cette interprétation se fit jour assez tôt, vraisemblablement dans les milieux juifs, grâce à l'exégèse courante du texte d'Os 6, 2. La résurrection de Jésus est alors considérée comme le prélude de l'ère messianique. Elle a inauguré le règne messianique de Jésus qui doit se poursuivre jusqu'à ce que tous ses ennemis lui soient soumis (Ac 2, 34ss; 1 Co 15, 25ss). La communauté se comprend alors elle-même comme la communauté eschatologique qui, gratifiée du don de l'Esprit, attend comme confirmation de sa foi en la résurrection de Jésus, la venue de son Seigneur. La foi en la résurrection de Jésus, comprise comme événement eschatologique, prend le pas sur la venue du Seigneur, et ce phénomène ira grandissant.

La résurrection des morts est fondée maintenant sur celle de Jésus (1 Co 6, 14; 2 Co 4, 14; 13, 4; Rm 6, 5-8; 8, 11). Jésus ressuscité est prémices de ceux qui se sont endormis (1 Co 15, 20). Mais Paul hésite encore dans son argumentation: la résurrection de Jésus fonde et présuppose la foi en la résurrection des morts (1 Co 15, 12-13); elle n'est pas dissociable de la foi en la résurrection générale, même si elle en devient le fondement. L'inversion de l'argumentation de Paul aux v. 12-13 manifeste que la résurrection de Jésus fonde et inaugure l'ère messianique, idée que Paul développe aux versets 20-28.

L'inauguration de l'ère messianique allait très tôt être reportée à la vie terrestre de Jésus. La mort et la résurrection de Jésus, couronnement de sa vie sur terre, ne pouvaient plus longtemps être dissociées de sa vie. Jésus n'avait-il pas annoncé le Royaume futur de Dieu, ne l'avait-il pas signifié dans sa prédication et dans ses oeuvres? Sa personne, son activité comprises à la lumière de Pâques, relues sous l'éclairage de l'Ecriture et l'inspiration de l'Esprit, furent interprétées comme accomplissement des prophéties messianiques. L'utilisation du nom propre 'Christ' en 1 Co 15, 4 laisse percer déjà une telle interprétation. L'inauguration de l'ère messianique fut alors reportée au début de l'activité missionnaire de Jésus, à son baptême par Jean, puis à sa naissance comme en témoigne Paul en Ga 4, 4: 'Quand vint la plénitude des temps, Dieu envoya son Fils . . .' La dernière étape dans la révélation du mystère de Jésus sera franchie lorsque Jésus sera considéré comme la Parole incréée de Dieu, préexistant à son incarnation.

4. Le sens de la création des récits de résurrection

Les Evangiles, lus dans cette perspective, n'apparaissent pas uniquement comme un reportage historique sur la vie de Jésus, mais comme la révélation et l'épiphanie de son mystère. Les premiers prédicateurs annoncent ce qui s'est passé en Galilée, à Jérusalem et donnent surtout le sens de ces événements. Le Jésus terrestre, que beaucoup de Juifs avaient connu, était le Messie choisi par Dieu. Ses miracles accomplissaient les oeuvres messianiques que les prophètes avaient annoncées (Lc 4, 16–22; 7, 18–23). C'était Dieu qui agissait en Jésus lorsqu'il opérait des miracles (Ac 2, 22). La vie terrestre de Jésus était éclairée par le fait de Pâques et la méditation des Ecritures qui lui donnaient son sens. Et ce double faisceau lumineux montrait que Jésus était vraiment le Messie de Dieu et le Seigneur.

On ne peut nier également que la foi des premières générations chrétiennes s'est parfois concrétisée dans des paroles, des récits de miracles qui furent mis au compte de Jésus sans avoir de fondement dans la vie terrestre de Jésus. Pourquoi une telle amplification? La réponse est simple. Croire à Jésus ressuscité c'est affirmer qu'en lui la promesse de Dieu a trouvé son achèvement, que l'ère messianique, la fin des temps a été inaugurée, qu'en lui toute l'Ecriture a été accomplie. Le sens de l'événement Jésus n'était pas enfermé dans les limites de sa vie terrestre, mais ouvert sur le passé et vers l'avenir. Pourquoi s'étonner dès lors que certains prédicateurs aient actualisé, voire objectivé leur foi et leur espérance dans telle parole ou tel récit qui révélaient à leurs contemporains la signification de l'événement Jésus? Quand l'Eglise aujourd'hui, l'exégète ou le théologien proposent tel enseignement ou telle conduite morale comme l'interprétation authentique de la volonté révélée de Dieu, ils ne font rien d'autre que ce qu'a fait le prédicateur de l'Eglise primitive, qui avec les moyens dont il disposait, en interprétant l'Ecriture à la lumière de la vie, de la mort et de la résurrection de Jésus, et la vie, la mort et la résurrection de Jésus à la lumière de l'Ecriture, a prouvé que Jésus était Messie, Seigneur et Fils de Dieu. La Parole a pris corps dans des récits qui parfois se basent sur une action réelle de Jésus, parfois sont une interprétation et une actualisation de l'Ecriture à la lumière du mystère de Jésus pris en son ensemble.

Les récits de résurrection des morts s'inscrivent dans cette prédication messianique de la vie de Jésus. Ils servent à dévoiler le mystère de la vie de Jésus, à montrer que par sa vie l'ère messianique et la fin des temps sont entrées dans le monde, que Jésus est l'envoyé de Dieu en qui toute l'Ecriture trouve son accomplissement. Car quiconque nie, même à titre d'hypothèse, l'historicité des récits de résurrection des morts dans le Nouveau Testament, doit reconnaître au moins que ces récits sont des prédications qui essaient de montrer que Jésus a inauguré par son ministère l'ère messianique. Et tel semble bien être le sens du récit de la résurrection du fils de la veuve de Naïm où, après le miracle, les témoins louent Dieu d'avoir visité son peuple et reconnaissent en Jésus un prophète dont la puissance égale celle d'Elie. Ce récit fut donc d'abord une prédication sur la visite eschatologique de Dieu en Jésus pour des gens habitués à entendre les récits de miracles de l'Ancien Testament, et, dans le monde hellénistique, les récits de miracle opérés par les dieux, ou héros. Seule la foi en la résurrection de Jésus, en sa messianité autorisait une telle prédication.

Le récit de la résurrection de la fille de Jaïre est une amplification d'un récit de guérison. L'amplification du texte s'est faite dans un milieu juif, comme le montrent les aramaïsmes du récit primitif de résurrection. La méditation des Ecritures a peut-être influencé ce grossissement. La réponse de Jésus aux envoyés du Baptiste témoigne que Jésus accomplit ce qui était annoncé 'de celui qui devait venir': 'les morts ressuscitent'; c'est donc que l'ère messianique est là! Cette phrase avait dans la bouche de Jésus peut-être un sens spirituel, ou peut-être même fut-elle ajoutée par un prédicateur lorsque on eut attribué à Jésus des résurrections; le texte d'Is 35, 5s; 61, 1 que cite Jésus ne parle pas de résurrection des morts. La transformation du récit de guérison aurait dans ce cas une portée catéchétique, montrant que la réalité de Jésus qui réveille de la mort est à prendre plus au sérieux que la réalité de la mort. Une telle catéchèse est impensable sans la foi en la résurrection de Jésus et en sa messianité.

Le premier récit de la résurrection de Lazare est né sans doute en milieu grec, judéo-hellénistique. Le premier récit ne garde pas en effet de traces d'aramaïsmes et est une actualisation de la prophétie d'Is 42, 7; 49, 9 lue dans la LXX. Il est probable aussi que le Ps 115, 6s (LXX), où est décrite la permanence de l'amitié de Dieu pour ses dévots au delà de la mort, ait contribué à la formation de ce récit. Le but du récit est essentiellement kérygmatique: il montre que Jésus a accompli les prophéties annoncées par l'Ecriture, qui concernaient le Serviteur de Yahvé. La foi en la résurrection de Jésus est le fondement de cette interprétation et actualisation de l'Ecriture.

Le récit de la résurrection de Tabitha est né sans doute de l'intention de montrer en Pierre le successeur de Jésus. Ce récit indique que l'affaire Jésus a continué au moins dans ses disciples qui, gratifiés de l'Esprit de Jésus, peuvent accomplir les mêmes oeuvres que lui. Le récit veut montrer aussi la récompense accordée aux bonnes oeuvres. Il est impossible de savoir s'il y a à la base du récit actuel quelque récit de guérison miraculeuse. Tel quel, le récit se laisse facilement classer sur le rayon des 'légendes hagiographiques'.

Ainsi les récits de résurrection des morts dans le Nouveau Testament s'adossent à la résurrection de Jésus, et à la foi en sa messianité, dont ils sont 'la conclusion théologique'. Conclusion que les premiers prédicateurs n'ont pas exprimée en termes abstraits et philosophiques, mais, selon la coutume de l'époque et du milieu, en des récits simples et colorés. La longue démarche que nous avons faite a permis de situer le sens de la création de ces récits dans le développement de la pensée théologique. Le judaïsme ancien, pour autant qu'on puisse en juger, avait établi une certaine liaison entre la venue du Messie et la résurrection des morts. Jésus ne combla pas durant sa vie terrestre l'attente messianique de son époque, mais se révéla selon l'ordre de la charité. Lorsque la lumière de Pâques scintillera, puis brillera dans le coeur de ses disciples, Jésus sera cru et prêché comme le Messie et le Fils de l'homme à venir. On attend, selon le scénario apocalyptique de l'époque, sa venue prochaine comme juge et sauveur des vivants et des morts. Sa vie, sa mort, sa résurrection sont relues à la lumière de l'Ecriture. Jésus n'était plus seulement le Messie à venir, il avait déjà été le Messie durant sa vie terrestre. L'événement Jésus franchissait les limites de sa vie terrestre, pour se porter vers l'avenir, mais aussi vers le passé d'Israël, dont il comblait l'attente messianique. Afin d'annoncer que Jésus avait été, était, et serait le Messie, on lui prêta des propos plus messianiques, on montra par des récits que Jésus avait été le Messie, et qu'il le serait. Bref, on tira les conclusions théologiques qui étaient impliquées dans la foi en la messianité de Jésus. C'est la raison pour laquelle, à notre avis, les récits de résurrection des morts ont vu le jour. Pour révéler le sens de l'événement Jésus, et qu'en Jésus l'ère messianique était éclose, la Parole se fit récit.

11

LES PREMIERS RECITS DE RESURRECTION COMME PAROLE DANS LES COMMUNAUTES PRIMITIVES

Nous venons de voir comment et pourquoi la foi en la résurrection de Jésus et en sa messianité a pu s'exprimer en des récits de résurrection. Dans la première partie de cette étude nous avions essayé de faire apparaître le sens et la portée théologiques que chaque évangéliste avait donnés à son ou ses récits. Penchons-nous maintenant sur l'étape intermédiaire, celle de la première tradition chrétienne, qui se situe entre la prédication de Jésus comme Messie et la rédaction des Evangiles. Quelle portée ces récits ont-ils eue dans la vie des communautés primitives? Comment les premières Eglises ont-elles compris et interprété les premiers récits de résurrection?

On n'atteint la première tradition chrétienne que dans les couches qui se sont sédimentées dans les récits et que la critique littéraire permet de déceler. L'archéologie de ces textes, la comparaison de ces récits avec d'autres récits de miracle, et l'histoire de la formation des textes, témoignent que la première prédication de ces récits s'est cristallisée autour de la personne de Jésus, du problème du sommeil et de la mort et des pleurs. Nous avons déjà parlé de la christologie impliquée dans ces récits lorsque nous avons interprété les textes: il est inutile d'y revenir. C'est en comparant la catéchèse contenue dans ces récits sur le problème de la mort, des pleurs, de la foi, et les inquiétudes des premiers chrétiens au sujet des morts: 'Qu'était-il advenu de ceux qui étaient morts avant la venue du Messie? Seraient-ils présents lors de la Parousie? ' que l'on comprend comment ces premiers récits de résurrection furent une parole adressée aux communautés primitives. Nous allons traiter successivement de la couple sommeil-mort, du problème des pleurs et de la foi dans ces récits.

1. La couple sommeil-mort[1]

Avant d'avoir vu la fillette, dont il a appris le décès en chemin, Jésus déclare: 'L'enfant n'est pas morte, mais elle dort.' Quel est le sens de cette parole mystérieuse? Jésus entend-il affirmer qu'il y a une mort qui n'est pas une mort, mais un sommeil, comme le prétend O. Michel?[2] Ou bien veut-il par cette image qualifier la mort de l'enfant de transitoire, puisqu'il va la ressusciter, comme P. Hoffmann le pense?[3]

Le bref dialogue entre Jésus et ses disciples en Jn 11, 11–14 souligne à l'inverse que le verbe 'être endormi' signifie 'être mort': 'Après cela il leur dit: "Lazare notre ami est endormi" . . . Les disciples lui dirent: "Seigneur s'il est endormi, il guérira" . . . Jésus leur dit: "Lazare est mort . . . mais rendons-nous près de lui".'[4]

Jésus oppose dans le récit de la résurrection de la fille de Jaïre le sommeil et la mort, dans le récit de la résurrection de Lazare il les identifie. Dans les deux cas il ressuscite celui ou celle qui est endormi et véritablement mort.

Que la mort soit appelée sommeil dans l'Evangile de Jean n'a rien de surprenant. C'est là un usage courant qui remonte à la plus haute antiquité tant chez les Egyptiens, les Sémites que chez les Grecs. La métaphore est fréquente dans la bible tant en hébreu qu'en grec et se rencontre également dans les inscriptions juives et les écrits rabbiniques.[5] Lorsque se fit jour néanmoins, en Israël, la doctrine de la résurrection des morts, lorsque la doctrine de la survie se fut également précisée, le mot 'endormis' fut de plus en plus utilisé pour désigner la condition des justes qui étaient morts et attendaient la résurrection. Les écrits apocalyptiques offrent de nombreux exemples de cette utilisation. Le Nouveau Testament emploie également les verbes 'dormir' et 'être endormi' au sens de mourir et d'être mort. Ce verbes y désignent-ils, comme dans l'Apocalyptique juive, la condition des morts avant la résurrection, sont-ils les termes adéquats pour désigner l'état intermédiaire entre la mort et la résurrection comme le veulent Michel et Cullmann?[6] Pour répondre à ces questions nous allons étudier le sens de 'être endormi' et 'dormir' dans l'Apocalyptique juive et le Nouveau Testament. Nous verrons ensuite le sens de l'affirmation de Jésus en Mc 5, 39, et sa portée pour les premières générations chrétiennes, et pourquoi l'auteur principal du quatrième évangile a ajouté en Jn 11, 11c: 'mais je vais aller le réveiller', et le verset 13.

a. 'Dormir' et 'être endormi' dans l'Apocalyptique

Le *Livre de Daniel* décrit la résurrection comme un réveil du pays de la poussière: 'Beaucoup de ceux qui dorment au pays de la poussière se réveilleront . . .' (Dn 12, 2). L'expression 'ceux qui dorment au pays de la poussière' désigne les ombres du Shéol qui, à la fin des temps, se réveilleront de leur torpeur et sortiront de l'état léthargique qui leur était imposé dans le monde souterrain. Dans le *Livre des Jubilés* à la même époque, l'expression: 'il s'endormit du sommeil éternel' est utilisée pour parler de la mort d'Abraham et d'Isaac (23, 1; 36, 18), et en souligner la sublimité. Plusieurs expressions empruntées à l'Ancien Testament servent également dans le *Testament des douze Patriarches* à décrire la mort des Patriarches sans qu'il y ait aucune allusion à la résurrection des morts.[7] Mais, dans le *Testament de Juda*, la résurrection des justes est décrite comme un réveil: 'Et après cela, Abraham, Isaac et Jacob se réveilleront (ἐξυπνισθήσονται)' (25, 1). La manière de s'exprimer montre combien l'idée de résurrection est liée à celle de l'image du sommeil. Dans le *Livre de l'Exhortation*, l'image du sommeil est employée pour décrire la situation du juste entre la mort et la résurrection: 'Et le juste se lèvera de son sommeil, et la Sagesse lui sera donnée' (1 Hén 91, 10; cf. 92, 3; 100, 5). L'image du sommeil est devenue un mot codé dans l'Apocalyptique pour désigner les justes 'qui sont dans la main de Dieu' et attendent la résurrection.[8] Dans le *Livre des Paraboles*, la mort des justes est décrite par l'euphémisme: 'ceux qui dans la justice se sont endormis' (1 Hén 49, 3).[9]

Dans le *Livre des Antiquités Bibliques* du Pseudo-Philon, l'image du sommeil et du repos est employée à plusieurs reprises pour caractériser la condition des justes qui sont morts et attendent la résurrection: 'Lorsque seront achevées les années du siècle, alors la lumière cessera et les ténèbres s'éteindront, je vivifierai les morts et je ferai lever de la terre ceux qui dorment' (3, 10). 'Et je te ferai dormir avec tes pères, et je te donnerai le repos dans ton sommeil et je t'ensevelirai dans la paix . . . en lui (dans ton sépulcre) tu reposeras jusqu'à ce que je visite le siècle. Et je te réveillerai, toi et tes pères, de la terre dans laquelle vous dormirez . . . car je me hâterai de vous réveiller vous les endormis' (19, 12s). Mais l'image peut s'appliquer à tous les morts comme le montre l'affirmation en 11, 6: 'Je suis un Dieu jaloux qui punis les péchés des impies endormis sur les fils vivants s'ils marchent dans la voie de leurs parents.'

Le *4° Esdras* parle également des endormis comme des justes qui attendent la résurrection:

> Puis la terre dépose ceux qui dedans reposent,
> et la poussière éveille ceux qui dedans sommeillent,
> puis les caveaux raniment ceux qu'en eux ils compriment,
> les tombes multiplient ceux qu'en elles on confie (7, 32).[10]

L'Apocalypse de Baruch utilise la même image pour parler du séjour de repos des justes: 'Car nombreuses sont pour nous les années (écoulées) depuis les jours d'Abraham, d'Isaac, de Jacob et de tous ceux qui leur ressemblent et dorment dans la terre' (21, 4).[11] 'Nos pères s'endormirent sans souffrances, et voici que les justes reposent en terre dans la paix' (11, 4). Le sommeil des justes est présenté aussi comme une attente de la résurrection: 'Et après cela quand sera accompli le temps de l'avènement du Messie et qu'il retournera dans la gloire, tous ceux qui se sont endormis en espérant en lui ressusciteront' (30, 1). Mais l'expression peut aussi avoir comme dans l'Ancien Testament un sens plus large et désigner seulement le fait d'être mort: 'Mais à présent les justes sont morts, les prophètes se sont endormis et nous aussi nous avons quitté notre terre; Sion nous a été ravie' (85, 3). Elle peut même devenir ironique pour décrire le châtiment des ennemis d'Israël: 'Dormez maintenant dans la douleur, reposez-vous dans le tourment jusqu'à l'avènement du temps ultime de ton retour et d'un plus cruel châtiment' (36, 10).

L'Apocalyptique juive a donc repris à l'Ancien Testament l'image du sommeil et le verbe 'être endormi' pour désigner la condition des morts. Mais la foi en la survie qui s'est précisée, la doctrine de la résurrection des morts qui est apparue, ont changé le contenu de l'expression. Le verbe 'être endormi' peut désigner dans l'Apocalyptique simplement encore le fait d'être mort, mais il est employé beaucoup plus fréquemment pour décrire la condition des justes qui, après leur mort, attendent la résurrection. L'image du sommeil décrit souvent aussi l'état de repos et de paix dont jouissent les justes aussitôt après leur mort, tandis que les impies sont livrés dès leur mort aux tourments. Les écrits rabbiniques poursuivront dans la même ligne.[12] Qu'en est-il du Nouveau Testament?

b. 'Dormir' et 'être endormi' dans le Nouveau Testament

Le Nouveau Testament, comme la LXX, utilise pour décrire la mort en terme de sommeil les deux verbes $\kappa\alpha\theta\epsilon\acute{u}\delta\epsilon\iota\nu$ et $\kappa o\iota\mu\tilde{\alpha}\sigma\theta\alpha\iota$. Le verbe $\kappa\alpha\theta\epsilon\acute{u}\delta\epsilon\iota\nu$ est employé trois fois en ce sens: 1 Th 5, 10; Mc 5, 39 et par.; Ep 5, 14; le verbe $\kappa o\iota\mu\tilde{\alpha}\sigma\theta\alpha\iota$ quatorze fois (Mt 27, 52; Jn 11, 11; Ac 7, 60; 13, 36; 1 Th 4, 13.14.15; 1 Co 7, 39; 11, 30; 15, 6.18.20.51; 2 P 3, 4). L'utilisation de ces verbes a-t-elle un sens particulier? Ces verbes désignent-ils comme dans l'Apocalyptique juive la condition de repos et de paix dont jouissent les justes qui sont morts? Le sommeil des justes est-il considéré comme une attente lourde de l'espérance de la résurrection? Il faut pour répondre à ces questions considérer chaque cas.

En 1 Th 5, 10, le verbe $\kappa\alpha\theta\epsilon\acute{u}\delta\epsilon\iota\nu$ signifie seulement mourir. 'Dieu ne nous a pas réservés pour sa colère, mais pour acquérir le salut par notre Seigneur Jésus Christ qui est mort pour nous, afin que, soit que nous vivions soit que nous mourions, nous vivions ensemble avec lui.' Paul reprend ici au sens figuré les verbes 'être éveillé' et 'dormir', employés au sens propre aux v. 6s. Il n'envisage pas une union au Christ dès la mort, à la différence de Rm 14, 8s; Ph 1, 23, mais, comme il l'a montré en 4, 13–17, lors de la Parousie: 'Ainsi nous serons avec le Seigneur toujours' (v. 17). Les morts attendent la venue du Seigneur. Que font-ils entre-temps? Paul ne le dit pas.

L'auteur de l'Epître aux Ephésiens cite en 5, 14 une partie d'une hymne baptismale rapportée en entier par Clément d'Alexandrie dans le Protreptique (9, 84):[13]

> Eveille-toi toi qui dors,
> lève-toi d'entre les morts
> et sur toi luira le Christ,
> le soleil de la résurrection,
> l'Engendré avant l'aurore,
> dont les rayons donnent la vie.

Le verbe καθεύδειν désigne ici le sommeil ou la mort spirituels, d'où le chrétien est tiré par le baptême.

L'emploi du parfait κεκοιμημένων en Mt 27, 52 ne dit, de soi, rien sur la condition des justes décédés avant la mort du Christ.

L'emploi de l'aoriste ἐκοιμήθη en Ac 7, 60 est intéressant. Le terme fait contraste avec la mort violente infligée au martyr: Etienne, qui meurt lapidé, s'endormit. L'idée, qu'il entre dans la paix du Seigneur, est sous-entendue. En Ac 13, 36 le verbe s'endormir repris de 1 R 2, 10 (LXX) indique seulement le décès du roi David sans que son sort après la mort soit pris en considération; il est seulement dit: 'il vit la corruption.'

Le participe présent κοιμωμένων en 1 Th 4, 13 peut indiquer la condition intérimaire des morts, ou être traduit seulement par 'ceux qui meurent'. 'Nous ne voulons pas, frères, vous laisser ignorants au sujet de ceux qui dorment (ou ceux qui meurent).' Ce deuxième sens est préférable, car Paul reprend ici la question que les Thessaloniciens lui ont soumise au sujet des morts. Le présent, mieux attesté que le parfait, indique une action qui se répète ou est habituelle. Le sens du participe aoriste au verset suivant est plus difficile. Si l'on rattache en effet διὰ τοῦ Ἰησοῦ à κοιμηθέντας le sens en serait: ceux qui sont morts chrétiennement. Mais que signifie à cette époque mourir chrétiennement? Il est peu probable également que διὰ τοῦ Ἰησοῦ corresponde à ἐν Χριστῷ. Le διὰ τοῦ Ἰησοῦ qualifie donc plus vraisemblablement toute la phrase.[14] Le participe aoriste, ici et au verset suivant, désigne seulement les chrétiens morts, les νεκροὶ ἐν Χριστῷ du verset 16, sans qu'il soit fait allusion à leur condition intérimaire. L'aoriste indique une action passée, sans aucune considération de durée. Ces chrétiens décédés seront présents lors de la Parousie du Seigneur, puisque Jésus est mort et ressuscité (v. 14). Paul n'envisage pas, ni ne décrit leur situation intermédiaire entre leur décès et la Parousie.

L'indicatif présent en 1 Co 11, 30 indique comme en 1 Th 5, 10 l'acte de mourir, le décès pur et simple. Les aoristes en 1 Co 7, 39; 15, 6; 2 P 3, 4, le futur en 1 Co 15, 51 ont le même sens. En 15, 18 l'expression οἱ κοιμηθέντες ἐν Χριστῷ pourrait prêter à confusion, mais le ἐν Χριστῷ est utilisé seulement à la place de l'adjectif chrétien, comme en 1 Th 4, 16. L'aoriste est employé parce qu'on parle simplement d'une action passée sans aucune considération de durée comme en 1 Th 4, 14s.

Le participe parfait en 15, 20: 'Mais non, le Christ est ressuscité d'entre les morts, prémices de ceux qui sont endormis' est utilisé pour décrire le fait d'être mort. Il correspond à νεκροί et n'indique nullement que la mort n'est qu'un sommeil. L'expression est curieuse, on attendrait 'prémices des ressuscités', mais Paul préfère 'prémices des morts', car le mot prémices signifie premier par le rang, en excellence, idée que Paul développe au verset 23, mais le premier appartient également au tout comme le ferment dans la pâte. Puisque le Christ est ressuscité, premier-né d'entre les morts (Col 1, 18), il y a pour ceux qui sont morts, la certitude de ressusciter, idée que Paul développe aux versets 21–22.

Concluons:
- Les verbes dormir, s'endormir, être endormi peuvent être remplacés partout, sauf peut-être en 1 Th 4, 13, par le verbe mourir ou l'adjectif mort.
- Ces verbes désignent non seulement l'acte de mourir (présent, futur et aoriste) mais aussi l'état, le fait d'être mort (parfait).
- Ils ne désignent pas la condition de paix, de tranquillité où seraient les morts, comme dans l'Apocalyptique juive et l'Apocalypse de Jean (6, 9; 14, 13). Cette idée est peut-être sous-entendue néanmoins en Ac 7, 60.
- Ces verbes n'impliquent pas par eux-mêmes l'idée de résurrection (1 Co 7, 39; 11, 30). L'idée de résurrection dépend seulement du contexte.
- Il est inexact de dire, comme le pensent Michel et Cullmann, que le terme 'dormir' ou 'être endormi' est le terme biblique propre pour désigner l'état intermédiaire de ceux qui sont morts et attendent la résurrection. Lorsque Paul développera sa pensée sur la condition des morts il affirmera simplement qu'ils ont le Christ comme Seigneur (Rm 14, 8s), qu'ils sont avec lui (Ph 1, 23).

c. Mc 5, 39; Jn 11, 11–13

En opposant sommeil et mort: 'L'enfant n'est pas morte, mais elle dort', Jésus se sépare-t-il de la façon de parler courante de l'Ancien Testament, de l'Hellénisme et de Paul pour se rapprocher de l'Apocalyptique juive où le sommeil des justes est conçu comme une attente de la résurrection? Jésus qualifie seulement la mort de l'enfant comme quelque chose de passager, de transitoire, puisqu'il s'apprête à ressusciter l'enfant. On ne peut séparer le choix des mots de la situation, ils se conditionnent mutuellement. Cette déclaration n'est pas une description de la nature de la mort, mais une métaphore qui suggère que la mort est aussi passagère que le temps du sommeil. Et cette affirmation devient encouragement pour la communauté des croyants, qui dans la foi sait que la mort n'est que pour un temps, que 'Dieu, par Jésus-Christ, amènera avec lui ceux qui se sont endormis' (1 Th 4, 14).

Michel va plus loin. S'appuyant sur Gn R 90, 60c; 4 M 7, 18s; 16, 25; Lc 20, 37s, il affirme que ce n'est pas aller trop loin que de comparer les verbes κοιμᾶσθαι et καθεύδειν à ζῆν τῷ θεῷ: 'La promesse de Dieu fait que le sommeil létal des justes est soustrait à la catégorie mort et est regardé comme une vie.'[15] Voyons les textes sur lesquels s'appuie Michel pour soutenir son affirmation.

Le texte de Gen Rabba, attribué à Resch Laqisch, datant de 250 environ, ne peut pas être utilisé pour préciser le sens de Mc 5, 39, bien que par sa teneur il en soit très proche: 'Dieu dit à Jacob: par ta vie, tu dormiras, mais tu ne mourras pas.'

On lit en 4 M 16, 25: 'Sachant aussi que ceux qui meurent pour la cause de Dieu vivent pour Dieu, comme Abraham, Isaac, Jacob et tous les patriarches.'

L'argument développé dans ce texte est le suivant: Si les morts ne ressuscitent pas, la mort des martyrs, qui témoigne de leur volonté de vivre pour Dieu, consommerait en même temps leur séparation définitive d'avec lui. C'est absurde.

La pensée de Luc en 20, 37s est très proche: 'Et que les morts ressuscitent, Moïse encore l'a donné à entendre dans le passage du Buisson où il appelle le Seigneur le Dieu d'Abraham, le Dieu d'Isaac et le Dieu de Jacob. Or il n'est pas un Dieu de morts, mais de vivants; tous en effet vivent pour lui.' Les Patriarches ont servi Dieu, ont vécu pour lui, la mort ne saurait détruire l'orientation ultime de leur vie; pour Dieu, ces hommes continuent de vivre. Il est probable, selon les conceptions mythiques de l'époque, que l'auteur du quatrième livre des Maccabées, Jésus et Luc considèrent que les premiers Pères et les martyrs vivent dans le 'jardin de vie' attendant la résurrection glorieuse, ou qu'ils les considèrent, selon la conception du livre de la Sagesse, seulement dans la main de Dieu, attendant le jour de sa visite. Le *Livre des Paraboles*, s'il pouvait être daté avec certitude, serait très éclairant. On y décrit en ces termes l'enlèvement d'Hénoch: '[Dieu] me fit résider entre les deux vents, entre Nord et Occident, là où les Anges prirent des cordeaux afin de mesurer pour moi le lieu des élus et des justes. Là je vis les premiers Pères et les saints qui depuis toujours habitent dans ce lieu' (1 Hén 70, 3–4). D'après 1 Hén 71, 12 ce lieu merveilleux s'appelle 'jardin de vie'. Il s'agit de la résidence où Dieu tient en réserve ses fidèles serviteurs, qui doivent participer à la résurrection pour entrer dans son

Royaume et goûter la joie du monde à venir. Quoi qu'il en soit de l'idée précise et de la représentation qui sont sous-jacentes à l'expression 'ils vivent pour Dieu', il est clair que les justes, en tant qu'ils sont vivants pour Dieu, ne sont pas des endormis. La parabole de Lazare et du mauvais riche, la parole de Jésus au bon larron en Lc 23, 43 sont un contredit à l'affirmation de Michel.

Lorsque l'auteur principal du quatrième Evangile ajoute en Jn 11, 11c, après 'notre ami Lazare est endormi', 'mais je vais aller le réveiller', il entend souligner comme en Mc 5, 39 le côté transitoire de la mort, et montrer que la résurrection de Lazare qui a lieu, non pas à la fin des temps, mais après la déclaration de Jésus, est un signe pour le croyant qui est ressuscité dès ici-bas à la vie éternelle par la foi en Jésus. Lorsque cet auteur ajoute en Jn 11, 13 l'addition explicative: 'Jésus avait voulu parler de sa mort, mais eux s'étaient figuré qu'il parlait du repos du sommeil', il veut indiquer que le verbe $\kappa o\mu\tilde{\alpha}\sigma\theta\alpha\iota$ signifie 'être mort', et non pas qu''être mort' c'est 'être endormi', comme le veut Michel.[16]

Les expressions: 'L'enfant n'est pas morte, mais elle dort', 'notre ami Lazare est endormi, mais je vais aller le réveiller' veulent donc seulement affirmer que la mort de ces deux personnes est passagère. Mais ces deux résurrections ont valeur de signe, et enseignent que pour le chrétien également la mort n'est que transitoire. La parole de Jésus dans l'Evangile de Marc répond aux chrétiens de la première génération qui s'inquiétaient du sort de ceux qui étaient morts avant la venue du Christ. Dans l'Evangile de Jean, la déclaration de Jésus: 'Notre ami Lazare est endormi, mais je vais aller le réveiller,' a une portée symbolique: la résurrection de Lazare, qui a lieu non pas à la fin des temps, mais après la déclaration de Jésus, symbolise la résurrection du chrétien qui se produit lorsqu'il écoute la parole du Fils de Dieu (Jn 5, 24s).

2. Le problème des pleurs

Rien, semble-t-il, n'est plus naturel que de pleurer un mort. On comprend parfaitement que la mort d'un être cher endeuille ses familiers, et la présence des pleureurs professionnels dans les récits de résurrection du Nouveau Testament s'explique fort bien par les coutumes de l'époque.[17] Aussi n'est-il pas besoin de chercher d'autres explications à la mention des pleurs propre à ces récits. Un point pourtant demande éclaircissement: pourquoi Jésus s'indigne-t-il de ces pleurs en Mc 5, 39 et Jn 11, 33? Serait-ce seulement pour accuser le manque de foi en sa personne? Serait-ce parce que Jésus va ressusciter le mort et donc que les pleurs deviennent inutiles? Mais en Marc c'est un reproche que Jésus adresse aux pleureurs, en Jean il frémit de colère en les voyant pleurer. Comment expliquer d'autre part que

Jésus s'indigne de les voir pleurer en Jn 11, 33 et qu'ensuite lui-même pleure (v. 35)? Cette attitude différente de Jésus ne serait-elle pas le reflet de la catéchèse primitive sur l'attitude des chrétiens devant la mort: attitude des premiers chrétiens qui attendaient la Parousie dans un proche avenir, et attitude du chrétien de la fin du premier siècle qui s'attendait à mourir avant le retour du Seigneur. Etudions brièvement la correspondance entre la catéchèse primitive et ces récits de résurrection à propos du problème des pleurs.

'Pleure un mort, il a perdu la lumière' suggère avec sagesse Ben-Sira (22, 11). La première prédication chrétienne devait rendre vaine cette recommandation. On savait en effet Jésus ressuscité. Si la Passion de leur Maître avait un moment plongé les disciples dans la tristesse et le désarroi, la certitude de sa résurrection devait bientôt changer leur douleur en joie (cf. Jn 20, 20). Marie de même pleure près du tombeau car elle ne sait pas que Jésus est ressuscité. Et s'adressant à elle Jésus lui demandera: 'Pourquoi pleures-tu?' par la même expression qui est utilisée pour les pleureurs qui étaient dans la maison de Jaïre (Mc 5, 39). Sûre de la résurrection et de l'exaltation de Jésus, la communauté primitive attendait dès lors son retour avec ferveur. On espérait être transformé, être uni au Christ sans avoir à mourir; l'espérance de la Parousie prochaine avait estompé le tragique de la mort. Les années passant sans que la venue de Jésus souhaitée ne se réalisât, des inquiétudes allaient se faire jour au sein des premières communautés chrétiennes. Pourquoi certains étaient-ils morts avant la venue du Seigneur, quel serait leur sort lors de la Parousie? Paul adressera alors aux chrétiens de Thessalonique ce réconfort que maint prédicateur de l'Eglise primitive dut utiliser pour son auditoire: 'Nous ne voulons pas vous laisser dans l'ignorance, frères, au sujet de ceux qui meurent, il ne faut pas que vous soyez tristes comme les autres qui n'ont pas d'espérance. Car du moment que nous croyons que Jésus est mort et ressuscité, Dieu, par Jésus, amènera aussi ceux qui sont morts avec lui' (1 Th 4, 13s).

Si pour comprendre rien n'est mieux que de comparer, nous nous rendons compte que le reproche de Jésus aux pleureurs: 'Pourquoi vous lamentez-vous et pleurez-vous?' (Mc 5, 39) et son attitude indignée devant Marie et les Juifs qui pleurent (Jn 11, 33) correspondent à cette attitude que Paul recommande aux chrétiens de Thessalonique. La parole et l'attitude de Jésus soutiennent et actualisent celle du prédicateur. Nous pourrions dire que nous sommes en présence d'une catéchèse en acte. Jésus enseigne à sa communauté l'attitude qu'elle doit avoir devant la mort qui n'est que transitoire.

Les années passeront et l'espérance d'un prompt retour du Christ s'estompera au fil des ans. Paul lui-même envisagera bientôt la perspective

de devoir mourir avant la venue du Seigneur. Il aurait désiré être encore
vivant lors du retour du Seigneur, mais peu lui importe, si mourir c'est être
réuni au Seigneur: 'Oui nous qui sommes dans cette tente nous gémissons
accablés; nous ne voudrions pas en effet nous dévêtir mais revêtir par-
dessus l'autre ce second vêtement afin que ce qui est mortel soit absorbé
par la vie . . . Nous sommes donc pleins d'assurance et préférons quitter ce
corps pour aller demeurer auprès du Seigneur' (2 Co 5, 2-4.8). La décep-
tion de ne plus devoir être sur terre lors du retour de Jésus fait place à la
certitude que 'quitter ce corps c'est aller auprès du Seigneur.' Dans la vie
comme dans la mort, il appartient au Seigneur (Rm 14, 8) et souhaite s'en
aller pour être avec le Christ (Ph 1, 23). Comme le Paul de cette époque,
l'auteur de l'Apocalypse unit à l'espérance d'un monde nouveau la certitude
que ceux qui viennent de la grande épreuve partagent le Royaume de
l'Agneau (6, 9-11). L'attente d'un prompt retour du Christ qui devait
balayer toute tristesse et souci mondain s'est éclipsée devant la réalité;
l'espérance qui est au coeur de tout chrétien s'est reportée sur un avenir
plus lointain et va devenir plus individualisée; la mort, dépossédée de ses
droits par la résurrection du Christ, continue à frapper tout homme, vaincue seulement par la foi qui espère. L'espérance de revoir quelqu'un
promptement lors de la venue du Christ a cédé le pas à l'espérance de le
revoir à la mort, laissant l'homme dans la foi aux prises avec l'humain. Et
Jésus pleure Lazare qui était son ami indiquant qu'il est légitime de pleurer
ceux qui nous sont chers et sont disparus.

Les récits de résurrection apparaissent donc être pour la première communauté des signes qui montrent que la tristesse ne doit pas avoir le dernier
mot même si le retard de la Parousie rend légitime le chagrin qu'occasionne
la perte d'un être cher.

3. 'Ne crains pas, crois seulement' (Mc 5, 36)

La mort fait peur quand elle rencontre l'homme comme une fatalité.
Contre elle il n'y a pas de remède, apparemment: 'Ta fille est morte, pourquoi déranger encore le Maître?' La sagesse tout humaine parle par la
bouche des gens qui arrivent de la maison du chef de la synagogue. Mais la
réponse de Jésus arrache à la mort son caractère de fatalité: 'Ne crains pas,
crois seulement'; la foi en la parole de Jésus soustrait l'homme à la peur de
la mort. La foi qui triomphe de la mort n'est pas la confiance générale à
Dieu, mais la foi en Dieu qui a ressuscité Jésus, 'qui appelle à l'existence ce
qui n'est pas' (Rm 4, 17). L'auteur de l'épître aux Hébreux affirme que
Jésus se fit le frère des hommes 'afin d'affranchir tous ceux qui leur vie
entière étaient tenus en esclavage par la crainte de la mort' (He 2, 15). Jésus
s'adresse par l'intermédiaire du chef de la synagogue à sa communauté. Sa

parole est une réponse à ceux qui pensent que la mort est de l'ordre de la nécessité. La foi en Dieu qui a ressuscité Jésus, en la parole et la puissance de Jésus dans le récit de la résurrection de la fille de Jaïre, libère le croyant de la peur, qui ne vit plus pour lui-même et de lui-même mais de Dieu et pour Dieu. La foi est la seule attitude que le croyant doit avoir devant la mort.

Quel sens, quelle portée ont eus ces récits de résurrection pour la vie religieuse des premières communautés chrétiennes? Résumons pour terminer ce que nous avons affirmé au cours des études précédentes et dans ce bref chapitre. Les récits de résurrection sont des prédications qui montrent aux croyants que Jésus par sa vie terrestre a inauguré l'ère messianique. Jésus est le Messie, le Nouvel Elie, le Serviteur de Yahvé qui a accompli ce qu'avaient annoncé de lui les Ecritures: les Prophètes et les Psaumes (Is 42, 7; 49, 9; Ps 116, 15s). Mais Jésus ressuscité est aussi Seigneur de sa communauté croyante. Ses paroles, ses gestes deviennent normatifs pour les croyants. Alors que des inquiétudes, des angoisses surgissent dans les premières communautés au sujet des chrétiens morts avant la venue de Jésus, Jésus demande de ne pas pleurer les morts, car la mort n'est que passagère: il viendra réveiller les endormis (Mc 5, 39; Jn 11, 11–14.33), et la foi soustrait le chrétien à l'angoisse de la mort (Mc 5, 35). Les récits d'abord kérygmatiques sont devenus catéchétiques. Ils sont des signes où la communauté croyante trouve réconfort, et raison d'espérer, où elle perçoit la réponse à ses appréhensions. Ils sont devenus parole adaptée aux besoins des auditeurs.

12

LES RECITS DE RESURRECTION COMME PAROLE
POUR LES CHRETIENS D'AUJOURD'HUI

Les récits de résurrection parlent aujourd'hui à ceux qui espèrent dans la foi. Ils corroborent et précisent l'enseignement chrétien révélé dans la résurrection de Jésus, aident à mieux percevoir qui est Jésus, qui est Dieu. Ils font savoir ce que n'est pas la mort, qui, sans la résurrection de Jésus, sans ces récits qui en sont la conséquence, resterait à jamais, selon le mot de Baudelaire, 'le portique ouvert sur des cieux inconnus'. Ils ouvrent enfin à la vie dans l'espérance qui fait attendre la résurrection et la création nouvelle inaugurée dans la résurrection de Jésus.

1. Jésus

Les récits de résurrection des morts disent ce que Jésus a été de son vivant, ce qu'il est maintenant pour le croyant, et laissent présager ce qu'il sera pour les croyants à la fin des temps.

Jésus fut le prophète eschatologique, l'Elie des derniers temps (Lc 7, 16). Sa venue s'inscrit dans une histoire longuement préparée par Dieu, comme le dernier acte, le point tournant de cette histoire. On ne peut saisir l'événement et l'avènement de Jésus, qu'après avoir pris connaissance de l'histoire du salut accomplie par Dieu grâce à un peuple qu'il s'était choisi. Dieu s'était engagé dans l'histoire humaine, et au travers des échecs et des réussites du peuple qu'il avait élu, il conduisit l'histoire à un premier terme: 'Quand vint la plénitude des temps, Dieu envoya son Fils' (Ga 4, 4).

Jésus fut l'envoyé de Dieu, celui qui devait venir. Après la résurrection du fils de la veuve de Naïm chez Luc, après la résurrection de la fille de Jaïre chez Matthieu, quelques disciples de Jean-Baptiste envoyés par leur maître viennent demander à Jésus: 'Es-tu celui qui vient ou devons-nous en attendre un autre?' L'expression est empruntée de toute évidence à Gn 49, 10 où tous les targums lisent: 'Jusqu'à ce que vienne le (Roi) Messie.'[1] Jésus répond aux envoyés que ses oeuvres parlent pour lui et montrent que l'ère messianique déjà est inaugurée. Le premier récit de la résurrection de Lazare annonce de même que Jésus est le Serviteur de Yahvé qui accomplit l'oeuvre qui lui a été assignée.

Les premiers disciples ont cru que Jésus était le Messie, le Serviteur de Yahvé. S'appuyant sur la foi des Apôtres, le chrétien croit que Jésus est Messie, et constate que Dieu a été fidèle à la promesse faite à David, et même que l'accomplissement de la promesse a dépassé ce qui avait été promis. Mais l'oeuvre messianique de Jésus n'est pas achevée, elle se poursuit actuellement tendue vers le futur: 'il faut qu'il règne jusqu'à ce qu'il ait placé ses ennemis sous ses pieds. Le dernier ennemi détruit c'est la Mort' (1 Co 15, 25s). En annonçant que Jésus est Messie ces récits sont donc aussi une promesse pour l'avenir, et parce qu'ils relatent des résurrections, et que l'acte final du Messie sera la destruction de la mort, ils sont des signes qui annoncent la résurrection finale. La foi prend appui sur ce que Dieu a accompli en Jésus, qui fut Messie, et espère de nouveau ce qui est annoncé du Messie.

Jésus, pour la communauté croyante, est Seigneur. Telle est la conviction de Luc qui changea vraisemblablement en 7, 13 le mot 'Jésus' pour le remplacer par celui de 'Seigneur', telle est aussi la conviction de Matthieu. Luc a donné au mot Seigneur un sens messianique et a souligné, par l'emploi précisément du mot Seigneur, la transcendance de ce messianisme. Bien que le mot Seigneur ne soit pas utilisé par Matthieu dans son récit de la résurrection de la fille d'un magistrat, il nous dépeint néanmoins Jésus comme celui 'à qui tout pouvoir a été donné au ciel et sur terre' (Mt 28, 18), qui peut venir en aide à sa communauté croyante, l'aider dans le besoin, et déléguer aux siens les mêmes pouvoirs (Mt 10, 8). Le récit de la résurrection de la fille d'un magistrat est devenu chez Matthieu un exemple du pouvoir de la foi au Seigneur. Celui qui croit peut tout dans le Seigneur. Reconnaître Jésus comme Seigneur, c'est l'avoir pour seul maître, et comme le magistrat prosterné à ses pieds, mettre en lui toute sa confiance; c'est renoncer à acquérir la vie par nous-mêmes pour l'attendre de Dieu seul, ou du Seigneur Jésus qui 'est Seigneur des vivants et des morts' (Rm 14, 9).

Jésus est la résurrection et la vie (Jn 11, 25). Il est la vie en tant qu'il est la résurrection. Jésus est la vie, le suprême bien de tout croyant, parce qu'il communique la vie eschatologique que la mort terrestre ne saurait ravir (Jn 6, 50; 8, 51; 11, 26). Il est la résurrection parce qu'il ressuscite le croyant à la vie éternelle qui anticipe dès ici-bas la conséquence de la résurrection générale, et assure ainsi au croyant de participer à la résurrection finale (Jn 5, 24–28; 11, 25b). Pour le croyant, le futur est déjà présent dans ses conséquences, mais il devra se manifester pour garantir et révéler la vérité du présent. La résurrection finale sera l'épiphanie et l'accomplissement de ce qui déjà est vécu dans la foi qui espère.

Croire que Jésus est résurrection et vie ne signifie finalement rien d'autre que croire que Dieu s'est révélé pleinement en Jésus. Lorsque Jésus demandera à Marthe: 'Crois-tu cela?' (Jn 11, 26), Marthe en vrai disciple, délaissera toute confession de foi en la résurrection pour professer seulement sa foi en Jésus, pour reconnaître en lui l'intervention eschatologique de Dieu:

> Je crois que tu es le Christ, le Fils de Dieu, celui
> qui vient dans le monde (Jn 11, 27).

La foi en la résurrection se fonde donc sur celle de la filiation divine de Jésus. Croire que Jésus est résurrection et vie présuppose de croire qu'il Est. De même que la déclaration de Jésus en Jn 11, 25s et la confession de foi de Marthe en Jn 11, 27 précèdent la résurrection de Lazare, de même la foi en Jésus, parole de Dieu faite chair, précède et fonde la foi en la résurrection. Le récit de la résurrection de Lazare selon l'auteur principal du quatrième Evangile ne prouve pas la divinité de Jésus, mais la présuppose; la résurrection de Lazare sert à glorifier le Fils de Dieu (Jn 11, 4).

Les récits de résurrection révèlent ce que Jésus fut pour la première communauté croyante, ce qu'il est et sera pour tous les croyants. Mais cette révélation est encore en suspens, car ce que les récits de résurrection annoncent de Jésus n'est pas encore pleinement réalisé. Ces récits du passé recèlent de l'avenir qui n'est pas encore advenu, car nous attendons encore la venue glorieuse du Messie et la résurrection qui l'accompagnera. Ils sont donc tout à la fois prédications passées sur Jésus et promesses pour l'avenir.

2. Dieu

Dieu est mentionné à plusieurs reprises dans les récits de résurrection. Après la résurrection du fils de la veuve de Naïm, les témoins du miracle 'louent Dieu disant . . . Dieu a visité son peuple'. Lorsque Jésus eut appris la maladie de son ami Lazare il déclare abruptement: 'Cette maladie n'est pas mortelle; elle est pour la gloire de Dieu; elle doit servir à glorifier le Fils de Dieu' (Jn 11, 4). Et plus loin il dira à Marthe: 'Ne t'ai-je pas dit, que si tu crois, tu verras la gloire de Dieu' (Jn 11, 40).

'Dieu a visité son peuple.' Il s'est manifesté à la fin des temps, pour le bien de son peuple, en Jésus. La maladie de Lazare est pour la gloire de Dieu, et on comprend que cette maladie était pour la gloire de Dieu lorsque Jésus crie: 'Lazare, viens dehors', car le mal alors avait cessé. Cette double affirmation: 'Dieu a visité son peuple' et 'cette maladie . . . est pour la gloire de Dieu' invite à une réflexion sur le problème de l'existence de Dieu et sur le problème du mal.

Le 'Dieu des philosophes', accessible à l'intelligence dans les oeuvres de la création (Rm 1, 19ss), ne se laisse, à vrai dire, découvrir que par celui qui, à l'exemple des philosophes, met le problème du mal entre parenthèses.

Notre intelligence bornée ne peut en effet placer Dieu et le mal sur le même palier de l'existence, et forcée de constater quotidiennement l'injustice du mal, relègue alors Dieu à une hauteur inaccessible loin de toute souffrance qui afflige la création. Placé au sommet de son piédestal, Dieu est devenu alors un inutile sans lequel il faut avoir le courage de vivre. Car aussi long-temps que le mal subsistera dans notre monde, le monde paraîtra aban-donné de Dieu. Dieu ne pourra être rétabli dans ses droits de créateur que par un changement radical, une nouvelle création.

La résurrection de Jésus, les prédications sur la résurrection des morts annoncent et promettent à la fois que Dieu peut changer le mal en bien, 'que la maladie . . . est pour la gloire de Dieu'. La promesse contenue dans la résurrection de Jésus, mise en oeuvre dans les récits de résurrection, ne trouve pas une réalité qui lui corresponde dans le monde actuel, seule une nouvelle création peut lui correspondre pleinement. Les récits de résurrec-tion nous mettent alors en contradiction avec la réalité présente, et révèlent un Dieu qui n'est pas au-dessus de nous, mais en arrière et en avant de nous. Dieu s'est révélé dans le passé, comme un Dieu fidèle, réalisant ce qu'il avait promis au delà de toute attente, des échecs et des contingences humaines. En ressuscitant son Fils et en inaugurant ainsi la création nou-velle et son Royaume, qui demeure en suspens jusqu'à la restauration universelle, Dieu s'est révélé comme celui qui allait venir, 'comme un Dieu avec le futur comme propriété ontologique, un Dieu de la promesse et du départ . . . dont le nom est un nom de route, un nom de promesse, qui ouvre un nouvel avenir et dont on saisit la vérité dans une histoire.'[2] Dieu est celui qui a visité son peuple, qui le visitera de nouveau, qui a changé et changera le mal en bien, qui, comme l'affirme Paul, 'ressuscite les morts et appelle à l'être ce qui n'est pas' (Rm 4, 17). La résurrection de Jésus, les récits de résurrection sont une raison d'attendre le règne de Dieu sur la mort, et la justice de Dieu sur toute la création. Le mal, la souffrance et la mort sont vaincus en espérance, et le chrétien est invité 'à souffrir de la contradiction de la réalité et à s'élancer vers l'avenir promis'.[3] La foi n'arrache pas le chrétien à la souffrance mais lui permet d'espérer l'inespéré, d'aimer ce qui est sans valeur, indigne, perdu parce qu'il espère en une nouvelle création. Connaissant par la révélation le passé de Dieu, et parce qu'il a foi en son avenir, le chrétien aux prises avec le problème du mal peut dire avec le psalmiste: 'Malgré tout, Dieu est bon' (Ps 73, 1).

3. La Mort

Les récits de résurrection des morts ne présentent aucune théologie de la mort, mais le sens commun s'y exprime avec grande simplicité et franchise. La mort est un fait réel: les gens de la maison de Jaïre annoncent au chef de la synagogue la mort de son enfant (Mc 5, 35); les rires moqueurs qui répondent à la déclaration de Jésus: 'L'enfant n'est pas morte, mais elle dort' soulignent encore que l'enfant est bien morte; Luc d'ailleurs ne s'y trompera pas et ajoutera 'sachant qu'elle était morte' (Lc 8, 53). Jésus, à Naïm, croise le cortège funèbre, et rien n'indique, comme dans les récits païens analogues, que le fils de la veuve n'était pas réellement mort. Lazare était au tombeau depuis quatre jours lorsque Jésus arrive à Béthanie. Tabitha enfin est morte des suites d'une maladie, et lorsque Pierre arrive à Joppé, les amis de la défunte lui ont déjà prodigué les soins funèbres et parlent d'elle au passé. On ne peut rien contre la mort, telle est la conviction des gens de la maison de Jaïre qui, sans ménagement pour un père affligé, déclarent: 'Ta fille est morte; pourquoi déranges-tu encore le Maître' (Mc 5, 35)? Le reproche voilé que Marie adresse à Jésus va dans le même sens: 'Si tu avais été ici, mon frère ne serait pas mort' (Jn 11, 32); on peut continuer la pensée de Marie en ajoutant: 'Mais maintenant que peux-tu faire?' Et ce manque de foi en la puissance de Jésus contraste avec l'attitude de Marthe qui, exprimant la pensée théologique de l'auteur principal du quatrième Evangile, ajoute après son reproche: 'Mais je sais que tout ce que tu demanderas à Dieu, Dieu te l'accordera' (Jn 11, 22). Marthe exprime ainsi déjà l'attitude chrétienne face à la puissance d'intercession de Jésus. Les amis chrétiens de Tabitha, qui après son décès envoient deux hommes en délégation près de Pierre, ne semblent attendre de lui peut-être qu'une visite de réconfort; leur requête en effet n'indique pas clairement leur intention: 'Viens chez nous sans tarder' (Ac 9, 38).

Si la mort est un fait réel, contre lequel tout effort purement humain se brise, rien pourtant dans ces récits n'indique qu'elle soit la conséquence du péché comme la spéculation juive de l'époque et le Nouveau Testament le reconnaissent en général.[4] On ne peut déduire du texte, en effet, que Jaïre, se prosternant aux pieds de Jésus et le suppliant de venir imposer les mains sur son enfant, ait eu conscience que la maladie de sa fillette était conséquence de son péché. Luc, de son côté, dit que Tabitha est morte après une vie passée à faire des bonnes oeuvres et l'aumône (Ac 9, 36). La mort est donc représentée comme un fait réel, inéluctable, douloureux pour les familiers du défunt. C'est cette mort, banale parce que quotidienne, douloureuse parce qu'apparemment sans signification, révoltante quand il s'agit d'enfants innocents, que les récits de résurrection présentent comme vaincue par la puissance de Jésus. Ils annoncent en fait ce qui n'est pas encore advenu et révèlent partiellement ce que n'est pas la mort.

Elle n'est pas éternelle. 'L'enfant n'est pas morte, elle dort.' Elle dort parce qu'elle va être réveillée par la parole puissante de Jésus. De même les chrétiens décédés ressusciteront lors de la venue du Seigneur (1 Th 4, 16; 1

Co 15, 52), lorsque Dieu viendra demeurer avec son peuple (Ap 21, 3). Rêve insensé apparemment, qui suscita la moquerie des premiers auditeurs grecs du message de salut, les sarcasmes de Celse et de Porphyre dans l'Antiquité, l'indifférence de beaucoup de gens aujourd'hui. On peut convenir que le scénario de la fin des temps, tel que décrit dans les Synoptiques, les épîtres de Paul aux Thessaloniciens et aux Corinthiens et emprunté à l'Apocalyptique juive, est d'apparence mythologique, mais la vérité exige-t-elle pour être vraie d'être exposée en de savants traités rationnels? La révélation contenue dans ce grand scénario apocalyptique de la fin des temps affirme seulement que le Dieu créateur est tout autant devant nous que derrière nous, qu'il est 'celui qui ressuscite les morts et appelle à l'existence ce qui n'est pas' (Rm 4, 17).

La nouvelle création, la fin du règne de la mort, n'est pas une utopie pour le chrétien qui perçoit dans l'histoire la fidélité de Dieu, qui croit en Jésus 'premier-né d'entre les morts'. La résurrection de Jésus garantit la fidélité de Dieu; elle est une promesse qui tend vers son accomplissement. Elle vise par delà Jésus lui-même vers la révélation à venir de la gloire de Dieu qui 'sera tout en tous' (1 Co 15, 28). Les récits de résurrection, nés de la foi en la résurrection de Jésus, annoncent à leur tour que l'ère messianique fut inaugurée par la venue de Jésus et la souveraineté à venir de Dieu sur le mal et sur la mort. Ils sont des signes que la mort n'est pas éternelle, que les hommes ressusciteront au dernier jour.

Cette espérance en la vie future 'ne tombe pas du ciel' par enchantement, 'ni ne monte au ciel par enthousiasme, mais jaillit de l'événement de la Résurrection du Christ, comme une aurore et un gage de son avenir',[5] elle jaillit aussi des récits de résurrection qui anticipent dans la vie terrestre de Jésus, comme signes, les conséquences de sa venue future. La vie future est déjà présente pour celui qui croit: 'Je suis la vie: . . . quiconque vit et croit en moi ne mourra jamais.' A l'affirmation de la résurrection annoncée dans les récits, et surtout en Jn 11, 25, vient se superposer maintenant cette déclaration étrange que le chrétien ne mourra jamais. Il ne s'agit pas de la mort biologique, car Jésus vient de déclarer que celui qui croit, quand même il mourrait, vivra, il n'est donc pas soustrait à la mort terrestre mais assuré de la vie à venir. La mort, dont le chrétien ne meurt pas, peut être ce que les targums et l'Apocalypse nomment 'seconde mort', la perdition éternelle. Mais cette seconde mort, la perdition éternelle est déjà présente, selon l'évangile de Jean, dans la vie d'ici-bas: 'qui ne croit pas est déjà condamné' (Jn 3, 18). Jésus veut donc affirmer que le chrétien ne meurt pas à la vie éternelle, mais qu'il continuera de vivre, quand bien même il mourrait, de la vie eschatologique reçue dans la foi. L'Evangéliste fait passer le lecteur de la mort biologique à la notion de mort-perdition. L'une et l'autre mort sont vaincues dans la foi: le chrétien qui meurt vivra, ressuscitera donc au dernier jour et mieux encore celui qui dans la foi a reçu la vie éternelle continuera de vivre éternellement de cette vie. La mort biologique perd alors sa note tragique pour celui qui a l'espérance de revivre, et de continuer après sa mort la vie éternelle qu'il a reçue dès ici-bas dans la foi. Telle est la réponse finale que l'auteur principal du quatrième Evangile apporte au fait énoncé dans les récits que la mort est un fait réel, inéluctable, contre lequel se brise tout effort humain. Dans la foi qui espère, la mort terrestre est vaincue; dans la foi, la mort qui est perdition éternelle, la seconde mort, est à jamais vaincue.

4. La vie dans l'espérance

Comment vivre aujourd'hui l'ère messianique ouverte par la résurrection de Jésus, annoncée dans les récits de résurrection, qui se manifestera et accomplira pleinement les promesses messianiques à la fin des temps? Dans la foi qui espère, sachant que Dieu est fidèle et attendant ce qu'il promet. Cette situation du chrétien est inconfortable. Il est lui-même à la recherche de sa propre identité. N'étant pas soustrait au monde, à la mort, il ne parvient à lui-même qu'en espérance. 'Il trouve la vie mais cachée dans l'avenir du Christ, promis mais pas encore apparu . . . Il est pour soi-même encore un avenir, il est promis à soi-même, il est pour soi-même une énigme, une question ouverte.'[6] La promesse de résurrection, et l'espérance mettent le chrétien en contradiction avec ce qu'il voit, et vit d'une certaine façon, et l'invite à franchir les limites du visible et du périssable pour attendre tout de Dieu, mais aussi à accepter et prendre sur lui la douleur et la mort dans la force de l'Esprit qui a ressuscité Jésus d'entre les morts, et qui donne la vie à ce qui n'est pas. Le chrétien dans l'espérance se gagne soi-même en s'abandonnant à l'avenir du Christ, trouve la vie en acceptant la mort.

    La vie dans l'espérance n'est pas une situation plus confortable à l'égard du monde. La communauté chrétienne est appelée à la fois à prendre ses distances à l'égard du monde et à s'y engager. Sachant en effet que l'avenir de l'humanité dépend en dernier ressort du triomphe de Dieu sur le mal, de l'avenir de la résurrection du Christ, la communauté chrétienne est libre à l'égard de la fausse sécurité que peut donner la science, la maîtrise de la nature, la richesse ou la puissance. Elle dénoncera la présomption de 'ces puissances' lorsqu'elles s'érigeront comme fins et deviendront les idoles du monde, en mettant en lumière le caractère provisoire et mensonger de ce qui asservit l'homme et le détourne de sa fin. Mais elle se sentira aussi responsable de l'avenir de l'humanité, qu'elle doit offrir à l'avenir de Dieu. Elle ne peut donc se tenir à distance de tout espoir humain, en considérant son propre avenir comme supra-terrestre et de nature purement spirituelle.

La création a part liée avec le chrétien. 'Elle aspire à la révélation des fils de Dieu . . . dans l'espérance d'être aussi libérée de la servitude de la corruption pour entrer dans la liberté de la gloire des enfants de Dieu' (Rm 8, 19ss). Participant aux espérances humaines, aux réalisations de ce monde, elle les orientera vers leur fin ultime, préparant ainsi la venue du Royaume qui manifestera et portera à son accomplissement ce qui est à l'état d'ébauche et encore caché. Parce que le chrétien croit en la promesse de Dieu et espère sa réalisation, il a mission de prophète, trouble-fête dans la fête des fous et des puissants qui prétendent asservir le monde à une idéologie purement terrestre, quelle qu'elle soit, mais préparant l'humanité à la venue du Christ, en coopérant à tout bien, en aimant ce qui est perdu, sans valeur et indigne parce qu'il croit et espère en leur salut prochain. La création souffre et gémit dans l'attente; l'espérance chrétienne qui travaille en elle, l'arrache au désespoir et à la tristesse, mais aussi à sa fausse sécurité pour la soumettre et l'orienter vers l'espérance qui est dans le Christ Jésus. Luttant contre toute fausse sécurité, le chrétien combat et soulage le désespoir de ceux qui ont joué toutes les possibilités de la vie et n'y ont trouvé qu'un certain sourire, et la souffrance trop grande qui ôte à tant d'êtres la raison même d'espérer. L'espérance chrétienne démasque tout faux espoir humain, soulage tout désespoir, oriente tout espoir humain vers un Dieu qui est et qui vient.

L'espérance apportée par la résurrection du Christ, prêchée par les récits de résurrection est contradictoire à la souffrance et à la mort vécues chaque jour. La souffrance, le mal, la mort sont expérimentés par l'homme comme abandon, éloignement de Dieu. L'espérance de la résurrection, fondée sur la fidélité de Dieu et sur sa promesse, annonce la proximité de Dieu, le triomphe de la vie sur la mort, de la louange sur le cri de détresse. La mort pour le chrétien reste réelle, mais elle a perdu son caractère de fatalité, elle n'est plus le non que le Créateur dit à la créature, le dernier mot que Dieu dirait à l'être qu'il a façonné et qui lui est cher. Dieu en effet a ressuscité Jésus, et dans ce triomphe sur la mort, le nôtre est inclus comme promesse du Dieu fidèle.

NOTES

1. Les analogies entre les différents récits de résurrection des morts

1. L'anecdote concernant le défunt qui, jeté dans la tombe d'Elisée, toucha ses ossements et reprit vie (2 R 13, 20s), ne saurait être mise sur le même pied que les deux récits détaillés de résurrection des livres des Rois.
2. Ces analogies n'ont pas été vues par R. Bultmann (*Die Geschichte der synoptischen Tradition*, Göttingen, 1967, p. 245): '... Zwar die Totener-weckungen des Elias und Elisa, nach deren Analogie Tanchuma s. 54, 4 auch vom Messias Totenerweckungen erwartet werden, haben nicht einge-wirkt; denn die Totenerweckungen, die von Jesus erzählt werden, zeigen mit jenen keinerlei Ähnlichkeit. Daß der Jungling zu Nain der Sohn einer Witwe ist, wäre das einzige Motiv, das von dort stammen könnte.'
3. Bultmann, *Die Geschichte*, p. 241.

2. La résurrection du fils de la veuve de Naïm (Lc 7, 11-17)

1. Ces contacts seront précisés lorsque nous étudierons l'histoire de la forma-tion du récit de la résurrection de la fille de Jaïre, au chapitre septième.
2. IG IV, 952ss. Ces récits ont été étudiés par O. Weinreich, 'Totenerweckun-gen; Wunder bei der Begegnung unterwegs', dans *Antike Heilungswunder. Untersuchungen zum Wunderglauben der Griechen und Römer*. Gießen, 1909, pp. 171-4.
3. *Hist. Nat.* 7, 37, 124. Une traduction anglaise et le texte latin de ce passage sont donnés par H. van der Loos, *The Miracles of Jesus*, Leiden, 1965, p. 561, n. 2.
4. Apulée, *Apologie. Florides*, Paris, 1924, coll. 'Les Belles Lettres', pp. 167-9. La traduction française de ce récit est reproduite par H. van der Loos, *The Miracles of Jesus*, p. 561, n. 2.
5. R. Herscher, *Erotici scriptores graeci*, Lipsiae, 1859, p. 223.
6. *Vie d'App.* IV, 45.
7. La traduction est faite d'après le texte grec présenté par G. Delling dans *Kleine Texte*, Berlin, 1960, no. 79, p. 12.
8. Pour la critique textuelle, on se reportera à K. L. Schmidt, *Der Rahmen der Geschichte Jesu*, Darmstadt, 1964², p. 114. Seule la syrsin offre des vari-antes importantes pour le sens, mais ce texte 'sauvage' est peu sûr. Nous suivons le texte grec présenté par *The Greek New Testament*, édit. par K. Aland et al., 1966. Cette édition reproduit fidèlement le texte de P⁷⁵, que K. L. Schmidt n'a pas connu.
9. Strack-Billerbeck IV, p. 161.

10. C. Kopp, *Die heiligen Stätten der Evangelien*, Regensburg, 1964², p. 295.
11. La syrsin s'est efforcée de réparer cette anomalie: 'Et par après, ils vinrent à une ville du nom de Naïn, et ses disciples faisaient route avec lui, et une foule nombreuse s'approche de la porte de la ville, et (il vit alors qu'on portait un mort qui était l'unique) de sa mère.' La dernière partie de ce texte est conjecturale.
12. Blass-Debrunner-Funk, 442, 7.
13. Bauer-Arndt-Gingrich, p. 241.
14. Blass-Debrunner-Funk, 190, 4. Plusieurs manuscrits (A C D Koinè) ont amendé le texte et ont: υἱὸς μονογενὴς τῇ μητρὶ αὐτοῦ. Les versions syriaques n'ont pas υἱός.
15. M. Black, *An Aramaic Approach to the Gospels and Acts*, Oxford, 1967³, p. 83.
16. M. Dibelius, *Die Formgeschichte des Evangeliums*, Tübingen, 1966⁵, p. 71.
17. On doit noter cependant que la leçon σπλαγχνισθείς en Marc 1, 41 est douteuse, et qu'il faut sans doute lui préférer ὀργισθείς avec le codex Bezae, la vieille latine et Ephrem.
18. I. de la Potterie, 'Le titre Kurios dans l'Evangile de Luc', dans *Mélanges Béda Rigaux*, Gembloux, 1970, pp. 117–46. Le titre Seigneur est utilisé par Luc en 1, 43; 2, 11; 7, 13.19 (?); 10, 1.39.41; 11, 39 diff. de Mt 23, 25; 12, 42 diff. de Mt 24, 45; 13, 15; 16, 8; 17, 5.6 diff. de Mc 9, 28s et de Mt 17, 19s; 18, 6; 19, 8; 22, 61 (bis) diff. de Mc 14, 72 et de Mt 26, 75; 24, 3 (?); 24, 34. Nous reviendrons sur le sens de ce titre lorsque nous étudierons la christologie de ce texte.
19. W. K. Hobart, *The Medical Language of St. Luke*, Dublin, 1882, pp. 11s.
20. Nous développerons plus longuement le thème de Jésus-Elie dans l'Evangile de Luc, et celui de la visite de Dieu, lorsque nous étudierons la théologie de ce texte.
21. Cf. 2, 20; 5, 25s; 13, 13; 17, 15; 18, 43; 23, 47; Ac 4, 21; 11, 18; 21, 20.
22. P. Benoit, 'L'enfance de Jean-Baptiste selon Luc 1', dans *Exégèse et Théologie III*, Paris, 1968, pp. 165–96, surtout pp. 182–93.
23. Black, *An Aramaic Approach*, p. 136.
24. Bultmann (*Die Geschichte*, p. 230) voit dans la chrétienté judéo-hellénistique le lieu d'origine de ce récit.
25. Dibelius, *Die Formgeschichte*, p. 72.
26. Sur ce sujet: Strack-Billerbeck IV, 764–98; J. Jeremias, *TWNT* II, 928–41, art. 'Ηλ(ε)ίας; P. Dabeck, 'Siehe, es erschienen Moses und Elias', *Biblica* 23 (1942) 175–89; G. W. H. Lampe, 'The Lucan Portrait of Christ', *JTS* 2 (1956) 160–75; F. Gils, *Jésus prophète d'après les Evangiles synoptiques*, Louvain, 1957, pp. 26–7; I. de la Potterie, 'L'onction du Christ', *NRT* 80 (1958) 225–52, surtout pp. 227–9; C. F. Evans, 'The Central Section of St. Luke's Gospel', dans *Studies in the Gospels*, édit. par D. E. Nineham, Oxford, 1959, pp. 37–53, surtout pp. 52–3; R. Swaeles, 'Jésus Nouvel Elie dans St Luc', *Assemblées du Seigneur* 69 (1964) 41–66; J. A. T. Robinson, 'Elijah, John and Jesus', *NTS* 4 (1957–58) 253–81; J. D. Dubois, 'La figure d'Elie dans la perspective lucanienne', *RHPR* 53 (1973) 155–76.
27. Voici les sources pour les conceptions juives tardives: 2 Ch 21, 12–19; Ml 3, 23s; Si 48, 1–12a; 1 Hén 89, 52; 93, 8; 1 M 2, 58; Philon, *Deus imm.* 136–9; Fl. Josèphe, *Ant.* 8, 324; 4 Esd. 6, 26; 2 Ba 77, 24; Or. Syb. II, 187–9; Mart. d'Isaie 2, 14–16; Justin, *Dial.* 8, 4; 49, 1.

28. Selon P. Fiebig (*Rosh Ha-Shana* II, 27) cité par A. Strobel, *ZNW* 49 (1958) 174, n. 78.
29. Strack-Billerbeck, III, 8s; IV, 634; Or. Syb. II, 187–9.
30. Ap 11, 7; G. Steindorff, *Apocalypse Copte d'Elie*, dans TU 17, 3a (NF 2) 1899, p. 169.
31. Justin, *Dial.* 8, 4; 49, 1; *Test. Lévi* 2.
32. L'ancienneté de cette prédication est très contestée. On pourra consulter en sens inverse: G. Lohfink ('Christologie und Geschichtsbild in Apg. 3, 19–21', *BZ* 13 (1969) 223–41) qui regarde ce texte comme une composition lucanienne, et J. A. T. Robinson, 'The most primitive Christology of all?', *JTS* n.s. 7 (1956) 177–89, surtout pp. 181ss. F. Hahn, *Christologische Hoheitstitel*, Göttingen, 1963, pp. 184–86; R. F. Zehnle, *Peter's Pentecost Discourses. Tradition and Lucan Reinterpretation in Peter's Speeches of Act. 2 and 3*, Nashville, 1971. Ces deux derniers auteurs voient dans ce texte les restes de l'ancienne prédication palestinienne.
33. P. Benoit (*L'enfance de Jean-Baptiste selon Luc*, p. 180) affirme afin de soutenir sa thèse de la composition lucanienne de ce passage: 'Cette formule enveloppée ne répond-elle pas au souci d'éviter une identification de Jean-Baptiste avec l'Elie redivivus, souci qui se manifeste précisément dans Luc.' L'enveloppement de la formule ne serait-il pas plutôt un simple déshabillé qui livre à nu la source johannite qu'utilise Luc?
34. H. Schürmann, 'Zur Nazareth-Perikope Lk 4, 16–30', dans *Mélanges Béda Rigaux*, Gembloux, 1970, pp. 187–205, surtout p. 204.
35. Contre Evans ('The central section') qui essaie de montrer que Jésus en Luc 9 est comparé à Moïse.
36. de la Potterie, *L'onction du Christ*, p. 228, n. 12.
37. Pour des points de contact plus ténus entre Jésus et Elie dans les écrits de Luc, v. Swaeles, 'Jésus Nouvel Elie dans St. Luc', pp. 64–6; Dabeck, 'Siehe, es erschienen Moses und Elias', pp. 183–9. On peut noter encore Lc 12, 24 et 1 R 17, 4–5; Lc 12, 54 et I R 18, 44.
38. L'expression est de Dabeck, 'Siehe, es erschienen Moses und Elias', p. 181.
39. Cf. de la Potterie, 'Le titre Kurios dans l'Evangile de Luc', pp. 117–46.
40. H. W. Beyer, *TWNT* II, 599–608, art. Ἐπισκέπτομαι, ἐπισκοπέω, ἐπισκοπή.
41. En Sg 3, 7.9.13; 4, 15 le terme visite est transposé dans l'eschatologie transcendante.
42. Sur la visite de Dieu dans les Pseudépigraphes, voir P. Volz, *Die Eschatologie der jüdischen Gemeinde im neutestamentlichen Zeitalter*, Tübingen, 1966[3], pp. 164–5.

   Sur l'emploi de la racine פקד et du substantif פקודה à Qumrân on consultera K. G. Kuhn, *Konkordanz zu den Qumrantexten*, Göttingen, 1960, et RQum 4 (1963–64). On consultera pour les textes édités plus récemment les lexiques mis à la fin des volumes de *Discoveries in the Judean Desert of Jordan*.
43. A. Dupont-Sommer, *Les Ecrits Esséniens découverts près de la mer morte*, Paris, 1968, p. 152.
44. H. Braun, *Qumran und das Neue Testament I*, Tübingen, 1966, p. 80.

3. La résurrection de la fille de Jaïre. Les versets d'introduction: Mc 5, 21; Lc 8, 40; Mt 9, 1.18

1. P. L. Couchoud, 'Notes sur le texte de St Marc dans le Codex Chester Beatty', *JTS* 35 (1934) 3–22, surtout pp. 4s.
2. K. L. Schmidt, *Der Rahmen*, p. 145s.
3. E. Lohmeyer, *Das Evangelium des Markus*, Göttingen, 1967[17], p. 100; J. Sundwall, *Die Zusammensetzung des Marcusevangeliums*, Abo, 1934, pp. 32s; K. L. Schmidt, *Der Rahmen*, p. 146; Dibelius, *Die Formgeschichte*, p. 220; Bultmann, *Die Geschichte*, p. 228.
4. W. Marxsen, *Der Evangelist Markus*, Göttingen, 1959[2], pp. 43s.
5. Bultmann, *Die Geschichte*, p. 229; Lohmeyer, *Das Evangelium des Markus*, p. 100.
6. Sundwall, *Die Zusammensetzung*, p. 33.
7. W. Egger, 'Die Verborgenheit Jesu in Mk 3, 7–12', *Biblica* 50 (1969) 466–90, surtout p. 477.
8. Bauer-Arndt-Gingrich, p. 287.
9. Marc aime enchâsser un récit dans un autre: 3, 22–30 entre 3, 20s et 3, 31–5; 6, 14–29 entre 6, 7–13 et 6, 30–3; 8, 11–13 entre 8, 1–10 et 8, 14.16–21; 11, 15–19 entre 11, 12–14 et 11, 20–5; 14, 3–9 entre 14, 1s et 14, 10–11; 14, 55–65 entre 14, 54 et 14, 66–72.
10. Black, *An Aramaic Approach*, p. 133.
11. *1, 16:* La mention 'près de la mer de Galilée' est sans doute rédactionnelle: cf V. Taylor, *The Gospel According to St. Mark*, New York, 1966[2], p. 168; Lohmeyer, *Das Evangelium des Markus*, ad loc.
    2, 13 est un sommaire qui prépare l'épisode suivant.
    3, 7s: cf Egger, 'Die Verborgenheit Jesu in Mk 3, 7–12', p. 477.
    4, 1 est un verset descriptif qui prépare le grand discours parabolique. Cf J. Dupont, 'Le chapitre des paraboles', *NRT* 83 (1967) 800–20, surtout p. 804; W. Marxsen, 'Redaktionsgeschichtliche Erklärung der sogenannten Parabeltheorie des Markus', *ZTK* 52 (1955) 255–71.
    5, 1: cf M.-E. Boismard, *Synopse des quatre Evangiles en français. Tome 2*, Paris, 1972, p. 205.
    7.31: cf Marxsen, *Der Evangelist Markus*, pp. 43s.
12. A. Loisy, *Les Evangiles synoptiques*, Ceffonds, 1907, p. 812.
13. Cf.Chr. Maurer, *TWNT* VI, art. Προσδοκάω, προσδοκία, 725–7.
14. H. Schürmann (*Das Lukasevangelium. Erster Teil*, Freiburg-Basel-Wien, 1969, p. 473): 'Die drei "Großwunder" dieses Abschnittes (Lk 8) sind fast johanneische σημεῖα, die zeichenhaft ihr Licht dreidimensional streuen. Hier geschieht eigentlich schon "nachösterliche" Offenbarung, die voröster-lich vor der Öffenlichkeit noch in einem Geheimnisraum belassen werden muß. Letzlich kann man die hier geschehene Offenbarung Jesu nur mit nachösterlichen Jüngeraugen lesen. Es wird nicht nur Vergangenheit, sondern darin auch Zukunft erzählt! ... Indem berichtet wird, wie Jesu einst als "Heiland" sich erwiesen hat, wird gleichzeitig erzählt, wie er dereinst als der Kommende alle Gefährdung, dämonische Besessenheit und selbst Krankheit und Tod überwinden wird und wie er das als der gegenwärtige Kyrios hilfreich in der Gegenwart immer erneut tut.'
15. Cf J. Held, 'Matthäus als Interpret der Wundergeschichten', dans *Überlieferung und Auslegung im Matthäus-Evangelium*, par G. Bornkamm, G. Barth, J. Held, Neukirchen-Vluyn, 1965[4], pp. 155–287 surtout pp. 162–8;

189-92; W. G. Thompson, 'Reflections on the Composition of Mt 8, 1-9, 34', *CBQ* 23 (1971) 365-88, surtout pp. 371-8.

16. G. Bornkamm, 'Die Sturmstillung im Matthäus-Evangelium', dans *Überlieferung und Auslegung im Matthäus-Evangelium*, pp. 48-53; X. Léon-Dufour, 'La tempête apaisée', dans *Etudes d'Evangile*, Paris, 1965, pp. 150-82, surtout pp. 165-70.

17. P. Benoit, *L'Evangile selon St. Matthieu*, Paris, 1961³, p. 9. Ce texte est cité par P. Bonnard, *L'Evangile selon St. Matthieu*, Neuchâtel-Paris, 1963, p. 123.

18. Bonnard, *L'Evangile selon St. Matthieu*, p. 123.

4. La rédaction marcienne du récit de la résurrection de la fille de Jaïre (Mc 5, 22-24a. 35-43)

1. Lohmeyer, *Das Evangelium des Markus*, p. 104.

2. Black, *An Aramaic Approach*, pp. 104s.

3. Sur le rôle de l'archisynagogue, l'emploi de ce titre et les problèmes soulevés par la comparaison des textes de Marc, Luc, Matthieu, voir *TWNT* VII, 842-5; Strack-Billerbeck IV, 145-7; E. Schürer, *Geschichte des jüdischen Volkes im Zeitalter Jesu Christi*, Leipzig, 1964², vol. II, pp. 509-12; J. B. Frey, *CIJ* I, Rome, 1936, pp. XVIIIs; J. Juster, *Les Juifs dans l'empire romain*, 1914, vol. 1, pp. 450s; W. M. Ramsay, 'The Rulers of the Synagogue', *Expositor* IV/1 (1895) 272-7.

M. J. Lagrange (*L'Evangile selon saint Marc*, Paris, 1947⁹, pp. 134s), s'appuyant sur le texte de D en Ac 14, 2: οἱ δὲ ἀρχισυνάγωγοι τῶν Ἰουδαίων καὶ οἱ ἄρχοντες τῆς συναγωγῆς et sur Ac 13, 15: οἱ ἀρχισυνάγωγοι, pense 'qu'il s'agit plutôt d'un des principaux membres de la synagogue, des plus honorés'. Même position chez Taylor, *The Gospel According to St Mark*, p. 287, chez W. Grundmann, *Das Evangelium nach Markus*, Berlin, 1965³, p. 113; Lohmeyer (*Das Evangelium des Markus*, p. 104, n. 1) ne tranche pas: 'ἀρχισυνάγωγος ist entweder der amtliche Vorsteher einer Synagoge oder auch ein Ehrentitel für angesehene Mitglieder der Synagogengemeinde . . .'

La question est la suivante: archisynagogue s'applique-t-il seulement à celui qui exerce en fait la fonction d'archisynagogue, ou, s'il est un titre honorifique, s'applique-t-il aux membres influents de la communauté, ou seulement à ceux qui ont déjà exercé la fonction d'archisynagogue et conservé ce titre?

Dans la diaspora, archisynagogue est un titre honorifique, comme le montre le texte d'Ac 13, 15 et plusieurs inscriptions qui l'attribuent à des femmes ou même à des enfants, ainsi l'inscription n. 587 le donne à Rome à un enfant de 3 ans (*CIJ* I, p. XCIX). Mais il n'y a aucune preuve que cette pratique ait existé en Palestine au temps de Jésus. Le pluriel que l'on rencontre dans le Talmud de Babylone (*Pes. 49a*; *Git. 59b*) est un pluriel de catégorie comme en Mc 5, 22. Chaque synagogue avait à sa tête un seul chef. Mais il est possible, la charge étant vraisemblablement élective, que le titre ait été conservé par celui qui avait exercé la fonction d'archisynagogue, comme le titre de grand-prêtre. Jaïre est appelé archisynagogue, soit parce qu'il exerçait cette charge, ou l'avait exercé antérieurement. Il n'y a pas de raison impérieuse de voir en lui simplement un membre influent de la communauté, qui aurait reçu un titre honorifique.

Mais la comparaison de Luc et de Matthieu avec le texte de Marc pose une autre question. Pourquoi Luc a-t-il ἄρχων τῆς συναγωγῆς comme équivalent de ἀρχισυνάγωγος (Lc 8, 41 et 8, 49)? Pourquoi Matthieu a-t-il seulement ἄρχων?

Les charges de magistrat et d'archisynagogue étaient distinctes, comme le montrent les inscriptions d'Italie: Ισαακ (ἀρχισυν) ἀγωγος (καί ἄρχων) συναγωγῆς (*CIJ* 1 n. 282); 'Stafulo archonti et archisynagogo . . .' (*CIJ* I n. 265): 'Alfius Juda, arcon, arcosynagogus . . .' (*CIJ* I n. 553). Mais ces mêmes textes montrent qu'elles étaient cumulatives. Il est vraisemblable, comme le souligne W. M. Ramsay, qu'après la chute de Jérusalem, la fonction de magistrat devint prépondérante. Le magistrat était le responsable de la communauté juive aux yeux du gouvernement romain. Si Luc emploie ἄρχων τῆς συναγωγῆς comme équivalent de ἀρχισυνάγωγος, ce n'est sans doute que pour varier le vocabulaire, et peut-être parce qu'à son époque, les deux charges, bien que distinctes, étaient souvent cumulées. Si Matthieu écrit après l'an 70, et s'il suit Marc pour cette péricope, il est nullement surprenant alors qu'il remplace ἀρχισυνάγωγος par ἄρχων, car à cette époque le magistrat avait empiété sur les droits de l'archisynagogue, ou peut-être Matthieu considère-t-il les deux fonctions comme cumulatives, et parce que cumulatives comme équivalentes? La distinction entre les magistrats de la communauté et les archisynagogues s'était maintenue dans la diaspora, comme le montre le texte de D en Ac 14, 12, et cela était d'autant plus nécessaire que le titre d'archisynagogue était dans la diaspora souvent honorifique.

Frey décrit ainsi la charge de l'archisynagogue, pp. XCVIIIs: 'Le rôle de l'archisynagogue se réduit à la surveillance à exercer sur la célébration des offices du culte: il préside les assemblées religieuses, il fait la police de la synagogue, désigne les personnes qui doivent lire la Torah ou adresser une exhortation au peuple, prend soin du matériel de la synagogue.' Il était responsable de sa construction, de ses réparations et de son embellissement.

4. Les versions syriaques donnent Jo'arash et la Syrsin, en Lc 8, 41, Jorish.
5. Lagrange, *L'Evangile selon saint Marc*, p. 139.
6. *Guerre Juive* II, 17, 9 (éd. Niese II, 447).
7. Pour la critique textuelle de ce passage, voir R. Pesch, 'Jaïrus (Mk 5, 22/Lk 8, 41)', *BZ* 14 (1970) 252–6.
8. M. Goguel, *L'Evangile de Marc*, Paris, 1909, p. 117, n. 3. Goguel cite A. Merx, *Die vier kanonischen Evangelien nach ihrem ältesten bekannten Texte*, Berlin, 1897ss, II, 2, pp. 253s.
9. De nombreux manuscrits, dont B, ont ici l'imparfait παρεκάλει que Taylor (*Gospel According to St Mark*) préfère.
10. M. Zerwick, *Biblical Greek*, Rome, 1963, n. 368.
11. M. Zerwick, *Untersuchungen zum Markus-Stil*, Rome, 1937, pp. 45s.
12. J. H. Moulton-G. Milligan (*The Vocabulary of the Greek Testament illustrated from the Papyri and other non-literary Sources*, London, 1957³, p. 256): 'The phrase ἐσχάτως ἔχεω, which in the NT occurs only in Mk 5, 23, is censured by the Atticists, see Lobeck *Phryn*, p. 389.'
13. *Ant.* 9, 8, 6 (edit. Niese 9, 179).
14. L. Radermacher (*Neutestamentliche Grammatik*, Tübingen, 1925², p. 178): 'ὥα leitet selbständig eine Anweisung ein Mk 5, 23; 2 Cor 8, 7; Gal 2, 10; Eph 5, 33; Apok 14, 13.'

Blass-Debrunner-Funk, 387, 3: 'As a substitute for the imperative . . . ἵνα with the subjunctive is also occasionally employed . . . but in Mk 5, 23 παρεκάλει . . . ἵνα . . . ἐπιθῇς, should be joined in thought (mixture of ἵνα ἐπιθῇ and direct ἐπίθες.'

Zerwick (*Biblical Greek*, n. 415): 'in Mk 5, 23 ἵνα is not necessarily to be regarded as introducing indirect speech (mixed with direct, as the verb is second person instead of the third) after the preceding "begged", but may simply be used absolutely, in a quotation of direct speech: Jaïrus begged Him . . . ἵνα ἐλθὼν ἐπιθῇς τὰς χεῖρας αὐτῇ (= . . . "come and lay hands upon her" in this latter interpretation).'

H. Pernot (*Etudes sur la langue des Evangiles*, Paris, 1927, p. 97): 'Dans ἵνα ἐλθὼν ἐπιθῇς le subjonctif impératif n'a rien de brusque, mais marque un désir, presque un souhait.' On doit noter que D n'a pas craint l'impératif: ἐλθέ, ἅψαι αὐτῆς ἐκ τῶν χειρῶν σου, de même que plusieurs manuscrits de la vieille latine, la syrsin et la peshitta.

15. Sur l'emploi du participe ἐλθών, v. Lagrange (*L'Evangile selon saint Marc*, p. 87): 'Dalman (*Die Worte Jesu I*, Leipzig 1898, pp. 16ss) a appelé l'attention sur certains participes joints aux verbes d'une manière plus ou moins superflue, de façon à former un pléonasme. Il les rattache à l'usage de l'AT ou à l'araméen. Il semble cependant qu'il en a grossi le nombre . . . Le participe ἐλθών est plus caractéristique: 5, 23; 7, 25; 14, 40.45; 16, 1. Dans ces cas ἐλθών n'est absolument pas inutile, mais on croit se trouver en présence d'une tournure toute faite qui existait en hébreu וילך ויבא et en araméen אתה ou אזל avec un autre verbe.'

Le texte de *l'Apocryphe de la Genèse*, col. XX, 21, vient confirmer cette remarque de Lagrange. Sur cet emploi de ἐλθών, v. également Black, *An Aramaic Approach*, pp. 125s.

16. Sur le texte de *l'Apocryphe de la Genèse*, voir J. A. Fitzmyer, *The Genesis Apocryphon of Qumran Cave I*, Rome, 1966, p. 57, et le commentaire du passage cité pp. 119–25. A. Dupont-Sommer, *Les Ecrits Esséniens découverts près de la mer morte*, pp. 291–306. Nous citons la traduction de Dupont-Sommer, pp. 300s.

17. D. Flusser, 'Healing through the Laying-on of Hands in a Dead Sea Scroll', *IEJ* 7 (1957) 107–8; A. Dupont-Sommer, 'Exorcismes et guérisons dans les Ecrits de Qumrân', dans *Supp. VT* 8 (1959) 246–61.

18. E. Klostermann, *Das Markusevangelium*, Tübingen, 1950[4], *ad loc.*; Lagrange, *L'Evangile selon saint Marc, ad loc.*; Lohmeyer, *Das Evangelium des Markus*, p. 105, n. 2; Black, *An Aramaic Approach* p. 71, n. 1. Seul Taylor (*Gospel According to St Mark*, p. 288) fait exception. Black a confirmé sa suggestion (Taylor, p. 288, n. 1), mais Taylor garde encore quelques scrupules que la découverte du texte de Qumrân permet de balayer.

19. Zerwick, *Biblical Greek*, n. 250.

20. Sur l'emploi de σώζεσθαι par Mt, Mc et Lc, v. Pernot, *Etudes sur la langue des Evangiles*, pp. 12–15; nous reviendrons sur cette excellente étude lorsque nous expliquerons le texte de Luc.

21. Zerwick, *Untersuchungen*, p. 53.

22. Les points de contact entre les deux récits ont été relevés par E. Lohmeyer, *Das Evangelium des Markus*, pp. 100s; K. Kertelge, *Die Wunder Jesu im Markusevangelium. Eine redaktionsgeschichtliche Untersuchung*, München,

1970, p. 112; G. Minette de Tillesse, *Le secret messianique dans l'Evangile de Marc*, Paris, 1968, p. 52.

23. H. Schürmann (*Das Lukasevangelium*, p. 488): 'Die beiden verschachtelten Erzählungen haben nicht nur manche kleinere Erzählungszüge gemeinsam; es wird in überbietender Steigerung erzählt: "Auf dem Wege" zum Tod geht die Krankheit mit dem Menschen um. So erweist sich Jesus "unterwegs" als mächtiger Helfer wider die Krankheit, bevor er sich als auch mächtig selbst über den Tod erweist.'

24. "Ετι αὐτοῦ λαλοῦντος est une expression qui sert de transition: Gn 29, 6.9; 1R 1, 22.42; Jb 1, 16.17.18; Est 6, 14; Mt 9, 18; 12, 46; 17, 5; 26, 47; Lc 8, 49; 22, 47; 24, 36; Jn 8, 30; Ac 4, 1; 10, 44; 23, 7.

25. Sur le pluriel impersonnel chez Marc, v. Black, *An Aramaic Approach*, pp. 126–8.

26. Zerwick (*Untersuchungen*, p. 53): 'Daß ἔρχεσθαι so häufig im hist. Pr. steht, hängt offenbar damit zusammen, daß es schon seiner Wortbedeutung nach den Eintritt von etwas Neuem besagt.'

27. Nous supposons que ceux qui viennent de la maison de Jaïre sont des employés, ce qui est le sens le plus usuel de ἀπὸ τῆς οἰκίας, mais ce pourrait être aussi des amis, voire des membres de la famille.

   Black (*An Aramaic Approach*, p. 108) voit dans l'utilisation de la pré-position ἀπό un sémitisme. Ἀπό serait la traduction littérale de la préposi-tion מִן , le grec classique aurait παρά (cf Lc 8, 49).

28. La jeune fille avait douze ans (Mc 5, 42). Elle était donc presque d'âge nubile (12 ans ½). Cf Strack-Billerbeck II, p. 10: 'Die Tochter des Jaïrus, 12 Jahre alt Mk 5, 42, war also eine *na'ara*.'

29. Taylor (*Gospel According to St Mark*, p. 293): 'Apparently ἀπέθανεν is used as an aoristic perfect (cf ἐξέστη 3, 21), with the meaning 'is dead' rather than 'died'.'

30. Sur les miracles des rabbins, voir P. Fiebig, *Jüdische Wundergeschichten des neutestamentlichen Zeitalters unter besonderer Berücksichtigung ihres Ver-hältnisses zum Neuen Testament*, Tübingen, 1911.

31. παρακούσας : S* [b] B L W 892 it[e]
   ἀκούσας : S[a] A C D K Θ Π fam[1] fam[13] 565 700 it[a, aur, b, c, d, f, ff², i, q], vg cop[sa, bo] goth arm eth geo Diat.

   P. Joüon (*L'Evangile de Notre Seigneur Jésus-Christ, traduction et commentaire du texte original grec, compte tenu du substrat sémitique*, Paris, 1930, p. 236) fait remarquer: 'παρακούσας avec la nuance "entendre à la dérobée" est un grécisme sans équivalent en sémitique; l'araméen et l'hébreu doivent se contenter de "*shema*", entendre. Ce n'est donc pas là un mot de traduction.'

32. J. H. Moulton (*A Grammar of the New Testament Greek* III (ed. N. Turner), Edinburgh, 1963, p. 161): 'With the part, the accus. appears to denote what is learned (ind. speech), while the genitive is retained for direct audition or hearing with ears. Acc. with ptc. Mk 5, 36 (this is direct audition and one would expect gen . . .).'

33. La formule אַל־תִּירָא est employée pour écarter la crainte de la mort. Cf. S. Plath, *Furch Gottes. Der Begriff* יָרֵא *im Alten Testament*, Stuttgart, 1963, p. 114.

34. Dibelius (*Die Formgeschichte* p. 91): '. . . Der Wundertäter scheut das

Publikum, weil er ein Gesandter und Offenbarer Gottes ist, der sein Tun, das ist aber Gottes Tun, nicht von profanen Augen beschauen läßt. Als eine Art deus praesens erweist er sich nur einem auserwählten Kreise. Es handelt sich um Epiphaniegeschichten, in denen die göttliche Kraft des göttlichen Wundertäters sichtbarlich erscheint; Gottesschau aber wird nicht den Vielen zuteil.'

Bultmann (*Die Geschichte*, p. 239) invoque la même raison pour le v. 40: 'Der ursprüngliche Sinn ist vielmehr der, daß man das Wunder nicht schauen, die Gottheit nicht beim Werke sehen darf.'

35. La démoniaque guéri en 5, 1 devient véritablement un disciple de Jésus: cp. 5, 18b–20 et 3, 14!

36. Lagrange, *L'Evangile selon saint Marc*, p. 143.

37. Sur la mort et les rites funèbres en Israël, R. de Vaux, *Les institutions de l'Ancien Testament*, Paris, 1961², vol. I, pp. 93–100; Strack-Billerbeck I, p. 521ss.

38. Παιδίον désigne en grec l'enfant depuis sa naissance jusqu'à l'âge de sept ans, selon Hippocrate.

39. Lohmeyer (*Das Evangelium des Markus*, p. 106, n. 4) donne de nombreuses références empruntées à la littérature grecque, aux Pseudépigraphes, à l'Ancien et au Nouveau Testament, où le verbe dormir est employé métaphoriquement au sens de mourir ou être mort.

40. Jérôme: 'Archisynagogus dicitur: "Filia tua mortua est". Jesus autem dixit: "Non est mortua, sed dormit". Utrumque verum est: quasi dicat: mortua est vobis, mihi dormit.' Cf *'Sancti Thomae Aquinatis Opera omnia', tome XI: Sancti Thomas Aquinatis catena aurea in quatuor Evangelia*, New York, 1949, vol. I, p. 367.

Bède: 'Hominibus enim mortua erat . . ., Deo dormiebat, in cujus dispositione et anima vivebat et caro ressuscitanda quiescebat . . .' *idem*, p. 367.

Raban: 'Quasi dicat: vobis mortua est, Deo autem qui suscitare potest, dormit, tam in anima quam in corpore', *idem* p. 124.

41. Nous développerons ce point au chapitre onzième de cette étude, lorsque nous parlerons de la couple sommeil-mort.

42. Bultmann, *Die Geschichte*, p. 236.

43. Cette raison complète et précise celle invoquée par Dibelius et Bultmann, p. 218, n. 34.

44. Joüon, *L'Evangile de Notre Seigneur Jésus-Christ*, p. 240; *Grammaire de l'hébreu biblique*, Rome, 1965, 129a.

45. J. Wellhausen, *Das Evangelium Marci*, Berlin, 1909², pp. 41s.

46. Sur l'emploi de *rabitha*, v. M. Jastrow, *Dictionary of Talmud Babli, Yerushalmi, Midrashic Literature and Targumim* New York, 1950², p. 1442.

47. Sur le sens de *talya*, v. R. Le Déaut, *La nuit pascale*, Rome, 1963, pp. 158s, n. 69.

48. Bultmann, *Die Geschichte*, p. 238.

49. W. Schmithals (*Wunder und Glaube. Eine Auslegung von Markus 4, 35–6, 6a*, Neukirchen-Vluyn, 1970, p. 73): 'Die fremde Sprache symbolisiert die fremde Macht, die sich hier am Werke zeigt.'

50. Jérôme: 'Arguat aliquis Evangelistam mendacii, quare exponendo addiderit' 'tibi dico', cum in Hebraico 'talitha cum' tantum significet 'puella surge'. Sed ut emphaticoteron faceret, et vocantis sensum et imperantis exprimeret, addit 'tibi dico, surge.' Cf la note 40, ci-dessus.

51. Cf.Bauer-Arndt-Gingrich, p. 214 où sont cités plusieurs exemples empruntés aux classiques grecs.
52. Les leçons varient:

ἐξέστησαν εὐθύς : S B C L Δ cop[bo] eth.

ἐξέστησαν : P[45] A K W Θ Π fam[1] fam[13] it[a, aur, b, e, l] vg cop[bo mss], goth arm Diat syr[p, h]

ἐξέστησαν πάντες : D it[c, d, f, ff², i, q] cop[sa, bo mss]

La leçon de D est secondaire, car elle précise le sujet de ἐξέστησαν.

Εὐθύς attesté par S B . . . peut avoir été influencé par le εὐθύς précédent et n'être qu'une erreur de copiste. La leçon de P[45] A . . . semble préférable.

53. Zerwick, *Biblical Greek*, n. 62.
54. Lohmeyer (*Das Evangelium des Markus*, pp. 107s): 'Merkwürdiger ist die zweite Bestätigung, die in der Wirkung des Geschehenen auf die Anwesenden liegt: Sie entsetzten sich sehr. Wie kann hier Entsetzen eintreten? Und wenn es auf die Jünger so wirkte – es ist das größte, bisher erzählte Wunder –, mußte es nicht anders wirken bei der Mutter, bei dem Vater, der Jesus um die Rettung seines Kindes gebeten hat, der von Ihm getröstet worden ist: "Fürchte dich nicht, glaube nur!"? Dieser Schluß spricht also nicht von einer besonderen, dieser Lage entsprechenden Wirkung, sondern von der, die eine Gottesoffenbarung immer und überall hat; es ist ein typischer Zug einer Epiphaniegeschichte.'
55. Zerwick, *Biblical Greek*, n. 406.
56. Moulton, Vol. II, ed. W. F. Howard, Edinburgh, 1956², p. 211; Blass-Debrunner-Funk, 95, 2.
57. Kertelge, *Die Wunder Jesu im Markusevangelium*, p. 119.
58. W. Wrede (*Das Messiasgeheimnis in den Evangelien*, Göttingen, 1963³, p. 49): '. . . Folglich war ein Verbot Jesu völlig zwecklos, und weil es zwecklos war, ist es geschichtlich verstanden sinnlos . . .'
59. Lagrange, *L'Evangile selon saint Marc*, p. 145; H. B. Swete, *The Gospel According to St Mark*, London, 1920³, p. 110; Taylor, *Gospel According to St Mark*, p. 297.
60. La théorie du secret messianique chez Marc a donné lieu à une abondante littérature. Nous ne citons ici que les principaux ouvrages et articles qui traitent de cette question, par ordre chronologique.

W. Wrede, *Das Messiasgeheimnis*, n. 58.

M. Dibelius, *Die Formgeschichte*, pp. 225–34.

H. J. Ebeling, *Das Messiasgeheimnis und die Botschaft des Marcus-Evangelisten* (BZNW 19) Berlin, 1939.

E. Percy, *Die Botschaft Jesu. Eine traditionkirliche und exegetische Untersuchung*, Lund, 1953.

E. Sjöberg, *Der verbogene Menschensohn in den Evangelien*, Lund, 1955.

F. Gils, 'Le secret messianique dans les Evangiles' dans *Sacra Pagina II*, Gembloux, 1959, pp. 101–20.

G. H. Boobyer, 'The Secrecy Motif in St Mark's Gospel', *NTS* 6 (1960) 225–35.

J. Gnilka, *Die Verstockung Israels. Is 6, 9–10 in der Theologie der Synoptiker*, München, 1961, pp. 23–86.

T. A. Burkill, *Mysterious Revelation. An Examination of the Philosophy of St Mark's Gospel*, New York, 1963.

G. Strecker, 'Zur Messiasgeheimnistheorie im Markusevangelium' dans *Studia Evangelica III* (TU 88) Berlin, 1964, pp. 87–104.

E. Schweizer, 'Zur Frage des Messiasgeheimnis bei Markus', *ZNW* 56 (1965) 1–8.

U. Luz, 'Das Geheimnismotiv und die markinische Christologie', *ZNW* 56 (1965) 9–30.

L. S. Hay, 'Mark's Use of the Messianic Secret', *JBL* 35 (1967) 16–27.

C. Maurer, 'Das Messiasgeheimnis des Markusvangeliums', *NTS* 14 (1967–68) 515–26.

G. Minette de Tillesse, *Le secret messianique dans l'Evangile de Marc.*

61. Taylor, *Gospel According to St Mark* p. 298.
62. Kertelge, *Die Wunder Jesu im Markusevangelium*, p. 120.

5. La rédaction lucanienne du récit de la résurrection de la fille de Jaïre (Lc 8, 40–42a. 49–56)

1. Il est curieux de noter que Luc corrige l'emploi de εἰς et du génitif partitif chez Marc presque chaque fois, il n'y a que deux exceptions: Mc 9, 42//Lc 17, 2; Mc 14, 43 // Luc 22, 47, mais qu'il l'utilise dans les textes qui lui sont propres: 5, 3.12; 13, 10; 15, 15.19.21.26; 23, 39 et dans deux textes de Q: Luc 11, 46 // Mt 23, 4 qui n'a pas ἐνί; Luc 12, 27 // Mt 6, 29. Luc était-il plus scrupuleux avec les textes de Q et de son "Sondergut" qu'avec le texte de Marc déjà traditionnel à l'époque où il écrit?

2. Cp. Mc 3, 31 // Lc 8, 10; 5, 15 // Lc 8, 35; 5, 38 // Lc 8, 51; 6, 1 // Lc 4, 16; 10, 46 // Lc 18, 35; 11, 27 // Lc 20, 1; 12, 18 // Lc 20, 27; 14, 17 // Lc 22, 14; 14, 32 // Lc 22, 39; 14, 37 // Lc 22, 45; 16, 2 // Lc 24, 1.

3. Cf. 'La rédaction marcienne du récit de la résurrection de la fille de Jaïre, pp. 55–7.

4. Cf. 'La rédaction marcienne du récit de la résurrection de la fille de Jaïre, pp. 215s, note 3.

5. Le 'S' ajouté après une référence est l'abréviation de l'allemand 'Sondergut', texte propre à Luc.

6. D a ici ὑπό que Black après Wensinck catalogue comme un sémitisme (*An Aramaic Approach*, p. 303).

7. Luc utilise πολλά deux fois dans l'expression adverbiale πολλὰ .. καὶ ἕτερα (Lc 3, 18S) légèrement remaniée en Lc 22, 65S: ἕτερα πολλά, et Ac 8, 24 D.

8. Il est intéressant de noter qu'ici encore Luc se montre moins scrupuleux de corriger Marc que la source Q: cf. Luc 7, 3: ἐρωτῶν αὐτὸν ὅπως ἐλθὼν διασώσῃ τὸν δοῦλον; 12, 36: ἵνα ἐλθόντος καὶ κρούσαντος εὐθέως ἀνοίξωσιν.

   L'expression εἰσέρχεσθαι εἰς τὸν οἶκον est assez fréquente chez Luc: 1, 40S; 4, 38; 6, 4; 7, 36S.44S; 10, 5S; Ac 9, 17; 11, 12; 16, 15; 18, 7; 21, 8.

9. Pernot, *Etudes sur la langue des Evangiles*, p. 149. En Luc 20, 29 // Mc 12, 19, le ἵνα par la suppression de ὅτι se rattache à ἔγραψεν. En 18, 41 // Mc 10, 51, Luc sans doute rattache le ἵνα à ποιήσω.

10. Sur 'la grande omission de Luc', v. H. Schürmann, *Das Lukasevangelium*, pp. 525–7.

11. H. Conzelmann, *The Theology of Saint Luke*, New York, 1960, p. 192.

12. Sur la visite des malades dans le milieu juif, v. Strack-Billerbeck IV/I, pp. 573–8.

13. Blass-Debrunner-Funk, 165: 'ὡς ἐτῶν . . . as a formula describing persons is frequent in the papyri.' Cf. 453, 3.

14. Zerwick, *Biblical Greek*, n. 273.

15. Blass-Debrunner-Funk, 237.

16. Attestée par P[75] S B D . . la leçon μηκέτι semble préférable à la leçon μή attestée par A C K L W X Δ Θ Ξ Π fam[1] fam[13] 565 700 . . it vg syr[c, s, p, h] cop[bo] . . μηκέτι néanmoins est un hapax de l'Evangile de Luc; il se retrouve 3 fois dans les Actes. Il reste possible cependant que la leçon originale eût μή, qui devint μηκέτι sous l'influence du texte de Marc.

17. Zerwick, *Biblical Greek*, n. 242.

18. Schürmann, *Das Lukasevangelium*, p. 493, n. 159.

19. Pernot (*Etudes sur la langue des Evangiles*, pp. 12–14): 'Il n'y a chez Luc aucun exemple de σώξω au sens de guérir.' Le seul cas litigieux serait 8, 36: 'Ceux qui avaient été témoins leur rapportèrent comment le possédé de jadis avait été sauvé (ou guéri).' Mais comme le possédé devient disciple du Christ et s'en va prêcher tout ce que Jésus avait fait pour lui (v. 39), on peut dire qu'il a été sauvé. L'auteur conclura en disant: 'σώξω, guérir, était un terme familier; Marc en a usé, Matthieu l'a toléré, Luc l'a exclu.'

20. Le jugement de Loisy (*Les Evangiles synoptiques I–II*, p. 824) est sévère pour Luc: 'Cette confusion ne prouve rien, sinon que Luc dépend du second Evangile et n'a pas su le copier fidèlement.'

    M. J. Lagrange (*L'Evangile selon saint Luc*, Paris 1958[7], p. 255): 'Luc a simplifié non sans détriment pour la clarté.'

21. Schürmann (*Das Lukasevangelium*, p. 494): 'Das Volk und die Jünger, die Trauergäste (vgl. Joh 11, 19) und die Klageweiber müssen vor dem Haus bleiben, draußen (vgl. 8, 10). Offenbar denkt sich Luk die Trauergesellschaft mit der Mutter herausgekommen, Jesu entgegen (wie Joh 11, 31).'

22. Lagrange, *L'Evangile selon saint Luc*, p. 256.

23. H. Schürmann, 'Der Dienst des Petrus und Johannes', *TrThZ* 60 (1951) 99–101.

24. Πάντες est employé par Luc d'une manière absolue: 1, 63S; 2, 3S; 4, 15S. 20S.22S.28S.36; 7, 16S; 8, 40.45; 9, 15S.43S; 13, 3.5S; 14, 18; 17, 27.29; 19, 7S; 20, 38S; 21, 17; 22, 70; Ac 2, 1.4.7.12; 4, 21; 5, 12; 8, 1.10; 9, 26.40; 10, 36; 19, 34; 20, 26.37; 21, 24.28.

25. Dans l'Apocalypse, le verbe κόπτεσθαι est construit avec ἐπί: 1, 7; 18, 9.

26. Luc adoucit souvent les questions directes de Jésus introduites chez Marc par τί, τίς: cp.Mc 2, 25 // Luc 6, 3; 3, 33 // Luc 8, 21; 4, 24 // Luc 8, 18; 4, 40 // Luc 8, 25; 5, 35 // Luc 8, 49; 9, 16 // Luc 9, 38; 9, 33s // Luc 9, 46s; 14, 36 // Luc 22, 42.

27. Sur les asyndètes chez Marc, v. Black, *An Aramaic Approach*, p. 60; J. C. Hawkins (*Horae synopticae. Contributions to the Study of the Synoptic Problem*, Oxford, 1909[2], p. 109): 'The smoother and more connected forms of the sentences in Mt and Lk were altered from the more rough and crude forms in Mark.' M. J. Lagrange (*L'Evangile selon saint Marc*, p. 67): 'L'asyndète se trouve surtout dans le langage parlé et très spécialement dans le langage de Jésus . . .'

28. Il reste incertain que Luc ait connu le 4ème livre des Maccabées, néanmoins 20, 37 est très voisin de 4 M 7, 19; 16, 25: εἰδότες ὅτι οἱ διὰ τὸν Θεὸν ἀποθνῄσκοντες ξῶσιν τῷ θεῷ ὥσπερ Ἀβραὰμ καὶ Ἰσαὰκ καὶ Ἰακὼβ καὶ πάντες οἱ πατριάρχαι.

29. La remarque de Blass-Debrunner-Funk, 147, 3, ne semble pas s'accorder avec le contexte de Lc 8, 54: 'Attic used the nominative (with article) only in addressing inferiors, who were, so to speak, thereby addressed in the 3rd person (Arist. *Ran.* 521 ὁ παῖς ἀκολούθει).' En Lc 8, 54, l'utilisation de l'article et du nominatif au lieu du vocatif vient du parallèle marcien, et chez Marc l'emploi de l'article et du nominatif correspond à l'état emphatique araméen. Si Luc voulait indiquer l'infériorité de l'enfant, pourquoi aurait-il supprimé le σοὶ λέγω de Marc?

30. Schürmann, *Das Lukasevangelium*, pp. 495s. Le verbe ἐξιστάναι est employé plusieurs fois par Luc pour parler de la réaction des assistants: 2, 47; Ac 2, 7.12; 8, 13; 9, 21; 10, 45; 12, 16.

31. Schürmann (*Das Lukasevangelium*, p. 277): 'Der Schweigebefehl ist verständlich, wenn er auf das folgende schaut: bis die Heilung amtlich konstatiert ist.'

32. Cf.Schürmann, *Das Lukasevangelium*, p. 496, où l'auteur traite du 'secret messianique' chez Luc.

33. Selon W. Marxsen (*Der Evangelist Markus*), l'Evangile de Marc aurait été écrit peu avant 70 pour les chrétiens qui attendaient la Parousie en Galilée.

34. v. 'La rédaction marcienne', pp. 215s, n. 3.

35. E. Lohmeyer (*Das Evangelium des Matthäus*, Göttingen, 1967⁴, p. 178, n. 1) fait remarquer que ἐλθὼν εἰς τὴν οἰκίαν désigne l'entrée dans la cour de la maison d'où on pénètre ensuite dans les différentes pièces. 'Cela va tellement de soi pour le narrateur qu'il n'éprouve pas le besoin de préciser comme Marc: εἰσπορεύεται ὅπου ἦν τὸ παιδίον.'

    Une telle hypothèse n'est pas fondée; partout où Mt utilise l'expression ἐλθὼν εἰς τὴν οἰκίαν, il désigne l'entrée à la maison et non dans la cour: 2, 11; 8, 14; 9, 28; 13, 36; 17, 25.

36. Il est sûr que Luc écrit après la chute de Jérusalem, puisqu'il considère la chute de Jérusalem comme la punition de Dieu contre son peuple infidèle (Lc 19, 44; 21, 20-4). Sa conception ecclésiologique ne permet pas d'en faire un contemporain de Justin et des pères apologètes comme le veulent J. C. O'Neill, *The Theology of Acts in its Historical Setting*, London, 1961, p. 21; G. Klein, *Die zwölf Apostel. Ursprung und Gehalt einer Idee*, Göttingen, 1961, p. 191, n. 894; W. Schmithals, *Das kirliche Apostelamt. Eine historische Untersuchung*, Göttingen, 1961, pp. 243-4. La position de H. Conzelmann qui situe l'oeuvre de Luc aux alentours de l'an 100 semble préférable ('Luke's Place in the Development of Early Christianity' dans *Studies in Luke-Acts*, New York, 1966, p. 309).

37. E. Käsemann, 'Das Problem des historischen Jesu' dans *Exegetische Versuche und Besinnungen I*, Göttingen, 1960, p. 199.

38. H. Flender, *Heil und Geschichte in der Theologie des Lukas*, München, 1965, pp. 132-3.

6. La rédaction matthéenne du récit de la réssurection de la fille d'un magistrat (Mt 9, 18-19.23-26)

1. Les récits de miracles chez Matthieu ont été étudiés par H. J. Held, 'Matthäus als Interpret der Wundergeschichten', dans *Überlieferung und Auslegung im Matthäus-Evangelium*, par G. Bornkamm, G. Barth, H. J. Held,

Neukirchen-Vluyn, 1965[4], pp. 155–287. Nous renverrons plusieurs fois à cette remarquable étude.

2. C'est à tort, croyons-nous, que M. J. Lagrange et E. Lohmeyer se plaignent de la composition du récit de Matthieu. M. J. Lagrange (*L'Evangile selon saint Matthieu*, p. 184): 'Que Matthieu néglige cette intéressante péripétie (l'annonce de la mort de la jeune fille en chemin), cela s'explique mieux d'un écrivain qui va au fait essentiel que d'un abréviateur, à moins qu'on ne suppose ce dernier privé de tout tact littéraire. Autre chose est ne pas vouloir ou ne pas savoir exciter l'intérêt en écrivant selon son génie, autre chose est de l'exclure d'un récit qu'on a sous les yeux. En tout cas, on ne peut prétendre que la dépendance de Matthieu par rapport à Marc soit indiquée comme l'est celle de Luc.'

E. Lohmeyer-W. Schmauch (*Das Evangelium des Matthäus*, Göttingen, 1967[4], p. 176): 'Daß diese Erzählung ein unabhängiger Doppelbericht zu Mk 5, 21–43 ist, läßt sich leicht erkennen; in Mt 9, 18–19, 23–6 ist die Mk fein gegliederte Komposition zerstört.'

3. Sur l'utilisation de προσέρχεσθαι chez Matthieu, v. Held, pp. 214–16.

4. Cette formule de transition a été étudiée par A. Vargas-Machuca, '(Καὶ) ἰδού en el estilo narrativo de Mateo', *Biblica* 50 (1969) 233–44, surtout p. 231.

5. Sur l'utilisation de προσκυνεῖν chez Matthieu, v. Held, 'Matthäus als Interpret der Wundergeschichten', p. 217.

6. Marc utilise 6 fois le ἵνα impératif. Matthieu n'en retient que deux: Mt 9, 6 // Mc 2, 10; Mt 20, 33 // Mc 10, 51.

7. Sur l'élimination des personnes et des actions secondaires dans les récits matthéens de miracle, v. Held, 'Matthäus als Interpret der Wundergeschichten', pp. 220–1.

8. Contre Lohmeyer, *Das Evangelium des Matthäus*, p. 178, n. 1. Voir 'La rédaction lucanienne . . .' pp. 223, n. 35.

9. Contre B. C. Butler, *The Originality of St Matthew. A Critique of the Two-Document Hypothesis*, Cambridge, 1951, pp. 128. 153.

10. Sur l'emploi de l'imparfait et de l'aoriste de λέγειν, v. Blass-Debrunner-Funk, p. 329.

11. Mt a encore le passif au lieu de la voix active de Marc en 4, 1 // Mc 1, 12; 8, 15 // Mc 1, 31; 14, 11 // Mc 6, 28; 15, 17 // Mc 7, 19; 16, 26 // Mc 8, 36; 18, 8 // Mc 9, 43; 19, 13 // Mc 10, 13; 24, 22 // Mc 13, 20; 26, 57 // Mc 14, 33; 27, 58 // Mc 15, 27.

12. W. G. Thompson, 'Reflections on the Composition of Mt 8, 1–9, 34', *CBQ* 23 (1971) 365–88, surtout p. 382.

13. Black (*An Aramaic Approach*, p. 136) cite un exemple tiré du Lév. R. 27, où le verbe araméen נפק , correspondant au verbe grec ἐξέρχεσθαι, est utilisé dans le même sens.

14. Lohmeyer (*Das Evangelium des Matthäus*, p. 178): 'Dann zeigt das Wörtchen ἐκείνη, daß der Standpunkt des Erzählers außerhalb Galiläas liegt . . .'; W. Grundmann (*Das Evangelium nach Matthäus*, Berlin, 1968, p. 276): '. . . ἐκείνην aber deutet an, daß der Bericht einer Gemeinde außerhalb jenes Landes gegeben wird.'

15. Lohmeyer, *Das Evangelium des Matthäus*, pp. 176–8.

16. Held, 'Matthäus als Interpret der Wundergeschichten', pp. 207–13.

17. Sur le thème de la foi dans ces trois miracles, v. Held, 'Matthäus als Interpret der Wundergeschichten', pp. 168–70.

7. Histoire de la formation du récit de la résurrection de la fille de Jaïre

1. P. Benoit-M. E. Boismard, *Synopse des quatre Evangiles en français*, tome 2, Paris, 1972, pp. 208–11.
2. *Ibid.* p. 59.
3. Cette hypothèse repose sur la critique littéraire que nous avons faite du récit de Marc. Nous y reprenons, sans les prouver à nouveau, les conclusions intéressant notre sujet.
4. Avec Schürmann (*Das Lukasevangelium*, p. 395ss) nous regardons le texte de Luc comme plus primitif que celui de Matthieu.
5. Sur le rôle de l'archisynagogue, v. 'La rédaction marcienne du récit de la résurrection de la fille de Jaïre,' pp. 215s, n. 3.
6. Dans le récit johannique, l'officier royal est juif, comme cela ressort claire-ment du v. 48. Mais les v. 48–9 ont, de l'avis de nombreux critiques, été insérés dans le récit par le rédacteur principal du quatrième Evangile. Dans la source de l'Evangile de Jean, l'origine ethnique de cet officier n'était pas précisée; l'accent était mis seulement sur le pouvoir miraculeux qu'avait Jésus de guérir à distance.

   Le texte de Luc correspond bien aux coutumes de l'époque. En dépê-chant à Jésus une deuxième délégation, le centurion, respectueux des lois juives, évite que Jésus pénètre dans la maison d'un païen. Luc n'a pas inventé ce détail, car lorsqu'il écrit son évangile, la mission était depuis longtemps passée aux païens!
7. Sur la tendance à passer dans la tradition de la forme indirecte à la forme directe, v. Bultmann, *Die Geschichte*, p. 340.
8. Sur l'arrière-fond araméen de ce pluriel impersonnel, v. Black, *An Aramaic Approach*, pp. 126s.
9. Sur l'emploi de l'aoriste au sens d'un parfait sémitique, v. Black, pp. 128s.
10. E. Haenchen (*Der Weg Jesu. Eine Erklärung des Markus-Evangeliums und seiner kanonischen Parallelen*, Berlin, 1966, p. 208) interprète le v. 35s comme une adresse de l'Evangéliste au lecteur. Il dit (p. 211): 'Daß diese Deputation nur ein literarisches Mittel des Erzählers ist, wird um so gewisser-je mehr man versucht, sich diesen Zug als wirklich vorzustellen . . . Es ist deutlich: Diese Erzählung ist nur dazu bestimmt, dem Leser deutlich zu machen, daß diese Lage anscheinend ohne jede Hoffnung ist. Mit Realistik hat das nichts zu tun – außer wenn man die Hilfe, die Jesus jederzeit leisten kann, als das einzig Reale und Wichtige ansieht.'
11. Sur l'emploi du pluriel impersonnel suivi d'un singulier, v. Black, *An Aramaic Approach*, pp. 126–8.
12. Contre J. Kreyenbühl, 'Ursprung und Stammbaum eines biblischen Wunders', *ZNW* 10 (1909) 265–78.

8. La résurrection de Lazare (Jn 11, 1–46)

1. R. Bultmann (*Das Evangelium des Johannes*, Göttingen, 1964[18], p. 301, n. 4) est sceptique sur le résultat d'une analyse littéraire de ce texte: 'Die Analysen Wendts, Spittas, Schwartz' und Wellh's haben kein erleuchtendes Ergebnis erzielt, und es ist fraglich, ob ein solches zu erreichen ist.' Selon Bultmann, la source serait à retrouver dans les v. 1.3.5.6. 11–12. 14.15. 17–19. 33–9. 43–4.

   C. H. Dodd (*Historical Tradition in the Fourth Gospel*, Cambridge,

1965[2], p. 230) est encore plus radical: 'Nowhere perhaps, in this Gospel, have attempts to analyse out a written source, or sources, proved less convincing, and if the evangelist is following a traditional story of fixed pattern, he has covered his tracks.'

Cet auteur témoigne encore du même scepticisme dans *The Interpretation of the Fourth Gospel*, Cambridge, 1953, p. 363.

Malgré les réserves de ces deux grands spécialistes du quatrième Evangile, plusieurs auteurs ont tenté récemment de déceler la source ou les sources de ce récit: W. Wilkens, 'Die Erweckung des Lazarus', *TZ* 15 (1959) 22–39; R. T. Fortna, *The Gospel of Signs*, Cambridge, 1970, pp. 74–87; R. Schnackenburg, *Das Johannesevangelium*, 2. Teil, Freiburg-Basel-Wien, 1971, pp. 398–402.

2. Sur l'emprunt de cette parabole au monde juif, et sur son sens, se reporter à la note 19 de ce chapitre.

3. Le v. 19 présente un problème de critique textuelle:

τὴν	Μάρθαν καὶ Μαριὰμ	P[66] P[75] S B L W X ...
	Μάρθαν καὶ Μαριὰμ	D
τὰς	περὶ Μάρθαν καὶ Μαριὰμ	P[45] A C K ...

Cette dernière leçon est difficilement soutenable car ce serait le seul cas où il y aurait dans Jean περί et l'accusatif. La leçon de D semble être une correction. La première leçon, la mieux attestée, semble donc préférable. Marthe et Marie, englobées sous un seul article, sont considérées comme formant un tout. Cf Zerwick, *Biblical Greek*, n. 184.

4. Sur le rôle des Juifs dans le quatrième Evangile, v. F. Festorazzi, 'I Giudei nel quarto Vangelo', dans *San Giovanni: Atti della XVII settimana biblica*, Brescia, 1964, pp. 225–60; E. Grässer, 'Die antijüdische Polemik im Johannesevangelium,' *NTS* 11 (1964–5) 74–90.

5. Bultmann, *Das Evangelium des Johannes*, p. 303.

6. A. Loisy, *Le quatrième Evangile*, Paris, 1921[2], pp. 351s.

7. Cf. l'étude 'La couple sommeil-mort' au chapitre onzième.

8. Selon R. Dunkerley ('Lazarus', *NTS* 5 (1958–9) 321–7) ce serait l'inverse: la parabole de Luc 16, 19ss aurait été influencée par la résurrection de Lazare: 'I believe that the whole idea of the parable arose from an actual situation in which a well-known Lazarus figured, and that the purpose of Jesus in using the name was in some way to illuminate something that was happening and to help the disciples to understand what it meant.' (p. 323).

Il paraît beaucoup plus probable que le nom de Lazare dans la parabole ait été emprunté à Gn 15, 2 où Eliezer est l'héritier présumé d'Abraham, cf. J. D. M. Derrett, 'Fresh Light on St. Luke 16. II Dives and Lazarus and the Preceding Sayings,' *NTS* 7 (1960–1), 371s. La pointe de la parabole 'même si quelqu'un ressuscite d'entre les morts, ils ne seront pas convaincus' doit s'entendre de l'endurcissement des Juifs même après la résurrection de Jésus, cf C. F. Evans, 'Neither will they be convinced Luke 16, 31', *Exp. Tim.* 81 (1969–70) 228–31. La résurrection de Lazare n'est qu'un faible commentaire de la pointe de la parabole, puisqu'après la résurrection de Lazare 'beaucoup de Juifs crurent en Jésus' et seulement 'certains d'entre eux' vont rapporter l'événement aux autorités juives. La liaison entre le récit de la résurrection de Lazare et la décision des autorités juives de mettre Jésus à mort est d'autre part postérieure à l'identification du mort par la tradition.

Il est intéressant de noter que les noms de Lazare, Marthe et Marie apparaissent sur des ossuaires du 1° siècle après Jésus-Christ et qu'ils ont été découverts ensemble sur une tombe près de Béthanie (*BA* 9 (1946) 18). Le nom de Lazare peut donc provenir de la tradition qui a emprunté ce nom propre à l'usage courant du temps, tout comme le nom de Marie pour identifier la femme anonyme de l'onction. Le nom de Marthe provient sans aucun doute de la même tradition que Lc 10, 38ss.

9. Sur la fusion des traditions en Jn 12, 1-8, v. A. Legault, 'An Application of the Form-Critique Method to the Anointings in Galilee and Bethany', *CBQ* 16 (1954) 131-41.

   J. N. Sanders ('Those whom Jesus loved: St. John 11, 5', *NTS* 1 (1954-5) 29-41) maintient l'indépendance de Jean par rapport à Mc et Lc, mais que dire de la tradition? Bultmann qualifie cet essai: 'eine m.E. künstliche Konstruktion!'

10. Sur l'emploi et le sens du participe aoriste ἀλείψασα, v. Blass-Debrunner-Funk, 339, 1; Zerwick, *Biblical Greek*, n. 266.

11. Black, *An Aramaic Approach*, pp. 240-3.

12. M.-E. Boismard, 'L'importance de la critique textuelle pour établir l'origine araméenne du quatrième Evangile', dans *L'Evangile de Jean*, Desclée de Brouwer, 1958, pp. 41-57, surtout pp. 49-51.

13. Sur les analogies et les contacts de vocabulaire entre ces deux récits, v. la synopse des récits, et l'étude des analogies entre les récits de résurrection.

14. Il est probable que 2, 3b-4a provienne de l'Evangéliste, cf.Fortna, pp. 31s.

    L'hypothèse de Fortna (p. 194ss) qui intercale, entre la dépêche des soeurs auprès de Jésus au v. 3 et la venue de Jésus à Béthanie, la traversée de la Samarie (la source de Jn 4, 1-42) est ingénieuse et explique bien le délai des deux jours (cf 4, 40), mais demeure trop conjecturale.

15. Black (*An Aramaic Approach*, pp. 129s) souligne l'emploi de l'aoriste ἀπέθανεν au sens d'un parfait sémitique. Il se peut néanmoins que cet aoriste provienne, de par la tradition, de Mc 5, 35.

16. Cette phrase est tirée de l'exorde à 'la maladie mortelle' de S. Kierkegaard.

17. Voir en ce sens J. P. Martin, 'History and Eschatology in the Lazarus Narrative, John 11, 1-44', *SJT* 17 (1964) 332-43.

18. M. R. James, *The Testament of Abraham*, Cambridge, 1892, p. 111.

19. Voici cette parabole rabbinique tirée d'Ex R. 36:

    > Quelqu'un était dans les ténèbres
    > avec une lampe à la main,
    > il trouve une pierre et ne bute pas,
    > il voit un trou et ne tombe pas,
    > Pourquoi?
    > Parce qu'il avait une lampe à la main

    > Quelqu'un était dans les ténèbres,
    > il trouve une pierre et il bute
    > il trouve un trou et y tombe
    > et il se cogne le nez par terre.
    > (Pourquoi?)
    > Parce qu'il n'avait pas de lampe à la main.

Selon Bultmann (*Das Evangelium des Johannes*, p. 304 n. 1), ces deux
versets 9 et 10 appartiendraient aux discours de révélation. Il propose la
reconstruction d'un discours sur la lumière ainsi: 8, 12; 12, 44–50; 9, 5.4;
11, 9–10; 12, 35–6. Les phrases commençant par ὅτι en 9c et 10b seraient
des gloses explicatives, ainsi que la phrase d'introduction: 'N'y a-t-il pas
douze heures dans le jour?' Cette dissection et reconstruction du texte
apparaît ici totalement arbitraire. Le style parabolique empêche d'en chercher l'origine ailleurs que dans 'le réservoir de la tradition' ou dans le
monde juif ambiant, cf.C. H. Dodd, *Historical Tradition*, pp. 373–9. Il
semble curieux que l'Evangéliste ait ajouté les phrases commençant par ὅτι;
l'expression ὁ κόσμος οὗτος en 9c a un sens naturel alors que partout ailleurs
en Jean elle a un sens péjoratif (8, 23; 12, 31; 13, 1; 16, 11; 18, 36; 1 Jn 4,
17).

20. On pourrait également traduire par une phrase interrogative comme dans le
 texte massorétique: 'Car si l'homme meurt, vivra-t-il?'
21. Bultmann, *Das Evangelium des Johannes*, p. 305.
22. 'Et la vie' manque en P[45], it[a, l] syr[s] Origène, Cyprien. Bien que cette omission soit difficile à expliquer, la leçon 'et la vie' attestée par P[66], P[75], S A B D
 it syr[p, h, pal] cop . . semble préférable.
23. Dans un sens différent et parfois voisin on pourra lire les excellentes pages
 de C. H. Dodd, *Interpretation of the Fourth Gospel*, pp. 363–7.
  Pour Bultmann (*Das Evangelium des Johannes*, p. 307), les deux affirma-
 tions des v. 25s disent positivement et négativement la même chose. Jésus
 est la résurrection et la vie au sens eschatologique de ces termes. Le chrétien
 peut mourir de la mort humaine, il continuera cependant de vivre de la vie
 eschatologique. Celui qui vit présentement de la vie eschatologique ne
 mourra pas pour toujours, car la mort terrestre ne saurait lui faire perdre sa
 vie eschatologique. Dès lors, 'la vie et la mort au sens humain – le plus grand
 bien et la plus profonde frayeur – sont pour lui devenues inexistantes; il vit –
 en tant qu'il voit dans la foi le révélateur – devant Dieu lui-même'.
  Pour valable qu'elle soit, cette interprétation ne tient pas pourtant
 suffisamment compte des futurs ζήσεται et οὐ μὴ ἀποθάνῃ εἰς τὸν αἰῶνα.
24. Bultmann, *Das Evangelium des Johannes*, pp. 308s.
25. Contre cette interprétation Westcott, Brown et d'autres font remarquer que
 Jésus lui-même au v. 35 pleure, donc que les pleurs de Marie et des Juifs ne
 peuvent indiquer un manque de foi. Ils interprètent la colère intérieure de
 Jésus comme une indignation contre la puissance de Satan manifestée dans
 la mort. Cette interprétation ne découle pas directement du contexte et
 semble recherchée. En fait, ce ne sont pas les pleurs seuls de Marie et des
 Juifs qui suscitent la colère de Jésus mais aussi leurs réflexions. Les pleurs
 de Jésus dans le contexte n'ont d'autre raison que de provoquer les réactions des Juifs et de rendre manifeste la séparation qui s'opère parmi les
 hommes devant la personne de Jésus.
26. Loisy, *Le quatrième Evangile*, p. 350.
27. L'aoriste εἶπον a le sens présent d'un parfait sémitique. L'hébreu emploie
 en effet avec les verbes d'affirmation le parfait pour une action instantanée
 qui, s'accomplissant à l'instant même de la parole, est censée appartenir au
 passé. P. Joüon, *Grammaire de l'hébreu biblique*, 112f.
28. Bultmann, *Das Evangelium des Johannes*, p. 299.

9. La résurrection de Tabitha (Ac 9, 36–43)

1. A. Harnack (*The Acts of the Apostles*, New York, 1909, pp. 178s. 187s) attribue ce récit à la tradition de Jérusalem-Césarée. Ladite tradition comprendrait 3, 1–5, 16; 8, 5–40; 9, 29–11, 18; 12, 1–24. Harnack admet une source écrite pour 10, 1–11, 18 mais ne se prononce pas pour les chapitres 8, 5–40; 9, 32–43: 'The whole of the phenomena seems to be best explained in the supposition that St Luke received from St Philip (or from him and his daughters) partly oral information, partly also written tradition, which helped out the oral account' (p. 244).

2. Cette seule étude ne permet ni d'infirmer ni de confirmer le jugement de P. Benoit ('La deuxième visite de Paul à Jérusalem' dans *Exégèse et Théologie* III, p. 287): 'En tout cas au niveau même de la rédaction par Luc, il est clair que celui-ci a procédé par étapes, comme pour son Evangile, et composé des morceaux qu'il a ensuite combinés par mode d'insertions et de sutures que la critique littéraire doit être en état de percevoir.'

3. E. Jacquier (*Les Actes des Apôtres*, Paris, 1926, p. 307) trouve l'expression ἡ διερμηνευομένη λέγεται incorrecte, régulièrement il faudrait διερμηνευομένου τοῦ ὀνόματος.

4. Selon M. Wilcox (*The Semitisms of Acts*, Oxford, 1965, pp. 109s. 174) l'emploi du nom araméen Tabitha indiquerait que l'histoire a des racines araméennes.

5. Zerwick, *Biblical Greek*, p. 134, n. 1; K. Beyer, *Semitische Syntax im Neuen Testament*, Göttingen, 1962, pp. 41–60.

6. Sur les soins donnés au cadavre dans l'AT, v. R. de Vaux, *Les institutions de l'AT*, I, Paris, 1961[2], pp. 93s.

7. Lucien, *De Luctu*, 11.

8. Sur l'emploi du pluriel impersonnel dans les Actes, v. Wilcox (*Semitisms of Acts*, pp. 127s) qui curieusement ne signale pas 9, 37, non plus que Black (*An Aramaic Approach*, p. 127).

9. Blass-Debrunner-Funk, 316, 1. Zerwick (*Biblical Greek*, n. 234): 'Act 9, 39 the widows bewailing their benefactress Tabitha are described as ἐπιδεικνύμεναι to Peter the garments she had made, the middle voice indicating as it were how they so showed the garments they were actually wearing.'

10. H. J. Cadbury, *JBL* 42 (1923) 157.

11. Sur cette caractéristique lucanienne, cf 'La rédaction lucanienne de la résurrection de la fille de Jaïre', cf.supra p. 222, note 24.

12. Cf.Jacquier (*Les Actes des Apôtres*, p. 309) qui ajoute: 'W. K. Hobart (*The Medical Language of St Luke*, Dublin, 1882, p. 41) remarque: The circumstantial details of the gradual recovery of Tabitha – opened her eyes – sat up – he gave her his hand – are quite in the style of medical description.'

13. Sur ce sens de κατά chez Luc, v. Blass-Debrunner-Funk, 225.

14. Sur cette construction de ἐγένετο, v. Blass-Debrunner-Funk, 393, 1.

15. Selon Harnack, Pierre aurait séjourné chez Simon, près de la mer, pour pouvoir exercer son métier de pêcheur! Selon J. McConnachie ('Simon a Tanner (Act 9, 43; 10, 6.32)', *Exp. Tim.* 36 (1924–5) 90): 'Simon was chiefly occupied in the tanning of nets, not hides. Simon as a tanner of nets with perhaps a branch business in the lake of Galilee had met Peter there and probably done business with him at an earlier date. May not Simon on one of his journeys to the lake have heard Jesus preach and been one of those

whose heart the Lord had touched? We venture to suggest that this was the reason why Peter went to stay with Simon, and why his house was by the sea.'

16. Nous rejoignons les conclusions de H. F. D. Sparks ('The Semitisms of Acts', *JTS* (1950) 16–28, p. 26): 'Once again it seems most reasonable to suppose that St Luke had heard this story (Tabitha), and that preserving intact at least one indication of the original aramaic background, he set down his own written version, not uninfluenced perhaps by the details of the similar Old Testament stories connected with Elijah and Elisha and the Gospel stories of Jaïrus' daughter and the widow's son at Naïm.' Cf également W. L. Knox, *The Acts of Apostles*, Cambridge, 1948, p. 30. Sur la position d'exégètes plus anciens, voir le résumé de leurs positions dans E. Haenchen, *Die Apostelgeschichte*, Göttingen, 1968[15], p. 287.

17. A. Loisy (*Les Actes des Apôtres*, Paris, 1920, p. 430) se montre très sceptique sur l'historicité d'un tel récit: 'Pas plus que le précédent, ce récit n'est à discuter du point de vue de l'histoire. Il pourrait n'avoir aucun point de départ dans une réalité quelconque ni dans les souvenirs traditionnels, et avoir été inventé de toutes pièces pour étoffer la légende de Pierre. Le rapport avec les miracles d'Elie et Elisée, avec la résurrection de la fille de Jaïre dispense d'en chercher l'origine ailleurs. Les autres détails de mise en scène sont de convention facile. On sait d'où viennent les veuves. La localisation des miracles de Pierre est coordonnée au fait principal, la rencontre de Cornélius et l'on finit par Joppé afin de mettre Pierre à proximité de Césarée.'

M. Dibelius (*Studies in the Acts of the Apostles*, edited by H. Greeven, London, 1956, p. 13), après avoir affirmé que le récit de la résurrection de Tabitha s'apparentait aux 'paradigmes' des Evangiles, et qualifié ce récit de 'légende', refuse de se prononcer sur la valeur ou l'arrière-fond historique d'un tel récit. 'It is difficult to ascertain how much historical fact underlies each isolated individual case, nor is this subject to enter into the present examination.'

18. E. Trocmé, *Le 'Livre des Actes' et l'histoire*, Paris, 1957, p. 170.

19. Sur les récits de résurrection dans les Actes Apocryphes, v. E. Hennecke-W. Schneemelcher, *New Testament Apocrypha*, English translation edited by R. McL. Wilson, Philadelphia 1963–5 (2 volumes). *Les Actes de Paul*, L. Vouaux, Paris, 1912; *Les Actes de Pierre*, L. Vouaux, Paris, 1922. *Acta Apostolorum Apocrypha*, édit. par M. Bonnet, Hildesheim, 1959[2] (3 volumes).

Résurrection de la fille du jardinier par Pierre: *Les Actes de Pierre*, L. Vouaux, pp. 39s; Hennecke-Schneemelcher anglais II, p. 145 et 278; ce récit provient de la pseudo-épitre de Tite. St Augustin connaît la même légende qu'il attribue à un disciple de Mani (*Contra Adimantum* 17, 5; *PL* 42, 161).

Résurrection opérées par Thomas: Hennecke-Sch. anglais II, pp. 459–64 et 471–7.

Résurrections opérées par Jean:

– Résurrection d'un prêtre d'Artémis: Hennecke-Sch. anglais II, pp. 238–9; texte grec dans M. Bonnet, *Acta Apostolorum Apocrypha*, vol. 1, 2ème partie, pp. 173–5, no 46–7.

- Résurrection du père d'un parricide: Hennecke-Sch. anglais II, pp. 239–41; texte grec, M. Bonnet, *Acta Apostolorum Apocrypha*, vol. 1, 2ème partie, pp. 175–7, no 48–52.

    Résurrections opérées par Paul:

- Résurrection de Dion à Myre: Vouaux, *Les Actes de Paul*, p. 240; Hennecke-Sch. anglais II, p. 365.
- Résurrection à Antioche: Vouaux, *Les Actes de Paul*, pp. 143s; Hennecke-Sch. anglais II, p. 352.
- Résurrection de Frontina: Hennecke-Sch. anglais II, p. 377.

    Eusèbe de Césarée mentionne aussi dans son *Histoire de l'Eglise*, plusieurs résurrections qui seraient arrivées dans les premiers temps de l'Eglise: III, 39, 9 (*SC* 31, p. 155); IV, 3, 2 (*SC* 31, p. 162); V, 7, 2 (*SC* 41, p. 33); V, 18, 14 (*SC* 41, p. 59); de même Irénée, *Adv. Haer* II, 31, 2 (*PG* VII, 824–6); II, 32, 4 (*PG* VII, 830).

20. G. Stählin, *Die Apostelgeschichte*, Göttingen, 1962, p. 146.

10. La parole se fait récit

1. H. Duesberg-I. Fransen, *Ecclesiastico*, Torino, 1966, p. 316; N. Peters, *Das Buch Jesus-Sirach oder Ecclesiasticus*, Münster i. W., 1913, pp. 412s.

2. S. M. Segal, *Sefer Ben-Sira Ha-schalem*, Jérusalem, 1963.

3. Cité par S. M. Segal, *ibid*: אשרי מי שראה פנין בחלום

      אשרי מי שנתן לו שלום

      והחזיר לו שלום

4. L'éthiopien porte le mot 'parole' qui ne donne aucun sens. C'est la traduction de ῥῆμα grec, qui est la transcription littérale de ראם qui signifie 'buffle' en araméen.

5. Nous suivons ici la datation traditionnelle du Livre des Paraboles: 1° siècle avant JC; entre 105 et 64 avant JC selon Charles. J. T. Milik date ce livre au $3^{\text{ème}}$ siècle après JC ('Problèmes de la littérature hénochique à la lumière des fragments araméens de Qumrân', *HTR* 64 (1971) 333–78, surtout pp. 373–8.)

6. Avec Charles, nous replaçons le v. 5a avant le v. 2.

7. La formation du Testament des douze Patriarches a donné lieu à de nombreuses hypothèses souvent contradictoires. Pour un état de la question, voir J. Becker, *Untersuchungen zur Enstehungsgeschichte der Testamente der Zwölf Patriarchen*, Leiden, 1970, pp. 129–58. Nous suivons pour notre étude la position de Becker.

8. Becker, *Untersuchungen zur Enstehungsgeschichte*, pp. 323ss. Becker ne considère pas le v. 4 du ch. 25 comme une interpolation chrétienne.

9. A. Dupont-Sommer, 'Le Testament de Lévi XVII–XVIII et la secte juive de l'Alliance', *Semitica* 4 (1951–2) 33ss.

10. Becker, *Untersuchungen zur Enstehungsgeschichte*, pp. 291–300.

11. Voir par exemple: 1 Hén 10, 17; 25, 4ss; 91, 10; 92, 3 . . . Jub 23, 26–31; Sg 3, 7; 4, 15; Ps Sal 13, 10; 14; 1 QS 4, 6–8; 1 QH 6, 29s.34s; Or Syb IV, 181–7; Ps Philon 3, 9–10 . . .

12. Ce paragraphe est un bref résumé de notre manière de voir, plutôt qu'une preuve en bonne et due forme.

13. Les seuls textes où Jésus revendique sa messianité sont Mc 14, 62 et 15, 2. Mc 14, 62 a été reformulé par la première communauté chrétienne, cf.N.

Perrin, 'Mk 14, 62 End-Product of a Christian Pesher Tradition', *NTS* 12 (1965-6) 150-5. Mc 15, 2 est une insertion secondaire entre Mc 15, 1.3-5, cf Bultmann, *Die Geschichte*, p. 293. Mc 9, 41 est secondaire par rapport à Mt 10, 42; et Mt 23, 10 est la traduction pour l'Eglise héllénistique de Mt 23, 8.

    Sur la question beaucoup plus complexe du Fils de l'homme, v. G. Haufe, 'Le problème du Fils de l'homme. Etat de la question', *EThR* 42 (1967) 311-22; G. Rochais, 'Jésus et le Fils de l'homme', dans *¿Jésus? de l'histoire à la foi*, Montréal, 1974, pp. 83-122.

14. Nous suivons J. Jeremias, *Neutestamentliche Theologie. Erster Teil: Die Verkündigung Jesu*, Gütersloh, 1971, pp. 43-4. Jeremias critique fortement la position de Hasler qui attribuait à la communauté la création d'une telle formule (p. 44, n. 38). V. Hasler, *Amen. Redaktiongeschichtliche Untersuchung zur Einleitungsformel der Herrenworte. 'Wahrlich Ich sage euch'*, Zurich-Stuttgart, 1969.

15. Jeremias, *Neutestamentliche Theologie*, pp. 67-73; aussi, *Abba. Studien zur neutestamentlichen Theologie und Zeitgeschichte*. Göttingen, 1966, pp. 15-67.

    W. Marchel, *Abba Père! La prière du Christ et des chrétiens. Etude exégétique sur les origines et la signification de l'invocation à la divinité comme Père avant et dans le Nouveau Testament*, Rome, 1963.

16. Jeremias, *Neutestamentliche Theologie*, pp. 110-23. Nous suivons ici Jeremias de très près.

17. R. Pesch, 'Levi-Matthäus (Mc 2, 14/Mt 9, 9; 10, 3). Ein Beitrag zur Lösung eines alten Problems', *ZNW* 59 (1968) 40-56.

18. Pascal, 'Pensées' no 829, édit. Chevalier.

19. Nous suivons ici en partie Jeremias, *Neutestamentliche Theologie*, pp. 90-9.

20. Jeremias, *Neutestamentliche Theologie*, pp. 90s.

21. Cp.Mc 5, 35, Lc 7, 12; Jn 11, 39!

22. Mc 10, 46 un aveugle // Mt 20, 30 deux; Mc 5, 2 un possédé // Mt 8, 28 deux; Mc 8, 9, 4.000 personnes // 6, 44, 5.000 // Mt 14, 21; 15, 38 'sans compter les femmes et les enfants'; Mc 8, 8 'sept paniers' // 6, 43 'douze paniers'.

23. Cinq guérisons d'aveugles: Mc 8, 22-6; 10, 46-52 par.; Mt 9, 27-31; 12, 22; Jn 9, 1-34; trois guérisons de sourds-muets Mc 7, 32-7; Mt 9, 32-4; Lc 11, 14 (par. Mt 12, 12 le sourd-muet est de surcroît aveugle); deux guérisons de lépreux: Mc 1, 40-5; Lc,17, 12-19; deux multiplications des pains Mc 6, 34-44; Mc 8, 1-9; deux pêches miraculeuses Lc 5, 1-11; Jn 21, 1-14.

24. Tacite, *Hist* 4, 81; Suétone, *Vesp.* 7, 21s.

25. Lucien, *Philopseudès*, 11.

26. Jeremias, *Neutestamentliche Theologie*, p. 94.

27. F. Mussner, *The Miracles of Jesus. An Introduction*, Shannon, Ireland, 1970, pp. 28-37. Dans un sens inverse, R. Pesch, *Jesu ureigene Taten? Ein Beitrag zur Wunderfrage*, Freiburg i. Br., 1970.

28. Pascal, 'Pensées' no 627, édit. Chevalier. Pascal continue sa réflexion en parlant de la culpabilité des Juifs: 'Et cependant ils étaient très coupables de refuser les prophètes, à cause de leurs miracles, et Jésus-Christ; et n'eussent pas été coupables s'ils n'eussent point vu les miracles: "Nisi fecissem . . . peccatum non haberent"'. Donc, toute la créance est sur les miracles.'

    Pourquoi Pascal ne cite-t-il que Jn 15, 24 et non pas 15, 22?

29. *Dialogue avec Tryphon*, 69, 7.
30. P. Grelot, 'La résurrection de Jésus et son arrière-plan biblique et juif' dans *La résurrection du Christ et l'exégèse moderne*, Paris, 1969, pp. 17–53.

    F. Mussner, 'L'enseignement de Jésus sur la vie future d'après les Synoptiques', *Concilium* 60 (1970) 43–50.

31. Sur ce texte, voir W. Marxsen, 'Auslegung von 1 Thess 4, 13–18', *ZTK* 66 (1969) 22–37.
32. Grelot, 'La résurrection de Jésus et son arrière plan biblique et juif', pp. 38s. 46s.

    K. Lehmann, *Auferstanden am dritten Tage gemäß der Schrift*, Freiburg i. Br., 1969.

11. Les premiers récits de résurrection comme parole dans les communautés primitives

1. Sur ce problème, v. O. Michel, 'Zur Lehre vom Todesschlaf', *ZNW* 35 (1936) 285–90; R. E. Bailey, 'Is "Sleep" the Proper Biblical Term for the Intermediate State?', *ZNW* 55 (1964) 161–7; P. Hoffmann, *'Die Toten in Christus'*, Münster, 1966, pp. 186–206: 'Das Bildwort vom Todesschlaf'.
2. Michel, 'Zur Lehre vom Todesschlaf', p. 285.
3. Hoffmann, *Die Toten in Christus*, p. 203.
4. Nous ne donnons ici que le texte de la source. Les v. 11c.13.15ab proviennent vraisemblablement de l'auteur principal du quatrième Evangile, ainsi que nous l'avons montré lors de la critique littéraire de ce passage.
5. Hoffmann, *Die Toten in Christus*, pp. 186–202.
6. Michel, 'Zur Lehre vom Todesschlaf', p. 290; O. Cullmann, *Immortalité de l'âme ou résurrection des morts*, Neuchâtel, 1959², pp. 65–79.
7. *Test Iss* 7, 9; *Test Dan* 7, 1; *Test Jos* 20, 4; *Test Aser* 8, 2; *Test Zab* 10, 6; *Test Jud* 26, 4; *Test Sim* 8, 1; *Test Gad* 8, 4.
8. P. Grelot ('L'Eschatologie de la Sagesse et les Apocalypses juives', dans *Mémorial A. Gelin: A la rencontre de Dieu*, Le Puy, 1961, pp. 165–78) a vu dans le livre de l'Exhortation la source de l'eschatologie du livre de la Sagesse.
9. Cp. Si 48, 11, LXX 'Ceux qui dans l'amour se sont endormis'.
10. Traduction après restauration de Mgr. L. Gry, *Les dires prophétiques d'Esdras*, Paris, 1938.
11. Traduction de P. Bogaert, *L'Apocalypse syriaque de Baruch* (2 volumes) Paris, 1969 (SC 144–5).
12. Hoffmann, *Die Toten in Christus*, pp. 200–1.
13. M.-E. Boismard, *Quatre hymnes baptismales dans la première Epître de Pierre*, Paris, 1961, pp. 11s.
14. W. Marxsen, 'Auslegung von 1 Thess 4, 13–18', *ZTK* 66 (1969) 22–37.
15. Michel, 'Zur Lehre vom Todesschlaf', p. 286.
16. *Ibid.* p. 288. Michel pense également que la comparaison sommeil-mort pourrait être à l'arrière-fond de la déclaration de Jésus en Jn 11, 25–26. Curieux!
17. R. de Vaux, *Les institutions de l'Ancien Testament*, Paris, 1961², vol. 1, pp. 99–100.

12. Les récits de résurrection comme parole pour les chrétiens d'aujourd'hui

1. J. Dupont, 'L'ambassade de Jean-Baptiste', *NRT* 88 (1961) 805–21; 943–59, surtout pp. 814–21.

2. J. Moltmann, *Théologie de l'Espérance*, Paris, 1971, pp. 27s.
3. *Ibid.* p. 91.
4. Sur le lien entre le péché et la mort dans le Judaïsme, v. S. Lyonnet, *Les étapes du mystère du salut selon l'Epître aux Romains,* Paris, 1969, pp. 55–81.

    Pour le NT, v. R. Bultmann, *TWNT* III, p. 15, n. 67, art. θάνατος.
5. Moltmann (*Théologie de l'Espérance*, p. 227) parle de la notion paulinienne d'Esprit qui ne tombe pas du ciel ni remonte au ciel par enthousiasme.
6. *Ibid.* pp. 96s.

BIBLIOGRAPHIE

PRINCIPAUX OUVRAGES ET ARTICLES CONSULTES

1. Grammaires et ouvrages sur la langue et le style des Evangiles et des Actes des Apôtres

Abbott, E. *Johannine Grammar*, London, 1906.

Abel, F. M. *Grammaire du grec biblique, suivie d'un choix de papyrus*, Paris, 1927[2].

Antoniadis, S. *L'Evangile de Luc. Esquisse de grammaire et de style*, Paris, 1930.

Beyer, K. *Semitische Syntax im Neuen Testament* I/1, Göttingen, 1962.

Black, M. *An Aramaic Approach to the Gospels and Acts*, Oxford, 1967[3].

Blass, F. – Debrunner, A. *A Greek Grammar of the New Testament and Other Early Christian Literature. A Translation and Revision of the ninth-tenth German edition incorporating supplementary notes of A. Debrunner by Robert W. Funk*, Cambridge, 1961 (= Blass-Debrunner-Funk).

Bonaccorsi, G. *Primi saggi di filologia neotestamentaria* I. Turin, 1933.

Cadbury, H. J. *The Style and Literary Method of Luke* I–II, Cambridge, USA, 1919–20.

Doudna, J. Ch. *The Greek of the Gospel of Mark*, Philadelphia, 1961.

Mayser, E. *Grammatik der griechischen Papyri aus der Ptolemäerzeit* I–II, Berlin-Leipzig, 1906–34.

Moulton, J. H. *A Grammar of the New Testament Greek* I, Edinburgh, 1908[3]; Réédit. 1957; II, éd. W. F. Howard, 1956[2]; III, éd. N. Turner, 1963.

Pernot, H. *Etudes sur la langue des Evangiles*, Paris, 1927.

Radermacher, L. *Neutestamentliche Grammatik*, Tübingen, 1925[2].

Robertson, A. T. *A Grammar of the Greek NT in the Light of Historical Research*, New York, 1931[5].

Wilcox, M. *The Semitisms of Acts*, Oxford, 1965.

Zerwick, M. *Biblical Greek illustrated by examples, by Maximilian Zerwick. English edition adapted from the fourth latin edition by Joseph Smith*, Rome, 1963.

Untersuchungen zum Markus-Stil, Rome, 1937.

2. Commentaires des Evangiles et des Actes des Apôtres. Théologies du Nouveau Testament

Barrett, C. K. *The Gospel According to St John*, London, 1956.

Benoit, P. – Boismard, M.-E. *Synopse des quatre Evangiles en français.* *Tome 2*, Paris, 1972.

Bernard, J. H. *A Critical and Exegetical Commentary on the Gospel According to St John*, édit. A. H. McNeile, 2 vols, Edinburgh, 1928.

Billerbeck, P. – Strack, H. L. *Kommentar zum Neuen Testament aus Talmud und Midrasch*, München, 1922-8; Réimpr. I-IV, 1965[4]; Registre V-VI édit. par J. Jeremias et K. Adolph 1963[2].

Bonnard, P. *L'Evangile selon saint Matthieu*, Neuchâtel-Paris, 1963.

Brown, R. E. *The Gospel According to John* I-II, New York, 1966-70.

Bruce, F. F. *The Acts of the Apostles. The Greek Text with Introduction and Commentary by F. F. Bruce*, London, 1951.

Bultmann, R. *Das Evangelium des Johannes*, Göttingen, 1964[18].

Bultmann, R. *Theologie des Neuen Testaments*, Tübingen, 1965[5].

Conzelmann, H. *Die Apostelgeschichte*, Tübingen, 1963.

Dodd, C. H. *The Interpretation of the Fourth Gospel*, Cambridge, 1953.

Foakes-Jackson, J. F.-Lake, K. *The Beginnings of Christianity* I-V, London, 1920-33.

Grundmann, W. *Das Evangelium nach Markus*, Berlin, 1965[3].
Das Evangelium nach Lukas, Berlin, 1966[4].
Das Evangelium nach Matthäus, Berlin, 1968.

Haenchen, E. *Die Apostelgeschichte*, Göttingen, 1968[15].
Der Weg Jesu. Ein Erklärung des Markus-Evangeliums und seiner kanonischen Parallelen, Berlin, 1966.

Jacquier, E. *Les Actes des Apôtres*, Paris, 1926.

Jeremias, J. *Neutestamentliche Theologie. Erster Teil: Die Verkündigung Jesu*, Gütersloh, 1971.

Klostermann, E. *Das Markusevangelium*, Tübingen, 1950[4].
Das Lukasevangelium, Tübingen, 1929[2].
Das Matthäusevangelium, Tübingen, 1938[3].

Lagrange, M. J. *L'Evangile selon saint Marc*, Paris, 1947[9].
L'Evangile selon saint Luc, Paris, 1958[7].
L'Evangile selon saint Matthieu, Paris, 1948[7].
L'Evangile selon saint Jean, Paris, 1948[8].

Lohmeyer, E. *Das Evangelium des Markus*, Göttingen, 1967[17].

Lohmeyer, E.-Schmauch, W. *Das Evangelium des Matthäus*, Göttingen, 1967[4].

Loisy, A. *Les Evangiles synoptiques I-II*, Ceffonds, 1907-8.
Le quatrième Evangile, Paris, 1921[2].
Les Actes des Apôtres, Paris, 1920.

McNeile, A. H. *The Gospel According to St Matthew*, London, 1961.

Plummer, A. *Gospel According to St Luke*, Edinburgh, 1922[5]; Réimpr. 1953.

Rengstorf, K. H. *Das Evangelium nach Lukas*, Göttingen, 1965[10].

Schlatter, A. *Das Evangelium des Lukas aus seinen Quellen erklärt*, Stuttgart, 1960[2].

Schnackenburg, R. *Das Johannesevangelium I-II*, Freiburg-Basel-Wien, 1965-71.

Schürmann, H. *Das Lukasevangelium. Erster Teil*, Freiburg-Basel-Wien, 1969.

Schweizer, E. *Das Evangelium nach Markus*, Göttingen, 1967.

Stählin, G. *Die Apostelgeschichte*, Göttingen, 1962.

Taylor, V. *The Gospel According to St Mark*, New York, 1966[2].

Westcott, B. F. *The Gospel According to St John*, London, 1880; réédit. par A. Fox, London, 1958.

3. Autres ouvrages

Blank, J. *Krisis. Untersuchungen zur joh. Christologie und Eschatologie*, Freiburg. i. Br. 1964.

Bornhäuser, K. *Studien zum Sondergut des Lukas*, Gütersloh, 1934.

Bornkamm, G.-Barth, G.-Held, H. J. *Überlieferung und Auslegung im Matthäus-Evangelium*, Neukirchen, 1965[4].

Braun, H. *Qumran und das Neue Testament* I–II, Tübingen, 1966.

Bultmann, R. *Die Geschichte der synoptischen Tradition*, Göttingen, 1967[7].

Burkill, T. A. *Mysterious Revelation. An Examination of the Philosophy of St Mark's Gospel*, New York, 1963.

Cadbury, H. J. *The Making of Luke and Acts*, London, 1927.

Charles, R. H. *The Apocrypha and Pseudepigrapha of the Old Testament* I–II, Oxford, 1963[2].

Conzelmann, H. *The Theology of Saint Luke*, New York, 1960.

Dibelius, M. *Die Formgeschichte des Evangeliums*, édit. par G. Bornkamm, Tübingen, 1966[5].

Aufsätze zur Apostelgeschichte, Göttingen, 1961[4], trans.: *Studies in the Acts of the Apostles*, edited by H. Greeven, London, 1956.

Dodd, C. H. *Historical Tradition in the Fourth Gospel*, Cambridge, 1965[2].

Dupont, J. *Essais sur la christologie de S. Jean*, Bruges, 1951.

Etudes sur les Actes des Apôtres, Paris, 1967.

Les sources du Livre des Actes. Etat de la question, Bruges, 1960.

Dupont-Sommer, A. *Les Ecrits Esséniens découverts près de la mer morte*, Paris, 1968[3].

Ebeling, H. J. *Das Messiasgeheimnis und die Botschaft des Marcus-Evangelisten*, Berlin, 1939.

Flender, H. *Heil und Geschichte in der Theologie des Lukas*, München, 1965.

Gils, F. *Jésus Prophète d'après les Evangiles synoptiques*, Löwen, 1957.

Hawkins, J. C. *Horae synopticae. Contributions to the Study of the Synoptic Problem*, Oxford, 1909.

Hennecke, E.-Schneemelcher, W. *Neutestamentliche Apokryphen in deutscher Übersetzung* I–II, Tübingen, 1964.

Hoffmann, P. *Die Toten in Christus*, Münster, 1966.

Hortsmann, M. *Studien zur Markinischen Christologie. Mk 8, 27–9, 13 als Zugang zum Christusbild des zweiten Evangeliums*, Münster, 1969.

Hummel, R. *Die Auseinandersetzung zwischen Kirche und Judentum im Matthäusevangelium*, München, 1963.

Jeremias, J. *Abba. Studien zur neutestamentlichen Theologie und Zeitgeschichte*, Göttingen, 1966.

Keck, L. E.-Martyn, J. L. *Studies in Luke-Acts*, Nashville-New York, 1966.

Kittel, G.-Friedrich, G. *Theologisches Wörterbuch zum Neuen Testament* vols. I–VIII, Stuttgart, 1933–69.

Kopp, C. *Die heiligen Stätten der Evangelien*, Regensburg, 1964.

Lightfoot, R. H. *The Gospel Message of St Mark*, Oxford, 1950.

Marxsen, W. *Der Evangelist Markus*, Göttingen, 1959[2].

Minette de Tillesse, G. *Le secret messianique dans l'Evangile de Marc*, Paris, 1968.

Noack, G. *Zur johanneischen Tradition*, Copenhague, 1954.

O'Neill, J. C. *The Theology of Acts in its Historical Setting*, London, 1961.

Rehkopf, F. *Die lukanische Sonderquelle. Ihr Umfang und Sprachgebrauch*, Tübingen, 1959.

Robinson, J. M. *The Problem of History in Mark*, London, 1962[2].

Ruckstuhl, E. *Die literarische Einheit des Johannesevangeliums*, Fribourg en Suisse, 1951.

Sanders, E. P. *The Tendencies of the Synoptic Tradition*, Cambridge, 1969.

Schmid, J. *Matthäus und Lukas: eine Untersuchung des Verhältnisses ihrer Evangelien*, Freiburg i. Br. 1930.

Schmidt, K. L. *Der Rahmen der Geschichte Jesu*, Berlin, 1919; réimpr. Darmstadt, 1964.

Schramm, T. *Der Markus-Stoff bei Lukas, Eine literarische und redaktionsgeschichtliche Untersuchung*, Cambridge, 1971.

Schreiber, J. *Theologie des Vertrauens. Eine redaktionsgeschichtliche Untersuchung des Markusevangeliums*, Hamburg, 1967.

Schweizer, E. *EGO EIMI . . . Die religionsgeschichtliche Herkunft und theologische Bedeutung der johanneischen Bildreden, zugleich ein Beitrag zur Quellenfrage des vierten Evangeliums*, Göttingen, 1939.

Stendahl, K. *The School of St Matthew*, Uppsala-Lund-Kopenhagen, 1954.

Strecker, G. *Der Weg der Gerechtigkeit*, Göttingen, 1966[2].

Sundwall, J. *Die Zusammensetzung des Markusevangeliums*, Abo, 1934.

Trilling, W. *Das wahre Israel*, München, 1964[3].

Trocmé, E. *Le 'Livre des Actes' et l'histoire*, Paris, 1957.
  La formation de l'Evangile selon Marc, Paris, 1963.

van Hartingsveld, L. *Die Eschatologie des Johannesevangeliums*, Assen, 1962.

Volz, P. *Die Eschatologie der jüdischen Gemeinde im neutestamentlichen Zeitalter*, Tübingen, 1966[3].

Voss, G. *Die Christologie der lukanischen Schriften in Grundzügen*, Paris-Bruges, 1965.

Wendling, E. *Die Entstehung des Marcus-Evangeliums*, Tübingen, 1908.

Wilckens, U. *Die Missionsreden der Apg. Form-und traditionsgeschichtliche Untersuchungen*, Neukirchen, 1963[2].

Wilkens, W. *Die Entstehungsgeschichte des vierten Evangeliums*, Zollikon, 1958.

Wrede, W. *Das Messiasgeheimnis in den Evangelien*, Göttingen, 1963[3].

4. Ouvrages et articles sur les miracles dans le Nouveau Testament, dans le monde hellénistique et juif

Achtemeier, P. J. 'Towards the isolation of Pre-Markan Catenae' *JBL* 89 (1970) 265–91.
  'Gospel Tradition and the Divine Man', *Interpretation* 26 (1972) 174–97.

Baltensweiler, H. 'Wunder und Glaube im Neuen Testament', *TZ* 23 (1967) 241–56.

Bauernfeind, O. *Die Worte der Dämonen im Markusevangelium*, Stuttgart, 1927.

Becker, J. 'Wunder und Christologie; zum literarkritischen und christologischen Problem der Wunder im Johannesevangelium', *NTS* 16 (1970) 130–48.

Betz, H. D. *Lukian von Samosata und das Neue Testament. Religionsgeschichtliche und paränetische Parallelen*, Berlin, 1961.
'Jesus as Divine Man', dans *Jesus and the Historian. Festschrift in Honor of E. C. Coldwell*, édit. par F. Th. Trotter, London, 1968, ch. 6.

Bieler, L. Θεῖος 'Ανήρ. *Das Bild des 'göttlichen Menschen' in Spätantike und Frühchristentum*, 2 vols, Darmstadt, 1967².

Bonner, C. 'Traces of thaumaturgic technique in the miracles', *HTR* 20 (1927) 171–81.

Boobyer, G. H. 'The Gospel Miracles: views past and present', dans *The Miracles and the Resurrection*, London, 1964, pp. 31–49.

Bornkamm, K. *Wunder und Zeugnis*, Tübingen, 1968.

Brown, R. E. 'The Gospel Miracles', dans *Bible in current Catholic Thought*, édit. par J. L. McKenzie, New York, 1962, pp. 184–201.

Bultmann, R. 'Zur Frage des Wunders', dans *Glauben und Verstehen* I, Tübingen, 1961⁴, pp. 214–28.

Burkill, T. A. 'The Notion of Miracle with special reference to St Mark's Gospel', *ZNW* 50 (1959) 33–48.

Cairns, D. S. *The Faith that rebels. A Reexamination of the Miracles of Jesus*, London, 1929³

Cerfaux, L. 'Les miracles, signes messianiques de Jésus et oeuvres de Dieu selon l'Evangile de St Jean', dans *L'attente du Messie*, Bruges, 1956, pp. 131–8.

Charlier, J. P. 'La notion de signe (σημεῖον) dans le IVᵉ Evangile', *RSPT* 53 (1959) 434–48.

Court, J. M. 'The Philosophy of the Synoptic Miracles', *JTS* 23 (1972) 1–15.

Crespy, G. 'Maladie et guérison dans le Nouveau Testament', dans *Lumière et Vie* 86 (1968) 45–69.

Crossan, J. 'Les miracles de Jésus: la puissance au service exclusif de l'amour de Dieu pour les hommes', dans *Concilium* 50 (1969) 59–71.

Delling, G. *Studien zum Neuen Testament und zum hellenistischen Judentum*, Göttingen, 1970, pp. 53–159.

Dupont-Sommer, A. 'Exorcismes et guérisons dans les Ecrits de Qumrân', dans *Suppl VT* (1959) 246–61.

Duprez, A. 'Guérisons païennes et guérisons évangéliques', dans *Foi et Vie* 69 (1970) 3–28.

Eder, G. *Der göttliche Wundertäter. Ein exegetischer und religionswissenschaftlicher Versuch*, Girching, 1957.

Fascher, E. *Kritik am Wunder. Eine geschichtliche Skizze*, Stuttgart, 1960.

Fiebig, P. *Jüdische Wundergeschichten des neutestamentlichen Zeitalters unter besonderer Berücksichtigung ihres Verhältnisses zum Neuen Testament*, Tübingen, 1911.

Foerster, W. 'Δαίμων κτλ.', *TWNT* II, 1935, 1–21.

Fonck, L. *Die Wunder des Herrn im Evangelium, exegetisch und praktisch erklärt* I, Innsbruck, 1907[2].

Formesyn, R. 'Le sèmeion johannique et le sèmeion hellénistique', *ETL* 38 (1962) 856–94.

Fortna, R. T. *The Gospel of Signs*, Cambridge, 1970.

Fridrichsen, A. *Le problème du miracle dans le christianisme primitif*, Strasbourg, 1925.

Fuller, R. H. *Interpreting the Miracles*, London, 1963.

Gatzweiler, K. 'La conception paulinienne du miracle', *ETL* 37 (1961) 813–46.

    'Les miracles évangéliques', dans *La foi et le temps*, tome 1 (1971) 115–29.

    'Réflexions sur le miracle', dans *La foi et le temps*, tome 1 (1971) 581–99.

    'Les récits de miracles dans l'Evangile de Saint Matthieu', dans *L'Evangile selon St Matthieu. Rédaction et Théologie*, Duculot-Gembloux, 1972, pp. 209–20.

George, A. 'Les miracles de Jésus dans les Evangiles Synoptiques' dans *Lumière et Vie*, 33 (1957) 7–24.

Glasswell, M. E. 'The Use of Miracles in the Markan Gospel', dans *Miracles, Cambridge Studies in their Philosophy and History*, ed. by C. F. D. Moule, London, 1965, pp. 149–62.

Grant, R. M. *Miracle and Natural Law in Graeco-Roman and Early Christian Thought*, Amsterdam, 1952.

Guttmann, A. 'The significance of miracles for Talmudic Judaism' dans *HUCA* 20 (1947) 363–406.

Gutwenger, E. 'Die Machterweise Jesu im formgeschichtlichen Sicht', *ZKT* 89 (1967) 176–90.

Hansliek, R. 'Christus und die hellenistischen Wundermänner', *TZ* (1936) 203ss.

Hardon, J. A. 'The Miracle Narratives in the Acts of the Apostles', *CBQ* 16 (1954) 303–18.

Headlam, A. C. *The Miracles of the New Testament*, London, 1914.

Held, H. J. 'Matthäus als Interpret der Wundergeschichten', dans *Überlieferung und Auslegung im Matthäus-Evangelium* par Bornkamm G.-Barth G.-Held H. J., Neukirchen-Vluyn 1965[4], pp. 155–287.

Herzog, R. *Die Wunderheilungen von Epidauros. Ein Beitrag zur Geschichte der Medizin und der Religion* (Philologus Suppl. Bd 22, 3) Leipzig, 1931.

Hofbeck, S. *Semeion. Der Begriff des "Zeichens" im Johannesevangelium unter Berücksichtigung seiner Vorgeschichte*, Münsterschwarzach, 1966.

Jeremias, J. 'Die Wunderberichte der Evangelien', dans *Neutestamentliche Theologie. Erster Teil: Die Verkündigung Jesu*, Gütersloh, 1971, pp. 90–9.

Kallas, J. *The Significance of the Synoptic Miracles*, London, 1961.

Kertelge, K. 'Zur Interpretation der Wunder Jesu. Ein Literaturbericht', dans *BibLeb* 9 (1968) 140–53.

    Die Wunder Jesu im Markusevangelium. Eine redaktionsgeschichtliche Untersuchung, München, 1970.

'Begründen die Wunder Jesu den Glauben?', *TrThZ* 80 (1971) 129–40.

Klein, G. *Wunderglaube und Neues Testament*, Wuppertal-Barmen, 1965[4].

Koester, H. H. 'One Jesus and Four Primitive Gospels', *HTR* 61 (1968) 203–47.

Kuhn, H. W. *Ältere Sammlungen im Markusevangelium*, Göttingen, 1971.

Lampe, G. W. H. 'Miracles in the Acts of the Apostles', dans *Miracles. Cambridge Studies in their Philosophy and History*, ed. by C. F. D. Moule, London, 1965, pp. 163–78.

Latourelle, R. 'Miracle et révélation', *Greg.* 43 (1962) 492–509.

Lefebvre, A. 'Miracle', *SDB* V, col. 1299–1308.

Lentzen-Deis, F. 'Die Wunder Jesu. Zur neueren Literatur und zur Frage nach der Historizität', *Theologie und Philosophie* 43 (1968) 392–402.

Marxsen, W. 'Zur Wunderfrage', dans *Der Streit um die Bibel*, Gladback-Westfalen, 1965, pp. 43–59.

McCasland, V. 'Signs and Wonders', *JBL* 76 (1957) 149–52.

McGinley, L. *Form-Criticism of the Synoptic Healing Narratives. A Study in the Theories of M. Dibelius and R. Bultmann*, Woodstock, 1944.

Melinsky, M. A. H. *Healing Miracles*, London, 1968.

Menoud, Ph. 'La signification du miracle dans le Nouveau Testament', *RHPR* 28-9 (1948-9) pp. 185ss.

Mensching, G. *Das Wunder im Glauben und Aberglauben der Völker*, Leiden, 1957.

Merli, D. 'Lo scopo dei miracoli nell "Evangelo di Marco" ', *Bibbia e Oriente* 12 (1970) 184–98.

Mollat, D. 'Le Semeion johannique', dans *Sacra Pagina II*, Paris-Gembloux, 1959, 209–18.

Monden, L. *Le miracle signe de salut*, Bruges, 1960.

Moule, C. F. D. (ed.) *Miracles. Cambridge Studies in their Philosophy and History*, London, 1965.

Mussner, F. *The Miracles of Jesus. An Introduction*, Shannon, Ireland, 1970.

Nicol, W. *The Semeia in the Fourth Gospel. Tradition and Redaction*, (*Suppl. NT* 32), Leiden, 1972.

Oepke, A. 'Ἰάομαι κτλ.', *TWNT* III (1938) 194–215.

Perels, O. *Die Wunderüberlieferung der Synoptiker in ihrem Verhältnis zur Wortüberlieferung*, Stuttgart-Berlin, 1934.

Pesch, R. *Jesu ureigene Taten? Ein Beitrag zur Wunderfrage*, Freiburg i. Br. 1970.

'Zur theologischen Bedeutung der "Machttaten" Jesu', *ThQ* 152 (1972) 203–13.

Quell, G. 'Das Phänomen des Wunders im Alten Testament', dans *Verbannung und Heimkehr*, W. Rudolph zum 70. Geburtstag, Tübingen, 1961, pp. 253–300.

Reitzenstein, R. *Hellenistische Wundererzählungen*, Darmstadt, 1963[2].

Rengstorf, K. H. 'Σημεῖον', *TWNT* VII, 199–261.

Richardson, A. *The Miracles-Stories of the Gospels*, London, 1956[5].

Riga, P. 'Signs of Glory, The Use of "Semeion" in St John's Gospel', *Interpretation* 17 (1963) 402–24.

Schierse, F. J. *Die Wunder Jesu in Exegese und Verkündigung*, Düsseldorf, 1967.

Schille, G. *Die urchristliche Wundertradition. Ein Beitrag zur Frage nach dem irdischen Jesus*, Stuttgart, 1967.

Schilling, G. 'Die Frage nach den synoptischen Wundergeschichten in der deutschen neutestamentlichen Forschung', dans *Svensk Exegetisk Arsbok* 35 (1970) 61–78.

Schmithals, W. *Wunder und Glaube. Eine Auslegung von Markus 4, 35–6, 6a*, Neukirchen-Vluyn, 1970.

Smith, M. 'Prolegomena to a Discussion of Aretalogies, Divine Men, the Gospels and Jesus', *JBL* 90 (1971) 174–99.

Snoy, Th. 'Les miracles dans l'Evangile de Marc. Examen critique de quelques études récentes', *RThL* 3 (1972) 449–66.

Suhl, A. *Die Wunder Jesu. Ereignis und Überlieferung*, Gütersloh, 1968.

Tagawa, K. *Miracles et Evangile. La pensée personnelle de l'Evangéliste Marc*, Paris, 1966.

Ternant, P. 'Les signes et la foi', *Assemblées du Seigneur* 75 (1965) 38–74.

Trilling, W. 'Die Frage der Wunder', dans *Fragen zur Geschichtlichkeit Jesu*, Düsseldorf, 1966, 96–106.

van Cangh, J. M. 'Les sources de l'Evangile: les collections pré-marciennes de miracles', *RThL* 3 (1972) 76–85.

van der Loos, H. *The Miracles of Jesus*, Leiden, 1965.

Weinreich, O. *Antike Heilungswunder. Untersuchungen zum Wunderglauben der Griechen und Römer*, Gießens, 1909.

5. Etudes sur la résurrection du fils de la veuve de Naïm (Lc 7, 11–17)

Campbell, D. K. 'The Prince of Life at Nain', *BibSac.* 115 (1958) 341–7.

Fonck, L. 'Adolescens, tibi dico, surge', *VD* 2 (1922) 258–64.

Jankowski, A. 'Znak spod Naim Lk 7, 11–17' dans *Collectanea Theologica* 32 (1962) 101–80 (Bref résumé en latin à la fin).

Ternant, P. 'La résurrection du fils de la veuve de Naïm (Lc 7, 11–17)' *Assemblées du Seigneur* 69 (1964) 29–40.

6. Etudes sur la résurrection de la fille de Jaïre (Mc 5, 21–24a 35–43 et par.)

Amerding, C. 'The daughter of Jairus', *BibSac* 105 (1948) 56–8.

Chadwick, G. A. 'The daughter of Jairus and the woman with an issue of blood (Mat. 9, 18; Mk 5, 22; Lk 8, 41)', *Exp.* IV/8, 309–20.

Galbiati, E. 'Gesù guarisce l'emorroissa e resuscita la figlia di Giairo', *Bibbia e Oriente* 6 (1964) 225–30.

Hindley, J. C. 'Our Lord's Aramaic – A Speculation', *ET* 72 (1961) 180–1.

Lindenmann, R. 'Die Erweckung der Tochter des Jairus und die Heilung des blutflüssigen Weibes, aufgefaßt als symbolische Erzählungen', *STZ* (1902) 1–9.

Marxsen, W. 'Bibelarbeit über Mk 5, 21–43/Mt 9, 18–26', dans *Der Exeget als Theologe. Vorträge zum Neuen Testament*, Gütersloh, 1968, pp. 171–82.

Pesch, R. 'Jairus (Mk 5, 22; Lk 8, 41)', *BZ* 14 (1970) 252–6.

Potin, J. 'Guérison d'une hémorroisse et résurrection de la fille de Jaïre (Mt 9, 18–26)', *Assemblées du Seigneur*, 78 (1965) 25–36.

7. Etudes sur la résurrection de Lazare (Jn 11, 1-46)

Bevan, E. 'Note on Mark 1, 41 and John 11, 33.38', *JTS* 33 (1932) 186-8.

Bover, J. M. 'La resurrección de Lazaro', *EstE* 28 (1954) 57-72.

Cadman, W. H. 'The Raising of Lazarus. John 10, 40-11, 53', *Studia Evangelica* (TU 73) 1959, pp. 423-34.

Dunkerley, R. 'Lazarus', *NTS* 5 (1958-9) 321-7.

Hoh, J. 'Omnis qui vivit et credit in me non morietur in aeternum (Jn 11, 26)', *VD* 2 (1922) 333-6.

Leal, J. 'De amore Jesu erga amicum Lazarum (Jo 11)', *VD* 21 (1941) 59-64.

Lotz, J. B. 'Martha und Maria', *GeistL* 32 (1959) 161-5.

Maertens, T. 'Histoire et fonction de trois grandes péricopes: l'aveugle-né, la Samaritaine, Lazare', *Concilium*, 22 (1967) 57-60.

Martin, J. P. 'History and Eschatology in the Lazarus Narrative, John 11, 1-44', *SJT* 17 (1964) 332-43.

Merli, D. 'Lo scopo della risurrezione di Lazaro in Giov. 11, 1-44', *Bibbia e Oriente* 12 (1970) 59-82.

Morlet, M. 'Le dernier signe de la glorification de Jésus', *Assemblées du Seigneur* 18 (1970) 11-25.

Rinaldi, G. 'Marta', *Bibbia e Oriente* 5 (1963) 123-6.

Romaniuk, K. 'Je suis la Résurrection et la Vie (Jn 11, 25)', *Concilium* 60 (1970) 63-70.

Sabourin, L. 'Resurrectio Lazari (Jo 11, 1-44)', *VD* 46 (1969) 339-50.

Sanders, J. N. 'Those whom Jesus loved: St John 11, 5', *NTS* 1 (1954-5) 29-76.

Sass, G. *Die Auferweckung des Lazarus. Eine Auslegung von Johannes 11*, Neukirchen-Vluyn, 1967.

Wilkens, W. 'Die Erweckung des Lazarus', *TZ* 15 (1959) 22-39.

8. Etudes sur la résurrection de Tabitha (Ac 9, 36-43)

Kreyenbühl, J. 'Ursprung und Stammbaum eines biblischen Wunders', *ZNW* 10 (1909) 265-78.

McConnachie, J. 'Simon a Tanner (Act. 9, 43; 10, 6.32)', *Exp. Tim.* 36 (1924-5) 90.

INDEX DES PRINCIPALES CITATIONS

INDEX DES AUTEURS CITES

INDEX ANALYTIQUE